Markus Gloe · Volker Reinhardt (Hrsg.)

Politikwissenschaft und Politische Bildung

AF154814

Markus Gloe
Volker Reinhardt (Hrsg.)

Politikwissenschaft und Politische Bildung

Nationale und internationale Perspektiven

Festschrift für Udo Kempf

VS VERLAG FÜR SOZIALWISSENSCHAFTEN

Bibliografische Information der Deutschen Nationalbibliothek
Die Deutsche Nationalbibliothek verzeichnet diese Publikation in der
Deutschen Nationalbibliografie; detaillierte bibliografische Daten sind im Internet über
<http://dnb.d-nb.de> abrufbar.

1. Auflage 2010

Alle Rechte vorbehalten
© VS Verlag für Sozialwissenschaften | GWV Fachverlage GmbH, Wiesbaden 2010

Lektorat: Katrin Emmerich | Tanja Köhler

VS Verlag für Sozialwissenschaften ist Teil der Fachverlagsgruppe
Springer Science+Business Media.
www.vs-verlag.de

Das Werk einschließlich aller seiner Teile ist urheberrechtlich geschützt.
Jede Verwertung außerhalb der engen Grenzen des Urheberrechtsgesetzes
ist ohne Zustimmung des Verlags unzulässig und strafbar. Das gilt insbesondere für Vervielfältigungen, Übersetzungen, Mikroverfilmungen und die Ein-
speicherung und Verarbeitung in elektronischen Systemen.

Die Wiedergabe von Gebrauchsnamen, Handelsnamen, Warenbezeichnungen usw. in diesem
Werk berechtigt auch ohne besondere Kennzeichnung nicht zu der Annahme, dass solche
Namen im Sinne der Warenzeichen- und Markenschutz-Gesetzgebung als frei zu betrachten
wären und daher von jedermann benutzt werden dürften.

Umschlaggestaltung: KünkelLopka Medienentwicklung, Heidelberg
Druck und buchbinderische Verarbeitung: Rosch-Buch, Scheßlitz
Gedruckt auf säurefreiem und chlorfrei gebleichtem Papier
Printed in Germany

ISBN 978-3-531-17361-0

Inhaltsverzeichnis

Vorwort

Wolfgang Jäger

Udo Kempf hat eine großartige Bilanz als Hochschullehrer und Wissenschaftler vorzuweisen. Dies zeigt sich nicht zuletzt darin, dass er nicht nur eine Professur an der Pädagogischen Hochschule wahrnimmt, sondern auch an der Universität gefragt ist. Jahrzehntelang war er am Seminar für Wissenschaftliche Politik ein beliebter Dozent. Seine Seminare waren immer gut besucht.

Die Freiburger Politikwissenschaft hatte Glück, mit Udo Kempf die Disziplin der Vergleichenden Regierungslehre bereichern zu können. Er kommt aus einem guten akademischen Hause. Die Promotion bei Klaus von Beyme und die Assistenz bei Winfried Steffani sind hervorragende Visitenkarten.

Udo Kempf deckt ein breites Spektrum der Vergleichenden Regierungslehre ab. Vor allem aber ist er der „Frankreich-Kempf". Seine mehrfach aufgelegte Einführung in das französische Regierungssystem weist ihn als einen der wenigen deutschen hochrangigen Experten der französischen Politik aus. Kein Wunder, dass auch das vor 20 Jahren gegründete interdisziplinäre Frankreich-Zentrum der Universität an Udo Kempf interessiert war und ihn als Gastprofessor gewann.

Mit Udo Kempf zusammenzuarbeiten macht Spaß. Ich selbst habe mit zwei Beiträgen gerne an seinem zweibändigen Werk „Kanzler und Minister" mitgewirkt. Besonders bemerkenswert ist das Bemühen der Herausgeber, die politisch-biographischen Abhandlungen durch eine systematische Analyse von Regierungstechnik und Regierungsstilen der Bundeskanzler zusammenzubinden – wie es von einem Schüler Steffanis und von Beymes nicht anders zu erwarten war.

Die Autoren und die Beiträge der Festschrift werfen einen interessanten Blick auf zentrale Themen der deutschen Vergleichenden Regierungslehre. Es bleibt zu hoffen, dass Udo Kempf hier auch in den kommenden Jahren mit unverminderter Schaffenskraft präsent bleiben wird.

Prof. Dr. Dr. h.c. mult. Wolfgang Jäger
Rektor der Universität Freiburg von 1995-2008

Politikwissenschaft und Politische Bildung
Nationale und internationale Perspektiven

Markus Gloe/ Volker Reinhardt

Wie soll man in einer Festschrift ein Wirkungsfeld thematisch erschließen, das so weitläufig und vielschichtig ist, wie die Arbeitsgebiete von Udo Kempf, welcher durch diese Schrift geehrt werden soll? Die Herausgeber dieses Buches haben versucht, die vielen Forschungs- und Lehrschwerpunkte abzubilden, die Udo Kempf in seiner wissenschaftlichen Karriere bis zur Emeritierung verfolgte. In seiner langjährigen Tätigkeit als Professor für Politikwissenschaft und Politische Bildung an der Pädagogischen Hochschule Freiburg und zuvor als Politikwissenschaftler an den Universitäten Hamburg und Heidelberg lagen seine Schwerpunkte im Rahmen der Vergleichenden Politikwissenschaft auf den westeuropäischen Staaten, insbesondere der Bundesrepublik und Frankreich sowie Nordamerika. Außerdem widmete er sich intensiv der Thematik „Petitionswesen/ Bürgerbeauftragte" und verschiedenen (inter-)nationalen Feldern der politischen Bildung. Ziel dieses Bandes ist es, die genannten Forschungsschwerpunkte aufzugreifen und aus verschiedenen Perspektiven unterschiedlichste Aspekte dieser Bereiche zu beleuchten.

Der Beitrag des Doktorvaters von Udo Kempf, Klaus von Beyme, mit dem Titel „Theodor Adorno und die kritische Aufklärung in der Bundesrepublik Deutschland" eröffnet den Reigen der Aufsätze. Adorno ist in der politischen Theorie nach den wilden 60er Jahren wenig beachtet und in die ästhetische Ecke abgeschoben worden. Mit dem Aufstieg des postmodernen Denkens und der Wiederentdeckung des kulturellen Gedächtnisses kamen die Differenzen in der Frankfurter Schule stärker ins Blickfeld. Politische Theorie als ästhetische Theorie gewann neues Interesse neben den Hauptthemen der 60er und 70er Jahre wie Adornos Beitrag zur Faschismustheorie und seine Synthese zwischen Marx und Freud.

Ulrich Druwe, der amtierenden Rektor der PH Freiburg und Kollege von Udo Kempf, beschreibt die Begründung einschlägiger Normen, etwa politischer Gerechtigkeit, als die zentrale politisch-ethische Herausforderung. Im Rahmen klassischer metaethischer Überlegungen konnte dieses Problem bislang nicht gelöst werden. Erst der Rekurs auf nachpositivistische Wissenschaftstheorien und hier insbesondere auf die holistische Position W.V.O. Quines erlaubt es, Lösungen für das Begründungsproblem zu entwickeln.

Themen aus dem Bereich des politischen Systems der Bundesrepublik Deutschland greifen die Beiträge von Karl-Heinz Naßmacher, Tilman Mayer, Wolfgang Ismayr und Markus Gloe auf.

Karl-Heinz Naßmacher, den eine langjährige enge Kooperation mit Udo Kempf verbindet, widmet sich in seinem Beitrag der jahrzehntenlangen Suche der Parteienforschung nach einer angemessene Bestimmung für das Verhältnis von Parteien und Staat. Die Fülle staatlicher Eingriffe in die Autonomie der Parteien und die zunehmende Bedeutung öffentlicher Finanzhilfen für die Parteitätigkeit haben die Furcht vor einer „Verstaatlichung" der Parteien wachsen lassen. Eine neue Sichtweise, die die Parteien als öffentliche Dienstleister („public utilities") begreift, erschließt eine nützliche Brücke zwischen gesetzlicher Einhegung und „gesellschaftlicher Verwurzelung".

Tilman Mayer, der als studentische Hilfskraft bei Wilhelm Hennis zwischen 1977 und 1979 Udo Kempf kennen lernte, widmet sich in seinem Beitrag den Volksparteien. Sie haben als Parteityp eine schon bewährte Tradition aufzuweisen. Gleichwohl finden sie sich nach Auffassung einer Mehrheit von Autoren in der Krise. Der Umfang ihrer Nachfrage lässt nach. D.h. sie werden kleiner – und dieser Trend wird in der Literatur fortgeschrieben, womit am Ende ein Vielparteiensystem stünde, das der Größe der Parteien nach kaum mehr unterschieden werden könnte. Dem widerspricht Mayer in aller Deutlichkeit. Prominente Untergangsthesen werden zu widerlegen gesucht. Am Ende steht die Gegenthese, dass Volksparteien funktional unersetzbar sind – was keine Garantieerklärung für jede bestehende Volkspartei sein muss.

Wolfgang Ismayr, der Udo Kempf als exzellenten Frankreich-Kenner schätzt und ihn dafür gewinnen konnte, einen Beitrag für das von ihm herausgegebene Buch „Die politischen Systeme Westeuropas" zu schreiben, greift in seinem Beitrag die neuen Herausforderungen insbesondere seit Ende der 1960er Jahre aber auch nach der deutschen Vereinigung auf, auf die der Deutsche Bundestag durch zahlreiche kleine Reformschritte reagiert hat. Sie stellen sich insgesamt gesehen als bedeutsame institutionelle Anpassungsleistung dar und haben teilweise durchaus innovativen Charakter. Entscheidend war, dass eine Reihe von Neuregelungen auch tatsächlich (intensiv) genutzt wurden, was freilich nicht für alle Verfahrensänderungen gilt.

In seinem Beitrag „Kampf um das höchste Amt im Staat" beleuchtet Markus Gloe, ein ehemaliger Doktorand und seit 2008 Kollege von Udo Kempf an der Pädagogischen Hochschule Freiburg, vor dem Hintergrund früherer Bundespräsidentenwahlen die letzte Wahl des Bundespräsidenten am 23. Mai 2009 in Berlin. Mit den Ausnahmen der so genannten Präsidentschaftskrise 1959, der Polemik gegen Karl Carstens 1979 und dem verdeckten Wahlkampf 1994 zwischen Rau und Herzog entsprachen die Bundespräsidentenwahlen bisher generell dem Gebot der demokratischen Streitkultur und damit der Würde des Amtes. Anders bei der Wahl des Bundespräsidenten 2009. Der Beitrag zeichnet den Prozess der Nominierung, den „Wahlkampf" und die Wahl in der Bundesversammlung nach und versucht eine Antwort auf die Frage zu geben, ob sich dieser „heimliche Wahlkampf" von früheren Kandidaturen um das Präsidentenamt unterschied und in seiner Form der Würde des Amtes abträglich war.

Internationale Aspekte werden in den Aufsätzen von Jürgen Hartmann, Reingard M. Nischik und Gabriele Metzler, Hiltrud Naßmacher, Christoph Ann und Wolfgang Reuter aufgegriffen.

Jürgen Hartmann, der 1974 Nachfolger von Udo Kempf als Assistent bei Winfried Steffani wurde, erörtert in seinem Beitrag „Politische Transportschäden" die Wandlungen des Präsidentenamtes außerhalb seines Ursprungskontextes, denn mit der äußeren Form des modernen Staates, wie er in Europa und Nordamerika entstanden ist, ist auch die Figur des Präsidenten in aller Welt übernommen worden.

Reingard M. Nischik, die 13 Jahre lang (1992–2005) gemeinsam und in sehr guter Zusammenarbeit mit Udo Kempf geschäftsführende Herausgeberin der interdisziplinären Zeitschrift für Kanada-Studien war, und Gabriele Metzler, seit 1995 befreundete Kollegin von Udo Kempf, stellen das amerikanische Wahlsystem vor und sehen in diesem Kontext die Präsidentschaftswahl in den USA 2008 als Markierung einer Zeitenwende in der politischen Kultur der USA. Zum ersten Mal stießen die Kategorien ethnische Zugehörigkeit (race), Geschlechterzugehörigkeit (gender) und Lebensalter (age) in dieser Dreierkonstellation und zudem stark polarisierend aufeinander. Überdies übte ein äußerst geschickter Einsatz der neuen Medien einen wesentlichen Einfluss auf die Wahlentscheidung aus, sodass Barack Obama auch der erste Internet-Präsident der USA genannt werden kann.

Hiltrud Naßmacher, die eine langjährige Kooperation mit Udo Kempf verbindet, zeigt in ihrem Aufsatz „Parlamentarische Demokratie in der Weltfinanzkrise", dass bei der Bewältigung der weltweiten Finanzkrise, die die Regierungen seit Mitte 2008 intensiv beschäftigt, der Grundkonsens zu sein scheint, dass gemeinsames Vorgehen notwendig ist. Zugleich zeigt Naßmacher am Beispiel Großbritannien, dass aber jedes Land auch mit den eigenen Problemen zurechtkommen muss, die zuweilen auch hausgemacht sind.

Christoph Ann, den seit einem Besuch des seinerzeitigen Dekans des Stetson University College of Law mit Udo Kempf eine enge Freundschaft verbindet, greift in seinem Aufsatz „Klägerfreundlichkeit im US-Zivilprozess – Gebotene Hilfe für den „kleinen Mann" oder ungebremster Individualismus zu Lasten anderer?" die Tatsache auf, dass in den USA häufiger und zu höheren Kosten prozessiert wird als in allen vergleichbaren Industriestaaten. Gründe dafür sind zum einen das US-Prozessrecht, das durch Kostentragungsregeln (American Rule) und Anwaltsgebührenrecht (Contingency Fees) andere Anreize setzt als andere westliche Prozessrechte, auch das englische. Verantwortlich sind ferner gesellschaftliche Phänomene, wie das Fehlen sozialer Sicherungssysteme, wie der keineswegs nur aus Deutschland bekannten Sozialversicherung, und ein anarchischer Grundzug, der die US-Gesellschaft bis heute durchzieht.

Wolfgang Reuter, ein ehemaliger Projektmitarbeiter von Udo Kempf im Projekt „Politikstile in den kanadischen Provinzen", weist in seinem Beitrag „Das kanadische Gesundheitswesen im Spiegel der Entwicklungen in Deutschland" viele Ähnlichkeiten im kanadische Gesundheitswesen und manche signifikanten Unterschiede zum deutschen nach. Die Analyse lohnt sich, um Entwicklungen in beiden Ländern besser zu verstehen und Anregungen für Verbesserungen zu erhalten. In Kanada werden Menschen älter als in Deutschland, obwohl in Deutschland ein höherer Anteil des Bruttosozialprodukts für Gesundheit aufgewendet wird. Viel früher und viel systematischer als in Deutschland wurden in Kanada medizinische Innovationen bewertet, bevor sie zu Regelleistungen der sozialen Krankenversicherung wurden. Viel früher als in Deutschland haben sich nicht-ärztliche Heilberufe wie Physio- und Ergotherapeuten professionalisiert. Wie in den meisten anderen Ländern auch gibt es in Kanada keine „doppelte Facharztschiene", d.h. die fachärztlichen Leistungen werden am Krankenhaus auch für die ambulanten Patienten erbracht. Außerhalb des Krankenhauses werden nur hausärztliche Leistungen erbracht.

Den Schwerpunkt „Frankreich" greifen die Aufsätze von Paul-Ludwig Weinacht, Hans-Georg Merz und Ludwig Huber auf. Paul Ludwig Weinacht, der mit anderen Kollegen zusammen den jungen Bewerber Udo Kempf auf eine Professur für Politikwissenschaft an der PH Freiburg berief und mit ihm mehrere Jahre gut zusammen arbeitete, greift in seinem Beitrag „Föderalismus à la française" folgende Entwicklung auf: Frankreich hat aus sicherheitspolitischen Erwägungen die deutsche Frage als eine Frage der Vereitelung künftiger Machtballung beantwortet. Die Strategie, die de Gaulle dafür konzipierte, bestand in Faustpfändern, einseitigem oder geteiltem Ressourcenzugriff (Saar, Ruhr), Einflusszonen („Rheinstaat", locker verbundene Traditionsländer), in der Ausschaltung Preußens und Berlins. Allenfalls ein Bund deutscher Länder sollte „jenseits des Rheins" wiedererstehen, wobei Traditionsländer zur Kumulierung landesstaatlicher Kompetenzen und zur Abwehr unitarisierender Tendenzen besonders geeignet erschienen. Da diese Linie zutage lag und Frankreich das alte Misstrauen des Erbfeindes einbrachte, verbündeten sich selbst Persönlichkeiten gegen diese französische Politik, die ins süddeutsch-katholische Milieu des Föderalismus gehörten.

Der langjährige Kollege und Freund Hans-Georg Merz zeigt in seinem Beitrag „Französische Besatzungspolitik und deutsche Nachkriegspolitiker: Die Beispiele Jakob Kaiser und Kurt Schumacher", dass selbst unter den spezifischen Bedingungen des alliierten Besatzungsregimes die beiden Politiker Jakob Kaiser und Kurt Schumacher keineswegs politische Außenseiter waren. Ihre komplexen politischen Kalküle und Konzepte standen öfters im Widerspruch zu den Projekten und Ambitionen der Siegermächte. Und so war ihr Verhältnis – auch – zur französischen Seite durch heftige politische Konflikte geprägt. Ebenso gab es aber bei allen Meinungsverschiedenheiten und Interessengegensätzen auch eine Praxis weitgehend konstruktiver, argumentativer Kommunikation und Deliberation.

Ludwig Huber, ein ehemaliger Schulleiter und aktueller Doktorand von Udo Kempf, widmet sich in seinem Aufsatz „Rainer Barzel: 1980 und 1986 Koordinator der deutsch-französischen Zusammenarbeit" einer politischen Person, die sich nicht nur in den Gründerjahren um die Zweite Deutsche Republik verdient gemacht hat; Rainer Barzel diente dem Gemeinwohl auch noch, als seine Karriere, die zeitweise zu höchsten Erwartungen berechtigt hatte, ihren Zenit längst überschritten hatte. Eine wichtige Station dieses Wirkens markiert seine zweimalige Berufung in das Amt des Koordinators für die deutsch-französische Zusammenarbeit. Hier wusste er sehr wohl Akzente zu setzen und sich wenn auch nicht aus der ersten Reihe um die weitere Aussöhnung einstiger Erbfeinde mehr als große Verdienste zu erwerben.

Einen internationalen Aspekt der Politischen Bildung beleuchtet Volker Reinhardt, ein ehemaliger Doktorand von Udo Kempf, in seinem Beitrag „Politische Bildung in der Schweiz". Die Schweiz hat keine lange Tradition im Bereich der politischen Bildung. Zwar gab es früher einen so genannten Staatskundeunterricht, der aber nicht viel mehr als die klassische Institutionenkunde war. Seit den 1990er Jahren entwickelt sich ein neuerer Ansatz, der politische Bildung mit demokratiepädagogischen Elementen vereint. Dieser pragmatische Ansatz wird seitdem in verschiedenen Forschungsprojekten untersucht.

Herbert Uhl, der langjährige Kollege von Udo Kempf an der PH Freiburg, greift in seinem Aufsatz das Schlagwort „Politikverdrossenheit" auf, das zu einem medialen Selbstläufer geworden ist, zu einer Formel, die problemtisch gewordenes politisches Verhalten wie auch krisenhafte Symptome des politischen Systems erklären soll. Für politisches Lernen kann nach Uhl darin eine Gefahr liegen: Springt der so konstatierte Verlust an Glaubwürdigkeit von der Politik auf den Politikunterricht über? Läuft Politische Bildung angesichts solcher Wahrnehmung und Deutung realer Politik in eine Lernblockade hinein – oder lassen sich auf dem Weg kritischer Diskurse kreative Lerneffekte frei setzen?

Hans-Werner Kuhn, ebenfalls ein langjähriger Kollege von Udo Kempf an der PH Freiburg, thematisiert die Frage, wie sich das Verhältnis von Politikwissenschaft und Politikdidaktik in einem Filmprojekt zum „Image der Politik und der Politiker" darstellt. In der Auseinandersetzung mit Filmsequenzen und Texten wird die Vernetzung verschiedener fachlicher Lehrstücke ebenso deutlich wie Verknüpfungen zu zentralen politikdidaktischen Kompetenzen. Filmanalyse, Geschichten als Textsorte, Demokratiebilder und Imagefragen zielen auf politische Urteilsbildung, die unterschiedliche Perspektiven und Zugänge der sozialwissenschaftlichen Disziplinen erforderlich macht.

In eine ähnliche Richtung zielt der Beitrag „Ernst Fraenkel und die politische Bildung" von Peter Massing, der als Kollege von Udo Kempf bei Winfried Steffani arbeitete. Dass Politikwissenschaft eine Bezugsdisziplin der politischen Bildung ist, dürfte allgemein anerkannt sein. Ob ihr allerdings eine herausgehobene Bedeutung zukommt, ist immer noch strittig. Dabei fühlte sich die Politikwissenschaft, weit über ihre Gründungsphase hinaus, immer auch einem politischen Bildungsauftrag verpflichtet. Ein prominenter Vertreter dieser Position war Ernst Fraenkel, der in jüngster Zeit eine erstaunliche Renaissance erlebt. Der Beitrag arbeitet das Verhältnis der frühen Politikwissenschaft und der pluralistischen Demokratietheorie Ernst Fraenkels zur politischen Bildung heraus und diskutiert ihren Einfluss in Vergangenheit und Gegenwart.

Adorno und die kritische Aufklärung in der Bundesrepublik Deutschland

Klaus von Beyme

Es gab keine einheitliche Frankfurter Schule. Selbst Adorno und Horkheimer wiesen Differenzen auf. Die jüngere Generation der Frankfurter Schule – wie Albrecht Wellmer (1985: 137) – hat es sogar fast für unmöglich erachtet, auch nur Adornos politische Philosophie zu evaluieren. Adorno vermied systematisches Denken. Jede dogmatische Fixierung unterlag der Pauschalkritik an der sozialen Realität seiner Zeit. Adorno mied sogar die übliche Wissenschaftssprache. Dies war einer der Gründe für den häufigen Gebrauch ausländischer Begriffe. Er kombinierte sie mit einem sehr eigenwilligen Gebrauch der deutschen Sprache, der sein Werk schwer interpretierbar erscheinen ließ. Adorno verabscheute die akademische Philosophie seiner Zeit. Ihr unterstellte er nach der Umkehr von Descartes' berühmten Diktum zu verfahren: *„sum ergo cogito"* – frei interpretiert: „ich sitze auf einem philosophischen Lehrstuhl, also denke ich". Adorno misstraute Allgemeinbegriffen, wandte sich aber nicht der Lyrik oder der Musik zu, um die „Verdinglichung der Begriffe" abzuschütteln, die vor allem in der 68er Revolte lautstark angeprangert wurde. Adorno war aber nicht unbeeinflusst von frühen Hoffnungen ein Musik-Künstler zu werden. Erst um 1925 wurde die Idee aufgegeben zugunsten einer philosophischen Habilitation (1927) (Wiggershaus 1986: 98). Während andere Institutsmitglieder wie Pollock noch über den „Staatsmonopolistischen Kapitalismus" arbeiteten, hat Adorno zunehmend gegen das verengte Rationalitätskonzept des Marxismus polemisiert. Unter dem Einfluss von *Walter Benjamin* hat er neue Ansätze für eine kritisch-dialektische Philosophie entdeckt:

- die Synthese von Freud und Marx, ein Interesse, das er mit Marcuse und Fromm teilte,
- und die Betonung der ästhetischen Interpretation von Zivilisation und Kultur.

Adornos Entwicklung kombinierte linkshegelianische Gedanken mit dem kulturellen Pessimismus von Denkern wie *Schopenhauer* und *Nietzsche*, die überwiegend von rechten Denkern und einigen Anarchisten in Anspruch genommen wurden. Mit *Max Horkheimer* arbeitete er in den frühen 1940er Jahren an der „Dialektik der Aufklärung" als einer negativen Geschichtsphilosophie. Unter dem Eindruck von Nazi-Verfolgung und Emigration entdeckte er eine Logik von Verfall und Desintegration. „Verdinglichung" schien das Schicksal einer Zivilisation zu sein, die auf die bloße Naturbeherrschung aufgebaut war. Dieser Prozess beruhte für Adorno auf einer Systemtheorie, welche die kommunikativen Werte der Lebenswelt vernachlässigte – ein Gedanke, den Jürgen Habermas später ausbaute. Während Habermas aber zunehmend eine Synthese der komplementären Sphären von System und Lebenswelt sah, gab es für Adorno keine politische Möglichkeit für eine Synthese von Wissenschaft und politischer Praxis. Das Resultat war günstigstenfalls ein *„Attentismus"* – in einer Periode der messianischen Hoffnung auf die Unterbrechung des Zivilisationsprozesses. Immerhin wurden unter Benjamins Einfluss Ratschläge für inkrementale Verbesserungen und die Entwicklung einer humanen sozialistischen Gesellschaft möglich.

Faschismusforschung

Max Horkheimer hoffte selbst während des Krieges unverdrossen, dass „aktiver Widerstand" gegen den Faschismus möglich sei. Entgegen Bert Brechts „Der unaufhaltsame Aufstieg des Arturo Ui" und anderer linker Schriftsteller, sahen Horkheimer und Adorno die Nazis nicht als eine bloße Gangster-Clique an, die durch einen coup d'état an die Macht kam. Durch ihre sozialpsychologischen Studien erkannten sie eine Korrespondenz zwischen Nazi-Führung und fehlgeleiteten Intentionen der Menschen in Deutschland. Adorno (MM: 120) verstieg sich sogar zu der seltsamen Idee, dass Hitler noch zu sehr von dem verhassten Liberalismus infiziert war, um das Ausmaß der Verfehlungen des Liberalismus voll zu erkennen. Faschistische Führer waren für Adorno bloße *„Charaktermasken"*, nicht nur Täter sondern auch Opfer. Hitler selbst war kaum mehr als der Trommler in seiner Gesellschaft.

Als Adorno und seine Kollegen an dem Projekt „Studies in Prejudice" arbeiteten, die vom „American Jewish Committee" gefördert wurden, warfen sie ein altes Vorurteil über Bord, dass kapitalistische Länder – wie Nazi-Deutschland und das demokratische Amerika – keinen Krieg gegeneinander führen würden. Aber der Faschismus war ein Produkt der Krise des internationalen Kapitals. „The Authoritarian Personality" als erster Teil der Studien von Adorno, Else Frenkel-Brunswik, Daniel Levinson und R. Nevitt Sanfort (1950, 1968), wurde in einer Zeit konzipiert, als die USA mit der Sowjetunion gegen das Naziregime kämpfte. Die empirische Arbeit in den Surveys von 2000 Studenten wurde jedoch erst in der Zeit des Kalten Krieges geleistet, als die Hoffnungen für eine „*pax americana*" in der Welt sich zerschlugen. Die faschistische Persönlichkeit schien nun nicht mehr auf Europa beschränkt. Entgegen der damaligen Glaubensfolklore war sie auch nicht inhärent im deutschen Nationalcharakter. Dass Italien und Deutschland zuerst faschistisch wurden, ist in fast marxistischer Weise erklärt worden – mit dem weitgehend noch traditionellen Kapitalismus in beiden Ländern.

Der faschistische Charakter konnte sich auch in höher entwickelten kapitalistischen Gesellschaften entwickeln. Er war charakterisiert durch rigide konventionelle Mittelstands-Werte, konformistisches Verhalten, gepaart mit einer pessimistischen Anthropologie, Abneigung gegen sexuelle Freiheit, Unterordnung unter Hierarchien und idealisierten Autoritäten, sowie einem Hass gegen Minderheiten. In Anlehnung an *Sigmund Freuds* Trinität in der Psychoanalyse war der faschistische Charakter durch ein unterentwickeltes *ego*, ein externalisiertes *Super-ego* und ein ich-feindliches „*Es*" gekennzeichnet. Adorno schrieb in einem Kapitel des Projekts, dass es sein Ziel sei, eine Kulturanthropologie des Antisemitismus zu entwickeln. Er wollte zugleich die objektiven Gesetze finden. Sie wirken nicht so sehr durch ökonomische Motivationen als durch unbewusstes „make-up" (zit. Wiggershaus 1986: 478). Dieser Ansatz erschien in seiner Zeit als Fortschritt, als die Kulturanthropologie den autoritären Charakter durch Konstanten des Nationalcharakters erklärte. Methoden der Kindererziehung in Japan und Russland wurden mit den politischen Systemen der Länder in Beziehung gesetzt (Gorer, Mead u.a.). Einflussreich an diesen Studien wurde die Faschismusskala. Sie war niemals in einem unabhängigen Survey benutzt worden. Empiriker der Sozialforschung kritisierten denn auch, dass die theoretischen Erklärungen wenig mit den empirischen Fragen zu tun hätten. Autoritärer Charakter wurde als sadomasochistische Lösung des Ödipus-Komplexes dargestellt – ohne dass die Kausalitäten strikt nachgewiesen werden konnten. Positivistische Theoretiker wie C. G. Hempel (1965: 297ff) haben dieses Verfahren mit einer anderen meta-theoretischen Position verglichen, die ebenfalls mit der Unterstellung von „Totalitäten" arbeitete, nämlich dem damals aufkommenden Funktionalismus.

Nach Adorno wurde der Jude als Ersatz für den verhassten Vater angesehen. Sadismus wird vielfach gegen fremde Gruppen eingesetzt. *Autoritäre Charaktere* hatten unterschiedliche Möglichkeiten sich auszuleben: als Rebellen, Rowdys, Nörgler oder manipulierte Menschen. Die Typen waren durch das Denken in Stereotypen geeint. Die Gruppe der *Manipulierten* erschien besonders gefährlich: sie verfolgte Fremdgruppen ohne Hass. Verfolgung ist für sie ein Organisationsproblem. Das Personal von KZs scheint dieser Gruppe der faschistischen Persönlichkeit am nächsten zu stehen. Der Gegentyp zum manipulierten Charakter ohne Vorurteile und zum *Laisser-faire-Typ* ist das Ziel von Adornos kritischer Theorie: der unautoritäre Charakter. Diese Typologie wurde kaum mit den Sozialisa-

tions- und Arbeitsbedingungen der Menschen in Beziehung gesetzt, obwohl
Adorno in jener Zeit auch als Soziologe und nicht nur als Philosoph wahrgenommen werden wollte. Die Sprachprobleme der Unterklassen wurden nicht
genügend reflektiert. Empirische Sozialforscher haben daher die Kategorie des
„Arbeiterklassen-Autoritarismus" abgelehnt, den Adorno und sein Team entwickelte (Jaerisch 1975: 156). Sozialpsychologen in Amerika wie Edward Shils
(1954: 23ff) kritisierten das Team, weil es nicht erklären konnte, warum bestimmte Individuen, die in die entwickelten Gruppen zu passen schien, nicht in
der vermuteten Weise antworteten. Die Unterschiede zwischen Rechts- und
Links-Extremisten wurden zudem verwischt. Der Psychologe Jürgen Eysenck
(1968: 206ff) war weiter offener für die Differenzen von Faschisten und Kommunisten. Bei den Kommunisten konstatierte er eine größere *„tender-*
mindedness" als bei den Faschisten.

   In der Zeit der Studentenrebellion rekurrierte man vielfach auf Adornos
Konzepte. Selbst Habermas hatte zu bedauern, dass er sich hinreißen ließ, einmal
von „Linksfaschismus" zu sprechen. Klare Kausalitäten zwischen Gruppen und
Einstellungen wurden kaum geboten. Ungereimtheiten wurden durch das Mode-
wort „tendenziell" überspielt, das auf mögliche Übereinstimmungen in der Zukunft hindeutete, die sich aus den Umfragedaten noch nicht ergaben. Immerhin
machten diese Begriffe Adornos es möglich, Faschisten und Pseudodemokraten
auch in den USA auszumachen. Der autoritäre Charakter schien sich überall in
der Welt zu entwickeln. Kritik an Roosevelts New Deal schien bereits einen
Pseudo-Konservatismus anzudeuten, der in Autoritarismus umzuschlagen drohte.
Der McCarthyismus, der sich am Anfang des Kalten Krieges in Amerika entwickelte, sollte Adornos Verdammung der „Warengesellschaft" und der „Kulturindustrie" rechtfertigen. Solche Begriffe hatten in Europa die fatale Wirkung, anti-
amerikanische Gefühle in der rebellierenden Jugend zu stärken. Apologeten
hatten einige Mühe, einen pro-amerikanischen Text Adornos zu finden, den er
nie publiziert hatte. Darin wurde Amerika als positive Gesellschaft mit „friendli-
ness" gekennzeichnet. In „charm schools" trainiert, wurden die extrovertierten
menschlichen Beziehungen zur positiven Seite einer Überflussgesellschaft (A-
dorno: Mister Amerika, 2003). Die empirische Sozialforschung hat später die
Begriffe des Frankfurter Teams nicht übernommen. „Abweichendes politisches
Verhalten" wurde gelegentlich als „rational" eingestuft, auch wenn es in irratio-
naler Weise artikuliert worden ist. Das Gemeinschaftswerk mit Horkheimer
„Dialektik der Aufklärung", Anfang der 40er Jahre konzipiert, hatte schon gezeigt, dass es Adorno mehr auf die Schaffung von Konzepten ankam als auf
empirische Forschung.

   Das Gefühl der sprachlichen Entfremdung war einer der Gründe für die
Rückkehr Horkheimers und Adornos nach Deutschland. Die Annahme, dass der

faschistische Charakter nicht inhärent im deutschen Volk lebte, machte die Rückkehr theoretisch möglich. Sie wurde vor allem mit der Notwendigkeit begründet, sich in der eigenen Sprache differenziert ausdrücken zu können. Kalifornische Freunde wie Thomas Mann − dem Adorno als Ratgeber für die Musiktheorie in dem Buch „Dr. Faustus" diente − und Fritz Lang haben diese Entscheidung für fatal gehalten. Unverständlich schien einigen Linken auch der fast freundschaftliche Briefverkehr mit einem konservativ-technokratischen Denker wie *Arnold Gehlen,* der mit den Nazis eine Weile kollaboriert hatte. Sie trafen sich in der Verurteilung der Nachkriegsgesellschaft als einer „Massengesellschaft". Dennoch operierte Adorno diskret gegen die Hoffnungen Gehlens einen Lehrstuhl in Heidelberg zu erhalten. Während die rebellischen 68er überall Faschisten in der Nachkriegsgesellschaft entdeckten, war Adorno vorsichtig in der Kritik der politischen Vergangenheit von Denkern, die in Deutschland geblieben waren. Selbst Heidegger wurde wegen seines „Jargons der Eigentlichkeit" mit seiner priesterlichen Attitüde nicht offen als Nazi angegriffen.

Kritische Theorie und die Divergenzen zwischen Adorno, Horkheimer und Marcuse

Es gab eine Symbiose von Adorno mit Horkheimer, der 1930 Direktor des Instituts für Sozialforschung in Frankfurt wurde. Manchmal wurden die Zwillingsdenker mit Marx und Engels verglichen, denen sie viel verdankten. In der Tradition Hegels wollten sie die Trennung von Philosophie und empirischer Wissenschaft in einer kritischen Philosophie der Geschichte überwinden. Fortschritt war für sie der Fortschritt produktiver Kräfte. Aber von Anfang an waren sie überzeugt, dass die Produktivkräfte nicht die Inkarnation einer geheimen Rationalität darstellten und dass das Proletariat nicht notwendiger Weise Fackelträger des sozialen Fortschritts zu sein hatte. Horkheimer hielt es für klüger, im restaurativen Klima der Bundesrepublik die radikaleren Texte der 30er und frühen 40er Jahre nicht wieder erscheinen zu lassen und vieles wurde von der Protestbewegung in Raubdrucken rezipiert. Adorno hingegen blieb dem Marxismus gegenüber offener – obwohl es wohl eine Übertreibung ist zu sagen: „er blieb marxistisch" (Brunkhorst/Habermas 2006: 84).

Die Basis-Überbau-Theorie wurde revidiert, und eine Wechselwirkung wurde unterstellt. Der Primat der Ökonomie wurde damit unhaltbar. Mit *Friedrich Pollocks* Theorie des Staatskapitalismus erlaubte in der Frankfurter Schule eine stärkere Eigenständigkeit der Politik zu unterstellen. Horkheimer war Anfang der 20er Jahre noch vom revolutionären Potential der Arbeiterklasse beeindruckt. In den 30er Jahre wurde zunehmend die Arbeiterklasse gesellschaftlich als integriert angesehen (Jay 1973: 68, 65). Adorno war mehr als Horkheimer davon überzeugt, dass die kritische Theorie nicht mehr die Form der Reflexion für die organisierte Arbeiterklasse sein konnte. Adorno (1997: 137) ging davon aus, dass die Mehrheit der Menschen sich nicht mehr als Klasse erfahre und die Dichotomie von Ausbeutern und Ausgebeuteten von einem Gefühl der Konformität verdrängt werde. In einem Aufsatz, der erstmals den Terminus „Kritische Theorie" für die eigene Position lancierte, hat Horkheimer (1937: 258, 237) eine *Avantgarde* als Subjekt der Befreiung an die Stelle der Arbeiterklasse gestellt, die nur durch „verbindende Erkenntnis" und den „Eigensinn der Phantasie" – nicht mehr durch irgendwelche soziale Gesetzmäßigkeiten konstituiert wird. Mit der Betonung der Phantasie waren Horkheimer und *Marcuse* (1967: 123) einig: „Ohne sie bleibt alle philosophische Erkenntnis immer nur der Gegenwart oder der Vergangenheit verhaftet, abgeschnitten von der Zukunft, die allein die Philosophie mit der wirklichen Geschichte der Menschheit verbindet". Kritische Theorie sollte der schlechten Faktizität ihre besseren Möglichkeiten vorhalten und gegen die „Realitätsgerechtigkeit" und „gegen den zufriedenen Positivismus" kämpfen (ebd.: 111).

Eine Klasse, die diese Avantgarde als Hüterin der sozialen Phantasie unterstützen konnte, war nicht mehr in Sicht. Zukunftsprojektionen schienen nicht möglich. Die Kritische Theorie berief sich auf das jüdische Bilderverbot, das zeitgemäß angewandt lautete: „Du kannst über das Absolute nichts sagen". In „Der autoritäre Staat" (1940, 1942, GS Bd. 5: 296) wurde auch den Arbeiterparteien die Leviten gelesen. Sie waren entweder bürokratisiert oder zu Sekten geworden. Die Führer der Arbeiterbewegung hätten im Staatskapitalismus zunehmend begonnen, mit dem Staatsapparat zu kooperieren. In diesem Pessimismus ist Herbert Marcuse den Frankfurtern nicht gefolgt, da er am Gedanken der Transformation der Gesellschaft festhielt. Der reinen Form der Herrschaft setzte Marcuse (1967: 266) „die reine Form der Negation" entgegen. Diese Negation in der politisch ohnmächtigen Form „der *absoluten Weigerung*" war jedoch auch für Marcuse nicht leicht durchzuhalten, weil die Weigerung unvernünftig erscheint, „je mehr das bestehende System seine Produktivität entwickelt und die Last des Lebens erleichtert". Die kritische Theorie der Gesellschaft hatte auch für Marcuse (1967: 268) keine Begriffe, die die Kluft zwischen dem Gegenwärtigen und seiner Zukunft überbrücken könnten; indem sie nichts verspricht und keinen Erfolg zeigt, bleibt sie negativ. Damit will sie jenen die Treue halten, die ohne Hoffnung ihr Leben der Großen Weigerung hingegeben haben und hingeben". Das klang resignativer als Marcuses Praxis, denn er hat im Gegensatz zu den Frankfurter Philosophen die Studentenopposition, die Hippies, die Beatniks und alle Bewegungen, die den Bruch mit der „eindimensionalen Gesellschaft" proklamierten, unterstützt.

Mehr noch als die anderen wichtigen Mitglieder des Instituts, wie Marcuse, Fromm, Kirchheimer, war Adorno von der Erfahrung gezeichnet, dass der Aufstieg des Faschismus den Glauben an die Rationalität von Technologie und Zivilisation untergrub. Adorno stand – ähnlich wie konservative Denker von Heidegger bis Arnold Gehlen – in der Tradition der intellektuellen Dichotomie von *Kultur* und *Zivilisation*. Das Englische oder Französische haben den Vorteil, schon rein sprachlich keine Möglichkeit zu besitzen, die Zivilisation gegenüber der Kultur herabzusetzen und die Kultur in quasi metaphysischen Termini als die Inkarnation der Totalität und die Einheit von rationalen und emotionalen Werten zu feiern. Adornos Kritik der technokratischen Gesellschaft und seine Suche nach „wahrer Kultur" unterschied ihn von anderen Denkern der Zeit, wie Jaspers, Ortega y Gasset oder selbst Huxley, der die Kultur noch als Wert an sich betrachtete. Wahre Aufklärung kann die kulturellen Werte der Vergangenheit nicht konservieren, sondern kämpft für die verlorenen Hoffnungen vergangener Generationen (DdA: 15). Die Kritische Theorie hat auf die Protestbewegungen von 1968 eingewirkt, aber die antiautoritäre Bewegung war keine angewandte Kritische Theorie. Marcuse – nicht Adorno und Horkheimer, wurde zum „gefeierten Lehrer" der neuen studentischen Linken (Gilcher-Holtey 2007: 182f).

Die starke Betonung der Phantasie schien nach *Marcuse* (Kultur I, 1967: 124f) im Widerspruch zur strengen Wissenschaftlichkeit des eigenen Anspruches der kritischen Theorie zu stehen. Aber kritische Theorie galt als „nicht zuletzt kritisch gegen sich selbst" und konnte somit jeden anscheinenden Widerspruch dialektisch überspielen. Diese Kritik nahm freilich bei Marcuse wie im „Versuch über Befreiung" (1969: 95) illusionistische Züge an, wenn über das politische System apodiktisch behauptet wurde: „Die ganze Sphäre und Atmosphäre ist mit all ihrer Macht hinfällig geworden". Die verhängnisvolle deutsche Trennung von Zivilisation und Kultur wurde bei Marcuse (Kultur II 1967: 150) gegen die „verfrühte, repressive, ja gewaltsame Gleichordnung von Kultur und Zivilisation" ausgespielt, und der totalitären Wende selbst demokratischer Formen unterstellt. Die „altmodische und überholte Kultur" von Menschen, „die wandern oder in Kutschen fahren und die Zeit und Lust haben, nachzudenken, etwas zu betrachten, zu fühlen und zu erzählen" konnte auch nach Marcuse im „Eindimensionalen Menschen" (1967: 79) nicht wieder hergestellt werden, aber diese Kultur war für ihn doch zugleich auch eine „nachtechnische" – auch wenn sie nur in Kleingruppen reproduzierbar schien.

An Adorno schrieb Marcuse, dass er und die Studenten wüssten, dass die Situation nicht revolutionär sei, aber gleichwohl müsse „frische Luft" zum Atmen in die Gesellschaft. Diese Position wurde mit dem *Existentialismus* verglichen und sie ermöglichte Marcuse, der Resignation zu entkommen. Adorno teilte in der „Negativen Dialektik" Marcuses Position nicht, war aber auch nicht völlig

einig mit Horkheimer (Gilcher-Holtey 2007: 173). Er plädierte für eine Vermittlung von Theorie und Praxis. An einen direkten Umschlag von Theorie in Praxis
glaubte er freilich nicht. Adorno (1969a: 171) strebte ein Verhältnis von Theorie
und Praxis an, in dem die Theorie nicht ohnmächtig und die Praxis nicht willkürlich wurde. In einem Spiegelgespräch (1969: 204) gab Adorno jedoch zu, dass er
schon immer ein „indirektes Verhältnis" zur Praxis hatte und sich neuerdings
von der Praxis abgewandt habe. In einem Vortrag von 1969 hat Adorno (Dok. in:
Kraushaar 1998 II: 559-561) sich mit dem Vorwurf der „Resignation" auseinander gesetzt. „Pseudo-Aktivität" nannte Adorno den Versuch, inmitten einer durch
und durch verhärteten Gesellschaft *Enklaven der Unmittelbarkeit"* zu retten.
Das „do-it-yourself-Prinzip" war im Bereich der materiellen Güter längst über-
holt, weil die industrielle Produktion dies billiger und besser leiste. Die Do-it-
yourself-Politik schien rationaler, drohte aber zum Theater und zur im 19. Jahrhundert überwundenen „Propaganda der Tat" des Anarchismus zu verkommen.
Denken hat nach Adorno die Wut sublimiert und ist insofern auch nicht resig-
niert.

Politische Theorie als ästhetische Theorie

In der deutschen Theoriegeschichte war die politische Theorie in der Gestalt
einer ästhetischen Theorie vielfach angelegt gewesen. Selbst Engels hat nach
dem Tod von Marx die Idee entwickelt, dass der kulturelle Überbau nicht immer
von den ökonomischen Prozessen an der gesellschaftlichen Basis determiniert
wurde. Schon Engels erkannte, dass die erklärten Intentionen von Künstlern und
das objektive Resultat ihrer Theorien nicht aus der jeweiligen Klassenherkunft
der Denker zu erklären war. Der „*kulturelle Marxismus*", der sich in der Tradition von Lukács, Korsch oder Gramsci international entwickelte, fußte auf diesen
Einsichten. In Frankreich wurde diese Richtung von *Sartre* und *Lucien Goldman,*
in Amerika von *Edmund Wilson* und *Sidney Finkelstein* repräsentiert. In den
deutschsprachigen Ländern versuchte der ungarische Philosoph *Georg Lukács* –
der bei Max Weber studiert hatte und meist in deutscher Sprache schrieb – die
Differenz zwischen Engels' später Einsicht und den Forderungen Lenins nach
einer klassengebundenen Kunst und Literatur zu überbrücken. Lukács unterschied daher Realismus und Naturalismus. Der naturalistische Realismus in der
Tradition von Zola wurde daher weniger wichtig als die Analyse von Gesellschaften im Werk konservativer Literaten von Balzac bis Walter Scott. *Ernst
Bloch* und *Walter Benjamin* blieben ihrer Ansicht treu, dass Kultur die soziale
Entwicklung determiniere. Georg Lukács wurde zunehmend für sein Buch „Geschichte und Klassenbewusstsein" kritisiert, die man als Fortsetzung des Idea-

lismus unter der Tarnung hegelianischer Philosophie ansah. Lukács, der unter Béla Kun 1919 und unter Imre Nagy 1956 als vorübergehend als Minister für Kultur und Erziehung gedient hatte, erwies sich anpassungsfähig in seiner Entwicklung und hat notfalls durch Widerrufe auch Konzessionen an den orthodoxen Marxismus gemacht. Man hat diese Unterschiede der Entwicklung durch das persönliche Schicksal der Denker erklärt: Adorno emigrierte in die USA, Lukács in die Sowjetunion.

Adorno (1969: 204) bekannte in einem Interview, das er sein Leben lang das transzendierende „Andere" in der Kunst gesucht habe. Die kritische Theorie entwickelte sich in Opposition zu Kants Theorie des Schönen als „interesseloses Wohlgefallen". Wahre Kunst ist auf das legitime Interesse des Menschen an künftigem Glück gerichtet. Ästhetische Erfahrung enthielt für Adorno das progressive Element einer gemeinsamen Menschlichkeit. Das überpersönliche Subjekt ist nicht – wie bei Kant – eine transzendentales Subjekt, sondern ein konkretes historisches Individuum. Daher war die kritische Theorie gegen dominante ästhetische Strömungen wie den Expressionismus mit seiner exzessiven Subjektivität in der Weimarer Republik eingestellt. Ästhetische Theorie hatte Kritik der bestehenden Gesellschaft zu sein. Sie war notwendiger Weise politisch im Kampf gegen die manipulierte Sprache der herrschenden Klassen. Aber dieser negative Ansatz erlaubte unter den obwaltenden sozialen Umständen entfremdeter Subjekte keine Synthese mit den Werten für eine bessere Zukunftsgesellschaft. Kunst wurde autonom gedacht. Alle Versuche ihre soziale und politische Funktion wieder her zu stellen, betrachtete Adorno als gescheitert (ÄT: 9). Erzfeind der kritischen Theorie war die Kulturindustrie mit ihrem uniformisierenden Charakter in Architektur, Literatur oder Film (DdA: 141ff), weil sie die Individualität nivellierte. Kultur schien so zur Duplizierung einer miserablen sozialen Realität verdammt. Das Amüsement wurde zum Korrelat der Langweile. Selbst Chaplins Anti-Hitler-Film wurde für Adorno eine Art Reproduktion des langweiligen Alltagslebens im Nazismus (DdA: 171).

Die Soziologie der Kunst erhielt somit stark begrenzte Aufgaben. Mozarts soziale Lebensbedingungen konnten für Adorno seine Musik nicht erklären. Aber Adornos nahm auch Stellung gegen die *l'art pour l'art-Bewegung*. Sie konnte weder dem Charakter der Warenproduktion noch dem Kitsch entkommen. Obwohl er in seinem Werk über den „Jargon der Eigentlichkeit" anerkannte, dass deutsche Symbolisten wie George und Hofmannsthal nicht Jargon schrieben, schien ihre Theorie bei ihren literarischen Interpreten bis hin zu Heidegger dem *„Jargon der Eigentlichkeit"* offen zu stehen (ND/JdE: 417). Adornos Dialektik distanzierte sich auch von *Hegels* Ästhetik. Mit Hegel war er sich nur in einem Punkt einig: Ästhetik kann nicht von der sozialen Realität, die sie umgibt, gelöst werden. Adorno liebte enzyklopädische geistige Arbeit ohne Spezialisierung. Er hoffte auf ein Ende der Begrenzungen einzelner Künste. Das Ende von „Genres" und „Stilen" wurde proklamiert. „Verfransung" – postmodern ausgedrückt Synergie-Effekte – waren sein Ideal. Bahnbrechend war daher Adornos Verständnis für die „Montage" und „Assemblage" in vielen Werken der Avantgarde.

Hegels Begriff der „List der Vernunft" entwickelte in Adornos Philosophie ein negatives Äquivalent: *„die List der Unvernunft"* (ÄT: 331). Kunst galt als Opposition gegen das bestehende System. Auch Hegel und Marx wurden in ihrem Kunstgeschmack für ihre offen klassizistische Attitüde kritisiert (ÄT: 309). Die Synthese von Hegels Theorien und Gedanken von Schopenhauer und Nietzsche neigte sich vielfach dem zweiten Pol zu. Nietzsches Betonung des Dionysischen wurde als politischer Progressismus entwickelt. In der Musik schien Adorno die Ursünde die Abweichung von der Polyphonie und die Erfindung der Generalbasses, die in einer Hierarchisierung der Kunst enden musste (ÄT: 311). Die klassische Kunst schien für Adorno ontologisch, weil sie keine Ambiguitätstoleranz zuließ (ÄT: 301). Dieser Gedanke hat Adorno im Zeitalter der Postmoderne ein erstaunliches Revival beschert, wie es sich weltweit in den Feiern zu seinem hundertsten Geburtstag 2003 nieder schlug. Adorno hat seine Ideen vor allem an der Musik und der Literatur exemplifiziert. Wegweisend war auch seine mangelnde Bereitschaft, eine Differenz zwischen „ernster Musik" und „leichter Musik" zu akzeptieren. Er machte immer Front gegen den klassischen Bildungsbürger. Adorno (ÄT: 19ff) entwickelte hingegen eine Gegenüberstellung von Künsten, die auf den Markt gerichtet waren, und Künste, welche das manipulierte falsche Bewusstsein zu überwinden trachteten. Marxens Entfremdungstheorie wurde in seiner „ökonomischen Phase" in eine Theorie des Warenfetischismus weiter entwickelt. Gegen die Dogmatik eines sozialistischen Realismus in den marxistischen Regimes an der Macht entwickelte Adorno die Idee einer Avantgarde, die gerade den Geschmack der arbeitenden Klassen überwindet. Daher wurde Adorno (P: 180ff) zu einem der ersten Theoretiker, der die atonale Musik von *Arnold Schönberg* lobte, die auf eine neue Harmonie in der Zwölftonmusik verzichtete. Kunst sollte Kompromisse in den Künsten finden, um ungelöste Konflikte in der Gesellschaft aufzudecken: Kunst war für ihn die soziale Antithese zur Gesellschaft (ÄT: 29).

Adornos Theorien waren freilich nicht immer konsequent. Während seines Aufenthalts in Großbritannien schrieb er über Jazz unter dem Pseudonym „Hektor Rottweiler" (ZfS 1936, V: 2), eine Schrift, die in den „Moments musicaux" reproduziert wurde. Jazz schien ihm damals als der perfekte Ausdruck der Warengesellschaft und von Unterklassen wie der Schwarzen. Jazz wurde nicht als Ausdruck der Rebellion gegen eine rassistische Gesellschaft gesehen, sondern als pseudo-kulturelle Unterhaltung, die nicht zur politischen Aktion, sondern zur

Pseudo-Kultur der Passivität führen musste. Jazz schien die mechanische und ritualistische Antwort von „musikalischen Analphabeten" in einer entfremdeten Welt: „Kunst wird entkunstet" (P: 159). Nur in den neuen *gender relations* konnte er ein positives Element der Jazz-Kultur entdecken. Selbst in einer späten Schriften „zeitlose Mode – zum Jazz" (P: 144ff) rückte er von seinen negativen Generalisierungen nicht ab und nannte sie noch „zu optimistisch". Kunst, die keinen Gebrauchswert repräsentiert sondern vor allem einen Marktwert darstellte wurde negativ bewertet, ohne zu analysieren, ob die Künstler selbst von Anfang an auf die Kommerzialisierung ausgerichtet waren. Bildungsbürgerlich schien auch Adornos Denunziation des Radios, als entfremdete Form des Hörens. Auch in anderen Bereichen war Adornos Werk nicht frei von Widersprüchen. Er hatte wenig Sinn für die moderne Architektur und verurteilte sie als „unmenschliche Megalomanie" (DdA: 141ff) – trotz seiner Proklamation der *Verfransung der Künste*. Gerade in der postmodernen Ära wurde er jedoch für diese Kritik in feministischen und postmodernen Traktaten hoch gelobt (O' Neill 1999: 174ff).

Diese Widersprüche in Adornos Werk brachten ihn zunehmend in Konflikt mit dem österreichischen Emigranten *Paul Lazarsfeld*, einem Pionier der empirischen Sozialforschung. Die Kooperation endete 1941 als Adorno von New York nach Los Angeles übersiedelte. Die Kooperation hatte mit dem „Princeton Radio Research Project" begonnen. Lazarsfeld hatte ursprünglich ein lebhaftes Interesse an Adornos als bekanntem Autor über Musik. Aber die Betonung von Theorie bei Adorno brachte die beiden Gelehrten rasch zu Meinungsverschiedenheiten. Lazarsfeld betonte auch die Notwendigkeit von Theorie. Er unterstrich jedoch zugleich: „On the other hand, we understand that you have to end up finally with research among listeners, although in many cases we might have to stop with the formulation of the theoretical problem and discussions of techniques to answer them, simply for reasons of time"(zit. Wiggershaus 1986: 268). Als Adorno dem Rat Lazarsfelds folgte und empirisch zu arbeiten begann, war dessen Reaktion negativ. Er nannte ihn „uninformed about empirical research" und kritisierte, dass er die logischen Alternativen seiner eigenen Thesen nicht ausschöpfte. Die Attacken endeten in persönlichen Angriffen: „You attack other people as fetishists, neurotic and sloppy but you show yourself the same traits very clearly"(ebd.: 272). Spätere Übelgelauntheit in der Kritik am „Positivismus" in der Kritischen Theorie hatte in diesen Auseinandersetzungen ihre Wurzeln. Abgesehen von den unüberbrückbaren Kontroversen zweier metatheoretischer und methodologischer Ansätze wurde an Adorno mit Recht kritisiert, dass er kein wirkliches Interesse an dem Land entwickelte, dem er sich für seine Rettung zu Dank verpflichtet fühlte. Obwohl er wesentlich länger in den USA gelebt hatte als die reisenden Analytiker Tocqueville und Max Weber war Adornos intellektuelles Interesse an Amerika „begrenzt und selektiv" (Offe 2004: 92). Dabei zeigte sich in persönlichen Äußerungen gegenüber seinen Eltern (GS 10.2: 716) und in dem Paper „Wissenschaftliche Erfahrungen in Amerika", dass er der Aufgeschlossenheit und Hilfsbereitschaft der Amerikaner sehr positive Seiten abgewinnen konnte.

„Negative Dialektik"

Nach den Enttäuschungen in der Empirie begannen Adorno und Horkheimer sich verstärkt einer Kritik der Aufklärung zu widmen. Sie betrachteten diese als Fortsetzung der Mythologie im Gewande rationaler Theorien. Das Buch „Minima moralia" (1951, MM 2003) wurde zu einem klassischen Beispiel für Adornos Art zu räsonieren. Es ist als eine Art Gründungsdokument der Frankfurter Schule in der Nachkriegszeit angesehen worden. Die Moderne schien diskreditiert durch den Missbrauch rationalistischer Theorien und ihre Verfallenheit an einen „universellen Verblendungszusammenhang" – ein ubiquitärer Ideologieverdacht, der über alle früheren Theorien über Ideologisierung von Marx bis Karl Mannheim hinausging. Das Spätwerk „Negative Dialektik" war die Weiterentwicklung des ursprünglichen Gemeinschaftsprojekts mit Horkheimer. Hauptfeind des kritischen Denkens waren die „affirmativen" Aussagen, die sich selbst im kritisch-dialektischen Denken noch fanden (ND 2003: 9). Negativismus und Messianismus schienen komplementär. Nur vom Standpunkt des Messianismus aus schien der Anspruch von „authentischer Rationalität" und „Vernunft" noch möglich, von dem aus man „falsches Bewusstsein" denunzieren konnte. Das alte jüdische „Bilderverbot" – das schon Marx gegen die utopischen Kommunisten seiner Zeit wie Cabet, Fourier oder Weitling mobilisiert hatte – wurde noch zugespitzt. Utopisches Denken war für Adorno lediglich eine Kopie jener Gesellschaften, gegen die es angeblich gerichtet war (MM: 299).

Dialektik war schon im alten Griechenland von den Sophisten als Methode bei der Suche nach Wahrheit entwickelt worden. Negation reichte im 19. Jahrhundert nicht aus, um dialektisches Denken zu begründen. Hegels „Synthese" und Marxens „Negation der Negation" als dritter Schritt nach These und Antithese schien unerlässlich. Bei *Marx* nahm die Dialektik die Züge einer Ontologie, beim späten *Engels* sogar Anklänge an eine Naturphilosophie an, eine Entwicklung die für Adorno nicht akzeptabel erschien. Die kritische Theorie Adornos lehnte positive Ideen über ein richtige Gesellschaft ab (MM: 299). Dialektik musste permanent gegen den Missbrauch des Denkens verteidigt werden, um die Ideologien zu bekämpfen, die sich zum Anwalt der Unterdrückten aufwarfen. Damit wurde auch der Zusammenhang von Theorie und Praxis im Marxismus-Leninismus gelockert. Philosophisches Denken dient als Schubkraft für revoluti-

onären Wandel – nicht der organisierten Gewalt von selbsternannten Sprachroh-
ren des Proletariats oder anderer Gruppen. Marx hat in der berühmten 11. Feuer-
bachthese betont, dass die Philosophen bisher die Welt nur verschieden interpretiert hätten: „es kömmt aber drauf an, sie zu verändern" (MEW Bd. 3: 7). Gegen
Benders Hypothese vom *„Verrat der Intellektuellen"*, welche die Revolution
verrieten, hoffte Adorno (MM: 302) darauf, dass die Massen nicht länger im
Misstrauen gegen die Intellektuellen verharrten, sondern sie als ehrlich in der
Förderung intellektueller Revolutionen erkannten. Adorno zeigte sich weniger
enttäuscht vom Marxismus als sein Freund Horkheimer, vielleicht weil er nie
den Theorien des Marxismus in gleicher Weise verfallen war.

Adornos Grundempfindung war näher an einer pessimistischen Tradition
von Nietzsche bis Heidegger und ihrem neurotisierten Sinnlosigkeitswahn als der
Denker wahrhaben wollte, auch wenn er sich nicht zu eigenwilligen Wortkreati-
onen wie das „Geworfensein" bei Heidegger verstieg. Seine Droge war die theoretische Arbeit und sie führte ihn zu harschen Urteilen über andere Denker. Das
machte ihn nicht gerade populär, insbesondere bei Denkern des kritischen Rationalismus, aber auch des Normativismus wie bei Hannah Arendt. Selbst Schönberg, der Adorno einiges verdankte, mochte ihn eigentlich nicht. Freunde, die
ihm nahe standen, konnten vielfach seinen „ausgeleierten Tiefsinn" (Siegfried
Kracauer) nicht ertragen, der seine Dialektik zu zahlreichen widersprüchlichen
Thesen führte (vgl. Adorno/Kracauer 2008). Auch die Beziehungen zu Horkheimer waren nicht immer konfliktfrei. Einer der letzten Streitpunkte war Adornos
Assistent *Jürgen Habermas*, der Horkheimer „zu revolutionär" schien (Dok. in:
Clausen 2003: 407-419). Adornos Kritik richtete sich auch gegen die herkömm-
liche Systemphilosophie, die das Weltchaos rationalistisch überspielte. Das Gan-
ze, eine erschlichene Totalität, blieb für Adorno suspekt.

Vision einer guten Gesellschaft?

Adorno ist eine negative Theologie vorgeworfen worden (Deuser 1980;
Koch/Kodalle 197; Wischke 1994: 153). Sie verstärkte den Sinnlosigkeitswahn.
Der Sieg der Demokratie 1945 führte zu Demokratien, die für Adorno nicht
offen genug waren. „Nach Auschwitz" schienen nicht einmal Kunst und Poesie
Sinn zu machen. Postmodernisten haben Adorno sogar mit Woody Allen verglichen (Witkin 2003: 157). Dennoch gab es einen positiven Aspekt des theologi-
schen Denkens in Adornos Werk: die Hoffnung auf Rettung durch Denken und
durch Kunst. Eine freie Gesellschaft war für ihn nie – wie im Marxismus – eine
Gesellschaft rationaler Entwicklung der Produktivkräfte, sondern eine Gesell-

schaft, welche „Humanismus ohne Ausbeutung," und ohne Konkurrenzkämpfe und Entindividualisierung isolierter Subjekte realisierte.

Eine Schule der Kritischen Theorie entstand in der Außenwahrnehmung erst als Adorno in die Positivismus-Debatte eingriff. Sie spielte sich mehr in der Soziologie als in der Philosophie ab. 1961 wurde Adorno (1982: 108ff) zum wichtigsten Antagonisten von *Karl R. Popper*. Der Positivismus wurde zum Pauschaletikett. Es bezeichnete die Entfremdung des Denkens von der sozialen Realität, das die triste Wirklichkeit nur duplizierte oder künstliche Spiele mit Datensätzen arrangierte. Dass der kritische Rationalismus von Popper bis Albert auch das Epitheton „kritisch" beanspruchte, schien wie ein Sakrileg. Nur im Postulat über den Primat der Theorie – im Gegensatz zum empiristischen Induktionismus des Vulgärpositivismus und des Behavioralismus – vertraten Popper und Adorno ähnliche Positionen. Der Technokratievorwurf wurde inflationiert in einer Zeit, da konservatives Denken die Technikfeindlichkeit nach 1945 abgelegt hatte. Bei *Arnold Gehlen* galt die Technik als ein Mittel, die Ideologien zu überwinden, eine Hoffnung, die für Adorno einen Rückfall in eine neue Ideologie darstellte. Der Universalverdacht gegen Ideologien wurde später selbst bei einem früheren Schüler wie Habermas (1988: 156) als „undialektisch" und fast theologisch bewertet, da der Teufel der Ideologie durch kritischen Denken exorziert werden musste.

Kritische Theorie, die kritisch bleiben wollte, brauchte eine normative Basis außerhalb der Beschreibung von Pathologien der sie umgebenden Gesellschaft. Die Institutionalisierung des kritisch-dialektischen Denkens ließ sich schwer mit den anti-autoritären Prinzipien Adornos verbinden (DdA: 11). Adorno akzeptierte die These Nietzsches nicht, dass Normen kontingent bleiben. Seine kritische Theorie verblieb damit im Rahmen des Idealismus und war nicht so anti-essentialistisch, wie sie sich selbst einschätzte (Bonacker 2000: 276). *Max Webers* Lösung, dass Institutionen geschaffen werden müssen, weil der moderne Polytheismus keine logische Hierarchie von Normen erlaubte, war für eine moderne Gesellschaftstheorie unerlässlich. Aber Adorno konnte nicht einmal Webers weiche Institutionen akzeptieren, welche nach Balance zwischen normativer Kontingenz und Sicherung der Stabilität der Gesellschaft strebten. Während Popper und seine Schüler an Max Weber anknüpften, hat Adorno die „Mandarine der Modernisierung" in der deutschen Theoriegeschichte unermüdlich angegriffen. Adorno hat – im Gegensatz zu Horkheimer – nicht einmal an seiner eigenen Institution, dem Institut für Sozialforschung, gesteigertes Interesse entwickelt. Adorno blieb nach Aussage seines früheren Assistenten Habermas (2003: 45) nur ein passives Zentrum im Schnittpunkt von Einflüssen von seiner Frau Gretl, Horkheimer und seinem Co-Direktor von Friedeburg.

Das institutionelle Desinteresse machte Adornos Denken für die Politikwissenschaft eher unergiebig. Er konnte weder das Scheitern von Weimar noch die Probleme der Nachkriegsdemokratie sinnvoll erklären. Als Adorno selbst in einer Revolution, die ihre Kinder fraß, auf die Anklagebank in der Ordinarienuniversität geriet, war er tief getroffen und zog sich in seinen philosophischen Elfenbeinturm zurück. Gelegentlich ist Adornos früher Tod auf die Enttäuschung zurück geführt worden, dass die Studenten, die Adorno einst blind gefolgt waren, sich gegen ihn wandten (Claußen 2003: 381). Gleichwohl blieb Adorno ein politisch verantwortlicher Denker. Er wollte kein Eskapist sein. Sein Engagement für das „unidentische" hat eine extreme Sensibilität für Ungerechtigkeit in der Gesellschaft geschaffen. Der bekannteste Aktivist der 68er Bewegung, *Hans-Jürgen Krahl*, hat dem Lehrer ins offene Grab nachgerufen, Adorno hätte die Kraft haben sollen, die letzte Hülle radikalisierter Bürgerlichkeit abzustreifen und den Aktionisten die Fahne voranzutragen. *Jürgen Habermas* (1971: 190f) hat diesem revolutionären Hochmut widersprochen und ihm „philosophisches Verständnis" abgesprochen: „Denn die historisch gewordene Gestalt des bürgerlichen Individuums wäre mit Willen und gutem Gewissen, und nicht nur mit Trauer, erst dann zurückgelassen, wenn aus der Auflösung des alten schon ein neues entsprungen wäre". Aber Adorno hat sich nie angemaßt, über ein „neues Subjekt" zu fabulieren.

Die kritische Theorie hat ein theoretisches Dilemma erst durch die „Weberisierung" des Werkes von Jürgen Habermas überwinden können. Die negativen Kräfte der Gesellschaft wurden nun im System partialisiert. Ihm stand die Lebenswelt der Menschen gegenüber, die gegen die negativen Kräfte wie Bürokratisierung, Verrechtlichung und Kommerzialisierung verteidigt werden musste. Die Institutionen wurden in der weiter entwickelten kritischen Theorie nicht mehr in toto negativ betrachtet. Wenn einst kritische Bewegungen wie die Parteien im System erstarrten, schienen die neuen sozialen Bewegungen eine Möglichkeit, das System durch kritisches Denken und Handeln zu verändern. Habermas (in: Honneth/Wellmer 1986: 12) musste später bekennen, dass die Hoffnung auf eine interdisziplinäre Theorie der Gesellschaft in einem Max-Planck-Institut in Starnberg – das Habermas mit Carl Friedrich von Weizsäcker leitete – ein Fehlschlag wurde. Aber die Theorie des kommunikativen Handeln wurde gleichwohl zum erfolgreichsten Resultat der Aspirationen der Frankfurter Schule. Habermas überwand Adornos Voreingenommenheit für die Kulturindustrie. Die modernen Massenmedien hatten sich entwickelt und eine kritische Theorie in modernisierter Form musste diesen Wandel einarbeiten und zu einer politischen Theorie vorstoßen.

Quellen

Adorno: Gesammelte Schriften.(Hrsg. R. Tiedemann). Frankfurt, Suhrkamp, 1986ff, 20 Bde. (zit.: GS)

Adorno: Hauptwerke (Hrsg. R. Tiedemann). Frankfurt, Suhrkamp, 2003, 5 Bde.

Adorno/ M. Horkheimer: Dialektik der Aufklärung. GS, Bd. 3 (zit. DdA).

Adorno: Minima Moralia. GS. Bd. 4 (zit. :MM).

Adorno: Negative Dialektik. Jargon der Eigentlichkeit. GS. Bd. 6 (zit.: ND – JdE)

Adorno: Ästhetische Theorie. GS Bd. 7 (zit.: ÄT).

Adorno: Philosophie neuen der Musik. GS. Bd. 12 (zit.:Ph d.n.M).

Adorno: Prismen. Kulturkritik und Gesellschaft. Frankfurt, Suhrkamp, 1955. (zit.: P).

Adorno u. a.: Der Positivismusstreit in der deutschen Soziologie. Darmstadt, Luchterhand, 1982, 10. Aufl., München, DTV, 1993.

Adorno: Keine Angst vor dem Elfenbeinturm. Spiegel-Gespräch mit dem Frankfurter Sozialphilosophen Theodor W. Adorno. Der Spiegel, Nr. 19, 1969: 204-209.

Adorno: Marginalien zu Theorie und Praxis. In: Stichworte 2 Kritische Modelle. Frankfurt, Suhrkamp, 1969a

Adorno: Aufsätze zur Gesellschaftstheorie und Methodologie. Frankfurt, Suhrkamp, 1970.

Adorno / W. Benjamin: Briefwechsel 1928-1940 (Hrsg. H. Lonitz). Frankfurt, Suhrkamp, 1994.

Adorno: Mister Amerika. Süddeutsche Zeitung Magazin, 29. 8. 2003: 18f (Ein unbekanntes Paper zum Lob der USA).

Adorno u. a.: Studies of Prejudice. New York, 1950, Amsterdam, De Munter, 1968, 2 Bde.

Adorno: Reflexionen zur Klassentheorie (1942). In: Adorno: Ob nach Auschwitz noch sich leben lasse. Ein philosophisches Lesebuch (Hrsg. R. Tiedemann). Frankfurt, 1997: 133-150 (zit. Reflexionen).

Adorno/ Siegfried Kracauer: Briefwechsel 1923-1966. Der Riß der Welt geht auch durch mich. Briefe und Briefwechsel, Bd. 7 (Hrsg. W. Schopf). Frankfurt, Suhrkamp, 2008.

Horkheimer, Max: Gesammelte Schriften. Frankfurt, Suhrkamp, 1996 Bd. 18.

Horkheimer: Traditionelle und kritische Theorie. In: Zeitschrift für Sozialforschung 6, 1937: 245-294.

Marcuse, Herbert: Philosophie und kritische Theorie. In: Kultur und Gesellschaft. 1. Frankfurt, Suhrkamp, 1965, 1967: 102-127. Bd. 2, 1967.

Marcuse, Herbert: Der eindimensionale Mensch. Studien zur Ideologie der fortgeschrittenen Industriegesellschaft. Neuwied, Luchterhand, 1967, 2. Aufl.

Marcuse, Herbert: Versuch über die Befreiung. Frankfurt, Suhrkamp, 1969.

Marcuse, Herbert: Ideen zu einer kritischen Theorie der Gesellschaft. Frankfurt, Suhrkamp, 1969.

Literatur

J. Alway: Critical Theory and Political Possibilities. Conceptions of Emancipatory Politics in the Works of Horkheimer, Adorno, Marcuse, and Habermas. Westport, Greenwood, 1995.

H. Apel: Die Gesellschaftstheorie der Frankfurter Schule. Frankfurt, Diesterweg, 1980.

M. Becker: Natur, Herrschaft, Recht. Das Recht der ersten Natur in der zweiten: Zum Begriff eines negativen Naturrechts bei Theodor Wiesengrund Adorno. Berlin, Duncker & Humblot, 1997.

T. Bonacker: Die normative Kraft der Kontingenz. Nichtessentialistische Gesellschaftskritik nach Weber und Adorno. Frankfurt, Campus, 2000.

St. Breuer: Die Gesellschaft des Verschwindens. Von der Selbstzerstörung der technischen Zivilisation. Hamburg, Junius, 1992.

D. Claußen: Theodor W. Adorno. Ein letztes Genie. Frankfurt, Fischer, 2003.

H. Deuser: Theologische Theologie: Studien zu Adornos Metaphysik und zum Spätwerk Kierkegaards. München, 1980.

H. Dubiel: Wissenschaftsorganisation und politische Erfahrung. Studien zur frühen Kritischen Theorie. Frankfurt, Suhrkamp, 1978.

Ch. Eichel: Vom Ermatten der Avantgarde zur Vernetzung der Künste. Perspektiven einer interdisziplinären Ästhetik im Spätwerk Theodor W. Adornos. Frankfurt, Suhrkamp, 1993.

J. Eysenck: The Psychology of Politics. London, Routledge & Kegan, 1968 5. Aufl.

I. Gilcher-Holtey: Primat der Theorie oder Primat der Praxis. Kritische Theorie und Neue Linke. In: Diess. : Eingreifendes Denken. Die Wirkungschancen von Intellektuellen. Weilerswist, Velbrück, 2007: 163-183.

J. Habermas: Der philosophische Diskurs der Moderne. Frankfurt, Suhrkamp 1985, 1988 4. Aufl.: 130-157.

J. Habermas: Die Zeit hatte einen doppelten Boden. Der Philosoph Theodor W. Adorno in den fünfziger Jahren. Die Zeit. 4.Sept. 2003: 45f.

C. G. Hempel: Aspects of Scientific Explanation. New York, Free Press, 1965.

A. Honneth / A. Wellmer (Hrsg.): Die Frankfurter Schule und die Folgen. Berlin, de Gruyter, 1986.

U. Jaerisch: Sind Arbeiter autoritär? Zur Methodenkritik politischer Psychologie. Frankfurt, EVA, 1975.

M. Jay: Dialektische Phantasie. Die Geschichte der Frankfurter Schule und des Instituts für Sozialforschung. 1923-1950. Frankfurt, Suhrkamp, 1973.

N. Kapferer: Philosophie in Deutschland 1945-1995. Grundzüge und Tendenzen unter den Bedingungen von politischer Teilung und Wiedervereinigung. Bd. I: Die Jahre 1945-1970. Hamburg, Dr. Kovač, 2008: 338-419.

R. Karger: Herrschaft und Versöhnung. Einführung in das Denken Theodor W. Adornos. Frankfurt, Suhrkamp, 1988.

M. Kilian: Modern and Postmodern Strategies. Gaming and the Question of Morality. New York, Lang, 1998.

T. Koch / K.-M. Kodalle: Negative Dialektik und die Idee der Versöhnung. Stuttgart. Kohlhammer, 1973.

W. Kraushaar (Hrsg.): Frankfurter Schule und Studentenbewegung. Von der Flaschenpost zum Molotowcocktail. Hamburg, Rogner & Bernhard bei Zweitausendeins, 1998, 3 Bde.

E. Lunn: Marxism and Modernism. An Historical Study of Lukács, Brecht, Benjamin, and Adorno. Berkeley, University of California Press, 1982.

St. Müller-Doohm: ‚Adorno'. Eine Biographie. Frankfurt, Fischer, 2003.

H. Münkler: Die kritische Theorie der Frankfurter Schule. In: K. Graf Ballestrem /H. Ottmann (Hrsg.): Politische Philosophie des 20. Jahrhunderts. München, Oldenbourg, 1990: 179-210.

M. O'Neill (ed): Adorno. Culture and Feminism. London, Sage, 1999.

C. Offe: Selbstbetrachtung aus der Ferne. Tocqueville, Weber und Adorno in den Vereinigten Staaten. Frankfurt, Suhrkamp, 2004: 91-120.

U. Paetzel: Kunst und Kulturindustrie bei Adorno und Habermas. Wiesbaden, Deutscher Universitätsverlag, 2001.

E. Shils: Authoritarianism: Right and Left. In: R. Christie / M. Jahoda (Hrsg.): Studies in the Scope and Methods of 'The Authoritarian Personality'. Glencoe/Ill., Free Press, 1954: 23ff.

S. Specht: Erinnerung als Veränderung. Über den Zusammenhang von Kunst und Politik bei Theodor W. Adorno. Mittenwald, Mäander, 1981.

Ch. Thies: Die Krise des Individuums. Zur Kritik der Moderne bei Adorno und Gehlen. Reinbek, Rowohlt, 1997.

A. Wellmer: Zur Dialektik von Moderne und Postmoderne. Vernunftkritik nach Adorno. Frankfurt, Suhrkamp, 1985.

R. Wiggershaus: Die Frankfurter Schule. München, Hanser, 1986.

R. Wiggershaus: Theodor W. Adorno. München, Beck, 1998, 2. Aufl.

M. Wischke: Die Geburt der Ethik. Schopenhauer − Nietzsche − Adorno. Berlin, Akademie Verlag, 1994.

R. Witkin: Adorno on Popular Culture. London, Routledge, 2003.

Zur Begründung politischer Normen

Ulrich Druwe

Einleitung

Die meisten Menschen erwarten von Politikern verantwortungsbewusstes, moralisches Handeln; Politikverdrossenheit spiegelt ihre entsprechende Enttäuschung. Dabei hat schon Machiavelli in seinem „Il Principe" darauf verwiesen, dass es in der Politik nur um Macherwerb und Machterhalt geht, während alles andere nur schöner Schein ist. Doch der moderne Mensch ist politikwissenschaftlich gesehen immer noch Platonist – Platon postulierte, der Politik ginge es ihrem Wesen nach um Gerechtigkeit.

Die Erwartungshaltung der Menschen scheitert nicht nur an der politischen Realität, die immer machtorientiert ist, sie scheitert systematisch an einem bislang wissenschaftlich nicht gelösten Problem, nämlich der fehlenden wissenschaftlichen Begründbarkeit moralischer Normen.

Der Moralphilosoph A. MacIntyre spricht in diesem Kontext vom Phänomen der moralischen Krise, die ihren Ursprung im „Projekt der Aufklärung" hat. Seit der Aufklärung wird explizit versucht, die Moral rational zu rechtfertigen; dieses Projekt gilt jedoch bislang als gescheitert. In der Konsequenz folgt hieraus einerseits die „moralische Krise der Gegenwart" (A. MacIntyre) als praktisches Problem, andererseits aber – und dies ist aus wissenschaftlicher Sicht das fundamentalere Problem – der Ausschluß normativer Probleme aus dem wissenschaftlichen Diskurs.

Es ist eine bittere Ironie, wenn ausgerechnet ein so „lebenswichtiger" Bereich, wie die Unterscheidung zwischen gut und böse, gerecht oder ungerecht nicht wissenschaftlich diskutierbar ist. Jede Politische Ethik – die Disziplin, die sich im Rahmen der Politischen Philosophie mit der Bewertung politischen Handelns, also mit Normen befasst – verfällt dem Verdikt der Unwissenschaftlichkeit, so lange das Begründungsproblem nicht gelöst ist.

Wie stellt sich nun die aktuelle Debatte zu dieser Herausforderung dar? Dieser Frage soll im Folgenden in aller Kürze nachgegangen werden.

Wissenschaftstheoretischer Hintergrund: Metaethik

Seit der Entwicklung der Wissenschaften in der frühen Neuzeit und verstärkt ab dem 20. Jahrhundert haben sich die Wissenschaftler mit den Grundlagen ihres Tuns befasst; die entsprechende Disziplin hieß früher Erkenntnistheorie, heute Wissenschaftstheorie.

Im Zentrum stehen solch brisante Fragen wie beispielsweise: Ist der Mensch erkenntnisfähig? Was ist Wahrheit? Was gibt es (Ontologie)? Und eben auch: Gibt es Normen und wenn ja, welche? Woher weiß man, welche moralischen Normen richtig sind? Solche auf moralische Normen bezogene Fragen werden in der wissenschaftstheoretischen Teildisziplin Metaethik reflektiert.

In der modernen Wissenschaftstheorie vollzog seit den 20er Jahren des letzten Jahrhunderts eine fundamentale Veränderung, bezeichnet als „linguistic turn". Hintergrund war die Erkenntnis, dass Wissenschaft im Kern auf Sprache rekurriert. Wir postulieren Hypothesen, wir testen Theorien, wir entwickeln Erklärungen, etc. und all dies sind letztlich Sätze bzw. Aussagensysteme. Um wissenschaftlich arbeiten zu können sind daher präzise, prüfbare Sätze nötig.

Rudolf Carnap formulierte vor diesem Hintergrund sein seitdem in der Wissenschaftstheorie allgemein anerkanntes Zweistufenkonzept der Wissenschaftssprache. Demnach gibt es nur zwei Sprachklassen, die präzise gefasst werden können: die empirische Sprache und die theoretische Sprache. Die Präzision der Sprache ist Voraussetzung der Prüfbarkeit; es gibt auch nur zwei Klassen von Wahrheitstheorien: die Korrespondenztheorie der Wahrheit und die Kohärenztheorie der Wahrheit. Empirische Aussagen sind demnach korrespondenztheoretisch anhand der Realität zu prüfen; sie sind dann wahr, wenn der behauptete Sachverhalt empirisch der Fall ist, sonst sind sie falsch. Theoretische Aussagen sind kohärenztheoretisch gültig, wenn es sich um eine logisch korrekte Ableitung handelt, andernfalls sind sie kontradiktorisch.

In dieser Sicht sind nur zwei Wissenschaftsbereiche anerkannt: die empirischen oder Erfahrungswissenschaften, z.B. Naturwissenschaften, Sozialwissenschaften und die analytischen oder Formalwissenschaften, z.B. Mathematik.

Analog zur linguistischen Wende war die Erkenntnis um die Relevanz präziser Sprache auch der Ausgangspunkt aller metaethischen Überlegungen. Damit rückte der logische Status moralischer Begriffe/Sätze in den Focus.

Wahrheitsbedingungen werden auf der Ebene der Semantik formuliert. Wahr oder falsch können danach nur empirische Sätze sein; dieser Wahrheitsbegriff ist zeitlos, abstrakt und relativ zu einer bestimmten Sprache S. Kernfrage ist nun: In welchem Zusammenhang stehen moralische und empirische Begriffe/Sätze/Aussagensysteme? Gelänge es, hier einen Bezug herzustellen, d.h. etwa normative in empirische Begriffe/Sätze/Satzsysteme zu „übersetzen", dann wäre auch das Begründungsproblem schnell abzuhandeln, da man mit einer analogen, korrespondenztheoretischen Begründungsstruktur wie in den empirischen Wissenschaften arbeiten könnte. Kann man also von moralischen Erkenntnissen in einem ähnlichen Sinn (präzise, prüfbar) wie in den Erfahrungswissenschaften sprechen?

Drei Hauptströmungen lassen sich zu diesem Punkt in der Metaethik unterscheiden:

a) der Naturalismus,

b) der Intuitionismus

c) und der Nonkognitivismus.

(a) Um wahrheitsfähig zu sein, müssen ethische Aussagen präzise und das heißt in empirische Aussagen umformbar sein. Genau dies behauptet die metaethische Theorie des Naturalismus, derzufolge alle ethischen Aussagen auf deskriptive reduzierbar sind.

Nun ist einzuräumen, daß alle ethischen Prädikate von nichtethischen abhängen und daß sich ethische Begriffe mittels nichtethischer definieren lassen. Dennoch kann von einer Identität nicht die Rede sein, wie das entsprechende Begründungsverfahren verdeutlicht: Es werden Tatsachen bei moralischen Urteilen herangezogen, aber logisch gesehen sind Begründungen moralischer Urteile, die nur auf Tatsachen basieren, unvollständig (D. Humes hat dies erstmalig systematisch gezeigt und diesen – fehlerhaften – Sein-Sollens-Schluß als naturalistischer Fehlschluß bezeichnet), da für einen korrekten Schluß mindestens eine moralische Prämisse gegeben sein muß. Der Naturalismus ist folglich logisch gescheitert.

(b) Die metaethische Theorie des Intuitionismus postuliert eine spezifisch moralische Erkenntnisfähigkeit des Menschen, d.h. jeder Mensch verfügt über eine angeboren moralische Intuition, ein Gewissen oder einen moral sense. Hierauf können empirische Erkenntnisse nicht reduziert werden und daher bestehen zwischen ethischen und empirischen Aussagen lediglich Analogien.

Über die Wahrheitsfähigkeit ethischer Aussagen entscheidet nach dieser Theorie allein die menschliche Intuition. Gesetzt den Fall, es gäbe tatsächlich diese Intuition, das Gewissen oder der moral sense, wären sie dann so zu verallgemeinern, dass sie als wissenschaftliche Begründungsbasis taugen? Dies erscheint wenig erfolgversprechend und moralische Begründungen würden auf dieser Basis relativ. Deswegen gilt auch der Intuitionismus als ungeeignetes Begründungskonzept für Normen.

(c) Naturalismus und Intuitionismus gehen als sog. kognitivistische Theorien davon aus, daß ethische Aussagen durch Umwandlung bzw. in Analogie zu empirischen Sätzen präzise und wahrheitsfähig werden, nonkognitivistische Theorien bestreiten genau dies; ihnen zufolge sind normative Sätze nicht wahrheitsfähig, d.h. es gibt für Normen keine allgemein akzeptierte Wahrheitsbasis.

Angesichts der wissenschaftlichen Probleme kognitivistischer Konzepte ist es verständlich, dass heute der Nonkognitivismus die allgemein akzeptierte metaethische Theorie ist.

Er wird in verschiedenen Varianten diskutiert. Bedeutend sind vor allem zwei Varianten,

- der Emotivismus (Stevenson, Ayer, Carnap) und
- der Präskriptivismus (Hare).

Nach C.L. Stevenson werden normative Sätze dazu verwendet, bei anderen Menschen bestimmte Einstellungen hervorzurufen. Wenn eine Person A zu Person B sagt: X ist gut, so hat diese Aussage die Funktion, die eigene Haltung zu bekunden und B zum Einnehmen der gleichen Haltung aufzufordern.

Ethische Sätze haben zwar deskriptiven und rationalen Gehalt, wesentlich ist jedoch, daß ihre Funktion darin besteht, den Adressaten emotional zu beeinflussen, ihn zu überreden, ihn zu ermahnen usw.; d.h. sie haben eine imperative Komponente, die sich primär auf zukünftige Handlungen bezieht.

Hares Präskriptivismus trennt deskriptive von normativen Sätzen; letztere sind entweder Imperative oder Werturteile, wobei sich moralische Imperative von nichtmoralischen durch das Prinzip der Universalisierbarkeit und der Präskriptivität unterscheiden.

Nonkognitivistische Theorien vertreten also den Standpunkt, daß moralische Sätze keine wahrheitsfähigen Behauptungssätze sind. „Ethik ist eine Sache des Willens, nicht des Verstandes. Darum haben die ethischen Sätze nichts mit Erkenntnis und Irrtum, nichts mit wahr und falsch zu tun." (Waismann 1983, 174)

Die „Lösung" der Rationalen Ethik

Naturalismus und Intuitionismus scheitern, weil sie moralische Sätze in empirische übersetzen wollen oder deren Analogie behaupten. Könnte es dann aber nicht wenigstens gelingen, moralische Sätze in analytische Sätze zu transferieren? Genau dies ist das Programm der Rationalen Ethik: Sie postuliert, normative Sätze seien wie analytische zu behandeln.

Indirekt findet sich ein erster Hinweis für diese Vorgehensweise bei T. Hobbes in seinem „Leviathan": Dort entwickelt Hobbes ein auf Nutzenmaximierung basierendes Begründungsmodell für politisches Verhalten. Anders formuliert: Er „begründet" Normen (der Mensch sollte mit anderen kooperieren) mit Rationalität (es liegt im individuellen Interesse zu kooperieren). Dieses Muster setzte sich als Begründungsparadigma der Rationalen Ethik durch.

Der Gedankengang ist dabei folgender: Die Ethik versucht die Frage zu beantworten: „Was soll ich tun"? Die Antwort auf diese Frage verlangt eine Entscheidung. Es liegt also nahe, normative Fragen entscheidungstheoretisch zu rechtfertigen.

Mit dieser Idee schließt sich die Rationale Ethik an die Überlegungen der sog. „Rational Choice Theory" an. Deren wissenschaftlicher Ansatz kann mit zwei Fragen umschrieben werden:

1. Gegeben seien bestimmte Handlungsoptionen; mit welcher Handlung kann das bestmögliche Ziel erreicht werden? (Nutzenmaximierung)
2. Gegeben ein bestimmtes Ziel, mit welchen Handlungen kann das Ziel unter minimalem Aufwand erreicht werden (Kostenminimierung)?

Nutzenmaximierung und Kostenminimierung sind folglich die beiden zentralen Begriffe der Rational Choice Theory. Diese sind jedoch nicht rein ökonomisch aufzufassen, es sind vielmehr zunächst „leere" Begriffe, die je nach dem Handelnden individuell auszufüllen sind. So kann es z.B. der Nutzen eines Menschenfreundes sein, Verwundete aus Kriegsgebieten zu evakuieren und dabei sein eigenes Leben zu riskieren; der Nutzen eines anderen könnte jedoch darin bestehen, in ein Kriegsgebiet möglichst viele Waffen zu verkaufen. Jeder Mensch muß für sich selbst bestimmen, was für ihn Nutzen und Kosten darstellt; die Entscheidungstheorie hilft dann, optimale Handlungen aus verschiedenen Alternativen auszuwählen.

Betrachten wir dazu ein berühmtes Beispiel, wie im Rahmen der Rational Choice Theory normativ argumentiert wird.

Rawls „A Theory of Justice"

Mit John Rawls' berühmten Buch „A Theory of Justice" (1971) wurde eine neue politikphilosophische Gerechtigkeitsdiskussion eingeleitet. Rawls steht in der Tradition der Vertragstheoretiker und des Liberalismus, zugleich ist er ein Vertreter der Rationalen Ethik.

Sein Ziel ist es, zu einer plausiblen Definition politischer Gerechtigkeit zu kommen. Die Bestimmung von Normen, wie der Gerechtigkeit, kann sich nicht auf Gott, das Sittengesetz o.ä. berufen. Für den Rationalen Ethiker kann nur der Mensch Ausgangspunkt der Überlegungen sein. Allerdings verwendet man dazu keine empirische Theorie des Menschen (Anthropologie), sondern man reduziert Erfahrungen auf wenige Grundannahmen: einen Modellmenschen, dem bestimmte Eigenschaften per Definition (axiomatisch) zugeschrieben werden. Aus dieser Festlegung werden rationale Probleme abgeleitet, z.B. eben die Frage nach der Verteilungsgerechtigkeit.

Prämisse der Rawlsschen Überlegungen ist eine axiomatische Definition des Menschen. Rawls sieht diesen als vernünftiges, rational kalkulierendes Individuum an, das sich streng nutzenmaximierend bzw. kostenminimierend verhält.

Eine Gesellschaft ist entsprechend ein rationaler Zusammenschluß von Individuen zum gegenseitigen Vorteil. Hier entsteht jedoch ein Problem: Zwar weiß ein rationales Individuum, daß Kooperation ihm Vorteile bietet, zugleich besteht aber ein Interessenkonflikt bezüglich der Güterverteilung. Folglich stellt sich die Frage der gerechten Verteilung, d.h. der Bestimmung der politischen Gerechtigkeit.

Die politischen Gerechtigkeitsprinzipien leitet Rawls aus dem rationalen Eigeninteresse ab oder anders formuliert: er begründet Gerechtigkeit entscheidungstheoretisch. Dazu konstruiert er im Rahmen seiner Argumentation eine sog. Entscheidungssituation unter Unsicherheit – als Gedankenexperiment -, oder, wie Rawls es formuliert, eine Entscheidungssituation unter dem „Schleier des Nichtwissens" („veil of ignorance").

Demnach verfügt jedes Modellindividuum über generelle psychologische und soziale Kenntnisse, d.h. man weiß, daß man in einem Gebiet nicht allein lebt, daß die Menschen unterschiedliche geistige und körperliche Fähigkeiten besitzen, daß alle Menschen im Prinzip recht ähnliche Bedürfnisse haben, daß Güter knapp sind, daß Konkurrenz herrscht, daß Menschen zu Egoismus neigen etc.

Was man nicht weiß ist, über welche, im Vergleich zu anderen, körperlichen, intellektuellen und sonstigen Fähigkeiten man selbst als konkretes Individuum verfügt (ob man jung, klug, schön oder alt, hässlich und dumm ist, welchen Status in der Gesellschaft man per Geburt einnimmt (Mitglied einer reichen Familie etwa), welche Ziele man in der gegebenen Gesellschaft verfolgen kann, etc.

Das ist der „Schleier des Nichtwissens": im Gedankenexperiment verfügt man nur über allgemeines, nicht aber individuelles Wissen.

Der „Schleier des Nichtwissens" ermöglicht, auf der Basis allgemeinen psychologischen und soziologischen Wissens, in einem sog. „Naturzustand" („original position") eine faire (rationale) Entscheidung und damit eine Begründung über die Gerechtigkeitsprinzipien einer Gesellschaft zu formulieren.

Alle gemäß der Rawlsschen Prämisse vernünftigen Menschen entscheiden sich dabei für folgende Vorstellungen von politischer Gerechtigkeit:

1. „Jedermann soll gleiches Recht auf das umfangreichste System gleicher Grundfreiheiten haben, das mit dem gleichen System für alle anderen verträglich ist.
2. Soziale und wirtschaftliche Ungleichheiten sind so zu gestalten, daß (a) vernünftigerweise zu erwarten ist, daß sie zu jedermanns Vorteil dienen, und (b) sie mit Positionen und Ämtern verbunden sind, die jedem offen stehen." (Rawls 1988, 81)

Der erste Gerechtigkeitsgrundsatz verlangt die gleiche Verteilung von möglichst umfangreichen Grundrechten. Hier leuchtet unmittelbar ein, daß rationale Menschen für gleiche Freiheitsrechte für alle stimmen. Für einen gerechten Staat hätte dies die Konsequenz, daß er eine Verfassungsordnung mit umfangreichen freiheitlichen Grundrechten, die für alle gleich sein müssen, zu garantieren hat. Die gleich zu verteilenden Freiheitsrechte sind dem zweiten Gerechtigkeitsgrundsatz prinzipiell vorgeordnet (lexikalische Ordnung).

Der zweite Gerechtigkeitsgrundsatz weicht von dem Prinzip der Gleichverteilung ab. Stattdessen verweist Rawls hier auf die Notwendigkeit ungleicher Verteilungen im sozialen und ökonomischen Bereich, um entsprechende Ungleichheiten bei den Menschen ausgleichen zu können. Anders formuliert fordert der zweite Gerechtigkeitsgrundsatz eine wohlfahrtsstaatlich orientierte Politik des Staates. Letzteres präzisiert Rawls im Sinne des „Differenzprinzips": Danach sind bessere Chancen für Begünstigte nur dann gerecht, wenn sie auch zu Verbesserungen der am wenigsten Begünstigten beitragen. (vgl. J. Rawls, 96 ff.)

Wie kann man verstehen, daß rationale Menschen freiwillig für ungleiche Verteilung stimmen? Der Grund dafür ist der „Schleier des Nichtwissens": Wenn man nichts über sich selbst weiß, nichts über die eigene Leistungsfähigkeit, das Gedächtnis, die Ausbildung etc., dann kann man auch nicht sicher sein, ob man in einem zu planenden Staat nicht als Geisteskranker, Behinderter, Alter o.ä. leben müßten. Rechnet man jedoch damit, zu unteren Schichten zu gehören, eine schlechte Ausbildung zu haben usw., dann will man sicherstellen, daß einem der Staat zumindest das Existenzminimum sichert, d.h. man plädiert für wohlfahrtsstaatliche Politik.

Rawls Gerechtigkeitsbegriff enthält also ein Element der Gleich- und der Ungleichverteilung. Zu dieser Festlegung ist es allein auf der Basis rationaler Erwägungen unter Unsicherheit, in Folge einer bestimmten Definition der Ausgangssituation gekommen. Rawls argumentiert an dieser Stelle typisch rational-metaethisch, nämlich entscheidungstheoretisch.

Wenden wir uns nun in aller Kürze den Problemen der Rationalen Ethik und ihres Begründungskonzeptes zu. Die entscheidende Frage der Rationalen Ethik und ihrer Begründungskonzeption lautet: Es mag durchaus rational sein, eine bestimmte Handlung zu tun, warum aber ist eine rationale Handlung auch eine moralische? An keiner Stelle wird die Problematik der Gleichsetzung von Moralität und Rationalität diskutiert. Es ist völlig willkürlich, Normativität mit Rationalität zu begründen, denn der Zusammenhang zwischen beiden Aspekten ist ungeklärt (vgl. H.-P. Burth/U. Druwe 1994, 156 ff.)

Außerdem ist es weder die Aufgabe der Entscheidungstheorie, „zu untersuchen, warum sich die Wünschbarkeit für Personen in dieser und jener Weise ändert, noch ist es ihre Aufgabe, Nützlichkeitsbeurteilungen zu kritisieren und als teilweise unvernünftig oder sogar sittlich verwerflich zu charakterisieren. (...) Die normative Entscheidungstheorie ist keine Ethik. Sie stellt ... Rationalitätskriterien ... für subjektive Wahrscheinlichkeitsbeurteilungen und ... für den Zusammenhang von Wahrscheinlichkeiten und subjektiven Präferenzen" (Stegmüller 1974, Bd. IV, 324 f.) auf.

Für die Ethik wird hier die Situation problematisch: Um ihren wissenschaftlichen Status aufrechtzuerhalten, gibt es keine andere Möglichkeit für normative Begründungen, als Moralität auf Rationalität zu reduzieren. Das entscheidende Problem ist aber die Rechtfertigung dieser Reduktion; sie wurde bislang nicht geleistet. Der Vorteil dieses Verfahrens liegt natürlich in der Wissenschaftlichkeit der Vorgehensweise: Normative Sätze sind ebenso begründet wie mathematische oder andere analytische Sätze.

Daraus folgt aber auch das zweite Problem dieser Vorgehensweise. So wenig empirischen Gehalt analytische Sätze haben („2+2=4" sagt nichts über die Realität aus, es ist eine Konvention, daß 2+2 nicht 5 ist), so wenig sagen dann auch normative Sätze in der Realität aus, wenn sie in die analytische Sprache „übersetzt" werden. Nach allgemeinem Verständnis sollen jedoch normative Sätze bestimmte Handlungen vorschreiben, verbieten etc. Damit stehen sie in einem bestimmten Verhältnis zur Realität. Diesem wird die analytische Übersetzung normativer Sätze folglich nicht gerecht.

Das metaethische Begründungsproblem kann daher mit der Vorgehensweise der Rationalen Ethik nicht gelöst werden, es wird eigentlich nur umgangen. Zu seiner Lösung muß auf völlig andere wissenschaftstheoretische Basiskonzepte zurückgegriffen werden.

Holismus

Die Metaethik beruht auf dem traditionellen logisch-empiristischen Wissenschaftskonzept. Dessen Kern ist das Konzept der Wissenschaftssprache von Carnap, wonach es im Prinzip die beiden Sprachklassen der empirischen und analytischen Sätze gibt, die auf entsprechende Wahrheitstheorien (Korrespondenz- oder Kohärenztheorie) rekurrieren. Normative Sätze sind auf dieser Basis nicht einmal präzise zu formulieren. Außerdem führt eine Reduktion auf empirische Sätze zum naturalistischen Fehlschluß und eine Zurückführung auf analytische Sätze eliminiert den empirischen Gehalt normativer Sätze.

In der Gegenwart wurden nun neuere, sog. nachpositivistischer Wissenschaftstheorien formuliert – z.B. von Kuhn, Stegmüller/Sneed, Lakatos, Quine -, mit deren Hilfe auch eine neue metaethische Argumentation möglich wird (vgl. Druwe 1990). Beides soll im folgenden skizziert werden.

Insbesondere mit Willard Van Orman Quines „Two Dogmas of Empiricism" (vgl. Quine 1951, 20 ff.) wird die nachpositivistische Ära eingeläutet. In diesem grundlegenden Artikel entwickelt er Argumente gegen die Sprachetheorie des Logischen Empirismus, die schließlich zur Aufgabe der Trennung der Sprache in empirische und analytische Sprache führten. Im Kern verweist Quine dabei auf die Unmöglichkeit, das für die Unterscheidung notwendige Konzept der Analytizität bzw. der Synonymität zu explizieren. (vgl. Stegmüller 1979, Bd. II, 225 ff.)

In einem zweiten Ansatz kritisiert Quine die Konzeption der Prüfung von Aussagensystemen, sowohl der Verifikationisten (z.B. Wiener Kreis) als auch der Falsifikationisten (z.B. Popper), die im Kern in einem konstruktiven oder einem destruktiven Beleg bestehen.

Bei der Verifikation tritt – wie schon Popper ausführte – immer ein Induktionsproblem auf, d.h. allgemeine Aussagen können niemals durch endlich viele Belege „verifiziert" werden, dies wäre ein falscher, d.h. induktiver Schluß. Und in der Logik gibt es keine wahrheitserweiternden Schlüsse, von einzelnen Phänomenen kann niemals auf alle Phänomene gleicher Art geschlossen werden. Deshalb schlug Popper vor, allgemeine Aussagen durch sog. kritische Tests zu falsifizieren und in der Tat reicht dann ein Gegenbeispiel aus, um Allaussagen zu Fall zu bringen.

Quine konnte nun zusätzlich zeigen, daß auch eine endgültige Falsifikation ist nicht möglich ist. Zwei Gründe sind hierfür ausschlaggebend:

1. Probabilistische Theorien, die heute in den Naturwissenschaften (z.B. die Quantentheorie) und den Sozialwissenschaften dominieren, können grundsätzlich nicht mit einem Gegenbeispiel falsifiziert werden.

2. Üblicherweise werden bei der Überprüfung von Wissen aus dem System einzelne Bereiche herausgelöst, bei einer wissenschaftlichen Theorie etwa eine Hypothese, die dann anhand ihrer beobachtbaren Aussagen getestet wird. Eine solche Vorgehensweise beachtet nur ungenügend, daß Wissen ein System ist, d.h.: Hypothesen werden durch beobachtbare Daten kontrolliert. Deren Ableitung erfolgt unter Feststellung bestimmter Anfangs- und Randbedingungen, für die selbstverständlich auf Hintergrundwissen zurückgegriffen werden muß. Die Überprüfung von Hypothesen kann also nur unter Rückgriff auf weitere Hypothesen erfolgen. Ist eine Hypothese empirisch nicht zu belegen, so ist die Folgerung, wonach die Hypothese widerlegt sei, falsch. Es wurde gerade nicht nur diese eine Hypothese, sondern das gesamte Hintergrundwissen überprüft. Folglich könnte(n) die Hypothese, die Hintergrundhypothese, die Anfangs- und/oder Randbedingungen, das Messinstrument oder die Ableitungsregeln, auf deren Grundlage die Hypothese gebildet wurde, falsch sein.

Quines Kritik an der Wissenschaftstheorie des Logischen Empirismus mündet in eine wissenschaftstheoretische Position, die als radikaler Empirismus oder „Holismus" bezeichnet wird. (vgl. Druwe, 1990, 20 ff.; Stegmüller 1979, Bd. II, 221 ff.) In Anlehnung hieran konnte eine holistische Metaethik skizziert werden (Druwe 1990), auf deren Basis das normative Begründungsproblem einer Lösung zugeführt werden kann.

Holistische Metaethik

Nach Quines Kritik am dichotomen Sprachkonzept Carnaps ist die einzig präzise Sprache in der Wissenschaft die empirische Sprache, allerdings in einem sehr viel umfassenderen Verständnis von „empirisch" als im Logischen Empirismus. Dies hängt damit zusammen, daß jegliche Bedeutungsverleihung der Sprache von ihrem Gebrauch, also von der Realität abhängt. Als logische Konsequenz resultiert hieraus der empirische Charakter auch solcher Begriffe/Sätze, die bislang als „analytische" oder „moralische" Begriffe/Sätze bezeichnet wurden.

Somit ist es sinnlos, Moralsprachen auf wahrheitsfähige Sprache zurückführen zu wollen (wie vom Logischen Empirismus verlangt und von kognitivistischen Metaethiken umgesetzt), sind sie doch bereits empirisch durch die Art der Bedeutungsverleihung. Jegliche Normen werden als Begriff und in ihrer Verwendung in bestimmten – empirischen – Handlungskontexten gelernt. Und diese Form des Spracherwerbs führt uns dazu, von einer physikalischen Ontologie auszugehen.

„Daß wir stärker davon überzeugt sind, daß es physikalische Gegenstände gibt, als davon, daß es Klassen, Eigenschaften und dergleichen gibt, ist alles andere als verwunderlich. Denn zum einen gehören Termini für physikalische Gegenstände einer grundlegenderen Stufe unseres Spracherwerbs an als die abstrakten Termini. Die Bezugnahme auf Konkretes wird von uns als sicherer empfunden als die auf Abstraktes, weil sie tiefer in der Vergangenheit, die uns geformt hat, verwurzelt ist. Zum anderen stehen die Termini für intersubjektiv beobachtbare physikalische Dinge im Mittelpunkt der erfolgreichsten unvorbereiteten Verständigungsversuche, etwa zwischen Fremden, die sich auf dem Marktplatz begegnen. (...) Drittens lernen wir unsere Termini für physikalische Gegenstände gewöhnlich durch ziemlich direkte Konditionierung auf Reizwirkungen der denotierten Gegenstände. Die empirischen Belege für solche physikalischen Gegenstände sind...weniger verdächtig als die für Gegenstände, deren Termini man nur im Rahmen eines verwickelten Kontextes lernt." (Quine 1980, 403)

Bei genauerer Analyse ist jedoch von einer völlig anderen Ontologie auszugehen, der Sprache. Das was es gibt, sind sprachliche Abstrakta; die verwendeten sprachlichen Kategorien bezeichnen keine einzelnen Gegenstände, sondern Klassen. Abstrakte Dinge existieren daher durch die Sprache immer schon *vor* den einzelnen konkreten Gegenständen. Sie sind im ontologischen Sinne existent. Subjektiv gelernt wird die Sprache allerdings umgekehrt, nämlich über den Umgang mit Gegenständen hin zu Abstrakta. Dies führt zu dem Irrtum, physikalische Gegenstände seien ontologisch relevant, Abstrakta dagegen nicht.

Die Existenzbehauptung Quines für Abstrakta schließt die „normativen" Begriffe ein; sie umfassen die Menge „moralischer" Handlungen. Der Umgang mit „normativ" bewerteten Handlungen führt zum Erlernen der „normativen" Sprache.

Die zweite Stufe des semantischen Aufstiegs besteht dann im Übergang zu moralphilosophischen Systemen. Diese sind nichts anderes als Abstraktionen über Handlungen, wie sie in einer Gesellschaft vorhanden sind. Der semantische Aufstieg korrespondiert mit der Klassenstruktur der Sprache. Über die Sprache sind entsprechende moralphilosophische Systeme existent, und über sie ist wieder Moral existent.

Wenn es also Begriffe wie „gut" oder „gerecht" zu „normativen" Gegenständen gebracht haben, dann als allgemeine Termini, die auf bestimmte Handlungen zutreffen, und nicht als singuläre Begriffe, die Eigenschaften benennen. Moralphilosophische Systeme existieren als Abstrakta immer schon vor den so bewerteten Handlungen; sprachlich gesehen gibt es daher „normative Deduktion".

Betrachten wir nun das Gesamtsystem der Sprache, so ist es als Ganzes empirisch aufzufassen und damit korrespondenztheoretisch zu prüfen. *Innerhalb* des Sprachsystems arbeiten wir allerdings kohärenztheoretisch, d.h. Sätze sind insofern gültig, als sie sich korrekt herleiten lassen. Deshalb kann man in diesem Fall davon sprechen, dass eine moralische Argumentation kohärenztheoretisch zu bewerten ist, d.h. die „Wahrheit" moralischer Sätze ergibt sich aus der partiellen Übereinstimmung mit anderen Sätzen innerhalb des Sprachsystems.

Die Kritik, damit sei nichts zu erreichen, da die Kohärenztheorie der Wahrheit leer ist, trifft hier nicht mehr, denn die Sprache ist selbst ein empirisches Phänomen, die ihre Bedeutung durch Gebrauch erhält.

Resultat ist folglich die Feststellung, daß „moralische" Sätze ebenso gut begründet (wahrheitsfähig) sind wie „empirische" oder „analytische".

Allerdings gilt: Mit der „gleichen Realität" sind verschiedene Theorien vereinbar, die logiosch mit einander unverträglich sein können, so Quines These von der Unterbestimmtheit aller Theorien von der Natur. Anders formuliert: es kann mehrere, in sich stringente, aber mit einander völlig unverträgliche und dennoch wahre Weltsichten geben.

Gleiches gilt nun auch für Moralsysteme, auch sie sind von der Realität her gesehen unterbestimmt. Deshalb finden sich in der Gegenwart vier unvereinbare Moralsysteme: religiöse, hedonistisch, deontische und utilitaristische Moralphilosophien, die im Sprachsystem jeweils für sich durchaus begründet werden könnten, auch wenn dies z.T. noch zu leisten ist.

Es kann aber nicht entschieden werden, welcher Ansatz richtig ist. Die Folge der moralischen Unterbestimmtheit ist moralische Pluralität, d.h. verschiedene Moralsysteme können nebeneinander Geltung beanspruchen.

Zusammenfassend kann man in Anlehnung an Quine feststellen, daß „normativen" Sätzen grundsätzlich der wissenschaftliche Status nicht bestritten werden kann, und daß sie im Prinzip so gut begründbar sind, wie „empirische" und „analytische" Sätze.

Damit ist allerdings keine Entscheidung für eine bestimmte Moralphilosophie verbunden. Vermutlich hängen ethische Irritationen mit diesem Resultat zusammen: Von der Wissenschaft erwartet man definitive Aussagen der Form: So ist es! Mit Quine können wir nun begründen, weshalb dies nicht nur bei Moralphilosophie unmöglich ist, sondern auch bei „analytischen" und „empirischen" Aussagen: „Wahrheit ist inexplikabel." (Stegmüller 1969, 456)

Literatur

Burth, H.-P./Druwe, U: Rationalität und Moralität, in: Kunz, V./Druwe, U (Hg.): Rational Choice in der Politikwissenschaft, Opladen 1994, S. 156 ff.

Carnap, R.: Scheinprobleme in der Philosophie, Frankfurt 1966

Druwe, U.: Moralische Pluralität, Würzburg 1990

Hare, R.M.: Die Sprache der Moral, Frankfurt 1972

Hoerster, N.: Zum Problem der Ableitung eines Sollens aus dem Sein in der analytischen Moralphilosophie, in: Archiv für Rechts- und Sozialphilosophie, 55, 1969, S. 11 ff.

MacIntyre, A.: Geschichte der Ethik im Überblick, Meisenheim 1986

Nida-Rümelin, J.: Entscheidungstheorie und Ethik, München 1987

Popper, K.: Logik der Forschung, Tübingen 1984

Quine, W.V.O.: Two Dogmas of Empiricism, Philosophical Review 1951, S. 20 ff.

ders.: Ontologische Relativität, Stuttgart 1975

ders.: Wort und Gegenstand, Stuttgart 1980

Rawls, J.: Eine Theorie der Gerechtigkeit, Frankfurt 1988

Stegmüller, W.: Metaphysik, Skepsis, Wissenschaft, Berlin 1969

ders.: Probleme und Resultate der Wissenschaftstheorie und analytischen Philosophie, Berlin 1974 ff.

Bd. I: Erklärung und Begründung

Bd. II: Theorie und Erfahrung

Bd. III: Strukturtypen der Logik

Bd. IV: Personelle und statistische Wahrscheinlichkeit

ders.: Hauptströmungen der Gegenwartsphilosophie, 4 Bd., Stuttgart 1979 ff.

Waismann, F.: Wille und Motiv, Stuttgart 1983

Verstaatlichung der Parteien?

Karl-Heinz Naßmacher

Ein Gespenst geht um in Deutschland, das Gespenst der Verstaatlichung. Kurz und heftig war die öffentliche Erregung über die Verstaatlichung von Banken, denen ohne massive Staatshilfe nur das redlich verdiente Konkursverfahren geblieben wäre. Seit den 1960er Jahren anhaltend und nahezu unausrottbar ist die wissenschaftliche Debatte darüber, ob die Parteien „in den Bereich der organisierten Staatlichkeit eingefügt" werden dürfen (BVerfGE 20, 101). Grundsätzlich hebt der Begriff **Verstaatlichung** auf Eingriffe der staatlichen Obrigkeit in das Verhalten der Parteien ab. Ob solche Eingriffe einem bestimmten Muster folgen und wie weit solche Interventionen reichen, soll in diesem Beitrag geprüft werden.

Zuvor ist freilich auch die entgegengesetzte These zu erwähnen, die Parteien nutzten durch Gesetze in eigener Sache den „Staat als Beute" (von Arnim 1993). In abgeschwächter Form liegt diese Vorstellung auch dem in der Parteienforschung zeitweise vorherrschenden Begriff der Kartellparteien zugrunde: Katz und Mair (1995, 22) unterstrichen, dass sich Parteien in kartellartiger Zusammenarbeit Vorteile und Privilegien verschaffen und so den politischen Wettbewerb durch abgestimmtes Verhalten wirksam beschränken. Die Stichworte Verstaatlichung und Kartellparteien zeigen zwei Richtungen möglicher Grenzüberschreitungen. Aber: Was ist abgrenzungsbedürftig und wo verläuft eine demokratischen Anforderungen entsprechende Grenze?

Die modernen Parteien entstanden im 19. Jahrhundert aus Protestbewegungen der **Zivilgesellschaft** gegen die Herrschenden im Staat. In Deutschland ist dies für Liberale, Christdemokraten (Zentrum) und Sozialdemokraten unbestritten; im Grundsatz gilt das auch für Die Grünen und Bündnis90, vielleicht sogar für die beiden Vorläufer der Partei „Die Linke", nämlich PDS und WASG. Mit der Ausbreitung des Massenwahlrechts und der Demokratisierung staatlicher Macht wurden die Parteien zentrale „Instrumente demokratischer Regierungsweise" (Hermens 1968, 169). Abgesehen von den neueren Zuspitzungen („Staat als Beute" – von Arnim 1993 – oder „Kartellparteien" wurden Teil des Staatsapparats – Katz/ Mair 1995, 17f.) kann das Verhältnis der Parteien zum Staat als geklärt gelten. Aber gilt das auch für das Verhältnis des Staates zu den Parteien?

Die Väter und Mütter des Grundgesetzes haben 1949 in Artikel 21 der deutschen Verfassung eine außerordentlich tragfähige Formulierung gefunden: „Die

Parteien wirken bei der politischen Willensbildung des Volkes mit." Die oft betonte Leistung dieses Textes bestand in der verfassungsrechtlichen Anerkennung einer positiven Rolle der Parteien im demokratischen Staat. Weniger beachtet wurde die Offenheit der Wortwahl: Mitwirkung ist nicht Alleinvertretung. Auch Medien, organisierte Interessen, spontane Initiativen, demonstrierende Massen und einzelne Petenten aller Art wirken an der politischen Willensbildung des Volkes mit – unabhängig davon, ob der Verfassungstext das erwähnt oder nicht.

Vielfach vernachlässigt wurde auch die – ebenfalls in Artikel 21 GG dokumentierte, aber keineswegs dadurch verursachte – Begrenzung der Parteitätigkeit durch gesetzliche Vorgaben. Die Parteien wurden privilegiert und zugleich eingehegt. Sie müssen innerparteiliche Demokratie und Transparenz ihrer Finanzen gewährleisten. In Extremfällen kann das Bundesverfassungsgericht den „Marktauftritt" extremer Parteien verhindern.

Regeln der Machtbewerbung

Solche öffentlichen Vorgaben für eine private Tätigkeit im Rahmen der allgemeinen Daseinsvorsorge sind weder das Ergebnis einmaliger oder spontaner Regelung noch eine deutsche Besonderheit. Landesspezifisch sind allenfalls die Einzelheiten, etwa Breite und Dichte der Regelung. Schon in den 1960er Jahren sprach Wildenmann (1968, 70) von „Regeln der Machtbewerbung". Die Einhegung der prinzipiellen Freiheit politischer Parteien folgt in vielen Ländern dem allgemeinen Muster: Ein ausgeprägter (wiederholter, nachhaltig bedeutsamer und öffentlich wahrgenommener) Mißbrauch schrankenloser Freiheit führt zu engeren Grenzen parteipolitischer Aktivität für die Zukunft. Die gesetzliche Festlegung unterschiedlicher Freiheitsgrade ist ein Prozeß, der weder gleichartig noch gleichzeitig, weder flächendeckend noch folgerichtig abläuft. Deshalb werden Einzelmaßnahmen einzelner Länder auch nur mit Mühe als Teil dieses weltweiten Prozesses wahrgenommen und nur selten in einen angemessenen Zusammenhang eingeordnet.

Der Blick über den Atlantik ist – wie immer – geeignet, den Horizont zu erweitern. So lange Parteien als private Vereinigungen galten, waren sie weitgehend geschützt gegen verbindliche, gesetzlich verankerte Vorschriften. Zugleich aber blieben solche Organisationen offen für jeden Missbrauch, den sich skrupellose Menschen in Verbindung mit unglaublichem Reichtum und diktatorischer Machtfülle einfallen lassen konnten (Epstein 1986:161). Kanada hatte bereits in den 1870er Jahren einen großen **Parteispendenskandal**, den Pacific Scandal, der die politische Laufbahn des Staatsgründers John A. Macdonald beendete (s.

Paltiel 1977, 2). U.S.-Einzelstaaten regelten seit den 1860er Jahren das Verfahren der Kandidatennominierung durch die Parteianhänger (**primary**). Damit sind die beiden wichtigsten Themenkreise aus Art. 21 GG (Transparenz der Parteifinanzen und innerparteiliche Demokratie) deutlich vorweggenommen.

Im 19. und 20. Jahrhundert rief die Verbindung eines Massenpublikums mit demokratischer Politik bei ungleicher Verteilung von wirtschaftlichen Potentialen und gesellschaftlichen Möglichkeiten in vielen Ländern eine Fülle von anstößigen Entscheidungen hervor. Solche Fehlentwicklungen (in der Regel Fälle von unkontrollierter und schrankenloser Machtausübung) ergaben sich bei partizipatorischer Demokratie ohne wirksam durchgesetzte Regeln für den politischen Wettbewerb. Der einfache Grundsatz „Jeder hat eine Stimme" allein erwies sich als zu schwach, um alle Missbräuche, die ein menschliches Gehirn entwickeln konnte, auszuschließen. Wie im Wirtschaftsleben fehlen dem ungeregelten Wettbewerb auch in der Politik die notwendigen **Hemmungen und Gegengewichte** durch Anwendung ethischer, zumindest aber rechtsstaatlicher Prinzipien. Nicht nur die Verfassungsorgane, auch die Parteien als Mittler zwischen Volk und Staatsapparat brauchen wirksame Regeln für ihre Binnenstruktur und ihre Interaktionen im Wettbewerb. Den Gesetzen gegen unlauteren Wettbewerb bzw. gegen Wettbewerbsbeschränkungen in einer ordnungspolitisch gestalteten („aufgeklärten") Marktwirtschaft entsprechen konzeptionell ausgestaltete „Regeln der Machtbewerbung" in modernen Massendemokratien (Wildenmann 1968, 70-82).

Weit davon entfernt das reale Problem umfassend zu erkennen und zu bearbeiten, ergriffen einzelne Länder im Prozess der Demokratisierung einzelne Maßnahmen. Diese sind jedoch Teil eines weltweiten und kontinuierlichen Prozesses für jede Demokratisierung, der unverzichtbaren Rahmengesetzgebung über **Regeln des politischen Wettbewerbs**. Zu den bekanntesten Einzelmaßnahmen gehört das britische Gesetz gegen „**Corrupt and Illegal Practices**" im Kandidatenwahlkampf (1883). Erkannte Missbrauchstatbestände wurden verboten, die Verbote mit Sanktionen bewehrt. Von bleibender Bedeutung waren Vorschriften für den Einsatz finanzieller Ressourcen im Wahlkampf, Rechenschaftslegung und Ausgabenbegrenzung, abgesichert durch persönliche Verantwortlichkeit (doctrine of agency – s. Paltiel 1976, 162f.).

Ein ganz anderes Element des politischen Wettbewerbs geriet in das Visier der australischen Gesetzgebung: Die Notwendigkeit **amtlicher Stimmzettel**, die auf Staatskosten gedruckt wurden und nicht nur die Namen aller Kandidaten, sondern (zur leichteren Orientierung der Wähler) auch deren Parteibezeichnung enthielten. Noch vor dem Ende des 19. Jahrhunderts wurde diese Standardisierung der Stimmabgabe von den (für die Organisation von Wahlen zuständigen) Einzelstaaten der USA übernommen.

In der Absicht, die überbordende Macht der großstädtischen Parteimaschinen zu brechen, gingen einige Staaten noch weiter: Das Verfahren der Nominierung von Kandidaten wurde der Organisationshoheit der Parteien entzogen und öffentlichen Dienststellen übertragen. Die großen Parteien wurden gezwungen, ihre „Bosse" und die in „Hinterzimmern" tagenden Parteigremien partiell zu entmachten und durch „Vorwahlen" (**primaries**) ihre „Stammwähler" an der Aufstellung von Kandidaten für öffentliche Ämter zu beteiligen.

Das deutsche Äquivalent dieser Regelung findet sich in §22 Bundeswahlgesetz: Die Aufstellung aller Kandidaten für das nationale Parlament erfolgt durch eine Versammlung der Parteimitglieder, ggfs. durch eigens zu diesem Zweck gewählte Delegierte. Das schließt natürlich mehrheitsfähige Vorschläge der Vorstände von Parteigliederungen und die üblichen Rufe nach „Wiederwahl" der bisherigen Abgeordneten nicht aus, bindet beides aber an die Zustimmung der aktiven bzw. aktivierbaren Parteimitglieder und führt im Einzelfall auch zu abweichenden Ergebnissen, die dann (im Falle der Wahlkreiskandidaten) wiederum von den Parteianhängern bei der Wahl unterstützt werden müssen.

Dies bestätigt gleichzeitig die zwingende Notwendigkeit und die begrenzte Durchschlagskraft gesetzlicher Regelungen. Das Gesetz bietet ein Mindestmaß an Schutz gegen willkürliche Ausübung unbeschränkter innerparteilicher Macht, garantiert aber weder breite Partizipation der Parteimitglieder noch völlige Offenheit des innerparteilichen Wettbewerbs. Sichergestellt werden lediglich ein (nachprüfbar) rechtsförmig korrektes Verfahren der Kandidatennominierung und dessen prinzipielle Ergebnisoffenheit. Beides sind wichtige Fortschritte gegenüber den früheren Zuständen und der aktuellen Situation in vielen anderen Demokratien.

Bedingungen für die Parteieigenschaft?

Wenn Parteinamen auf amtlichen Stimmzetteln aufgeführt werden, entsteht ein Folgeproblem, das des Namensschutzes: Wer kann eine bestimmte Bezeichnung für seine Kandidaten beanspruchen? Hier liegt es nahe, die bestehenden/ etablierten Parteien gegenüber neuen zu bevorzugen. Ihr Name ist als „**Markenzeichen**" (label) bereits eingeführt. Der Gebrauch von ähnlichen Bezeichnungen erzeugt Verwechselungsgefahr und wäre ein Missbrauch. So bieten deutsche Wahlgesetze den bereits in Parlamenten vertretenen („bekannten/ eingeführten") Parteien einen vereinfachten Zugang zum amtlichen Stimmzettel; solche Parteien müssen für die Zulassung ihrer Wahlvorschläge (Wahlkreiskandidaten, Landeslisten) keine zusätzlichen Bedingungen zu erfüllen. Alle anderen Parteien haben zunächst durch Vorlage von Satzung und Programm beim Landes-/ Bundeswahlausschuss die prinzipielle Zulassung zu erlangen (z.B. nach §19 BWahlG) und dann für ihre konkreten Wahlvorschläge die Unterstützung durch eine Mindestanzahl von Wahlberechtigten nach zu weisen. Der staatliche Eingriff in die Parteienfreiheit erscheint gering; im Einzelfall kann er sich jedoch als fühlbar erweisen.

Wo Parteien zusätzliche Vergünstigungen gewährt oder zusätzliche Verpflichtungen auferlegt werden, kann es sinnvoll sein, den Anspruch auf die **Parteieigenschaft** (und den Namensschutz) durch Eintragung in ein öffentliches Register (analog zum Vereins-, Genossenschafts- oder Handelsregister) noch stärker zu formalisieren. Die deutsche Rechtslage offenbart wichtige Regelungslücken: Das Grundgesetz und das Parteiengesetz enthalten Pflichten (zur inneren Ordnung, zur Rechenschaftslegung und zur Verfassungstreue), das Einkommensteuergesetz weitere Vergünstigungen (Steuerfreiheit von Zuwendungen). Nur für den Vorwurf der **Verfassungswidrigkeit** gibt es ein lückenlos geregeltes Verfahren und klare Sanktionen: Antrag durch Verfassungsorgane, Entscheidung durch das Verfassungsgericht, ggfs. Auflösung, Einziehung des Vermögens und der Verlust der Parlamentsmandate sowie Verbot weiterer Tätigkeit und aller Ersatzorganisationen.

An die Nichterfüllung der Rechenschaftspflicht oder mögliche Missbräuche mit Spendenquittungen sind keine spezifischen Rechtsfolgen geknüpft. Die Parteieigenschaft bleibt in beiden Fällen erhalten. Dementsprechend fallen die Listen der vom Bundeswahlausschuss zugelassenen, der vom Bundesamt der Finanzen anerkannten, der über ihre Finanzen berichtenden bzw. der bei der letzten Wahl kandidierenden Parteien regelmäßig und erkennbar auseinander.

In Kanada wird die **Parteieigenschaft** durch Registrierung bei der jeweiligen Wahlbehörde des Bundes (bzw. der Provinz) erworben, die den registrierten Parteien amtliche Formulare als Quittungen für Zuwendungen zur Verfügung stellt und deren Nutzung ebenso überprüft wie die Einhaltung der Rechenschaftspflichten. Sind die Voraussetzungen der Registrierung nicht mehr erfüllt oder werden die gesetzlichen Pflichten nicht eingehalten, erfolgt von Amts wegen eine Löschung aus dem Register und damit der Verlust der Parteieigenschaft. Ein derartiges Verfahren, das die vier verschiedenen, von drei verschiedenen Behörden geführten, Übersichten vereinheitlichen würde, wird zuweilen unter Verweis auf die mit dem „Sozialistengesetz" (also unter vordemokratischen Bedingungen) gemachten Erfahrungen mit starker Emotion abgelehnt (s. Wettig-Danielmeier/ Stiegler 2001, 81f.).

Parteifinanzen – ein Sonderproblem?

Ähnlich einzuschätzen sind auch die inzwischen zahlreichen und weit verbreiteten Regelungen mit Bezug zu den Parteifinanzen. Das Minimum solcher Regelungen bilden gesetzliche Vorgaben für die Verteilung öffentlicher Zuwendungen an politische Parteien, wie sie etwa in Schweden, den Niederlanden, Österreich und Dänemark in Kraft gesetzt wurden. In Schweden bieten zwei Gesetze aus den Jahren 1969 und 1972 zur (nationalen bzw. subnationalen) Förderung der Parteitätigkeit aus öffentlichen Mitteln lediglich klar berechenbare Regeln für Art, Umfang, Zugangsberechtigung und Verteilungsmodus. Auflagen für die Empfänger (etwa zur Mittelverwendung oder zur Rechenschaftslegung) sind damit nicht verbunden. Die Gewährung von Zuschüssen aus Steuermitteln erkennt die öffentliche Aufgabe der Parteien an, der Verzicht auf Auflagen resultiert aus der Absicht, nicht in den Autonomiebereich der Parteien einzugreifen.

Dieses Maß an Großzügigkeit praktiziert keine andere etablierte Demokratie: Die **Bereitstellung öffentlicher Mittel** ist regelmäßig mit Auflagen verbunden. Diese Auflagen sind in den Niederlanden, Österreich und Dänemark relativ schwach ausgeprägt, haben in Italien, Spanien und Portugal in hohem Maße symbolischen Charakter, wurden in Israel, Japan und Frankreich bewusst lückenhaft gestaltet, fallen in Großbritannien, Australien, Kanada und Deutschland relativ umfassend aus und erreichen in den USA vor allem ein erhebliches Maß an Lästigkeitswert (und ein wesentlich geringeres an Transparenz).

Während die Niederlande vor allem die Verwendung der Zuschüsse vorschreiben, postulieren Österreich und Dänemark ein gewisses Maß an **Transparenz** (für ausgewählte Teile) **der Parteifinanzen**. In Großbritannien und Kanada kommen Obergrenzen für die **Wahlkampfausgaben** hinzu, auf die Australien und Deutschland (aus guten Gründen; s. Cordes/ Naßmacher 2001, 281f.) völlig verzichten.

Im Hinblick auf den Umfang der Transparenz stellen Großbritannien und Australien relativ geringe, Deutschland und Kanada erhebliche Anforderungen, wobei in den zuletzt genannten Ländern das höchste Maß an öffentlicher Information über Einnahmen und Ausgaben der Parteien, in Deutschland sogar über deren Vermögenswerte und Schulden erreicht wird. Die Vielzahl und Kleinteiligkeit der U.S.-Regeln für Parteien und Kandidaten sowie für eine Fülle politisch wirksamer Organisationen (PACs) ist so groß, dass zwar detaillierte Informationen über den Mittelzufluss verfügbar sind, die Daten über den Mitteleinsatz jedoch nur mit großer Mühe aggregiert werden können, also praktisch ungenutzt bleiben. Darüber hinaus ist eine Vielzahl von Buchhaltern, Wirtschaftsprüfern und Juristen mit der Implementation der Regeln befasst. Die öffentliche Information über das „Geld in der Politik" bleibt weitgehend vom zufälligen Interesse einzelner Journalisten und Wissenschaftler sowie deren Aufbereitung und Interpretation der Datenflut abhängig. Nahezu kleinkarierter Beobachtung des Spendeneingangs aus spezifischen Quellen und bei einzelnen Politikern steht absolute Unkenntnis über den tatsächlichen Umfang bezahlter Fernsehwerbung (und damit über eine mögliche Ursache der „**Kostenexplosion**") gegenüber.

Alle diese Reformen haben sich bis heute als ambivalent erwiesen: Erkannte Missbräuche wurden abgestellt, der rechtsförmig korrekte Ablauf des politischen Wettbewerbs abgesichert, die Nachprüfbarkeit des Verfahrens erhöht, eine breitere Beteiligung der Staatsbürger ermöglicht bzw. erleichtert. Aber es blieben deutliche Lücken: völlige Transparenz der Parteifinanzen ist nicht erreicht, Manipulationen an der Wahlurne sind nicht generell ausgeschlossen, der **Einfluss des Geldes** auf den politischen Wettbewerb wurde zuweilen erweitert, insbesondere bei Vorwahlen und durch bezahlte Werbung in den elektronischen Medien. Die Nutzung von Radio und Fernsehen für Zwecke der **Wahlwerbung** geriet zu einem Regelungsfeld für Fairness und Kostenbegrenzung. Die Formel des deutschen Verfassungsgerichts von den „notwendigen Kosten eines angemessenen Wahlkampfes" (BVerfGE 20, 116) betont die eine Seite, der aus den Urteilen dieses Gerichts und des U.S. Supreme Court erkennbare Gegensatz zwischen Chancengleichheit und Meinungsfreiheit die andere.

Hier zeigt sich, dass zwischen privaten Organisationen (Parteien) und ihrem öffentlichen Auftrag (insbesondere den Funktionen Personalauswahl und Wählermobilisierung) ebenso ein Ausgleich gefunden werden muss wie zwischen den zentralen (demokratischen) Prinzipien von Freiheit und Gleichheit (s. Naßmacher 1992, 10-14; 2009, 30-32). Für das Verhältnis beider Gegensatzpaare gibt es keine allgemein oder dauerhaft gültige Regelung. Für jede Regel müssen die praktischen Auswirkungen beobachtet und evaluiert werden. Daraus kann sich im Zeitablauf (durch neue Missbräuche oder gesellschaftliche Veränderungen) ein Korrekturbedarf ergeben.

Kartellparteien?

Eine andere Zeitdiagnose, die ebenso an das Konzept Verstaatlichung anknüpft, bietet die empirische Parteienforschung. Deren Klassiker, S. Neumann und M. Duverger beschrieben in den 1950er Jahren zwei Typen moderner Parteien, die **Honoratioren-** (Repräsentations-) **und** die **Massenpartei**. Diese Typologie verdichtete die politische Entwicklung von fast 100 Jahren. Beide Typen waren gekennzeichnet durch spezifischen Ursprung (im Parlament bzw. außerhalb desselben), spezifische Machtzentren (Parlamentsfraktion bzw. Parteiapparat) und spezifische Geldquellen (wahlbezogene Spenden interessierter Kreise oder regelmäßige Beiträge der Parteimitglieder).

In den 1960er Jahren beobachtete Kirchheimer (1965, 27ff.), dass die ausgeprägten Unterschiede zwischen beiden Parteitypen einem Erosionsprozess ausgesetzt waren: Die Honoratiorenparteien gaben sich stabilere Organisationsformen, die Massenparteien öffneten sich über den Kreis ihrer ursprünglichen Klientel hinaus. Konkrete Parteien, die zu unterschiedlichen Typen gehört hatten, wurden zu „**Volks**-(Allerwelts-)**parteien**". Weniger ideologischer Ballast, lose Verbindung zur Wählerschaft, deren Mobilisierung durch einzelne Politikangebote und Personalisierung der Wahlkämpfe prägen diesen neuen Parteityp.

Über eine zu diesen Merkmalen passende, spezifische Finanzierungsstrategie schweigt Kirchheimer. Eine neue Geldquelle trat erst in den 1970er Jahren deutlich zu Tage: Öffentliche Zuschüsse für die Parteitätigkeit (in unterschiedlichen Formen, aber stets aus allgemeinen Steuermitteln) breiteten sich in dem Maße aus, wie das Nachlassen ideologischer Polarisierung und die geringere Bindung der Parteimitglieder die traditionellen Geldquellen weniger sprudeln oder gar versiegen ließen. Der Parteienforschung fiel es offenbar schwer, Ursache und Wirkung angemessen zu diagnostizieren. Stattdessen gewann eine andere Sichtweise die Oberhand: Von der neuen Geldquelle wurde über deren Erschließung durch gemeinsames Vorgehen der Parteien auf die Herausbildung eines neuen Parteityps geschlossen. Im Einklang mit einem wissenschaftlichen Paradigmenwechsel, dessen Beschleunigung den Eindruck erweckt, neue Etiketten/ Namen/ Begriffe seien wichtiger als neue Erkenntnisse, kreierten Katz/ Mair (1995, 16ff.) den Typ der „**Kartellpartei**". Deren wichtigste Merkmale sind Politik als Beruf, effizientes politisches Management, beschränkter politischer Wettbewerb, kapitalintensive Wahlkämpfe, staatliche Subventionen, gegenseitige Unabhängigkeit von Parteimitgliedern und Parteielite, Mitglieder dienen nur zur Aufrechterhaltung eines Legitimationsmythos (ebenda, 18).

Diesem Typ fehlt alles, was seine drei Vorgänger auszeichnete: die Beziehung zwischen Parteietikett/ -namen und Parteianhängern, die gemeinsamen Wertvorstellungen von Parteiführern und Stammwählern, der Zusammenhang zwischen Parteityp und Mobilisierungsstrategie. Im Mittelpunkt stehen staatlich kontrollierte Medien und der Zugriff auf öffentliche Finanzmittel. Die Konkurrenz der Parteien erstreckt sich offenbar nur auf die Zuteilung von (möglichst kostenloser) Sendezeit und Staatszuschüssen. Die Zweifel, wie weit ein derart verkürzter Zugriff die Parteienforschung voranbringen kann, wurden früh geäußert (Koole 1996, 518-521), sind aber erst spät bei manchen Wissenschaftlern angekommen. Ohne die Lehren des „mainstream" zu widerrufen, hat van Biezen (2004, 705) einen älteren Zugriff aufgenommen, der fruchtbarer erscheint.

Parteien als öffentliche Dienstleister

Für den Vorgang, dass der öffentliche Auftrag der Parteien zunehmend Anerkennung findet und deren Tätigkeit durch öffentliche Wettbewerbsregeln definiert wird, hat die angelsächsische Literatur schon vor Jahrzehnten den Begriff der **„public utilities"** (öffentliche Versorgungseinrichtungen) gefunden (Epstein 1986, 157). Ähnlich den privaten Unternehmen der Energie- und Wasserversorgung, des Personen- und Nachrichtenverkehrs (verglichen mit <u>anderen</u> Produzenten von Gütern und Dienstleistungen) genießen die Parteien Vorteile gegenüber <u>anderen</u> Institutionen der politischen Meinungs- und Willensbildung. So entspricht ihr faktisches Monopol bei der Aufstellung von Kandidaten für öffentliche Ämter der Kontrolle von Leitungsnetzen durch die Versorgungsbetriebe. Im Gegenzug zu solchen Privilegien unterliegen Parteien wie Versorgungsbetriebe gesetzlichen Auflagen für bestimmte „betriebliche" Abläufe. Die Gas-, Strom- und Telefonversorger müssen ihr Netz für konkurrierende Anbieter offen halten. Die Festlegung der Nutzungsentgelte wird durch eine staatliche Behörde überwacht. Die Parteien unterliegen zunehmend detaillierteren Regeln des politischen Wettbewerbs, u.a. regelmäßig einem Finanzregime.

Für den geschilderten Vorgang, das Setzen von Regeln für schrankenlose Autonomie der Parteien, liefern bestimmte Bereiche des wirtschaftlichen Wettbewerbs anregende Präzedenzfälle.

Die dargestellten Einzelfragen belegen nicht nur unterschiedliche Regelungsdichte und starke Schwankungen im Gebrauchswert von Transparenzgeboten/ -regeln, sondern auch generell die geringe Beachtung der gebotenen Möglichkeiten durch die Anwälte des öffentlichen Interesses. Die Existenz von Regeln, deren Einhaltung durch die Akteure des politischen Wettbewerbs und deren Überwachung durch eine (wie immer definierte und operationalisierte) Öffentlichkeit müssen ineinander greifen.

Die Parallelen der parteibezogenen **Wettbewerbsregeln** zu Gas- und Strompreisen, Abwasser- und Telefongebühren, Verkehrstarifen und Durchleitungsentgelten sind offensichtlich. Public utilities bedürfen gleichermaßen des Schutzes und der Kontrolle. Beides zu organisieren ist eine wesentliche politische Aufgabe, im Parteienwettbewerb ebenso wie bei den Dienstleistungen der Daseinsvorsorge. Hier zeigt sich, dass der Analogie zu „public utilities" für die Parteienforschung mehr analytisches Potential innewohnt als den Zerrbildern der „Verstaatlichung" oder der „Kartellparteien", deren Überzeichnung spezifischer Aspekte dazu führt, dass die Dialektik von Privileg und Kontrolle ausgeblendet wird.

Im Nachhinein zeigen die dargestellten Beispiele zweierlei: Erstens sind alle Einzelmaßnahmen Bestandteil des über Jahrzehnte abgelaufenen Prozesses, der aus **freiwilligen Vereinigungen** von **aktiven Bürgern** (so noch Max Weber und Gerhard Leibholz) „notwendige und wünschenswerte Institutionen für jede Demokratie" (van Biezen 2004, 701) gemacht hat. (Die Nähe dieser Feststellung zur eingangs zitierten Formulierung von Hermens aus den 1950er Jahren ist eklatant!) Zweitens hat keine Demokratie bisher für alle Einzelaspekte eine umfassende, nachhaltige, zur Nachahmung geeignete Regelung gefunden. Die Organisationsstruktur einzelner Parteien, die Mitwirkungsrechte der Aktivbürger, die kollektiven Pflichten politischer Organisationen, Art und Umfang ihres Anspruchs auf öffentliche Zuschüsse sind Teilaspekte eines notwendigen Pakets von Regeln des politischen Wettbewerbs, das der heute deutlicher erkennbaren Rolle von Parteien im politischen System Demokratie angemessen Rechnung trägt.

Zugriffe über Zivilgesellschaft, Autonomieverlust, Verstaatlichung oder Kartellparteien sind dabei wenig hilfreich. Zum einen hat, wer öffentliche Aufgaben wahrnimmt, den Anspruch auf zivilgesellschaftliche Autonomie längst aufgegeben. Zum anderen liegt in der Festlegung von Wettbewerbsregeln keine Verstaatlichung von Wettbewerbern, weder beim RWE noch bei der CDU, weder bei der Telekom noch bei der SPD.

Schließlich zeigt das Ende der ersten ebenso wie der zweiten „großen Koalition" in Deutschland, dass der Wahltag und sein Ergebnis, letztlich also der wahlberechtigte Bürger, vermeintliche Parteienkartelle sprengen. Der politische Wettbewerb hört nicht durch partielle oder zeitweilige Zusammenarbeit einfach auf.

Aber was ist mit der (auch vom BVerfG angemahnten) zivilgesellschaftlichen Verankerung der Parteien? Das Gericht sprach 1992 von ihrer „**Verwurzelung im Volke**" (BVerfGE 85, 287). Den Parteien laufen die Mitglieder davon, auf deren Beiträge sind die Parteien dank üppiger Staatszuschüsse nicht angewiesen. So etwa ließe sich eine weit verbreitete Meinung (u.a. Landfried, 1994, 13f.) zuspitzen.

Notwendige Verwurzelung in der Gesellschaft

Die (von den Vätern und Müttern des Grundgesetzes so anschaulich umschriebene) Rolle der Parteien als Bindeglied zwischen Individuen, gesellschaftlichen Gruppen und politischem System verdeutlicht die Vielfalt ihrer Aufgaben. In jeder Massendemokratie ist die Mobilisierung von Wählern zur Stimmabgabe bei Wahlen (in der Regel durch Wahlkämpfe) eine offenkundige Aufgabe. Auch wenn diese, bedingt durch Reibungsverluste zwischen Parteien und Medien, zunehmend weniger wirksam erfüllt wird, so bleibt die Aufgabe prinzipiell erhalten. Keine moderne Demokratie hat bisher versucht, völlig darauf zu verzichten. Weniger offensichtlich, aber dennoch notwendig ist es, aus dem Kreis der politisch Interessierten zur politischen Aktivität bereite Bürger zu rekrutieren und ihnen ein Übungsfeld/ „Trainingslager" zum Einüben und Anwenden jener Fähigkeiten und Fertigkeiten zu bieten, die sich zutreffend als politisches Handwerkszeug bezeichnen lassen. So wie jedem sportlichen Kräftemessen und jedem künstlerischen Wirken Trainingseinheiten und Übungsstunden vorangehen, bedarf auch wirksame politische Aktivität einer angemessenen <u>Vorbereitung</u>. Wenn dabei politische Talente „geschult" und Entwürfe für öffentliche Politik entwickelt werden, umso besser. Die formelle Rekrutierung von politischem Personal durch Nominierung für parlamentarische Mandate und öffentliche Ämter schließt diesen Prozess ab. Einübung und Auswahl **politischer Eliten** sowie alternative Optionen politischen Handelns kann keine Demokratie anderen Agenturen, etwa den Medien, der politischen Bildung oder der Wissenschaft, allein überlassen.

So wie nicht jeder, der das Klavier spielen erlernt, zum Solopianisten werden kann oder will, so wenig hat jeder politisch aktive und engagierte Staatsbürger das Zeug zur politischen Führungskraft. Neben den fernsehtauglichen Vorzeigefiguren mit persönlichem Charisma und den vielseitig einsetzbaren politischen Managern (s. d. Naßmacher 2008, 250-253) braucht jede Demokratie eine Vielzahl von Berufs-, Freizeit-, Feierabend- und Hobbypolitikern. Analog zur weiten Spanne zwischen Breiten- und Spitzensport, die sich in den wichtigsten Sportvereinen findet, überbrücken die Parteien das Feld zwischen ehrenamtlicher und hauptberuflicher Politik, zwischen politischem Interesse und politischem Engagement – auch wenn der Alltag in Orts- und Kreisverbänden zuweilen andere Eindrücke aufdrängt („Das einzelne/ neue Mitglied stört!" – nämlich die Machtzirkel der Etablierten). Die Demokratie kann weder auf die einen (die Freizeitaktivisten), noch auf die anderen (die **Berufspolitiker**) verzichten. Insofern ist die gesellschaftliche Verankerung der Parteien ebenso notwendig wie die Zirkulation ihrer Eliten. Die von „politischen Unternehmern" (für ein Beispiel s. Naßmacher 2001, 383) betriebene Neugründung von Parteien ebenso wie der Schwund bei Wählern und Mitgliedern sind notwendige Korrektive („Ventile"), um jede Missachtung dieser demokratischen Selbstverständlichkeiten zu sanktionieren.

Literatur

von Arnim, H. H.: Der Staat als Beute: Wie Politiker in eigener Sache Gesetze machen, München 1993

van Biezen, I.: Political Parties as Public Utilities, in: Party Politics, 10 (2004) 6, S. 701-722

Cordes, D./ Nassmacher, K.-H.: Mission Impossible: Can anyone control the unlimited increase of political spending?, in: Nassmacher, K.-H. (Hg.): Foundations for Democracy: Approaches to Comparative Political Finance, Baden-Baden 2001, S. 267-286

Duverger, M.: Les Partis Politiques, Paris 1951 (dt. Ausgabe: Die politischen Parteien, Tübingen 1959)

Epstein, L. D.: Political Parties in the American Mold, Madison WI 1986

Hermens, F. A.: The Representative Republic, South Bend IN 1958 (dt. Ausgabe: Verfassungslehre, 2. Aufl., Köln und Opladen 1968)

Katz, R. S./ Mair, P.: Changing Models of Party Organization and Party Democracy: The Emergence of the Cartel Party, in: Party Politics, 1 (1995) 1, S. 5-28

Kirchheimer, O.: Der Wandel des westeuropäischen Parteisystems, in: Politische Vierteljahresschrift, 6 (1985) 1, S. 20-41

Koole, R. A.: Cadre, Catch-all or Cartel? A Comment on the Notion of the Cartel Party, in: Party Politics, 2 (1996) 1, S. 507-524

Landfried, C.: Parteifinanzen und politische Macht. Eine vergleichende Studie zur Bundesrepublik Deutschland, zu Italien und den USA, 2. Aufl., Baden-Baden 1994

Naßmacher, K.-H.: Bürger finanzieren Wahlkämpfe. Anregungen aus Nordamerika für die Parteienfinanzierung in Deutschland, Baden-Baden 1992

Naßmacher, K.-H.: Waldemar Kraft, in: Kempf, U./ Merz, H.-G. (Hg.): Kanzler und Minister 1949-1998, Wiesbaden 2001, S. 380-384

Naßmacher, K.-H.: Franz Müntefering, in: Kempf, U./ Merz, H.-G. (Hg.): Kanzler und Minister 1998-2005, Wiesbaden 2008, S. 243-253

Nassmacher, K.-H.: The Funding of Party Competition. Political Finance in 25 Democracies, Baden-Baden 2009

Neumann, S. (Hg.): Modern Political Parties. Aproaches to Comparative Politics, Chicago IL 1956

Paltiel, K.Z.: Election Expenses, in: Bellamy, D. J./ Pammett, J. H./ Rowat, D. C. (Hg.): The Provincial Political Systems – Comparative Essays, Toronto u.a. 1976, S. 161-176

Paltiel, K.Z.: Party, Candidate and Election Finance. A Background Report, Ottawa ON 1977

Wettig-Danielmeier, I./ Stiegler, L. (Hg.): Reform der Parteienfinanzierung, Marburg 2001

Wildenmann, R.: Gutachten zur Frage der Subventionierung politischer Parteien aus öffentlichen Mitteln, Meisenheim a.G. 1968

Volksparteien – voreilige Grabgesänge?

Tilman Mayer

Kanzlerfähigkeit

Es scheint eine Art Lust zu geben, sich die Volksparteien im Absterben vorzustellen und diesen Prozess durch entsprechende Kommentare zu befördern. Alle Vorurteile in der Öffentlichkeit gegen *„die da oben"* richten sich auf die beiden großen Volksparteien, die in der Nachkriegszeit eine bedeutende, die Verfassungsordnung stabilisierende Rolle in Westdeutschland gespielt haben.

Die Volksparteien haben als neuer Parteityp seit Mitte des 20. Jahrhunderts eine Entwicklung eingeleitet, die für alle stärker weltanschaulich denkenden Bürger immer schon schwer verdaulich war. Diese primär weltanschaulich Denkenden und Kommentierenden gibt es auch unter den Journalisten. Volksparteien sollen eben gerade nicht stark identitätsorientiert sich aufstellen, sondern über soziale und ökonomische Grenzen hinweg sich bewähren. Dieser Parteityp ist nach wie vor unersetzbar. Auch im europäischen Ausland ist er gut vertreten.

Volksparteien sind *catch-all-parties*, es sind zentristische Parteien, es sind Großparteien, deren Attraktivität weniger in der puren wie trotzdem elementar wichtigen Ansammlung von Wählern besteht, sondern in der von großen Führungspersönlichkeiten. Die Rekrutierungsfunktion von Parteien allgemein müssen Volksparteien ganz besonders wahrnehmen, da sie zuerst Kanzlerfähigkeit nachweisen müssen. Ein häufiger Wechsel des Führungspersonals ist dann eben kein Qualitätsnachweis bei der Erfüllung der Rekrutierungsfunktion.

Mythos Milieu

Die den öffentlichen Diskurs bestimmende These, die gegen die Volksparteien vorgebracht wird – weil die Zustimmungsraten zu ihnen in der Tat empirisch erkennbar nachlassen – lautet, dass die politischen Milieus und die sie versorgenden sozialen und ökonomischen, kulturellen Milieus absinken, in ihrer Ausstrahlung und Bedeutung nachgelassen haben und insofern das Wählen nicht mehr determinieren. Man leitet also aus der Schwäche der Gewerkschaften und der Kirchen und ähnlicher gesellschaftlicher Instanzen die These ab, dass deshalb auch die Parteien, die sich darauf beziehen, leiden.

Natürlich liegt viel Berechtigung in dieser These, aber sie erklärt zum Beispiel nicht, warum es zu Ausschlägen in der Zustimmung zu diesen Volksparteien kommen kann, die in unterschiedlichen Bundesländern unterschiedlich ausfallen. Mal ist die CSU in Bayern unter Stoiber in diesem Jahrhundert, vor weniger Jahren, besonders stark, mal sackt sie dramatisch in der Wählergunst unter der Führung Beckstein/Huber ab. Aber die Mileus haben sich zwischenzeitlich nicht ändern können. Auch die Individualisierung hat sich nicht so schnell verändert. Entweder stimmt die erwähnte These, dann sind die Milieus geschwunden, oder es müssen andere Erklärungsmomente hinzutreten.

Parteiidentität

Mehr Erklärungskraft hat die These, dass die Identität der Parteien abgenommen hat, dass ihr Profil sich abschwächt. Man könnte sagen, dass alle Parteien auf der Rechts-Links-Skala einen stärkeren Bezug zur Mitte einnehmen möchten – hier gibt es am meisten zu ernten -, die Streuung auf dieser Skala abgenommen hat, desgleichen die Polarität, jedenfalls bis zur BTW 2009. Insofern kommt es zu einem Annäherungsprozess der Parteien untereinander, gibt es größere Schnittmengen und es fällt dem Wähler dementsprechend leichter, von einer Schnittmenge heraus die eigene Parteioption auch zu ändern. Dies bedeutet, das Verhalten des Wechselwählers hat größere Bedeutung bekommen, es fällt einfach leichter, die politische Couleur bei einer Wahl zu wechseln. Dies führt dazu, dass die Stammwählerschaft als verlässliche und treue Gruppe nicht mehr unbedingt bei der Stange bleibt. Allerdings können auf dieser Rechts-Links-Skala nach wie vor so genannte politische Lager unterschieden werden, was das Koalitionsverhalten denn doch nach wie vor einschränkt, wenn auch nicht verhindert. Schnittmengen zwischen nah verwandten Parteien, die auch ein Lager bilden können – auch die Lagerthese wurde bezweifelt -, führen zwar zu einer größeren Volatilität der Wählerentscheidung: aber eben eher im Lagerumfeld nur.

Der kritische Punkt ist nun, dass es zu einer Verschlankung der Großparteien gekommen und eine Art Schadenfreude darüber breit verankert ist.

Es ist sicherlich richtig, dass die Bindungskraft gesellschaftlicher Gruppen abgenommen hat. Ob man noch von Volkskirchen sprechen kann, ist im September 2009 als Frage aufgeworfen worden, weil die Austritte aus den Kirchen als recht umfangreiche gemeldet wurden. Insofern hat die vielfach beanspruchte Individualisierung der Gesellschaft überall Platz gegriffen. Daher ist es einfach eine Leistung, wenn sich trotzdem große Parteien behaupten können, mobilisationsfähig geblieben sind.

Einzelne Parteien

Betrachtet man die einzelnen Parteien näher, so kann man sicherlich feststellen, dass z.b. die Partei „*Die Linke*" eher einen Weltanschauungscharakter beibehalten hat, als dass sie bereits ein breites Bündnis sozialer Kräfte darstellen könnte. Auch ist sie weiterhin durch ein Ost-West-Gefälle charakterisiert, d.h. sie ist im Zweifel immer noch eher eine Ostpartei, trotz WASG als Mitgift für die neue „Linke". Ihr Führungspersonal im Osten ist auch eindeutig gouvernementaler ausgerichtet und vorbereitet, als dies im Westen der Fall ist. Postextremistische Strukturen sind im Westen durchaus nachweisbar.

Desgleichen bleiben die „*Die Grünen*" eher weltanschaulich ausgerichtet. Auch sie sind nicht potentiell zentristisch angelegt, sie halten keine Vielseitigkeit vor, sondern sie konzentrieren sich auf eine Art angewandten „Ökologismus", d.h. einer Mischung aus Weltanschauungspartei und praktisch gelebtem Umweltdenken, was keine Basis für ein größeres Verantwortungsspektrum in der Gesellschaft, bisher jedenfalls, darstellt. Die Korrektivfunktion der Grünen bleibt zwar bestehen, aber ihre Ausrichtung ist lediglich auf ein breites Verständnis von Umweltthemen gestützt – zu wenig für eine strategische Position im deutschen Parteiensystem.

Von den bis 2009 als Oppositionsparteien im Bundestag existierenden Parteien sind die Liberalen am ehesten auf dem Sprung, den Status und die Breite einer Volkspartei von Weitem in den Blick zu bekommen. Würde es dem organisierten Liberalismus gelingen, den seit Jahrzehnten anhaltenden Trend, dass der Liberalismus sich auf alle Parteien verteilt hat, aufzufangen und einen Sog zu erzeugen zugunsten der eigenen Partei, d.h. den Liberalismus eher bei sich zu konzentrieren, ihn dort zum Pulsieren zu bringen, ihn zu plausibilisieren, dann stünde die FDP als neue Volkspartei dar – womöglich in Ablösung oder Schwächung einer anderen Volkspartei.

Betrachtet man die Wahlwerbung im Bundestagswahlkampf 2009, so kann man sehr wohl die These vertreten, dass das Spektrum der Themen der einzelnen Parteien parteitypologisch sortierbar ist. Das heißt, die so genannten *kleinen Parteien* haben eben gerade nicht das große Spektrum der Politik abzudecken versucht, während umgekehrt die großen Parteien die Führungsverantwortung vielleicht sogar auf präsidiale Manier der wählenden Bevölkerung angeboten haben, wahrzunehmen. Auch an diesem Verhalten lässt sich die Differenz von Groß- und Kleinparteien ablesen.

Die Unionsparteien stellen seit 60 Jahren Großparteien dar, sie schrumpfen aber auch auf das 30-Prozent-Niveau. Seit der Bundestagswahl 2009 fiel auf , dass aufgrund des zwei-Stimmenpotentials der Wähler viele Unionswähler die Unionsparteien in ihrer alten Stärke mit Erststimmen versehen haben, aber –

sozusagen arbeitsteilig – liberales Erbe aus der CDU in die FDP transferiert oder investiert haben und zwar durch die Vergabe von Zweitstimmen an die FDP, die dadurch besonders stark wurde, womit wiederum das gesamte bürgerliche Lager gewann. Die Volkspartei CDU, so die These hier, dehnt ihr volksparteiliches Terrain – bedingt durch das deutsche Wahlsystem – auf eine weitere Partei aus, deponiert dort liberale Erwartungen, die in der Ex-Merz-CDU nicht mehr richtig lokalisierbar sind, die deshalb von der FDP im Laufe der Zeit tatsächlich gewonnen und inkorporiert werden können. Das intelligente Splittingverhalten bürgerlicher Wählerkreise, von der CDU-Führung sicherlich nicht gewollt und von der FDP-Führung bestritten , demonstriert *bottom up* eine Strategie , die im Kontext der Thematik Volksparteien eine klare Zukunft für den Parteityp Volkspartei aufweist. Die wendigen Unionswähler liberaler Prägung bewahren für sich eine Option pro Volkspartei, die für unser Untersuchungszusammenhang aufschlussreich ist, denn eine Stärkung der CDU wäre aus diesem Wählerverhalten ableitbar; jedenfalls handelt es sich nicht einfach um Leihstimmen, sondern um ein strategisches Wählen.

Die Rolle der Sozialdemokratie greifen wir gleich noch eigens auf.

Parteityp Volkspartei unersetzt

Die These, die hier im Raum steht, lautet also, dass Volksparteien immer benötigt werden, also zentristische Parteien; aber wer ihre Rolle einnimmt, ist sicherlich auf dem politischen Markt der Möglichkeiten offen. Volksparteien haben eine tragende Bedeutung, eine stabilisierende, Kanzler stellende Aufgabe. Das bedeutet aber eben nicht, einen Bestandsschutz für bestehende Volksparteien auszusprechen. Ist eine Partei nicht mehr fähig oder willens oder besitzt sie zu wenig politische Kraft, den Charakter einer zentristischen Partei aufzubieten, verschwindet eine Partei, aber nicht der Parteityp als solcher.

Gelänge es etwa dem Liberalismus, einen neuen Kontakt in aufsteigende und leistungstragende Milieus zu finden, zu pflegen und zu gestalten, könnte er eine neue Formation in der Bundesrepublik allmählich einnehmen. Der Erfolg von Volksparteien ist nur dann nachhaltig, wenn der Kontakt zu diesen neuen Milieus gelingt. Wer nicht rechtzeitig und auf Dauer ackert und sich kümmert, der ist eben ohne Bodenhaftung. Kontakte zu Gewerkschaften, Kirchen, Verbänden usw. ist für diese großen Parteien unerlässlich und natürlich dieses Image zu haben.

Wir sind die Medien

Für die Beurteilung der Volksparteien kommt ein weiterer Faktor hinzu: dass ihre Wahrnehmung ja durch das Mediensystem vermittelt wird, also ein Filter besteht in der Wahrnehmung von Politik in Massendemokratien, unerlässlich, aber eben auch trotz kommunikationswissenschaftlicher Arbeiten zu wenig politikwissenschaftlich beobachtet.

Im Moment, Herbst 2009, kann man die pauschale Aussage treffen, dass im Mediensystem sich sehr Viele im Zweifel darin gefallen, Ressentiments gegenüber Politikern zu reproduzieren. Kurioserweise gefallen sich höchst bezahlte journalistische Kritiker in einer Rolle, die ohne Kontrolle und Verantwortung besteht, d.h. ohne je von einem großen Publikum beauftragt worden zu sein, werden Politiker, die sich demokratischen Wahlen gestellt haben und in Funktion sind, auf eine Art und Weise kritisiert, die Vorurteilen entsprechen. Innerredaktionelle Kontrollsysteme und Rekrutierungsaufgaben scheinen prekär geworden zu sein, ähnlich wie bei manchen Parteien, die sog. *leader*, große rhetorische Begabungen, Gestalter, Charismatiker rekrutiern müssten und darin unersetzbar sind.

Die Auswahl von politischen Führern ist mit Max Weber gesehen, zentral für das Ansehen der Politik und der Demokratie. Dass die Medien – manche, wenige – in eine Defätistenrolle sich begeben haben, findet ein Echo in der öffentlichen Meinung. Dabei ist zu erinnern, dass in der Weimarer Demokratie es nicht nur ein Fehlen von Demokraten gegeben hat, eine mangelnde politische Verantwortung demokratischer Parteien, sondern es auch eine billige „Systemkritik" gab, die sich verhängnisvoll auswirkte.

Davon sind wir heute sicherlich weit entfernt. Dennoch nimmt die Schadenfreude am Abstieg, an der Abwertung von System tragenden Großparteien Formen an, die einer demokratischen, politischen Kultur Schaden zufügen könnte. Es würde einen Missbrauch der Medien darstellen, würde man es sich – was nicht der Fall ist! – leicht machen in der Kritik der Nichterfüllung von Aufgaben zentristischer Parteien. Medienspezifische Gesichtspunkte, etwa der Konkurrenz untereinander, von Print- wie Fernsehmedien, sind zu bedenken. Die britische Presselandschaft wird in diesem Kontext gerne erwähnt. Auch im Medienbereich gilt, dass das Aufrechterhalten einer Qualitätspresse eine Leistung darstellt, die keinesfalls selbstverständlich ist. Andererseits gibt es Tendenzen der Verselbständigung des Mediensystems – nach dem Motto: wir sind die Medien (gegen: wir sind das Volk) – hin zu einer selbstgerechten, unkontrollierten Politikperzeption, die zu politischer Entfremdung führt. Die verantwortungsvolle Rolle von Print- und TV-Medien liegt in einer möglichst objektiven Berichterstattung. Dagegen ist das *Agenda-Setting* vieler Medien deutlich politisch koloriert – eine Manipulation deutlicher Art, die nach Selbstkritik verlangt.

Politischen Wechsel ermöglichen – Kanzlerfähigkeit

Die tragende, Koalitionen ermöglichende Rolle von Volksparteien in der Geschichte der freien Nachkriegsdemokratie in West- und dann in Gesamtdeutschland sorgte für den notwendigen Wechsel in der Politik, der den Politikprozess voranbringt. Politikwechsel beleben die Demokratie, sind unerlässlich zur Erneuerung des ganzen politischen Geschäfts. Insofern ist ein mehrheitswahlrechtlich ausgestattetes Land womöglich schneller zur Richtungsänderung disponiert als eines, in dem sich verhältniswahlrechtlich Viele tummeln und nun gar Koalitionscluster bilden könnten, die eine Wechselstimmung auffangen könnte – zumal eine Konsensorientierung der politischen Kultur Deutschlands nachgesagt wird.

Nur Volksparteien bzw. Großparteien sind kanzlerfähige Parteien. Volksparteien haben – leisten sich! – Flügel; Flügel decken große gesellschaftliche Interessen – berechtigte! – ab, ziehen Erwartungen aus der Bevölkerung auf sich. Derartige Parteien, wenn sie funktionieren, stehen für das Aushandeln von politischen Konzepten, die unterschiedliche Interessen berücksichtigen. Derartige Interessen dagegen, modern ausgedrückt zu *outsourcen*, bedeutete den Rückfall in Interessenparteien zu favorisieren, Kompromiss-Suche auf offener Bühne im Streit und Gegensatz austragen zu müssen. Verlieren dagegen Volksparteien diese Integrationsleistung, verlieren sie ihre charakteristische Eigenschaft. Parteivorsitzende von Volksparteien müssen – als erfahrene Führer – bereits innerparteilich die Fähigkeit entwickelt haben, zu führen, zu gestalten, zu binden – was sich dann im politischen Geschäft des Staates als besondere Qualifikation erweisen kann. Nur starke Führungspersönlichkeiten können einen Politikwechsel organisieren; dafür müssen sie aber auch die nötige organisatorische Unterstützung bereit gestellt bekommen.

Politische Statistik

Die beiden großen Volksparteien befinden sich in Deutschland (Bundesebene) auf einer gut erkennbaren Gefällsstrecke. Die Unionsparteien erleben das Gefälle seit sie 1983 mit Helmut Kohl an der Spitze fast die 50 Prozentmarke touchierten. Abgesehen von 2002, der Stoiber-Wahl, geht es nur abwärts bzw. stetig zurück. Der Schwund dauert also schon länger an als die Wiedervereinigung. Allerdings befinden sich die Unionsparteien erst seit 1998 im sog. Dreißig-Prozentturm.

Der Sozialdemokratie geht es ähnlich; sie erlebt das Gefälle seit der legendären „Willy-Wahl" von 1972. Bis dorthin nahm sie seit der ersten Wahl von

1949 stetig und ständig zu, bis zum Plafond von fast 46 Prozent 1972. Die Sozialdemokratie glitt bereits 1983 in den Dreißig-Prozentturm und erlebte 1990 einen ersten Tiefpunkt mit 33,5 Prozent, erholte sich aber spektakulär mit der ersten Schröder-Wahl 1998, erreichte damals sogar erneut die 40-Prozentmarke – um aber seit dort durch die Dreißig-Prozent-Fläche hindurch zu rutschen und 2009 sogar in das 20-Prozenttürmchen abzustürzen.

Die Abgesänge auf die Volksparteien tauchen deshalb auf, weil in den Hochzeiten dieses Parteityps beide Parteien zusammen auf Werte jenseits der 90-Pronzentmarke kamen, dann nahe der 80-Prozenthöhe blieben, aber eben seit 2002 beide abnahmen, 2005 unter 70 Prozent zu liegen kamen und 2009 gar deutlich unter 60 Prozent schrumpften.

Wie kommunizierende Röhren entwickeln die kleineren Parteien auch seit einigen Jahren Aufstiegsszenarien, die sie 2005 fast an die Zehn-Prozent-Marke führten, und gemeinsam überstiegen sie diese Marke einigermaßen spektakulär 2009, so dass ihr Anteil zusammen sich der 40-Prozentmarke nähert.

Allerdings sind diese Gegenüberstellungen nur statistische Größen, keine politischen.

Sortiert man diese Zahlen – Ausnahme: große Koalition – nach Lagergrenzen, dann ergibt sich eine Gegenüberstellung von konservativ-liberalen Parteien und moderat linken, alternativen und deutlich linken Parteien. Insofern könnte man dieses Gegenüber bzw. diese Polarität mit dem in Mehrheitswahlsystemen vergleichen. Ob aus dem Zusammenhang des linken Lagers sich auch etwas Einheitliches ergibt, ein Wieder-Zusammengehen der sich seit dem I. WK getrennt habenden Arbeiterparteien, wäre deshalb vorstellbar, weil der über eine ausländische Macht gestützte und geschürte Gegensatz längst weggefallen ist, die ehemals radikale Linke sich moderater geben will und in der internationalen Perspektive ein derartiger Zusammenschluss auch keine Ausnahme darstellte. Es bedürfte der Leitungspersönlichkeiten, eine derartig gewaltige Aufgabe zu stemmen. Ob eine derartige Formation gut für das Land wäre, stünde auf einem anderen Blatt. Hier steht nur das Volksparteikriterium im Raum. Es hätte seine Berechtigung stark unter Beweis gestellt. Aber sehen wir uns – vor dieser Entwicklungsperspektive, die real existierende Volkskartei SPD genauer an.

Sozialdemokratie

Der Abstieg der SPD seit der Brandt-Ära kann allein kein Maßstab sein. Bedenklicher ist, dass in Ostdeutschland es nicht gelungen ist, die Partei wieder stark zu installieren, sie blieb dort fast drittklassig – ein Handicap in gesamtdeutscher Perspektive. Die Partei scheint in ihrer Geschichte mit Abspaltungen leben zu müssen, eine gewisse Integrationsschwäche könnte man daraus ableiten. Die Selbstkorrektur durch das Godesberger Programm führte zu einem Aufschwung und zum Charakter Volkspartei, der in sozialer Hinsicht eine Ausdehnung in die Schicht von Leistungsträgern ermöglichte. Diese Aufwertung, das Eindringen in bürgerliche Kreise, scheint jetzt in der Nach-Schröder-Ära in Frage gestellt zu werden. In den 50er Jahren herrschten Aufstiegsszenarien vor. Für technischen Fortschritt und soziale Kompetenz einzutreten waren keine Gegensätze. Heute läßt sich die Sozialdemokratie einklemmen zwischen Unterschichtenpopulismus und neobourgeoiser Umweltboheme und sie leidet darunter – wie früher die FDP unter einem breit auf alle Parteien gestreuten Liberalismus -, dass es viele sozialdemokratisierte Parteien gibt, das Original weniger Ausstrahlung hat.

Flügel sind kaum wahrnehmbar, die nur dann als belastend wirken können, wenn sie egozentrisch auftreten, dagegen zwingend erforderlich sind, wenn eine politische Breite vorgehalten werden soll. Repräsentanten von Flügeln gelten zu lassen ist die Kunst einer gelingenden Volkspartei. Unter Flügelkämpfen leiden zu müssen offenbart eine führungsschwache Partei. Diese Repräsentanten von Flügeln – potentielle Rivalen für die Führung, das ist das Risiko – sind bei beiden Volksparteien kaum mehr wahrnehmbar. (Wenn Namen zur Illustration gebraucht werden: Norbert Blüm und Friedrich Merz; Rudolf Dreßler und Wolfgang Clement). Flügel sind zwar unerlässlich, aber ohne Vision und damit eine intellektuelle Disposition, die die an sich engagementbereite Kulturintelligenz mobilisiert, geht es nicht. Betrachtet man daraufhin die Führungsgarnitur bekommt man eine zusätzliche Antwort auf die Krise der Partei, die bei der Bundestagswahl 2009 kulminierte. Selbst das intellektuell nicht enorm strapaziöse Programm „Neue Mitte" wirkte schon bewegend, d.h. ein Stück Neuerfindung gehört zu einem Aufbruch immer dazu, so auch bei der Linken in Europa – auch wenn, siehe Italien, das allein auch nicht ausreichen muss, wenn ein Regierungschef noch stärker ausstrahlt. Europaweit wird für die deutsche Sozialdemokratie auch nicht gerade ein Mitwind erzeugt.

Der größte Einwand, vielleicht eher übergeordneter Natur, stellt aber die Krise linken Denkens überhaupt dar. Was macht links zu sein überhaupt attraktiv? Ein Gegner hilft da, aber er ersetzt keine Programmatik.

Das Großprojekt Refusionierung der deutschen Linken dürfte auf mittlere Sicht Kräfte mobilisieren, radikale Kräfte zur Abspaltung bringen, aber ansonsten einen Aufbruch darstellen. Im Erfolgsfall – schon auf dem Weg dahin – würde das auch die Kräfte im gegnerischen Lager mobilisieren, also beiden Volksparteien nützen. Die Gefahr des Dogmatismus, sowohl in der SPD wie in der Links-Partei, der die beiden Führungen immer wieder beschäftigte, läd nicht zu diesem Großprojekt neue gesamtdeutsche Linke ein. Der Überbietungswettbewerb zweier linker Parteien bietet aber immer wieder Anlaß, das gemeinsame Projekt Volkspartei anzudenken.

Natürlich wäre alternativ auch denkbar, dass – siehe oben Milieutheorie, gesellschaftliche Individualisierungs-, Modernisierungs- und Differenzierungsprozesse – es anders kommt. Der Pfeil nach unten, der das Wahlergebnis der SPD bei der BTW 2009 verkörpert, weist Richtung sächsische SPD-Ergebnisse. Aber soll man wirklich annehmen, dass die älteste deutsche Partei nicht in der Lage ist, einen Trend zu kippen?

Das Volksparteienthema ist in Theorie und Praxis faszinierend, so meinen wir gezeigt zu haben.

Wir erleben sozusagen live mit, wie die Praxis über theoretische Erklärungsansätze „entscheidet". Vielleicht ist es jetzt an der Zeit, jenseits der soziologischen Erklärungsansätze auch so etwas wie das personale Element in der Politik wieder besonders ernst zu nehmen. Auch kommunikationswissenschaftlich gesehen spricht, nicht nur zu Wahlkampfzeiten, einiges dafür, diesen Faktor besonders zu beachten. Nur die – individualisierten – Interessen von Anwälten, Apothekern, Architekten und Ärzten zu vertreten, hätte dem organisierten Liberalismus allein kaum geholfen.

Volksparteien stellen ein Bündnis von Volk und Führung dar, um beides muss man sich kümmern. Geschähe dies, wäre die Volkspartei nicht in die Schlagzeilen geraten.

Der Deutsche Bundestag im Wandel

Wolfgang Ismayr

Dem Deutschen Bundestag kommt im Verfassungssystem der „alten" Bundesrepublik wie auch seit dem 3. Oktober 1990 im vereinigten Deutschland eine zentrale Rolle zu. Auch in der politischen Praxis hat der Bundestag in hohem Maße dazu beigetragen, dass sich die Bundesrepublik zu einer stabilen Demokratie entwickelt hat. Allerdings haben sich Stellung und Funktionen des Bundestages im Laufe der Zeit deutlich verändert. Neben der Fülle höchst anspruchsvoller Aufgaben, die mit der deutschen Vereinigung verbunden waren, sah sich der Bundestag vielfältigen Wandlungsprozessen und Herausforderungen gegenüber, die zwar schon früher einsetzten, in den letzten zwanzig Jahren jedoch weiter (erheblich) an Bedeutung gewonnen haben. Hierzu gehören insbesondere die Expansion und der Wandel der Staatstätigkeit und die damit einhergehende Bürokratisierung, das wachsende Partizipationsinteresse der Bürger sowie die Vervielfältigung und weitgehende Kommerzialisierung des Angebots der elektronischen Massenmedien. Einerseits hat sich die politische Aktions- und Resonanzfähigkeit einer nun vielfältiger organisierten Bürgerschaft qualitativ gewandelt. Andererseits sind mit zunehmendem Bewusstsein der weit reichenden ökologischen, ökonomischen und sozialen Folgen und Wechselwirkungen neuer technischer Entwicklungen auch die Anforderungen an die Gestaltungsfähigkeit und das Verantwortungsbewusstsein der politischen Entscheidungsträger gewachsen. Dies gilt grundsätzlich auch unter den Bedingungen der Globalisierung, die eine Sicherung des Primats der Politik erschweren. Zudem schränkt die zunehmende Übertragung von Rechtsetzungskompetenzen auf die Europäische Union die Handlungsmöglichkeiten der nationalen Parlamente ein (Sturm/Pehle 2005). Wie hat der Deutsche Bundestag auf diese Wandlungsprozesse und Herausforderungen als Institution reagiert? Wie hat sich die Stellung des Bundestages im politischen System verändert?

Kontinuität und Wandel

Nach der deutschen Vereinigung gelten die wichtigsten 1949 beschlossenen Regelungen des Grundgesetzes hinsichtlich des Verhältnisses von Bundestag, Bundesregierung und Bundespräsident weiter. Nach wie vor ist der Bundestag als einziges zentralstaatliches Organ direkt vom Volk gewählt und damit in bevorzugter Weise demokratisch legitimiert und verantwortlich. Eine Direktwahl des Staatsoberhauptes oder einer zweiten Kammer wie in einigen anderen (west)europäischen Ländern kennt das Grundgesetz nicht (Ismayr 2009, 16ff.) Im Unterschied zu den meisten anderen parlamentarischen Demokratien wird der Regierungschef formell vom Parlament gewählt (Art. 63 GG). Die Wahl kann auch am Vorschlag des Staatsoberhauptes vorbei erfolgen, das nur für den ersten Wahlgang ein Vorschlagsrecht hat. Ein rechtsverbindliches Misstrauensvotum ist im Unterschied zur Weimarer Republik und zu zahlreichen westlichen Demokratien nur gegenüber dem Regierungschef – nicht gegenüber einzelnen Ministern – und nur als „konstruktives Misstrauensvotum" möglich (Art. 67 GG), wodurch wiederum die Stellung des Bundeskanzlers gestärkt werden sollte. Eine Parlamentsauflösung ist im Verlauf einer Wahlperiode nur durch ein Zusammenwirken von Regierungschef, Parlamentsmehrheit und Staatsoberhaupt möglich (Art. 68 GG). Immerhin wurden dreimal Neuwahlen auf dem Wege der Vertrauensfrage herbeigeführt, wobei die Vorgänge 1982 und 2005 heftig umstritten waren. Ein wiederholt vorgelegter und 1991 von der „Gemeinsamen Verfassungskommission von Bundestag und Bundesrat" aufgegriffener Vorschlag, das Recht des Bundestages auf Selbstauflösung mit Zweidrittelmehrheit im Grundgesetz zu verankern, ist wider Erwarten gescheitert (Batt 2003, 242ff.).

Nach wie vor verzichtet das Grundgesetz auf direktdemokratische Sachentscheidungsverfahren mit Ausnahme der Neugliederung des Bundesgebiets nach Art. 29 GG. Wurden direktdemokratische Verfahren im Zuge eines „Demokratisierungsschubs" in den 1990er Jahren mittlerweile in allen Bundesländern und Kommunalverfassungen eingeführt, sind Vorstöße zur Verankerung von Volksbegehren und Volksentscheid im Grundgesetz bisher an der fehlenden Zweidrittelmehrheit gescheitert.

Mit den genannten Bestimmungen zur Wahl und Abwahl des Regierungschefs wurden die verfassungsmäßigen Grundlagen eines parlamentarisch-demokratischen Regierungssystems geschaffen. Demnach ist die Regierung nicht nur in ihrer Aktionsfähigkeit, sondern auch in ihrem Bestand vom Vertrauen der Parlamentsmehrheit abhängig (Steffani 1979, 52f.). Als verfassungspolitische Konsequenz dieser Grundentscheidung gilt unter parteienstaatlich-pluralistischen Bedingungen eine enge Verbindung der Regierung und der sie tragenden Parlamentsmehrheit. Aufgabe der Opposition(sfraktionen) ist es dann, die Regierung und die mit ihr verbundenen und sie unterstützenden Mehrheitsfraktionen öffentlich zu kontrollieren, sie zu kritisieren und zur Politik der Regierungsmehrheit Alternativen zu formulieren. Auch in der Parlamentspraxis der Bundesrepublik setzte sich bis zu einem gewissen Grad dieser „neue Dualismus" von Regierungsmehrheit und Opposition(sfraktionen) durch. Bei den Bundestagswahlen konnten die Wähler zumeist auch eine Entscheidung für oder gegen eine bestimmte Koalition und einen Kanzler(kandidaten) treffen, nachdem sich die Parteien vor der Wahl festgelegt hatten. Wie schon die Erfahrungen seit den 1980er Jahren zeigen, könnten allerdings angesichts der jüngsten Entwicklung zu einem Fünfparteiensystem mit der möglichen Alternative von Dreierkoalitionen oder Großen Koalitionen künftig Festlegungen auf eine Koalition erst nach der Wahl die Regel werden.

Erstmals seit den 1950er Jahren sah sich nach dem „Machtwechsel" im Oktober 1998 eine Regierungskoalition (SPD, Bündnis 90/Die Grünen) Oppositionsparteien auf der rechten wie auf der linken Seite des Bundestages gegenüber (CDU/CSU, FDP, PDS). Im 2005 gewählten 16. Bundestag trugen die großen Fraktionen CDU/CSU und SPD eine Koalitionsregierung, während die eher „links" und „rechts" von den Parteien der Großen Koalition angesiedelten Fraktionen FDP, Bündnis 90/Die Grünen und Die Linke die Opposition bildeten. Die veränderte Parteienkonstellation hat zur Folge, dass sich parlamentarische Abstimmungsprozesse schwieriger gestalten.

Schon bisher war es weder analytisch noch normativ angemessen, die Modellvorstellungen des britischen „Westminster-Systems" auf das politische System der Bundesrepublik schematisch zu übertragen. Dies gilt auch für fast alle anderen westeuropäischen Staaten (Ismayr 2009, 54ff.), angesichts der verfassungspolitischen Rahmenbedingungen mit mehreren institutionellen (und parteipolitischen) Vetospielern für die Bundesrepublik aber in spezifischer Weise. Die auf Bundesebene übliche Existenz von Koalitionsregierungen, die stark hervorgehobene Stellung des Bundesverfassungsgerichts, das föderative System und die spezifische Rolle des Bundesrates und zunehmend auch die Verlagerung von Kompetenzen zur Europäischen Union bedingen vielfältige Aushandlungsprozesse, die das Parteienkonkurrenzsystem zum Teil relativieren. Der Wechsel zwischen stärker konkurrenz- und konkordanzdemokratischen Phasen je nach parteipolitischer Zusammensetzung des Bundesrates erweist sich als spezifisches Merkmal des bundesdeutschen Parlamentarismus. Inwieweit sich dies angesichts der zahlreichen Verfassungsänderungen im Rahmen der Föderalismusreform 2006 ändern wird, bleibt abzuwarten (Zohlnhöfer 2009).

Ausprägung als Fraktionenparlament

Charakteristische Merkmale des Bundestages sind seine Ausprägung als Fraktionenparlament und vor allem die fachliche Ausdifferenzierung, die im Laufe der Zeit noch deutlich zugenommen haben. Dies gilt – trotz mancher nicht wirkungsloser Reformschritte – auch für die damit einhergehende fraktionsinterne Hierarchisierung. Begünstigt durch die Fünfprozent-Sperrklausel des Wahlgesetzes, liegt das faktische Monopol der Rekrutierung der Parlamentarier bei den Parteien. Durch das enge Zusammenwirken von Regierung und Mehrheitsfraktionen bedingt, sind nicht nur der Bundeskanzler, sondern auch die Bundesminister – von seltenen Ausnahmen abgesehen – herausragende Vertreter ihrer Partei. Die Abgeordneten einer Partei schließen sich bei der Konstituierung des Bundestages zu Fraktionen zusammen, wobei 1969 eine Mindeststärke von fünf Prozent der Abgeordneten festgelegt wurde (§ 10 Geschäftsordnung des Bundestages/GOBT). Ihre Rechte können sie überwiegend nur als Mitglieder einer Fraktion (wirksam) ausüben.

Seit der Parlamentsreform 1969/70 zunehmend eingestellt auf die Funktionsbedingungen des parlamentarischen Regierungssystems, wurden die Minderheitenrechte schrittweise ausgebaut. Die Stärkung der Opposition vollzog sich dabei im Wesentlichen über einen Ausbau von Fraktionsrechten, womit den Bedingungen eines Mehrparteienparlaments mit auch untereinander konkurrierenden Oppositionsfraktionen Rechnung getragen wird. Somit war der Bundestag auf die in den letzten Jahren erfolgte Entwicklung zum Fünfparteienparlament gut vorbereitet. Von Änderungsanträgen abgesehen, bedürfen seither alle Vorlagen (Gesetzentwürfe, Anträge etc.) der Unterstützung durch eine Fraktion oder 5 Prozent aller Abgeordneten (§§ 75, 76 GOBT). Hingegen sind den einzelnen Abgeordneten nach der Geschäftsordnung des Deutschen Bundestages nur wenige Rechte geblieben. Will ein Abgeordneter initiativ werden, muss er sich zunächst um Unterstützung in der eigenen Fraktion bemühen (Ismayr 2001, 47 ff.). Die Geschäftsordnungsreform 1980 trug der faktischen Entwicklung des Fraktionenparlaments auch dadurch Rechnung, dass viele Rechte auch formell von der Fraktion selbst geltend gemacht werden können. Entsprechend wurde die dominante Funktion der Fraktionen auch bei der Ausschussarbeit dadurch unterstrichen, dass manche Kompetenzen ausdrücklich der „Fraktion im Ausschuss" eingeräumt werden.

Zwar können einzelne Parlamentarier im Unterschied zu vielen anderen westeuropäischen Demokratien keinen Gesetzentwurf einbringen. Jedoch wurde im Unterschied zu einigen anderen Parlamenten durch Geschäftsordnungsreformen sichergestellt, dass Gesetzentwürfe im parlamentarischen Verfahren grundsätzlich nicht anders behandelt werden als Regierungsentwürfe (Ismayr 2008: 20f.; Döring 1995, 223ff.). So können Oppositionsfraktionen die Beratung eigener Vorlagen auch gegen den Willen der Mehrheit durchsetzen, seit 1995 bereits nach drei Wochen (§ 20 Abs. 4 GOBT). Auch kann eine Fraktion 10 Sitzungswochen nach Überweisung einer (Gesetzes-)Vorlage an einen Ausschuss verlangen, dass über den Stand der Beratungen Bericht erstattet und auch eine Plenardebatte angesetzt wird (§ 62 Abs. 2 GOBT).

Die Fraktionen prägen auch die Willenbildung in den für die Arbeitsplanung zuständigen Gremien. So liegt die Bestimmung der Tagesordnung und der Debattengestaltung bei den im Ältestenrat vertretenen Fraktionen. Im Ältestenrat sind neben den Mitgliedern des Präsidiums die Fraktionen mit ihren Parlamentarischen Geschäftsführern und weiteren Abgeordneten im Verhältnis ihrer Stärke vertreten (§§ 6, 12 GOBT). Vereinbarungen über die Arbeitsplanung kommen hier und in weiteren interfraktionellen (Vor-)Absprachen der Ersten Parlamentarischen Geschäftsführer nur zustande, wenn ein Konsens zwischen den Fraktionen hergestellt werden kann. Die eingespielte parlamentarische Praxis führt – im Vergleich zu einigen anderen westlichen Demokratien – in der Regel zu einer angemessenen Berücksichtigung der Interessen der Oppositionsfraktionen. Andererseits hat sie dazu beigetragen, dass die Ersten Parlamentarischen Geschäftsführer ihre Stellung als „Manager des Parlaments" ausbauen konnten (Petersen 2000).

Seit 1994 ist der Anspruch jeder Fraktion auf Mitgliedschaft im Präsidium des Bundestages gesichert (§ 2 Abs. 1 GOBT), womit die Fraktion Die Grünen (jetzt: Bündnis 90/Die Grünen) erstmals eine Vizepräsidentin stellen konnten. Bei der Leitung der Plenarsitzungen wechseln sich der Bundestagspräsident und die (derzeit fünf) Vizepräsidenten ab und in dem von ihnen zusammen gebildeten Präsidium handelt der Bundestagspräsident zunehmend als Primus inter pares. Vor allem aufgrund dieser gemeinsamen Verantwortung ist ihnen an einvernehmlichen Regelungen und Absprachen gelegen.

Arbeitsteilung und Koordination

Hatte seit den 1950er Jahren der Ausbau des Sozial- und Interventionsstaates zu einer Expansion der Staatstätigkeit geführt, ist mit der deutschen Vereinigung, aufgrund neuer technologischer Entwicklungen und im Zuge der zunehmenden Europäisierung und Globalisierung der Politik die Vielfalt und Komplexität der Gesetzgebungs- und Kontrollaufgaben noch gewachsen.

Um seinen Aufgaben gerecht zu werden, haben der Bundestag und seine Fraktionen strikt arbeitsteilige Strukturen ausgebildet. Mit dieser Entwicklung geht auch die seit den 1970er Jahren zunehmende Professionalisierung der Abgeordnetentätigkeit einher. Mit der Vergrößerung des Bundestages auf regulär 656 Abgeordnete nach der deutschen Vereinigung im Oktober 1990 hatte sich die Notwendigkeit einer ausgeprägten Arbeitsteilung noch erhöht. Auch nach einer moderaten Verringerung seiner Mitgliederzahl auf 598 im Interesse verbesserter Arbeitsfähigkeit ist der Bundestag eines der größten Parlamente.

Der Schwerpunkt der parlamentarischen Arbeit liegt bei den (derzeit 22) Ständigen Ausschüssen, deren Beschlussempfehlungen an das Plenum faktisch zumeist Entscheidungscharakter haben. Die Kompetenzverteilung der Fachausschüsse und der korrespondierenden Arbeitsgruppen der Fraktionen entspricht seit den 1960er Jahren weitgehend der Ressortgliederung der Regierung. Die Spezialisierung der parlamentarischen Arbeit wird weiter dadurch vorangetrieben, dass häufig Unterausschüsse eingesetzt werden. Die Besetzung der Ausschüsse sowie die Regelung des Vorsitzes wird – im Verhältnis ihrer Stärke – von den Fraktionen vorgenommen (§§ 57, 12 GOBT). Somit werden die Oppositionsfraktionen auch bei der Verteilung der Ausschussvorsitze angemessen berücksichtigt, was nur in etwa der Hälfte der westeuropäischen Parlamente der Fall ist (Ismayr 2009, 36).

Strukturen und Willensbildung der Fraktionen weisen wesentliche Gemeinsamkeiten, aber auch bemerkenswerte Unterschiede auf. Dabei ist vor allem zwischen den großen Fraktionen mit ihrer besonders ausgeprägten Arbeitsteilung und den kleinen Fraktionen zu differenzieren. Aber selbstverständlich prägt auch die Rolle als Regierungs- oder Oppositionsfraktion die Arbeitsweise. Bei den großen Fraktionen SPD und CDU/CSU bilden jene Arbeitsgruppen, die jeweils die der Fraktion angehörenden Mitglieder eines Ausschusses umfassen, die arbeitsintensiven Basisorganisationen, bei den kleinen Fraktionen FDP, Bündnis 90/Die Grünen und Die Linke die umfassenderen Arbeitskreise.

Die Vorsitzenden der Arbeitsgruppen – bei der SPD zugleich Obmann/-frau im Bundestagsausschuss – sind die (einflussreichen) „Sprecher" der Arbeitsgruppen. Bei den großen Fraktionen hat sich ein spezialisiertes Berichterstatter-System ausgebildet. In den Arbeitsgruppen betreuen die einzelnen Abgeordneten bestimmte Sachgebiete meist über einen längeren Zeitraum und sind dann im Ausschuss die „geborenen" Berichterstatter ihrer Fraktionen (Ismayr 2001, 99f.; Oertzen 2005).

Mit zunehmender fachlicher Spezialisierung nahm der Koordinationsbedarf zu. Der Behandlung in der Fraktionssitzung gehen daher zumeist mehrstufige Koordinationsverfahren voraus. Sie sollen eine optimale Abstimmung und konzeptionelle Arbeit ermöglichen, was gleichwohl nur teilweise gelingt. Hierbei spielen der jeweils am Montag tagende (erweiterte) Vorstand sowie der (zuvor tagende) Geschäftsführende Vorstand eine wichtige Rolle, dem bei den großen Fraktionen der Fraktionsvorsitzende und seine Stellvertreter sowie die Parlamentarischen Geschäftsführer angehören (bei der Union zudem die beiden Justitiare). Bei diesen Gremien liegt die politische Führung und Geschäftsführung der Fraktionen. Hektik und Zeitdruck in den Sitzungswochen sichern den Ersten Parlamentarischen Geschäftsführern erheblichen Einfluss.

Zudem sind die Regierungs- und Fraktionsebene durch verschiedene informelle Koalitionsgremien miteinander verklammert. Neben und vor das Bundeskabinett tritt seit den 1970er Jahren – jedenfalls phasenweise – als „faktisches Entscheidungszentrum" die Große Koalitionsrunde (seit 1998: Koalitionsausschuss), wenngleich deren Beschlüsse formal nur Empfehlungscharakter haben (Rudzio 2008). Die Regierungs-, die Fraktions- und die Parteiebene sind in diesem „informellen" Gremium mit ihren führenden Vertretern beteiligt. Die privilegierte Position der Spitzenpolitiker in Regierung, Fraktion und Partei – häufig in Doppelfunktion – wird durch die Beteiligung an den bedeutenden Koalitionsgremien verstärkt und abgesichert. Regierungsmitglieder und Ministerialbeamte wirken zudem auf vielfältige Weise und einflussreich in den Gremien des Bundestages und der Fraktion mit. In den Vorstandssitzungen und Versammlungen der Mehrheitsfraktionen nehmen die anwesenden Regierungsmitglieder oft eine dominierende Rolle ein.

Antworten auf neue Herausforderungen

Gesetze sind auch unter Bedingungen der Globalisierung und Europäisierung das dominante Steuerungsmittel des demokratischen Rechts- und Sozialstaats, wobei das Rechtsstaatsprinzip in der Bundesrepublik besonders ausgeprägt ist. Allerdings sind die Gesetzesfunktionen wie auch der Gesetzgebungsprozess einem bedeutenden Wandel unterworfen, der insbesondere durch die Entstehung eines Mehrebenensystems mit einer immer größeren Bedeutung der europäischen Ebene bedingt ist (Wessels 2008: 653f.). Die Privatisierung und Auslagerung öffentlicher Leistungen führte offenbar nicht zu nennenswerten Entlastungen von Gesetzgeber, Administration und Budget. Häufig kann sich der Staat damit nicht seiner „Gewährleistungsverantwortung" entledigen (Schuppert 2005). Generell hat die Entwicklung vom „aktiven Staat", wie er sich seit Ende der 1960er Jahre entwickelt hat, zum „aktivierenden Staat" unter Bedingungen einer Bürgergesellschaft die Rolle des Gesetzgebers zwar verändert, nicht jedoch zu einem Abbau von Rechtsnormen geführt (Ismayr 2008, 388f.).

Bei der Gesetzgebung und Kontrolle sieht sich der Bundestag einer fachlich stark ausdifferenzierten Ministerialverwaltung mit ihren nachgeordneten Behörden gegenüber, deren wissenschaftliche Beratungskapazität seit den 1960er Jahren erheblich zugenommen hat. Bundestag und Fraktionen haben auf die wachsende Vielfalt und Komplexität der Gesetzgebungs- und Kontrollaufgaben auch im Zuge der technologischen Entwicklung und der Europäisierung und Globalisierung nicht nur mit einer zunehmenden fachlichen Ausdifferenzierung reagiert. Vielmehr wurde seit der Parlamentsreform 1969/70 schrittweise die personelle und informationstechnische Ausstattung des Bundestages und seiner Fraktionen sowie der Kontrollinstrumente in einem im internationalen Vergleich sehr beachtlichen Umfang ausgebaut (Schöler/von Winter 2008; Schöne 2009).

Anstöße für Evaluierungen im Bereich der Exekutive gehen häufig vom Bundestag aus, der in zunehmendem Maße Interesse an (möglichst) zuverlässigen Informationen über Gesetzeswirkungen und Folgenabschätzungen zeigt. So gut wie alle parlamentarischen Informations- und Kontrollinstrumente (Anfragen, Anträge) werden auch dazu genutzt, entsprechende Auskünfte zu verlangen. Wachsende Bedeutung kommt hier der Anforderung von Regierungsberichten zu, die einmalig oder periodisch dem Parlament vorzulegen sind (Ismayr 2001, 396ff.).

Die in den letzten Wahlperioden stark angewachsene Zahl öffentlicher Anhörungen der Bundestagsausschüsse aber auch der Fraktionen dokumentieren ein wachsendes Interesse (vor allem der Opposition) an regierungsunabhängigem Erfahrungs- und Expertenwissen über Wirkungsweise und Auswirkungen geltender Rechtsnormen, die Folgenabschätzung geplanter Gesetze und alternative Lösungsmöglichkeiten. Inzwischen werden zu fast allen bedeutenden Gesetzentwürfen und auch zu anderen Vorhaben öffentliche Anhörungen von Sachverständigen und Interessenvertretern durchgeführt, vornehmlich auf Initiative der Opposition (Beyme 1997, 239; Feldkamp 2005, 479ff.). Als bedeutsam hat sich die im Rahmen der Parlamentsreform 1969 eingeführte Regelung erwiesen, wonach bei überwiesenen Vorlagen eine Minderheit von einem Viertel der Ausschussmitglieder eine öffentliche Anhörung erzwingen kann (§ 70 GOBT).

Eine wichtige Innovation stellen Enquete-Kommissionen dar, in denen Wissenschaftler und andere Sachverständige mit Abgeordneten gleichberechtigt beraten und Berichte an das Plenum beschließen (§ 56 GOBT). Seit ihrer Einführung 1969 haben sich die grundsätzlich diskurs- und problemlösungsorientiert angelegten Enquete-Kommissionen bewährt. Sie können nicht zuletzt als institutionelle Antwort auf neue technologische und gesellschaftliche Herausforderungen gesehen werden. Bisher wurden 34 Enquete-Kommissionen mit der Aufgabe eingerichtet, komplexe Entwicklungen zu erfassen und zukunftsgerichtete Gestaltungsvorschläge zu erarbeiten. Thematische Schwerpunkte waren neue Technologien und ihre ökologischen, ökonomischen und sozialen Folgen (Ismayr 2001, 413ff.). Seit Anfang der 1990er Jahre wurden Enquete-Kommissionen u.a. zu den Themen „Schutz des Menschen und der Umwelt", „Zukunft der Medien", „Globalisierung der Weltwirtschaft" „Ethik und Recht der modernen Medizin", „Aufarbeitung von Geschichte und Folgen der SED-Diktatur", „Zukunft des Bürgerschaftlichen Engagements" und „Kultur in Deutschland" durchgeführt. Enquete-Kommissionen sind als die wohl intensivste Form direkter Politikberatung angelegt, die es auf Bundesebene gibt. Die Arbeit von Enquete-Kommissionen kann nicht zuletzt auch einer konzeptionell verbesserten Gesetzgebung dienen.

Die zunehmende Verflechtung von Außen- und Innenpolitik bestimmt auch die Arbeit des Bundestages. Die Außenpolitik ist immer umfangreicher und komplexer geworden. Sie reicht unter den Bedingungen der Globalisierung und Europäisierung weit über die klassischen Felder der Friedens-, Sicherheits- und Außenhandelspolitik hinaus und umfasst immer mehr einstmals rein innenpolitische Fragen (Ismayr 2007, 181ff.).

Gestärkt wurde die Rolle des Bundestages durch ein Urteil des Bundesverfassungsgerichts (1994), wonach für jeden Einsatz bewaffneter Streitkräfte die konstitutive Zustimmung des Bundestages einzuholen sei (BVerfGE 90, 286ff). Während auf eine entsprechende Grundgesetzänderung verzichtet wurde, beschloss der Bundestag nach zehnjähriger Praxis ohne gesetzliche Grundlage Ende 2004 das sog. „Parlamentsbeteiligungsgesetz". Seit dem Urteil des Bundesverfassungsgerichts hat es mehr als 40 Entscheidungen über den Einsatz bewaffneter Streitkräfte im Ausland gegeben, wobei die Zustimmung des Bundestages ungeachtet oft heftiger Auseinandersetzungen im Vorfeld zumeist mit breiter Mehrheit erfolgte (Biermann 2004, 614ff.).

Die Entwicklung der Europäischen Gemeinschaft hat zu einer umfangreichen Verlagerung von Rechtsetzungskompetenzen auf die Gemeinschaft (EG/EU) geführt (Wessels 2008, 653f.). Zum einen ist die schon bisher große Zahl der dem Bundestag zugeleiteten EU-Vorlagen in den letzten zehn Jahren weiter angestiegen. Zum anderen werden etwa 40% aller verabschiedeten Bundesgesetze durch einen europäischen Impuls beeinflusst (Töller 2008).

Durch die Bestimmungen der zeitgleich mit der Ratifizierung des Maastrichter Vertrages (1993) beschlossenen Art. 23 (n.F.) und Art. 45 des Grundgesetzes wurde neben dem Bundesrat auch die Stellung des Bundestages gegenüber der Bundesregierung im europapolitischen Willensbildungsprozess deutlich gestärkt. Für die in Form eines zu ratifizierenden Vertragsgesetzes erfolgende Übertragung von Hoheitsrechten ist seither eine Zustimmung des Bundestages (wie auch des Bundesrates) mit Zweidrittelmehrheit erforderlich.

Die Bundesregierung hat den Bundestag „umfassend und zum frühestmöglichen Zeitpunkt über alle Vorhaben im Rahmen der Europäischen Union, die für Deutschland von Interesse sein können", zu unterrichten und dessen Stellungnahmen zu EU-Vorlagen zu „berücksichtigen". Allerdings kam es nur selten zu solchen Stellungnahmen. Auch weiterhin bestehen bekannte Probleme wie mangelnde Befassung wegen Überlastung der Ausschüsse mit anderen Vorlagen und verspätete Reaktionsmöglichkeiten angesichts knapper Termine. Die im September 2006 getroffene detaillierte „Vereinbarung zwischen dem Deutschen Bundestag und der Bundesregierung über die Zusammenarbeit in Angelegenheiten der

Europäischen Union" (BBV) hat die „Europatauglichkeit" des Bundestages gestärkt. Neben Verbesserungen der Informationsvermittlung weist der 2. Monitoringbericht zur Umsetzung der Unterrichtungspflichten durch die Bundesregierung (2008) gleichwohl noch deutliche Defizite insbesondere hinsichtlich einer umfassenden Bewertung zu Rechtsetzungsakten auf. Infolge des Urteils des Bundesverfassungsgerichts vom 30. Juni 2009 (2 BvE 2/08) wurden die Rechte des Bundestages in den Begleitgesetzen zum Lissabon-Vertrag deutlich gestärkt. So wurden die Regelungen der genannten Vereinbarung in das Gesetz über die Zusammenarbeit von Bundesregierung und Deutschem Bundestag in Angelegenheiten der Europäischen Union (EUZBBG) überführt und versucht, in den Monitoringberichten aufgezeigte Defizite zu beheben (BT-Drs. 16/13925; BT-Drs. 16/13995). Es bleibt abzuwarten, wie sich diese Neuregelungen in der parlamentarischen Praxis auswirken werden (Demuth 2009).

Die politische Willensbildung ist durch vielfältige Kontrollvorgänge geprägt. Deren Wirksamkeit hängt in hohem Maße davon ab, ob sie transparent sind und ein Mitdenken und Reagieren der Bürger in Gang setzen. Beim Ausbau der Kontrollinstrumente wurde zunehmend den Funktionsbedingungen des parlamentarisch-demokratischen Regierungssystems Rechnung getragen. Die öffentlich-kritische Kontrolle der Regierung(smehrheit) und auch der Ministerialbürokratie wird vornehmlich durch die Oppositionsfraktionen ausgeübt. Hingegen kontrolliert die über die Entscheidungsmöglichkeit verfügende Parlamentsmehrheit vor allem auf internen und informellen Wegen und vermag dabei mit weitaus größeren Erfolgsaussichten als die Opposition auch auf die Entwicklung von Gesetzentwürfen und Programmen der Regierung/Verwaltung und auf deren eigentlich „vollziehende" Tätigkeiten einzuwirken. Neben der nachträglichen Überprüfung exekutiven Handelns hat die vorhergehende und laufende Kontrolle erheblich an Bedeutung gewonnen.

Seit den 1960er Jahren sind die Kontrollinstrumente schrittweise in einem insgesamt gesehen beachtlichen Umfang ausgebaut und verbessert worden, wobei sie von Fraktionen oder mindestens 5 Prozent der Abgeordneten – kaum hingegen von einzelnen Abgeordneten – genutzt werden können. Diese Entwicklung kommt vornehmlich den Oppositionsfraktionen zugute, deren Kontrollprobleme angesichts zunehmender Staatstätigkeit und damit einhergehender Expansion der Ministerialbürokratie freilich auch gewachsen sind. Seit der Präsenz zweier auch untereinander konkurrierender Oppositionsfraktionen ist die Anzahl der Kontrollinitiativen erheblich angestiegen. So haben die Oppositionsfraktionen in den vier Wahlperioden (1990–2005) 91 Prozent der 420 Großen Anfragen und 99 Prozent der 6.062 Kleinen Anfragen an die Bundesregierung eingereicht sowie vier von fünf der 332 Aktuellen Stunden verlangt. Die Großen Anfragen zu meist bedeutenden Themen sind neben eigenen Gesetzentwürfen das wohl wichtigste Instrument der Opposition zur Durchsetzung größerer Plenardebatten. Häufig und wirksam nutzen die (Oppositions-)Fraktionen auch die 1965 geschaffene und mit der Geschäftsordnungsreform von 1980 erheblich erweiterte Möglichkeit, kurzfristig eine Aktuelle Stunde mit kurzen Debattenbeiträgen zu aktuellen Themen durchzusetzen (Ismayr 2001, 331ff.).

Der Deutsche Bundestag gehört zu den wenigen westeuropäischen Parlamenten, in denen ein Untersuchungsausschuss von einer Minderheit – einem Viertel seiner Mitglieder – durchgesetzt werden kann. Hingegen steht dieses Recht in den meisten osteuropäischen Ländern einer parlamentarischen Minderheit zu, wobei nicht zuletzt die deutsche Regelung als Vorbild diente (Ismayr 2010, 43). Die noch heute geltende Regelung wurde bereits 1949 im Grundgesetz verankert. Mit bisher 36 wurden Untersuchungsausschüsse infolgedessen im Bundestag auch vergleichsweise häufig eingesetzt. Sie dienten vornehmlich der Aufklärung von Missständen, wobei sie überwiegend von der Opposition beantragt und als „Kampfinstrumente" zur politischen Profilierung genutzt wurden. Erst 2001 kam überraschend ein immer wieder gefordertes Untersuchungsausschussgesetz zustande (Wiefelspütz 2002). Das von den seit 1969 zugrunde gelegten IPA-Regeln eingeräumte Recht qualifizierter Minderheiten, Beweisanträge zu stellen und sich mit Sondervoten im Ausschussbericht an die Öffentlichkeit zu wenden, wurde endlich gesetzlich festgeschrieben. Wie sich Verbesserungen der Minderheitenrechte sowie die ermöglichte Berufung eines Vorermittlungen führenden „unabhängigen" Ermittlungsbeauftragten auswirken werden, bleibt abzuwarten.

Ein wichtiges Reformanliegen ist nach wie vor die Verankerung von Informations-, Auskunfts- und Aktenvorlagepflichten der Regierung gegenüber dem Bundestag und vor allem gegenüber parlamentarischen Minderheiten, wie sie nach dem Vorbild Schleswig-Holsteins (1990) in mehrere Landesverfassungen aufgenommen wurden.

Die Kommunikations- und Resonanzfähigkeit des Bundestages gilt seit langem als verbesserungsbedürftig. Dabei sind die Erwartungen der Bürger seit den 1960er Jahren gestiegen. Kommunikationsfördernde Vorschläge zur Vitalisierung und diskursiven Fundierung parlamentarischer Debatten und zur Öffnung parlamentarischer (und gouvernementaler) Willensbildungsprozesse standen seither auch immer wieder auf der Tagesordnung und wurden zum Dauerthema von Parlamentsreformbemühungen. Plenardebatten sollen demnach im Interesse demokratischer Legitimation so gestaltet sein, dass sie kritisches Mitdenken der Bürger ermöglichen und anregen.

In mehreren, oft erst nach vielen Jahren durchsetzbaren Reformschritten konnten auch tatsächlich Verfahrensänderungen erreicht werden, die aber nur teilweise die erwartete Wirkung brachten. Real verbessert wurde seit der „Parlamentsreform" 1969/70 in kleinen Schritten die kommunikative Chancengleichheit der Opposition(sfraktionen). So wurde das Prinzip von „Rede und Gegenrede" ausdrücklich in der Geschäftsordnung des Bundestages verankert und seit den 1970er Jahren jeweils zu Beginn der Wahlperiode ein exakter Schlüssel für die Aufteilung der Redezeit für Koalition (Regierung, Koalitionsfraktionen) und Oppositionsfraktionen vereinbart. Mit dieser Regelung wurde dem engen Verbund von Regierung und Koalitionsfraktionen ebenso Rechnung getragen wie dem Umstand, dass es nicht *die* Opposition, sondern ggf. mehrere eigenständige Oppositionsfraktionen gibt, die auch untereinander konkurrieren.

In Reformvorstößen ist immer wieder der Anspruch formuliert worden, dass Debatten insgesamt gesehen vitaler, argumentativer und weniger deklaratorisch und „positionell" geführt werden sollten. Nach jahrelangen vergeblichen Versuchen konnte in den 1980er Jahren eine diskussionsfreundliche Regelung für Zwischenfragen und Kurzinterventionen durchgesetzt und 1995 noch etwas verbessert werden, die sich auch bewährt hat (§ 27 Abs. 2 GOBT). Um das öffentliche Interesse an vertieften Plenardebatten zu wichtigen Themen zu erhöhen und die Glaubwürdigkeit des Bundestages zu verbessern, wurde im Rahmen der Geschäftsordnungsreform 1995 eine seit langem geforderte „Plenar-Kernzeit" eingeführt. In Sitzungswochen werden in einer Kernzeit am Donnerstagvormittag, die von anderen Terminen freizuhalten ist, und in Erwartung einer möglichst breiten Präsenz der Parlamentarier in der Regel zwei wichtige Themen behandelt. Diese Plenardebatten werden regelmäßig vom Spartenkanal „Phoenix" des öffentlich-rechtlichen Fernsehens übertragen. Hinsichtlich der thematischen Schwerpunktbildung, der Präsenz und der Wahrnehmung in den Medien haben sich die Erwartungen jedoch nur teilweise erfüllt.

Auf das Plenum beschränkte Reformen reichen allerdings nicht aus, um den gestiegenen Erwartungen gerecht zu werden. Mehr Transparenz bisher nicht- oder allenfalls halböffentlicher Prozesse wird daher seit langem gefordert. Von öffentlichen Anhörungen abgesehen, tagten die Fachausschüsse bisher zumeist nichtöffentlich, obwohl sie (seit 1969) die Öffentlichkeit für bestimmte Verhandlungsgegenstände beschließen können. Seit 1995 ist es nach der Geschäftsordnung möglich, anstelle einer spezialisierten Plenardebatte die Schlussberatung von Gesetzentwürfen und anderen Vorlagen in Form einer gemeinsamen öffentlichen Aussprache der Mitglieder des federführenden und der mitberatenden Ausschüsse durchzuführen (§ 69a GOBT). Von diesem Konzept wurde eine Verbesserung der Kommunikationsfähigkeit, Transparenz und Effizienz der parlamentarischen Willensbildung gleichermaßen erwartet. Bisher wurde dieses Verfahren einer „Erweiterten öffentlichen Ausschussberatung" allerdings kaum genutzt, obwohl in Berlin inzwischen geeignete Räumlichkeiten zur Verfügung stehen.

Um der Gouvernementalisierung und Hierarchisierung der Politikvermittlung entgegenzuwirken, wurde seit langem ein „Parlamentskanal" gefordert, auf dem *alle* Plenardebatten und ggf. öffentlichen Ausschusssitzungen (Anhörungen) sowie Erläuterungen und Zusammenfassungen gesendet werden sollten. Entsprechend angelegt ist das oben erwähnte Programm des seit 1997 gemeinsam von ARD und ZDF betriebenen Ereignis- und Dokumentationskanals „Phoenix", das zudem über das Angebot eines reinen Parlamentskanals weit hinausreicht. Er wird allerdings nur von einem sehr kleinen Teil der Fernsehzuschauer genutzt. Zudem stellten ARD und ZDF seit der Etablierung ihres Spartenkanals die Übertragung von Parlamentsdebatten fast vollständig ein und verzichten auf die früher üblichen größeren Zusammenfassungen von Plenardebatten.

Insgesamt stehen Reformbemühungen zur Verbesserung der Kommunikationsfähigkeit und Transparenz insbesondere seit der Vervielfältigung und Kommerzialisierung der elektronischen Medien seit den 1980er Jahren Entwicklungen des Mediensystems gegenüber, die eine angemessene Wahrnehmung der Plenardebatten und der parlamentarischen Willensbildung erschweren. Der Trend erscheint bedenklich: Während einerseits unter den Bedingungen der Globalisierung und Europäisierung politische Aufgaben komplexer und die Verfahren der Problembewältigung komplizierter werden und immer mehr Kompetenz verlangen, wird Politik von einem offenbar zunehmenden Teil der Bevölkerung primär in personalisierter, ritualisierter und verkürzter Form wahrgenommen (Saxer 2006). Bemühungen zur verbesserten öffentlichen Wahrnehmung der parlamentarischen Willensbildung sind somit eine schwierige Daueraufgabe des Bundestages.

Der produktiven Verknüpfung von Bürgeraktivitäten und parlamentarischen Verfahren können neue Foren und Formen der Bürgermitwirkung und des öffentlichen Diskurses dienen.

Die 2005 eingeführten und bereits bewährten Neuregelungen des Petitionsverfahrens insbesondere für Massenpetitionen und „öffentliche Petitionen" sind ein positives Beispiel.

Für die Behandlung der an den Bundestag gerichteten Bitten und Beschwerden ist der Petitionsausschuss zuständig, der seit der Reform von 1975 im Grundgesetz verankert ist (Art. 45c) und seither gegenüber der Exekutive über ausgeprägte Inspektionsrechte verfügt. Von den zahlreichen Einzelpetitionen sind Massen- und Sammelpetitionen zu unterscheiden. Aktivbürger tragen gemeinsam Anliegen – häufig zur Gesetzgebung – an Petitionsausschuss und Parlament heran (Ismayr 2003; Bockhofer 1999). Nach einer seit 2005 geltenden Sonderregelung wird dem politischen Gewicht und der Intention von Massen- und Sammelpetitionen im Verfahren stärker Ausdruck verliehen. Bei Petitionen, denen sich innerhalb von drei Wochen mindestens 50.000 Personen anschließen, werden Petenten in öffentlicher Ausschusssitzung angehört – ein inzwischen mehrmals praktiziertes Verfahren. Seit 2005 können Petitionen auch per E-Mail eingereicht werden. Zudem können seither in einem partizipationsfreundlichen Verfahren, das 2008 vereinfacht und auf Dauer gestellt wurde, über die Internetseite des Bundestages sog. öffentliche Petitionen eingereicht, mitgezeichnet und diskutiert werden. Auf die Institution eines „allzuständigen" Bürgerbeauftragten (Ombudsmann), wie sie mittlerweile in den meisten westlichen Demokratien existiert, wurde bisher verzichtet (vgl. Kempf/Mille 1992). Vorstöße zur Einführung eines Bürgerbeauftragten scheiterten bisher, so auch der diskussionswürdige Vorschlag von Bündnis 90/Die Grünen, „zur Stärkung und bürgernahen Gestaltung des Petitionsrechts" einen Bürgerbeauftragten einzusetzen, der „als Hilfsorgan des Parlaments dem Petitionsausschuss zugeordnet ist" (BT-Drs. 13/3578/24.1.1996).

Auch bei den – bislang allerdings gescheiterten – Versuchen, direktdemokratische Sachentscheidungsverfahren auch auf Bundesebene einzuführen, wurde weitgehend darauf geachtet, die parlamentarische Ebene mit jener der Aktivbürger produktiv zu verknüpfen.

Fazit

Auf neue Herausforderungen hat der Bundestag insbesondere seit Ende der 1960er Jahre, aber auch nach der deutschen Vereinigung durch zahlreiche kleine Reformschritte reagiert, die sich insgesamt gesehen als bedeutsame institutionelle Anpassungsleistung darstellen und teilweise durchaus innovativen Charakter haben. Entscheidend war, dass eine Reihe von Neuregelungen auch tatsächlich (intensiv) genutzt wurden, was freilich nicht für alle Verfahrensänderungen gilt.

Mit dem beachtlichen Ausbau von parlamentarischen Minderheitenrechten hat der Bundestag der Bedeutung einer funktionsfähigen Opposition im parlamentarisch-demokratischen System Rechnung getragen. Da sich die Stärkung der Opposition vornehmlich über einen Ausbau von Fraktionsrechten vollzog, ist der Bundestag auf die Entwicklung zum Fünfparteienparlament mit auch untereinander konkurrierenden Oppositionsfraktionen gut vorbereitet. Die Wirksamkeit der Kontrollinstrumente ist allerdings unter Bedingungen einer Großen Koalition abgeschwächt, die auch nur als „Notlösung" gilt.

Auf die wachsende Vielfalt und Komplexität der Staatsaufgaben auch im Zuge der technologischen Entwicklung und der Europäisierung und Globalisierung haben Bundestag und Fraktionen mit zunehmender fachlicher Ausdifferenzierung sowie einem Ausbau der Ausstattung und der Kontrollinstrumente reagiert. Um die vielfältigen Aktivitäten angemessen zu bündeln, wurden wiederum zahlreiche formelle und informelle Koordinationsgremien geschaffen. Verbesserungen der Koordination im Interesse konzeptioneller Politik und auch zur Sicherung des Primats der Politik sind eine ständige Aufgabe, die in den einzelnen Politikfeldern unterschiedlich intensiv und mit unterschiedlichem Erfolg angestrebt wurde.

Dem Ziel, die Kommunikationsfähigkeit und Transparenz des Bundestages zu verbessern, dienen eine Reihe sukzessiv eingeführter Regelungen, die aber nur teilweise im angestrebten Sinne umgesetzt wurden. Bemühungen um eine verbesserte öffentliche Wahrnehmung der parlamentarischen Willensbildung bleiben angesichts der seit den 1980er Jahren erheblich veränderten Medienstruktur eine schwierige Daueraufgabe.

Literatur

Batt, H.-L., Verfassungsrecht und Verfassungswirklichkeit im vereinigten Deutschland, Opladen 2003.

Beyme, K. v., Der Gesetzgeber. Der Bundestag als Entscheidungszentrum, Wiesbaden 1997.

Biermann, R., Der Deutsche Bundestag und die Auslandseinsätze der Bundeswehr, in: Zeitschrift für Parlamentsfragen 4/2004, S. 607-626.

Bockhofer, R. (Hg.), Mit Petitionen Politik verändern, Baden-Baden 1999.

Demuth, C., Der Bundestag als lernende Institution, Baden-Baden 2009.

Döring, H., Time as a Scarce Resource. Government Control of the Agenda, in: Döring, H. (Hg.), Parliaments and Majority Rule in Western Europe, Frankfurt/M. 1995, S. 223-246.

Feldkamp, M. F., Datenhandbuch zur Geschichte des Deutschen Bundestages 1994 bis 2003, Baden-Baden 2005.

Ismayr, W., Der Deutsche Bundestag im politischen System der Bundesrepublik Deutschland, 2. Aufl., Opladen 2001.

Ismayr, W., Vitalisierung der Demokratie durch Petitionen?, in: Bockhofer, R. (Hg.), Demokratie wagen – Petitionsrecht ändern! Bremen 2003, S. 60-73.

Ismayr, W., Bundestag, in: Schmidt, S./Hellmann, G./Wolf, R. (Hg.), Handbuch zur deutschen Außenpolitik, Wiesbaden 2007, S. 175-191.

Ismayr, W., Gesetzgebung im politischen System Deutschlands, in: Ismayr, W. (Hg.), Gesetzgebung in Westeuropa. EU-Staaten und Europäische Union, Wiesbaden 2008, S. 383-429.

Ismayr, W., Die politischen Systeme Westeuropas im Vergleich, in: Ismayr, W. (Hg.), Die politischen Systeme Westeuropas, 4. Aufl., Wiesbaden 2009, S. 9-64.

Ismayr, W., Die politischen Systeme Osteuropas im Vergleich, in: Ismayr, W. (Hg.), Die politischen Systeme Osteuropas, 3. Aufl., Wiesbaden 2010, S. 9-78.

Kempf, U./Mille, M., Rolle und Funktion des Ombudsmannes – zur personalisierten parlamentarischen Verwaltungskontrolle in 48 Staaten, in: Zeitschrift für Parlamentsfragen 1/1992, S. 29-47.

Oberreuter, H./Kranenpohl., U./Sebaldt, M. (Hg.), Der Deutsche Bundestag im Wandel, 2. Aufl., Wiesbaden 2002.

Oertzen, J. v., Das Expertenparlament. Abgeordnetenrollen in den Fachstrukturen bundesdeutscher Parlamente, Baden-Baden 2005.

Petersen, S., Manager des Parlaments. Parlamentarische Geschäftsführer im Deutschen Bundestag, Opladen 2000.

Rudzio, W., Das Koalitionsmanagement der Regierung Merkel, in: Aus Politik und Zeitgeschichte, 2008, B 16, S. 1-17.

Saxer, U., Politik als Unterhaltung. Zum Wandel politischer Öffentlichkeit in der Mediengesellschaft, Konstanz 2006.

Schöler, U./Winter, Th. v., Die Wissenschaftlichen Dienste des Deutschen Bundestages, in: Andersen, U. (Hg.), Der Deutsche Bundestag. Eine Einführung, Schwalbach/Ts 2008, S. 99-132.

Schöne, H., Fraktionsmitarbeiter – Die unsichtbare Macht im Parlamentsalltag?, in: Schöne, H./Blumenthal, J. v. (Hg), Parlamentarismusforschung in Deutschland, Baden-Baden 2009, S. 95-127.

Schuppert, G. F., Der Gewährleistungsstaat. Ein Leitbild auf dem Prüfstand, Baden-Baden 2005.

Steffani, W., Parlamentarische und präsidentielle Demokratie, Opladen 1979.

Sturm, R. /Pehle, H., Das neue deutsche Regierungssystem, 2. Aufl., Wiesbaden 2005.

Töller, A. E., Mythen und Methoden. Zur Messung der Europäisierung der Gesetzgebung des Deutschen Bundestages jenseits des 80-Prozent-Mythos, in: Zeitschrift für Parlamentsfragen 1/2008, S. 3-18.

Wessels, W., Gesetzgebung in der Europäischen Union, in: Ismayr, W. (Hg.), Gesetzgebung in Westeuropa, Wiesbaden 2008, S. 653-683.

Wiefelspütz, D., Das Untersuchungsausschussgesetz des Bundes, in: Zeitschrift für Parlamentsfragen 3/2002, S. 551-572.

Zohlnhöfer, R., Der Politikverflechtungsfalle entwischt? Die Effekte der Föderalismusreform I auf die Gesetzgebung, in: Zeitschrift für Politikwissenschaft 1/2009, S. 3-32.

Der Kampf um das höchste Amt im Staat
Die Wahl des Bundespräsidenten im Mai 2009

Markus Gloe

Die Analysen der Wahlen der Bundespräsidenten seit 1949 (vgl. Horst 1995) zeigen, dass mit Ausnahmen der so genannten Präsidentschaftskrise 1959 (vgl. Schwarz 1991, 502-526), die Polemik gegen Karl Carstens 1979 und dem verdeckten Wahlkampf 1994 zwischen Johannes Rau und Roman Herzog (vgl. Billing 1995) die Bundespräsidentenwahlen bisher generell dem Gebot der demokratischen Streitkultur und damit der Würde des Amtes entsprachen. Vor allem dann, wenn ein in der Bevölkerung angesehener Bundespräsident sich entschied, erneut für das Amt zu kandidieren, verzichteten die anderen maßgebenden Parteien auf einen eigenen Gegenkandidaten – so bei Theodor Heuss 1954, bei Heinrich Lübke 1964 und bei Richard von Weizsäcker 1989. Anders bei der Wahl des Bundespräsidenten 2009. Obwohl der seit 2004 amtierende Horst Köhler in der Bevölkerung und über die Parteigrenzen hinweg sich in seiner ersten Amtszeit großes Ansehen erworben hatte, nominierte die SPD mit Gesine Schwan, die bereits 2004 gegen Horst Köhler angetreten war, eine eigene Gegenkandidatin.

Ziel dieses Aufsatzes ist es den Prozess der Nominierung, den „Wahlkampf" und die Wahl in der Bundesversammlung nachzuzeichnen sowie eine Antwort auf die Frage zu geben, ob sich dieser „heimliche Wahlkampf" von früheren Kandidaturen um das Präsidentenamt unterschied und in seiner Form der Würde des Amtes abträglich war.

Die Nominierung

Bereits am 22. Mai 2008 gab Horst Köhler bekannt: „Ich habe mich entschlossen, im kommenden Jahr für das Amt des Bundespräsidenten zu kandidieren. Ein Jahr vor der Bundesversammlung sollte Klarheit herrschen. Dieses von mir gegebene Wort löse ich heute ein." Bundeskanzlerin Angela Merkel erklärte, dass sie sich freue, dass Horst Köhler noch einmal antrete. Auch der FDP-Parteivorsitzende Guido Westerwelle, der CSU-Vorsitzende Erwin Huber und zahlreiche CDU-Ministerpräsidenten zeigten sich über die Entscheidung Köhlers zumindest in den Medien erfreut. Nicht immer waren die CDU-Granden mit dem

Agieren des Bundespräsidenten während seiner ersten Amtszeit glücklich gewesen.

Im März 2004 hatten Guido Westwelle und Angela Merkel sowie Edmund Stoiber den damaligen Geschäftsführenden Direktor des Internationalen Währungsfonds (IWF) zum Kandidaten für das höchste Staatsamt auserkoren. Merkel konnte so eine Kandidatur ihre Intimfeindes Wolfgang Schäuble verhindern. Westerwelle wollte mit der Wahl Köhlers den Grundstein für eine schwarz-gelbe Koalition nach der Bundestagswahl 2005 legen und durch den Kandidaten ein „Stück Machtwechsel" signalisieren. Dies schloss daher eine Kandidatur des CDU-Mannes Klaus Töpfers, dem damaligen Exekutivdirektor des Umweltprogramms der Vereinten Nationen (UNEP), aus, weil er vor allem der FDP als zu sozial galt. Dieser war kurzfristig von der Union favorisiert worden. Die Wahl fiel schließlich auf Horst Köhler. Dennoch gehörte dieser sicher nicht zu den Spitzenpolitikern, wie der ehemalige Außen- und Verteidigungsminister Gerhard Schröder 1969, der Außenminister und FDP-Vorsitzende Walter Scheel 1974, der Präsident des Deutschen Bundestages Karl Carstens 1979 oder der nordrhein-westfälische Ministerpräsident und SPD-Kanzlerkandidat Johannes Rau 1994 und 1999, die mit einer möglichen Präsidentschaft ihre politische Karriere krönen wollten, bzw. vielleicht auch dorthin abgeschoben werden sollten, sondern eher zu den Verlegenheitskandidaten wie Heinrich Lübke 1959 oder Roman Herzog 1994 (vgl. Schwarz 1999: 8ff.).

Hatte die Nominierung Köhlers noch für Skepsis gegenüber dem politisch unerfahrenen Mann gesorgt, war der Bundespräsident während seiner ersten Amtszeit gereift und hatte sich weder „als gefühlsloser Marktliberaler erwiesen noch als unpolitisch" (FAS vom 3.5.2009). Daniel Friedrich Sturm fasste es folgendermaßen zusammen: „In einem Jahrfünft wurde aus dem als „neoliberal" attackierten Köhler, der für Reformen trommelte und den Kündigungsschutz infrage stellte, ein Kapitalismus-kritischer IWF-Chef außer Dienst" (Die Welt vom 20.5.2009).

Horst Köhler prägte gegenüber den anderen Bundespräsidenten das Amt durch eine auffällige Überparteilichkeit neu, da er selbst keine politische Karriere im engeren Sinne durchlaufen hatte. Außerdem verlieh im seine hohe Kompetenz in Wirtschafts- und Finanzfragen als ehemaliger Geschäftsführender Direktor des IWF in der Finanz- und Wirtschaftskrise 2008/2009 eine besondere Autorität (vgl. Möller 2009, 52). Aber er hatte sich innerhalb der Großen Koalition nicht nur Freunde gemacht. Er verweigerte gleich zweimal die Unterschrift unter Gesetze, die ihm zur Zustimmung vorgelegt wurden. Zudem zeigte sich Köhler in öffentlichen Auftritten zeitweilig ungeduldig und unzufrieden mit der Politik der kleinen Schritte, wie sie von Bundeskanzlerin Angela Merkel befürwortet wurde. Es verstimmte nicht nur Konservative, dass Köhler beschloss, das Gnadengesuch des RAF-Terroristen Christian Klar ausführlich zu prüfen und ihn sogar persönlich in der Haftanstalt aufzusuchen (vgl. Süddeutsche Zeitung vom 7.5.2007, 1). Vor allem in den Reihen der Union stieß es aber auf Unverständnis als er Bundesinnenminister Schäuble vorwarf, er verunsichere mit seinen Vorschlägen zur Verbesserung der inneren Sicherheit die Bürger der Bundesrepublik (vgl. Fleischhauer/ Neukirch 2007, 29). Dennoch konnte die CDU sich nicht gegen die Entscheidung Köhlers, erneut für das Präsidentenamt zu kandidieren, auflehnen.

Drei Tage nach der Bekanntgabe Köhlers zog die SPD nach und kürte Gesine Schwan zur eigenen Kandidatin. Damit gab Kurt Beck, der SPD-Parteivorsitzende, dem Druck der Parteibasis nach. Dies wurde ihm erneut als Zeichen von Führungsschwäche angelastet. Denn noch kurze Zeit zuvor hatte er selbst gesagt, dass die SPD den Amtsinhaber unterstützen würde, da für einen eigenen Bewerber ohnehin kaum eine Aussicht auf Erfolg bestünde und man sich eine Niederlage ersparen wolle. So solle Köhler doch lieber mit den Stimmen der Sozialdemokraten gewählt werden. Der Berliner Bürgermeister Klaus Wowereit fragte entsprechend: „Wie wollen wir den Leuten eigentlich erklären, dass wir gegen einen Präsidenten sind, den über 80 Prozent der Leute prima finden?" (Wowereit, zit. nach Fleischhauer/ Neukirch 2007, 29). Auch weitere führende SPD-Politiker, darunter der spätere Kanzlerkandidat Frank-Walter Steinmeier oder auch der Fraktionsvorsitzende der SPD-Bundestagsfraktion, Peter Struck, sprachen sich gegen die Nominierung eines eigenen Kandidaten oder eigenen Kandidatin aus, weil ihnen bewusst war, dass eine mögliche Wahl eines SPD-Kandidaten mit Stimmen der Linkspartei der Auftakt zu einer Diskussion über eine bundespolitische Kooperation zwischen SPD und der Linkspartei sein würde (vgl. Möller 2009, 53). Dies sollte verhindert werden, da Gesine Schwan als überzeugte Antikommunistin auch in der Lage gewesen wäre, die Debatte über eine Zusammenarbeit mit der Linken, selbstbewusster zu führen als andere SPD-Mitglieder.

Im Zuge der Berichterstattung zur Bundespräsidentenwahl wurde jedoch auch deutlich, dass es ursprünglich ganz andere Pläne in der SPD gegeben hatte. So versuchte der SPD-Kanzlerkandidat Frank-Walter Steinmeier Ende 2007 wohl seinen Vorgänger im Amt des Außenministers, Joschka Fischer, für einen Kandidatur zu gewinnen. Dies sei aber am Widerspruch Kurt Becks gescheitert, der Horst Köhler mitwählen wollte (vgl. FAS vom 3.5.2009).

Die Parteibasis der SPD votierte dafür, dass man schon aus „reiner Selbstachtung" eine eigene Kandidatin ins Rennen schicken müsse. Gesine Schwan hatte schon Monate lang in der SPD für ihre erneute Kandidatur geworben. Die beiden Bundestagsabgeordneten Sebastian Edathy und Hans-Peter Bartels sprachen sich als erste öffentlich für eine Kandidatur Schwans aus. Es folgten der

Ex-Juso-Vorsitzende Niels Annen und die stellvertretende Fraktionschefin Elke Ferne. Deutlich später gesellte sich auch die Parteivizevorsitzende Andrea Nahles zu den Befürwortern einer solchen Kandidatur. In mehreren Interviews drückte Nahles ihr Unbehagen aus, dass die SPD ohne eigene Kandidatin zur Bundespräsidentenwahl antreten wolle. Nicht zuletzt Schwan selbst überredete Beck schließlich, ihre Kandidatur zu akzeptieren. Bei einem Treffen der Parteispitze in Potsdam am 17./18. Mai 2008 setzte sich Gesine Schwan selbst mit Unterstützung der stellvertretenden SPD-Vorsitzenden Andrea Nahles und der Schatzmeisterin Barbara Hendricks als Kandidatin durch. Eine „traditionsreiche, gestaltende und verantwortungsvolle Partei wie die SPD" (Gesine Schwan, zit. nach FR vom 23.5.2008) könne es sich nicht leisten, auf eine Kandidatin für das höchste Amt im Staat zu verzichten. Nachdem Horst Köhler seine Bereitschaft erklärt hatte, zog dann auch die SPD nach und kürte Gesine Schwan offiziell zur Kandidatin für die Bundespräsidentenwahl 2009. Die Kür enthielt ein Signal der SPD an die Linkspartei: Ohne ihre Stimmen würde Schwan nicht gewählt werden können.

Angela Merkel zeigte sich über die Ernennung Gesine Schwans als Präsidentschaftskandidatin verärgert, da die SPD zugesagt hatte, Köhler bei einer Wiederwahl zu unterstützen. Der CSU-Landesgruppenchef Peter Ramsauer warf der SPD „eine Trotzreaktion gegen die große Mehrheit der Deutschen" (Ramsauer, zit. nach Der Tagesspiegel vom 23.5.2008) vor. Und auch Horst Köhler selbst war nach einem Gespräch mit Kurt Beck davon ausgegangen, dass ihn die SPD-Vertreter in der Bundesversammlung wählen würden.

Die Medien deuteten die Nominierung Schwans nicht als eine neue Qualitätsstufe in der Auseinandersetzung der Koalitionsparteien. Es würde lediglich „die Auflösungserscheinungen in der Regierung beschleunigen" (FR vom 27.5.2009). Mit einem vorzeitigen Bruch rechneten jedoch die wenigsten. Als einen „Befreiungsschlag" für die SPD, die dadurch von ihrer Führungskrise ablenken könne, charakterisierte der Politikwissenschaftler Gerd Langguth die Kandidatenaufstellung Schwans (Langguth im Deutschlandradio Kultur am 23.5.2008).

Bisher war die Nominierung des ehemaligen DDR-Bürgerrechtlers Jens Reich für die Wahl des Bundespräsidenten im Jahr 1994 einzigartig in der Geschichte der Bundesrepublik gewesen. Ihn hatte eine dreißigköpfige Gruppe aus prominenten Persönlichkeiten unterschiedlicher politischer Couleur am 14. Juni 1993 als überparteiliches Angebot an die Parteien vorgeschlagen, um so die Spannungen zwischen Ost- und Westdeutschen abzubauen und einer Parteienverdrossenheit entgegenzuwirken. Bündnis90/Die Grünen nahmen diesen Vorschlag – nach anfänglicher Zurückhaltung – auf und schlugen Reich in der Bundesversammlung als Kandidaten vor (vgl. Billing 1995, 601).

Anders aber ebenfalls bisher einzigartig ist die Nominierung Schwans zur Gegenkandidatin für die Präsidentenwahl 2009, nachdem sich der amtierende Präsident für ein erneutes Antreten entschieden hatte. Man sprach von Schwan auch als „sich selbst mandatierte Kandidatin". Horst Köhler war damit der erste amtierende Präsident in der Geschichte der Bundesrepublik Deutschland, der Gefahr lief, „abgewählt" zu werden. Bis dahin wurden jene Bundespräsidenten wiedergewählt, die eine zweite Amtszeit anstrebten: Theodor Heuss 1954, Heinrich Lübke 1964 und Richard von Weizsäcker 1989. Der damalige SPD-Parteivorsitzende Hans-Jochen Vogel hatte von Weizsäcker selbst zur Wiederwahl vorgeschlagen. Walter Scheel oder Johannes Rau verzichteten auf eine neuerliche Kandidatur, weil das eigene politische Lager keine Mehrheit in der Bundesversammlung mehr hatte.

Nach der Bekanntgabe Köhlers und der Nominierung Schwans hatte es sich die Linkspartei immer offen gehalten, eine eigene Kandidatin oder einen eigenen Kandidaten aufzustellen. Eine Entscheidung darüber sollte erst nach den im Oktober 2008 anstehenden Landtagswahlen in Bayern gefällt werden. So nominierte die Linkspartei im Oktober 2008 – auch nachdem Gesine Schwan den Parteichef der Linkspartei, Oskar Lafontaine, als „Demagogen" bezeichnet hatte – mit dem früheren Tatort-Darsteller Peter Sodann einen eigenen Kandidaten für die Bundespräsidentenwahl 2009. Dabei war Peter Sodann nicht die erste Wahl der Linken gewesen. Die Schriftstellerinnen Daniela Dahn und Christa Wolf, angeblich auch die Bischöfin Margot Käßmann und Schauspielerin Hanna Schygulla waren als Kandidatinnen im Gespräch gewesen. Letztlich blieb nur Peter Sodann, der – so Sodann selbst – „ungern Nein sagen" kann (Sodann, zit. nach FR vom 15.10.2008, 7). Hätte die Linkspartei über eine mögliche Mehrheit in der Bundesversammlung verfügt, hätte sie jemand anderen nominiert. Allerdings wollte sie nicht auf einen eigenen Kandidaten verzichten, um nicht von der medialen Aufmerksamkeit für die „Bühne Präsidentenwahlkampf" abgeschnitten zu sein.

Die rechtsextremen Parteien NPD und die DVU nominierten den rechtsextremen Liedermacher Frank Rennicke als eigenen Kandidaten. Die Kandidaten der demokratischen Parteien zeigten sich darüber erleichtert, nicht auf die Stimmen der rechtsextremen Vertreter setzen zu müssen.

Der „Wahlkampf"

Schon in den Beratungen des Parlamentarischen Rates war man sich einig, den Bundespräsidenten weitgehend aus dem politischen Kräftefeld zu verdrängen und ihm einen ausgleichenden Faktor zuzuschreiben. So formulierte auch der spätere Bundespräsident Richard von Weizsäcker: „Bei uns dient das Amt des Bundespräsidenten dem Konsens und der Orientierung. Der Konsens wird benötigt und von fast allen Bürgern gewünscht. Es wird dankbar aufgenommen, wenn man zum Konsens mahnt. Aus diesem Bedürfnis heraus entwickelt sich auch die Zustimmung zum Inhaber des Amtes." (zit. nach Hartmann/ Kempf 1989, 21f.). In einem entsprechenden „Wahlkampf" um das Amt würden die Kandidaten dann aber Gefahr laufen, dass sie politische Versprechen geben, die sie aufgrund ihrer geringen politischen Durchsetzungskraft nicht halten könnten. Dementsprechend ist zwar ein personalisierter „Wahlkampf" möglich, der persönliche oder grundsätzlich politische Fragen berührt, aber kein „Wahlkampf", in dem um die Lösung politischer Probleme gerungen wird.

Mit der Nominierung Gesine Schwans als SPD-Kandidatin wurde Horst Köhler gezwungen einen Wahlkampf in eigener Sache zu machen, der als solcher nicht erkennbar sein durfte, weil das Grundgesetz einen solchen nicht vorsieht.

Die Bundesversammlung setzte sich bei 1224 Sitzen aus 497 Vertretern der CDU/CSU, 107 Delegierten für die FDP, 10 Delegierten für die Freien Wähler, 419 Delegierten der SPD, 95 Delegierten der Grünen, 90 Delegierten der Linken, 3 Delegierten der NPD, 1 Delegierten der DVU sowie 2 fraktionslosen Delegierten zusammen. Bei dieser Stimmverteilung stellte sich die entscheidende Frage, ob auch alle Mitglieder aus den Reihen der Unterstützer von Horst Köhler, die aus CDU/CSU, FDP und den Freien Wählern bestand, ihren Kandidaten wählen würden. Horst Köhler hatte bei der Wahl 2005 18 Stimmen aus dem bürgerlichen Lager nicht erhalten, aber es gab auch bei den Grünen Sympathisanten für Horst Köhler wegen seines Engagements für Afrika. Gerade um solche „heimlichen Überläufer" (Feldenkirchen 2009: 24) ging es beiden Kandidaten bei ihrem Duell: „Um die Heimlichen geht es nun. Wegen ihnen wird der erste echte Wahlkampf ums Schloss Bellevue geführt, auch wenn das Duell offiziell nicht Wahlkampf heißen darf." (ebd.).

So nutzte auch der amtierende Bundespräsident seine öffentlichen Auftritte, z.B. bei der Eröffnungspremiere der traditionsreichen Ruhrfestspiele, für einen verdeckten Wahlkampf. Ein weiteres Beispiel ist ein für ihn ungewöhnlicher Namensbeitrag für die BILD-Zeitung, in der Köhler seinen Respekt vor der Lebensleistung der DDR-Bürger bekräftigte (vgl. BILD-Zeitung vom 27.4.2009). Beim „Wahlkampf" konnte Köhler auch auf seine Popularität bauen, die jedoch nicht so sehr in seinen offiziellen Auftritten, sondern eher in seinen direkten Kontakten mit den Bürgern begründet liegen dürfte. Auf die Frage, ob er Wahlkampf betreibe, reagierte Köhler jedoch kühl: „Ich mache hier keinen Wahlkampf, sondern meine Arbeit. Ich mache hier meine Aufgabe." (Köhler, zit. nach FR vom 14./15.6.2008, 4). Dies hatte er auch schon im Anschluss an seine Nominierung deutlich gemacht, als er sich den Fragen der Journalisten stellte und klar machte, dass sich niemand vor einem demokratischen Wahlkampf fürchten müsse, er für sich aber keinen Wahlkampf organisieren werde (vgl. Süddeutsche Zeitung vom 23.5.2008, 2).

Horst Köhler erweiterte sein inhaltliches Spektrum gegenüber dem Beginn seiner ersten Amtszeit. Der Bundespräsident setzte auf Themen wie bessere Bildung, Entwicklungspolitik, Industrie und Handel, Integration und Immigration sowie Klima- und Umweltschutz. Dagegen standen bei Schwan gesellschafts- und sozialpolitische Themen im Focus, insbesondere die Themen soziale Gerechtigkeit, Bildung und Familie. In seiner „Berlinere Rede" ging Köhler auf die Wirtschaftskrise ein. Er rief die Parteien dazu auf, die Wirtschaftskrise nicht als „Kulisse für Schaukämpfe" zu nutzen und sie zugleich als Chance zu begreifen, Ungerechtigkeiten in der Welt zu mildern und die Vorstellungen von Freiheit und Gerechtigkeit und Solidarität neu zu definieren (FAZ vom 25.3.2009, 2).

Gesine Schwan sprach mit allen Wahlleuten, die öffentlich Zweifel an ihrer Kandidatur geäußert hatten. Direkt im Anschluss versicherten diese „ins Gebet Genommenen" in der Regel, für Schwan stimmen zu wollen (vgl. Feldenkirchen 2009, 25).

Öffentlich hielt Schwan an symbolischen Orten Vorträge. Im Rahmen ihrer „Demokratiereise" hielt die Kandidatin sechs Grundsatzreden zu den Themen „Einigkeit und Recht und Freiheit - Wie wir in Zukunft leben wollen", „Die Globalisierung gestalten und gemeinsam gewinnen", „Arbeit, Anerkennung, Zusammenhalt", „Wir brauchen das soziale Europa", „Gerechtigkeit und Bildung – für eine Politik der Chancen" sowie „Aus der Vergangenheit lernen heißt Zukunft gewinnen". Sie bereiste alle 16 Bundesländer und stellte sich in den einzelnen Landtagsfraktionen – sofern von diesen nicht abgelehnt – vor.

Die Kandidatin kritisierte auch den amtierenden Präsidenten direkt. In einem Interview in der „BILD am Sonntag" sagte Schwan: „Ich habe ein anderes Amtsverständnis. Aufgabe des Bundespräsidenten ist es nicht, konkrete Politik zu betreiben. [...] Das untergräbt die Autorität des Amtes. Denn niemand wird sich in der Öffentlichkeit mit der Position des Bundespräsidenten kritisch auseinandersetzen. Die Kritisierbarkeit der eigenen Position aber ist das Kernstück aktiver Politik." (BamS vom 7.9.2008, 2).

Die FDP forderte immer wieder, dass Gesine Schwan auf die Präsidentschaftskandidatur verzichten solle: „Solange die SPD gemeinsam mit den Grünen, den Sozialisten und den Kommunisten unseren angesehenen Bundespräsidenten aus dem Amt bringen will, nimmt den Sozialdemokraten niemand ab, dass sie zurück in die Mitte wollen, so Westerwelle." (die tageszeitung vom 12.9.2008, 6). Auch aus anderen Parteien wurde der Ruf laut, dass Gesine Schwan von der Kandidatur zurücktreten solle. Sie weigerte sich jedoch stets

und trotzte dem öffentlichen Druck. Noch größer war der Druck der Öffentlichkeit auf Steffen Heitmann bei den Präsidentschaftswahlen 1994 gewesen. Dieser
zog im November 1993, nachdem er bereits offiziell als Präsidentschaftskandidat
von der Union nominiert worden war, die Konsequenzen und trat zurück (vgl.
Billing 1995, 610).

Die SPD wurde nach den anfänglichen Dissonanzen über die Kandidatur
Schwans aber nicht müde, die eigene Geschlossenheit zu betonen. Aber es wurde
auch aus den eigenen Reihen immer wieder Kritik an Schwans Kandidatur laut.
So hielt es beispielsweise der Bundestagsabgeordnete Ernst Bahr für falsch um
die Stimmen der Linkspartei zu werben. In der Diskussion darum machte
Schwan deutlich, dass dieses auch dem Ziel diene, das Bekenntnis der Linkspartei zur Demokratie zu stärken (vgl. ddp vom 1.9.2008). Auch die SPD-
Bundestagsabgeordneten Gunter Weißgerber und Rainer Forndahl wurden als
Kandidaten gehandelt, die der eigenen Kandidatin die Gefolgschaft verweigern
würden. Auch die Berliner SPD-Abgeordnete Peter Danckert äußerte sich kritisch und forderte, dass die SPD noch einmal über die Kandidatur Schwans
nachdenken solle. Der von der SPD nominierte Handballbundestrainer Heiner
Brand ließ Sympathien für Horst Köhler durchblicken. Und der frühere SPD-
Bundesminister Egon Bahr plädierte offen für eine Wahl Köhlers, was ihm jedoch zum Teil als späte Rache an Schwan ausgelegt wurde, denn die Kandidatin
hatte Bahrs Politik gegenüber dem Kommunismus in den 80er-Jahrten deutlich
kritisiert.

Auch von den Grünen benannte Wahlfrauen und -männer, wie beispielswei-
se die Russlanddeutsche Hilda Beck aus Lahr (vgl. Interview in der Badischen
Zeitung vom 23.5.2009) oder der Integrationsbeauftragte der Stadt Ludwigsburg,
Saliou Gueye, wollten sich nicht auf die Wahl Schwans festlegen lassen (vgl.
Stuttgarter Nachrichten vom 5.5.2009). Die Grünen-Bundestagsabgeordnete
Uschi Eid galt als sichere Kandidatin dafür, Köhler ihre Stimme zu geben.

Trotz der Gespräche, die Gesine Schwan mit den Freien Wählern führte,
machte der Vorsitzende der Freien Wähler, Hubert Aiwanger, deutlich, dass alle
Stimmen der Freien Wähler in der Bundesversammlung zugunsten Köhler abgegeben werden würden. Besonders die Feststellung Schwans, die DDR sein kein
Unrechtsstaat (s.u.), rief bei den Freien Wählern offenen Protest hervor, aber
auch in der eigenen Partei (vgl. Badische Zeitung vom 23.5.2009).

Gesine Schwan versuchte durch provokante Thesen die Bevölkerung zu
mobilisieren. In einem Interview in der Frankfurter Rundschau warnet sie am 23.
April 2009 vor sozialen Unruhen als Folge der anhaltenden Wirtschaftskrise. Es
könnte sich „ein massives Gefühl der Ungerechtigkeit breit machen" und „ in
zwei bis drei Monaten [könnte] die Wut der Menschen deutlich wachsen"

(Schwan, zit. nach Frankfurter Rundschau vom 23.4.2009). Dies alles könne zu einer explosiven Stimmung führen.

Daraufhin distanzierten sich weitere SPD-Abgeordnete von der Kandidatin. Der Kanzlerkandidat versuchte zu beschwichtigen und sagte zu den Äußerungen, dass Politik „darauf achten müsse, dass der soziale Zusammenhang nicht gefährdet wird" (zit. nach Welt am Sonntag vom 26.4.2009). Die Union versuchte daraus Kapital für Köhler zu schlagen, indem Merkel die Äußerungen als „völlig unverantwortlich" und der CSU-Generalsekretär Alexander Dobrindt als „saudummes Dahergerede" bezeichnete (vgl. ebd.). Auch der stellvertretende Ministerpräsident von Hessen Jörg-Uwe Hahn (FDP) qualifizierte Schwan als „frei fliegende Torpedo" ab (FR vom 29.4.2009).

Insgesamt wirkte Gesine Schwan aber meist überzeugender als der amtierende Bundespräsident, obwohl sie manchmal ins Professorale abglitt. Auffallend war, dass die Kandidatin lange Zeit keine richtige Unterstützung durch ihre eigene Partei erhielt. Die zentralen Fehler lagen in ihrer direkten Kritik Horst Köhlers, in ihrem Interview, aus dem die Medien die zugkräftige Schlagzeile „Schwan warnt vor sozialen Unruhen" machten und die Aussage, dass sich sich auf den „diffusen Begriff" Unrechtsstaat für die DDR nicht einlassen wolle, weil er impliziere, dass alles unrecht war, was in diesem Staat geschehen sei. Dies trug zusammen dazu bei, dass es Schwan nicht gelang, das eigene Potential zu mobilisieren.

Auch rhetorisch gab es zwischen den beiden Kandidaten gravierende Unterschiede. Köhler setzte in Interviews, Namensbeiträgen, Reden und Blog-Beiträgen vor allem auf den globalen Kontext. Die zentralen Worten, die Köhler verwendete, lauteten „international", „Weltgemeinschaft", „Weltordnung", „Weltpolitik" oder „Weltwirtschaft". Das inszenierte Sprechen von Köhler zeichnete sich durch den Versuch aus eine Publikumsbindung herzustellen. Dazu verwendete er häufig ein „wir" am Satzanfang in seinen Reden, sprach die Zuhörer direkt an („Jeder von Ihnen") oder setzte sich mit ihnen gleich („Die meisten von uns"). Zudem finden sich viele Aufrufe zum Handeln (Nutzen wir, Entdecken wir, Packen wir, Helfen wir). Es finden sich in den Reden Köhlers auch weitere zahlreiche Stilmittel, „mit denen er das Bild von sich als eine global denkenden Traditionalisten evoziert" (Bubenhofer/ Klimke/ Scharloth 2009, 7). Köhler stellte in seinen Wortbeiträgen sehr stark seine Kompetenz und sein Expertentum heraus. Sie sind von einem repräsentativen Stil geprägt. Das wird an den vielen Paar- und Drillingsformen deutlich, die er verwendet. Typisch für ihn sind Formulierungen wie „Kreativität und Innovation", „Wissen und Weitsicht" oder „Aufgaben, Interessen und Botschaften".

Schwan konzentrierte sich vor allem auf Europa und Zukunft und verwendete häufig Worte aus der Gefühlswelt des Individuums wie beispielsweise

„Angst", Misstrauen", „Selbstvertrauen", „Selbstwertgefühl", „emotional" oder „psychisch". Weiterhin versuchte Gesine Schwan sich von Köhler zu distanzieren, Fehlannahmen zu ihrer Personen zu korrigieren und ihr eigenes politisches Programm darzulegen. Im Gegensatz zum „wir" bei Köhler findet man entsprechend häufig in den Reden Schwans das Wort „ich" in Kombination mit „nicht" (Ich gehe nicht, Ich glaube nicht, Ich gehöre nicht) (vgl. ebd.).

Peter Sodanns Auftritte waren umstritten. Seine Äußerungen missverständlich und provozierend. So wollte er den Deutschen Bank-Chef Ackermann verhaften und stellte die These auf, dass die Bundesrepublik keine richtige Demokratie sei (vgl. FAZ vom 16.10.2008). Dementsprechend erhielt Sodann auch nur wenig Unterstützung durch die eigene Partei.

Je länger der Wahlkampf dauerte, um so mehr wurde er mit symbolischer Bedeutung aufgeladen (vgl. Der Tagesspiegel vom 24.5.2009). Horst Köhler kämpfte bis zum Schluss. Noch in seiner Rede zum 60. Jahrestag des Grundgesetzes ging Köhler auf die Parteientwicklung der Grünen ein. Dies macht deutlich, wie er bis kurz vor der Wahl um jede Stimme kämpfte.

Die Frage, ob so ein „Wahlkampf" in der bisherigen Geschichte der Bundespräsidentenwahlen einzigartig sei, muss jedoch klar verneint werden. Auch Rau und Herzog hatten 1994 durch zahlreiche öffentliche Auftritte und Interviews einen versteckten Wahlkampf geführt (vgl. Billing 1995, 616). In der Woche vor der Wahl versuchte Johannes Rau beispielsweise die Entscheidung der Mitglieder der Bundesversammlung zu beeinflussen, in dem er mit Blick auf die Umfrageergebnisse darauf hinwies, dass bei einer Wahl Herzogs es einen Bundespräsidenten gegen den Willen der Mehrheit der Bevölkerung gäbe. Man solle der Mehrheitswillen der Bevölkerung respektieren und in der Wahl Raus entsprechend Ausdruck verleihen. Es wurde suggeriert, dass „ein anderes Abstimmungsverhalten undemokratisch und illegitim sei" (ebd., 615). Zugleich muss auch verneint werden, dass die Auseinandersetzung zwischen Köhler und Schwan der Würde des Amtes abträglich gewesen wäre.

Die Wahl

Im Vorfeld der Wahl war das Stimmenpolster von Horst Köhler geschrumpft. Zum einen hatten sich in Bayern SPD und Grüne – wie bereits 2004 – darauf verständigt, einen gemeinsamen Vorschlag für ihre Delegierten zu benennen, was ihnen einen Sitz mehr in der Bundesversammlung verschaffte als bei einer separaten Delegiertenbenennung. Außerdem konnte die CDU Sachsens nur 14 statt 16 Delegierte entsenden, weil bei der Abstimmung im Sächsischen Landtag weniger CDU-Abgeordnete für den Wahlvorschlag gestimmt hatten, als die

CDU-Fraktion Sitze im Landtag hatte. Der CDU-Fraktionsvorsitzende im Landtag, Steffen Flath, begründete die hohe Zahl der ungültigen Wahlzetteln mit Missverständnissen beim Ausfüllen der Wahlzettel, da es bei der letzten Wahl zur Bundesversammlung mit einer Einheitsliste noch ein anderes Verfahren gegeben hatte. Es kamen gegenüber dem Ablauf der Wahl zur Aufstellung der Delegierten für die Bundesversammlung kritische Stimmen auf. So hielt der Staatsrechtslehrer Martin Morlok die Wahlpraxis bei der Wahlmänner-Aufstellung für rechtswidrig (vgl. Interview mit Morlok am 21.5.2009 auf spiegel-online).

Bereits am Vorabend der Wahl trafen sich die Führungsgremien und die Gesamtfraktionen der einzelnen Parteien, um sich auf das Ereignis einzustimmen und die Delegierten auf den eigenen Kandidaten einzuschwören.

Angela Merkel schätzte die Lage ernst ein und appellierte daran, die Bundespräsidentenwahl nicht schon für gelaufen zu halten und schwörte die Wahlfrauen und -männer darauf ein, dass es auf jede und jeden ankomme. Mögliche Wackelkandidaten sollten nicht durch eine Siegesgewissheit provoziert werden. Für Merkel bestand die Problematik darin, dass ein Scheitern Köhlers wie ihre eigene Niederlage wirken würde. Dann würde man ihr mangelnde Führung vorwerfen.

Gesine Schwan erschien auf Anraten der grünen Fraktionsspitze auch noch einmal im Fraktionssaal der Grünen. Sie hatte eine Woche zuvor in einem Tagesspiegel-Interview sich dazu geäußert, dass die DDR kein bloßer Unrechtsstaat sei (s.o.). In der Partei, die den Namen der DDR-Bürgerrechtsbewegung „Bündnis 90" im Parteinamen führt, sorgte dies für erhebliche Irritationen. Nach Glückwünschen zu ihrem 66. Geburtstag wurde Schwan für ihre Äußerungen hart kritisiert. Vor allem mit Marianne Birthler, der Bundesbeauftragten für die Unterlagen des Staatssicherheitsdienstes der ehemaligen Deutschen Demokratischen Republik, muss es zu heftigen Wortgefechten gekommen sein. Letztlich sah sich die grüne Fraktionsspitze dazu genötigt, die Kritiker in den eigenen Reihen zu bitten, wenn sie sich nicht zu einer Wahl Schwans durchringen könnten, sich im ersten Wahlgang zu enthalten (vgl. Badische Zeitung vom 25.5.2009).

Auf der anschließenden Geburtstagsfeier von Gesine Schwan signalisierten die SPD-Granden, wie Peter Struck, Hubertus Heil oder Frank-Walter Steinmeier, noch einmal volle Unterstützung (vgl. Der Tagesspiegel vom 24.5.2009).

In der Bundesversammlung am 23. Mai 2009 waren aufgrund einer Erkrankung des Abgeordneten Wolfgang Gehrcke der Partei Die Linken nur 1223 Mitglieder anwesend. Zu Beginn stellten die Vertreter der NPD und DVU einen Antrag entgegen den Regelungen des Grundgesetzes eine Personaldebatte über die Kandidaten zu führen. Hatte dies 1994 noch für ein kurzes Aufsehen gesorgt, wurde der Antrag diesmal zügig durch die Mehrheit der Bundesversammlung abgelehnt.

Bereits vor der offiziellen Bekanntgabe durch Bundestagspräsident Norbert Lammert war das offizielle Ergebnis über den Internetdienst Twitter verkündet worden. Auch der vorzeitige Einzug der Musikkappelle und das Verteilen der Blumensträuße ließen schon Gewissheit entstehen, dass Horst Köhler bereits im ersten Wahlgang wiedergewählt worden war. Er erzielte mit 613 Stimmen gerade die erforderliche Mehrheit. Auf Gesine Schwan entfielen 503 Stimmen und damit 11 Stimmen weniger als das rot-grünen Stimmenreservoir zu bieten hatte, Peter Sodann erhielt 91 Stimmen und damit als einziger 2 Stimmen mehr als aus dem eigenen Lager zu erwarten waren und Frank Rennicke konnte 4 Stimmen erringen. 10 Mitglieder der Bundesversammlung enthielten sich. Die Enthaltungen dürften vor allem aus den Reihen der Grünen stammen und sich vor allem aus Bürgerrechtlern und Kandidaten, die nicht wollten, dass die SPD-Kandidatin mit den Stimmen der Linken gewählt wird, zusammensetzen. Außerdem wurden 2 ungültige Stimmen abgegeben.

Dabei war vor allem die symbolische Wirkung des ersten Wahlgangs wichtig. Dass Horst Köhler nur mit der nötigen Zahl an Stimmen gewonnen hat, verlor schnell an Bedeutung.

In seiner kurzen Ansprache wandte sich Köhler mit der Anrede „liebe Landsleute", die er gezielt wiederholte, an die ganze Nation. Er versuchte optimistisch in die Zukunft zu blicken. Seine zentrale Botschaft lautete „Wir können es schaffen."

Die Reaktionen der Parteien

Zwischen dem Zusammentreten der Bundesversammlung und der Bundestagswahl lagen nur wenige Monate. Die Konstellation hatte es zuvor nur zweimal in der deutschen Geschichte gegeben. Das erste Mal bei der Wahl von Gustav Heinemann 1969 und das zweite Mal bei der Wahl von Roman Herzog 1994.

Einen empirischen Beleg dafür, dass durch den Ausgang der Bundespräsidentenwahl die Bundestagswahlen beeinflusst wurden, gibt es nicht. Lediglich die Wahl Gustav Heinemanns im Jahr 1969 wird immer wieder als Beleg für eine solches Signal herangezogen. „Unter dem Eindruck dieses einschneidenden Ereignisses wurde die parteipolitische Bedeutung der späteren Präsidentenwahl notorisch überschätzt. So verhinderte beispielsweise 1979 die Wahl von Karl Carstens nicht die Niederlage der Union bei den im Jahr darauf stattfindenden Bundestagswahlen. Und Helmut Kohl hätte gegen Rudolf Scharping 1994 vermutlich auch dann gewonnen, wenn es der SPD gelungen wäre, Johannes Rau in der Bundesversammlung gegen Roman Herzog durchzubringen" (Decker 2004:15). Auch die erste Wahl Horst Köhlers 2004 war bekannter Maßen kein Signal für einen gewünschten Regierungswechsel.

Dennoch traten die Parteivorsitzenden von CDU, CSU und FDP nach der Wahl gemeinsam vor die Kamera, um die gewünschte Signalwirkung zu unterstreichen. Die Bundeskanzlerin blieb mit ihrem Kommentar noch etwas im Vagen: „Jede Wahl hat ihre eigene Dynamik. Aber dass wir auch daran arbeiten, gemeinsam eine Mehrheit zu erreichen, ist ja kein Geheimnis." Während es der CSU-Vorsitzender Horst Seehofer dann auf den Punkt brachte: „Das ist ein klares Signal für das, was wir vorhaben." (zit. nach Phoenix-Mitschnitt vom 23.5.2009).

Nicht anders zu erwarten war die Reaktionen aus dem anderen Lager. So sagte Renate Künast: „Es ist unangemessen, das Amt des Bundespräsidenten, der für das ganze Volk gewählt ist, für billige Farbspiel-Inszenierungen zu missbrauchen." (zit. nach ebd.) Und der SPD-Parteivorsitzende Franz Müntefering prognostizierte: „Das hat mit der Bundestagswahl nichts zu tun" (zit. nach ebd.).

Auch nach der erneuten Niederlage sah Gesine Schwan die wiederholte Kandidatur nicht als Fehler. Es sei gelungen, einen neuen Anlauf für sozialdemokratische Politik zu machen.

Die Medien deuteten die Wiederwahl weitestgehend nicht als Signal für eine künftige schwarz-gelbe Koalition. Besonders als sich noch am Wahltag die innenpolitische Sprecherin der Bundestagsfraktion der Grünen, Silke Stokar, öffentlich dazu bekannte, Köhler gewählt zu haben, und damit der Bitte der Fraktionsspitze, sich im ersten Wahlgang wenigstens zu enthalten, nicht nachgekommen war, war klar, dass es in den Reihen von Union und FDP ebenfalls Abweichler gegeben haben musste. Stokar signalisierte zudem, dass weitere Grüne wie sie gehandelt hätten. Zur Begründung gab sie an, dass sie keine Verabredungen mit der Linkspartei bei der Bundespräsidentenwahl wollte. Sie habe sich als freie Abgeordnete nicht an die Empfehlung ihrer Fraktionsführung gebunden gefühlt.

Außerdem wurde auch prophezeit, dass die Niederlage Schwans mittelfristig ein Vorteil für die SPD sei, da der CDU, der CSU und der FDP die Möglichkeit genommen worden wäre, mit einem Verweis auf die Bundespräsidentenwahl vor einer Rot-Roten-Koalition nach der Bundestagswahl zu warnen.

Hatte die Union am Tag der Wahl noch Rückenwind aus der Wahl Köhlers für den anstehenden Europa- und Bundestagswahlkampf abgeleitet, ließ sich der alte und neue Bundespräsident dafür nicht instrumentalisieren und machte durch sein erneutes Propagieren einer Direktwahl des Präsidenten seinen Dissens zu weiten Kreisen der Union deutlich.

Für die SPD nach der Hessen-Wahl die zweite Niederlage und es sollten die Niederlagen bei der Europa-Wahl und der Bundestagswahl folgen.

Schlussbemerkung

Der „Wahlkampf" zwischen Horst Köhler und Gesine Schwan – die anderen beiden Kandidaten spielten dabei nur eine Statistenrolle – barg ein großes Dilemma in sich: Die Zuhörer besaßen kein Recht den Bundespräsidenten zu wählen. Lediglich in einem Moment drohte der „Wahlkampf" der Würde des Amtes nicht mehr zu gereichen, als Gesine Schwan Köhler vorwarf, er trage zur „Erosion der Demokratie" bei.

Ansonsten leistete die Auseinandersetzung einen Beitrag dazu, die bisherige Verkrustung aufzubrechen. Dies kommt wachsendem Bedürfnis entgegen, dass die Parteiendemokratie nicht alles entscheidet, dass sie sich nicht formiert und neue Impulse zulässt.

Gerade im Zuge der Etablierung des 5-Parteiensystems und der wachsenden Möglichkeit, dass bei Wahlen keine regierungsfähige Koalition zustande kommt, wächst dem Bundespräsidenten mit seiner Reservefunktion eine bedeutendere Rolle zu. Er könnte in diesem Falle als „Katalysator" (Theodor Eschenburg) wirken, der eine arbeitsfähige Koalition anbahnt bzw. einen Kompromisskandidaten vorschlägt.

Literatur

Bubenhofer, N./ Klimke, M./ Scharloth, J.: Zur politischen Rhetorik von Gesine Schwan und Horst Köhler. Political Tracker zu Bundestagswahl 2009, Analyse 3, Heidelberg 2009, [semtracks.com/politicaltracker/bundestagswahl/?p=75, letzter Aufruf: 11.01.2010]

Decker, F.: Hände weg vom Präsidenten!, in: Berliner Republik 6 (2004) 3, S. 12-16.

Feldenkirchen, M.: Schlacht ums Schloss, in: Der Spiegele 16/2009, S. 24/25

Fleischhauer, J./ Meukirch, R.: Grund zur Besorgnis, in: Der Spiegel 40/2007, S. 28-29

Hartmann, J./ Kempf, U.: Staatsoberhäupter in westlichen Demokratien. Strukturen, Funktionen und Probleme des „höchsten Amtes", Opladen 1989.

Hipp, D.: Bundespräsidenten-Kür: „Die Wahl-Praxis ist rechtswidrig", Interview mit Martin Morlok, [www.spiegel.de/politik/deutschland/0,1518,626139,00.html, letzter Aufruf: 11.01.2010]

Möller, H.: Das Amt des Bundespräsidenten. Über Institutionen, Funktionen und Persönlichkeiten, in: Die Politische Meinung Nr. 474/ Mai 2009, S. 47-53.

Schwarz, H.-P.: Adenauer. Der Staatsmann: 1952-1967, Stuttgart 1991.

Schwarz, H.-P.: Von Heuss bis Herzog. Die Entwicklung des Amtes im Vergleich der Amtsinhaber, in: APuZ B 20/1999, S. 3-13

Amt mit Transportschäden oder Eigengewächs?
Das Präsidentenamt und sein politischer Kontext

Jürgen Hartmann

Die Entwicklung des Präsidentenamtes aus der Figur des parlamentarischen Monarchen

Kaiser und Könige sind rar geworden in dieser Welt. Mit wenigen Ausnahmen stehen Präsidenten an der Spitze der etwa 200 souveränen Staaten. In Afrika, Asien und Lateinamerika hat sich nahezu flächendeckend die Staatsform der Republik durchgesetzt. Betrachten wir zunächst jene Weltgegenden, in der die Vorbilder für das Präsidentenamt gereift sind: Europa und die Vereinigten Staaten von Amerika.

Die heute bekannten Grundformen des Staatsoberhauptes, der Verfassungsmonarch und der Präsident, sind bedeutend jünger als der moderne Staat. Dieser erblickte bereits in der frühen Neuzeit das Licht der Welt. Die Staatsoberhäupter wuchsen aber erst mit der amerikanischen Revolution und mit der europäischen Verfassungsbewegung in ihr gegenwärtiges Format.

Der Monarch war in der Gründungsphase der USA der Standardtypus des Regenten in der modernen Welt. Für die Verfassung der jungen Vereinigten Staaten kam die Monarchie nicht in Frage. Sie galt den Verfassungsvätern als eine Hauptursache für den Konflikt, der den Unabhängigkeitskrieg ausgelöst hatte. Allein schon der Geist der Aufklärung, von dem die gebildeten Herren der Philadelphia Convention beseelt waren, ließ sich schwer mit dem Herrschaftsrecht qua Geburt vereinbaren. Als Alternative kreierten sie die Verfassungsfigur des Präsidenten. Dieser Präsident sollte durch Wahl ermittelt werden und auf Zeit amtieren – bis dato die Hauptmerkmale eines Präsidenten. Die Befugnisse, die dem Präsidenten zuerkannt wurden, waren allerdings eine Kopie des zeitgenössischen britischen Monarchen. Doch in London residierte zu dieser Zeit schon lange ein gezähmter Herrscher, wie er im Novum eines präsidialen Staatsoberhauptes auch den amerikanischen Verfassungsvätern vor Augen stand.

Die Französische Revolution und die Industrielle Revolution stehen am Anfang einer Entwicklung, die in Europa das Konstrukt einer doppelten Exekutive mit ihrem Nebeneinander des Staatsoberhauptes und der parlamentarischen Regierung hervorgebracht hat. Zunächst forderten die neuen bürgerlichen Klassen politische Beteiligung ein. Sie wollten regieren oder wenigstens mitregieren. Die

Staatsform war weniger wichtig. Es genügte, die Herrschaftsrechte des Monarchen durch ein gewähltes Parlament und eine parlamentarische Regierung einzuschränken.

Bis 1918 blieb es in Europa – mit Ausnahme Frankreichs und der Schweiz – bei gekrönten Häuptern. Teilweise herrschten die Monarchen bereits über demokratische Staaten – dies aber nach dem Motto: „Le roi règne, mais il ne gouverne pas". Erst nach dem Ende des Ersten Weltkrieges schlug die Stunde der präsidialen Staatsoberhäupter auf dem Alten Kontinent. In den Verliererstaaten des Krieges, Deutschland, Österreich und Ungarn, wurden die Throne ausrangiert. In den zahlreichen Neustaaten des östlichen Mitteleuropa fiel die Entscheidung von vornherein für die Republik.

Für die Ausgestaltung des Präsidentenamtes waren die USA hier jedoch kein Vorbild. Stark vereinfachend lässt sich die Präsidialisierung der europäischen Staatenlandschaft in dieser Epoche als eine Kopie der parlamentarischen Monarchien beschreiben. Nur wurde eben ein Präsident an die Stelle des Monarchen gesetzt. Für diese „europäische Präsidentschaft" hatte die Anschauung der französischen Verfassungsverhältnisse besondere Bedeutung.

Die konstitutionelle Monarchie des Hauses Orléans (1830-1848), eine Trias von König, Regierung und Parlament, fand unter politisch Gebildeten noch lange nach ihrem Untergang im Revolutionsjahr 1848 Beachtung. Dies galt besonders für die Figur des Monarchen als eine „pouvoir neutre", eine schiedsrichterliche Gewalt, wie sie der Staatstheoretiker Benjamin Constant konstruiert hat. Nach dem Fall des zweiten französischen Kaiserreiches (1856-1870) im Deutsch-Französischen Krieg kam es zu heftigen Auseinandersetzungen über die künftige Verfassung. Die Befürworter der Republik setzten sich durch.

Die 1875 beschlossenen Verfassungsdokumente dieser III. Republik sahen an der Staatsspitze einen „republikanischen Monarchen" vor. Zum Wahlkörper für den Präsidenten wurde das Parlament bestimmt. Von einem volksgewählten Präsidenten wurde vor dem Hintergrund der Erfahrung mit Louis Bonaparte (Napoléon III.) das Risiko des erneuten Übergleitens in die Diktatur befürchtet. Der Präsident erhielt eine viel stärkere rechtliche Stellung, als sie zu dieser Zeit noch die britische Königin besaß. Die Verfassungspraxis stellte die Weichen jedoch anders. Nach einer kräftezehrenden politischen Kraftprobe mit dem Parlament schöpfte der Präsident nach 1877 seine Befugnisse nur noch sehr zurückhaltend aus. Wie im Bilde des „Staatsnotars" überließ er es fortan ganz dem Parlament, Regierungen einzusetzen.

Die Verfassungskonstrukteure, die nach dem Ersten Weltkrieg das Innenleben zahlreicher Staaten konzipierten, wichen in einem Punkt grundlegend von der französischen Anschauung ab. Nicht das Parlament sollte den Präsidenten wählen, sondern die Präsidenten sollten sich durch das Volksvotum legitimieren.

Nach dem letzten Weltkrieg differenzierte sich die präsidiale Landschaft weiter aus. So schnitt die Bundesrepublik Deutschland ihren Präsidenten auf eine vorrangig repräsentative Rolle zurück. Dies kam auch in der Abkehr von der Volkswahl des Präsidenten zum Ausdruck, wie sie für den Reichspräsidenten der Weimarer Republik vorgesehen war. Lediglich in heiklen Verfassungslagen ist dieser Präsident noch als politischer Moderator gefordert. Die V. Französische Republik wertete ihren Präsidenten demgegenüber zum aktiven politischen Spieler auf. Die parlamentarische Regierung trat in den Hintergrund. Die politische Entwicklung späterer Jahrzehnte hat gezeigt, dass auch dieser auf eine starke Rolle ausgelegte Präsident erheblich an Gestaltungsmacht einbüßt, wenn seine Partei im Parlament die Mehrheit verliert und er sich mit einem Regierungschef von der politischen Konkurrenz arrangieren muss.

In der Außenbetrachtung wurde dieses Präsidentenamt in Verbindung mit starken, das Amt prägenden Persönlichkeiten wie de Gaulle, Mitterrand und Chirac so wahrgenommen, wie es in der Etikettierung des Systems der V. Republik als semi-präsidiales Regierungssystem zum Ausdruck kommt. Russland und einige osteuropäische Staaten fanden Gefallen an diesem Präsidenten, als sie zu Beginn der 1990er Jahre über demokratische Verfassungen berieten. Spanien hingegen orientiert sich eher am Modell des Grundgesetzes. Der spanische Monarch entspricht dem konstitutionellen Zuschnitt des Bundespräsidenten. Hieran wird deutlich, dass das Rollenformat des Staatsoberhauptes für das konstitutionelle Gesamtgefüge mindestens ebenso wichtig ist wie die Frage, ob diese Rolle in der Familie weitergegeben oder ob sie durch eine Wahl zugewiesen wird.

Lassen wir es mit dieser Revue gut sein und blicken nunmehr auf die übrige Welt. Die von Briten besiedelten Kolonien übernahmen mit der Unabhängigkeit einfach das Westminister-Modell. In Australien, Kanada und Neuseeland nimmt ein aus dem Lande kommender Generalgouverneur im Auftrag der Queen die Aufgaben des Staatsoberhauptes wahr. Er hat wie die Queen selbst lediglich zeremonielle Aufgaben. Die gleiche Situation treffen wir in Indien an. Die stark vom britischer Erziehung und Lebensart geprägte Elite, die das Land in die Unabhängigkeit führte, hielt einen vom Parlament gewählten, hauptsächlich repräsentierenden Präsidenten für die beste Lösung. Das Amt ist heute fest im Traditionsbestand verankert.

Mutationen des Präsidentenamtes beim Transfer nach Lateinamerika

Der erste große Export des Präsidialmodells in die übrige Welt ging in den ehemals spanischen Kolonien Mittel- und Südamerikas vonstatten. Nachdem sie ihre Unabhängigkeit erkämpft hatten, entschieden sich die neuen Staaten für die republikanische Staatsform. Das große Vorbild dieser Republiken waren die USA. Der Strukturentscheidung für die Republik blieben die Länder treu. Sonst aber waren die Verfassungen raschem Wandel unterworfen, der in nicht allzu großen Abständen auch die Statur des Präsidenten in Einzelheiten neu formatierte.

Der Regierungsmodus Lateinamerikas schwankte im Rückblick zwischen konstitutionellen und autoritären Phasen. Zahlreiche Putsche, meist aus den Reihen des Militärs, zielten hauptsächlich darauf ab, den Präsidenten abzulösen. Die Verordnungsmacht des Präsidenten ist bis heute weit gefasst. Sie erlaubt es hier und dort sogar, die Legislative zu überspielen. Die Präsidenten haben das Recht, Gesetze zu initiieren. Ihr amerikanischer Kollege braucht einige Umwege, um einschlägige Erwartungen der Öffentlichkeit einzulösen. Viel leichter als dieser haben es die lateinamerikanischen Präsidenten aber nicht, wenn sie parlamentarische Zustimmung brauchen. Die Parteien sind zwar durchweg wichtigere parlamentarische Akteure als in den USA. Aber ihr Zusammenhalt ist schwach, und Solidarität mit einem Präsidenten aus den eigenen Reihen ist alles andere als selbstverständlich. Ob aber in Zivil oder in Uniform – der lateinamerikanische Präsident verkörpert Staats- und Gesetzgebungsmacht und steht so stark im Mittelpunkt des politischen Systems, dass er das Parlament in der öffentlichen Wahrnehmung überragt (zu Einzelheiten der Überblick von Stüwe/Rinke 2008).

Die Kulturanthropologie bezeichnet Vorgänge wie den Transfer des Präsidialsystems von den USA nach Lateinamerika als Diffusion: Eine Institution, die sich in einer anderen Kultur oder in einem anderen Land bewährt hat, wird übernommen, weil man sich davon die als positiv empfundenen Effekte des Vorbildes verspricht. Der springende Punkt beim Gelingen dieses Transfers ist der Kontext. Passte der Kontext des aufnehmenden Landes, so wie im Verhältnis der gerade erst unabhängig gewordenen USA zum kulturell eng verwandten Großbritannien, so konnte sich ein Präsident, bei dessen Erfindung die britische Krone vor Augen stand, schwerlich zum gewählten Despoten auswachsen. Die Rechtstradition, ein selbstbewusster Kongress und penible Gerichte sollten ihn daran hindern. Überwiegen aber die kulturellen Unterschiede des Modells zum aufnehmenden Land, wie hier im Verhältnis Lateinamerikas zu den USA skizziert, dann mochte zwar die Rechtsfigur eines Präsidenten kopiert werden. Im Milieu der zeitgenössischen lateinamerikanischen Politik musste die Handhabung der Präsidentschaft aber anders geraten.

Die frühen Vereinigten Staaten waren noch in vieler Hinsicht ein transatlantischer Ableger der britischen Gesellschaft. Schon die Kolonien, aus denen sie entstanden, regierten sich mit ähnlichen Institutionen, wie es sie auf den britischen Inseln gab. Demgegenüber herrschte in Spanien ein absolutistischer Monarch. Er regierte seine überseeischen Kolonien mit harter Hand. In den entfernten amerikanischen Kolonien herrschte ein Vizekönig als Statthalter. Er war mit großer Macht ausgestattet, musste sich aber mit beigeordneten Gerichts- und Verwaltungsinstanzen arrangieren. Diese waren absichtsvoll mit vage formulierten Kompetenzen ausgestattet worden, um durch einen fortwährenden bürokratischen Kleinkrieg zu verhindern, dass der Kronvertreter in der überseeischen Provinz zu mächtig wurde.

In den napoleonischen Kriegen war das von Frankreich besetzte Spanien von seinen Kolonien abgeschnitten. Die Kolonialverwalter waren nun auf sich selbst gestellt. Es blieb ihnen nichts anderes übrig, als die kreolische Bevölkerung, d.h. die Abkömmlinge der dort sesshaft gewordenen Spanier, an der Verwaltung der Kolonien zu beteiligen. Sie entsprachen damit nur lange gehegten Erwartungen. Als Spanien nach dem Ende der Blockade auf die Restauration der Vorkriegsverhältnisse drängte, legte es den Keim für die Unabhängigkeit. Die Kreolen dachten nicht darin, ihr Quantum Macht wieder aufzugeben. Als sie – zumeist in den alten kolonialen Verwaltungsgrenzen – die Unabhängigkeit errungen hatten, brauchten sie den Blick nur nach Norden zu richten, um einen modernen Verfassungsstaat zu besichtigen.

Der maßgebliche Punkt bei der Übernahme des Modells der nordamerikanischen Republik war das Rollenmodell, auf das die neuen Präsidentenämter projiziert wurden. Im Ursprungsland der modernen Präsidentschaft, in den Vereinigten Staaten, sorgten gesellschaftlicher Konsens, Recht und Konvention dafür, dass der Präsident sein Amt in den Grenzen unstrittiger Regeln und Erwartungen ausübte. Das Impeachment-Verfahren war als Notbremse vorgesehen, um einen Amtsinhaber aus dem Verkehr zu ziehen, der diesen Konsens vorsätzlich missachtete. Bereits in der Volkskultur der frühen Vereinigten Staaten war der Tyrann eine verhasste Figur, ähnlich wie der Sheriff von Nottingham in der Legende des Robin Hood. Die Kreolen des südlichen Amerika kannten aber nichts anderes als die in administrativen Machtspielen ausgeübte Statthalterherrschaft der Kolonialgewaltigen (Mols 1985, 56ff.). Was Wunder, das ihnen diese Kenntnis im politischen Alltag eine bessere Wegweisung gab als eine präsidiale Verfassung, die in knappen und prägnanten Formulierungen den aktuellen Stand der angelsächsischen Verfassungsgeschichte beschrieb?

Der Widerstand, auf den bereits die ersten lateinamerikanischen Präsidenten trafen, rührte häufig aus dem Neid anderer Mächtiger her, die es nicht einsahen, warum nicht sie im Präsidentenpalast residieren sollten. Und wenn es den Rivalen denn gelang, mit welchen Mitteln auch immer, nicht selten mit einem Staatsstreich, sich dem Volk auf dem sprichwörtlichen Balkon als neuer Träger höchster Staatswürden zu präsentieren, dann machten sie so weiter wie jene, die sie gerade abgelöst hatten.

Die Spuren dieses Rollenmodells sind noch heute wahrnehmbar, da sich der Subkontinent stärker auf Demokratie eingelassen hat als je zuvor. Bis vor einem

Vierteljahrhundert waren Militärdiktaturen in Lateinamerika eine vertraute Erscheinung. Die demokratischen Präsidenten, von denen sie abgelöst wurden, bedienen sich heute der Möglichkeiten, die das Fernsehen und öffentlichkeitswirksame Auftritte bieten, um Rückhalt im Volk zu generieren. Die lateinamerikanische Demokratie ist eine in hohem Maße personalistische und populistische Veranstaltung, und eine auf die Person zentrierte Politik geht auf Kosten der Institution (Bøas 2005, Barr 2003).

Parteien und Interessengruppen, also die Ausläufer der Gesellschaft im politischen Betrieb, sind in Lateinamerika zwar unterschiedlich, aber generell doch recht schwach entwickelt. Eine mächtige Legislative, die dem Präsidenten Paroli bieten könnte, wie es exemplarisch beim US-amerikanischen Kongress zu beobachten ist, bildet die Ausnahme im Kreise der zwei Dutzend Staaten südlich des Rio Grande. Ein Präsident, der darauf verzichten wollte, aus dem Amt mehr herauszuholen, als eigentlich darin stecken sollte, würde nicht nur nach den eigenen Erwartungen unvernünftig handeln. So gefestigt die Demokratie in Lateinamerika inzwischen auch sein mag, ist die Amtsführung des Präsidenten denn auch meist umstritten. Ergibt sich für den politischen Gegner die Chance, dem Präsidenten ein Bein zu stellen oder ihm die Kompetenzen zu stutzen, so wird er nicht lange zögern. Das überragende Format des Präsidenten, zugleich aber notorischer Zank über die Regeln, denen er sich beugen sollte, ist eine Konstante in der lateinamerikanischen Politik.

Die „Präsidialisierung" der afrikanischen Staatenwelt

Vor gut einem halben Jahrhundert übernahm nahezu jedes unabhängig werdende Land im Afrika südlich der Sahara zunächst das Regierungssystem der vormaligen Kolonialmacht. In den vormals britischen Kolonien war das Westminster-Modell Trumpf. Die ehemals französischen Kolonien hielten sich an das Vorbild der V. Republik. Das Westminster-Modell wurde rasch ausrangiert, das französische Modell hielt sich besser. Beides hatte denselben Grund.

Das semi-parlamentarische System eignet sich besser als das parlamentarische, um unabhängig vom Parlament Regierungsmacht auszuüben. Bereits in der Frühzeit der afrikanischen Unabhängigkeit ging es darum, die Staatskontrolle in einer Hand zu konzentrieren. Bei diesem Unterfangen waren in den anglophonen Staaten zu viele Störfaktoren im Wege, zunächst noch ein Generalgouverneur, der im Auftrag der britischen Krone gewisse Staatshandlungen vorzunehmen hatte, und ferner ein Parlament, in dem politische Rivalen Kritik übten und auf eine günstige Gelegenheit warteten, um den Regierungschef abzulösen. Schon bald führten auch die vormals britischen Kolonien das Präsidialsystem ein, und zwar in seiner Reinform, die nur den Präsidenten als Inhaber der Exekutivmacht kennt. Viele frankophonen Staaten schafften die ohnehin nie sonderlich bedeutsame Figur des Regierungschefs ab.

Diese „Präsidialisierung" der afrikanischen Staaten ging mit dem Überbordwerfen freier Wahlen und mit der Einführung von Einparteisystemen einher. An die Spitze der Staatspartei setzte sich durchweg der Präsident. Auch hier haben wir es einerseits, wie in Lateinamerika, mit der Übernahme von Vorbildern aus dem Kreise der etablierten Demokratien zu tun. Und wie dort nimmt die Institution des Präsidenten andererseits, gemessen an ihrem Ursprungskontext, Schaden, weil der Kontext der aufnehmenden Länder nicht passt.

Der historische Rückblick klärt darüber auf, warum der Transfer nicht gelingen konnte. Den jungen afrikanischen Staatseliten stand als Rollenmodell der Kolonialverwalter vor Augen, vor dem seine Untergebenen kuschten, der als Repräsentant der Kolonialmacht im prächtigen Outfit auftrat, der von dienstbaren Geistern umgeben war und der in einer pompösen Residenz wohnte. Denn die Musterdemokratien Frankreich und Großbritannien betrieben in ihren Kolonien keine Schulen der Demokratie. Sie wollten Gebiete beherrschen, und damit dieses Unterfangen nicht allzu teuer wurde, beuteten sie die dort lebenden Völker aus – mit Steuern, mit billiger Arbeit und mit dem Zwang zur Produktion exportfähiger Güter.

Nicht nur dieses Rollenmodell modifizierte das Amt. Hinzu kam das Aufleben ethnischer Politik. Die zahlreichen Völker und Religionsgemeinschaften wählen, soweit freie Wahlen stattfinden, im Regelfall Parteien und Politiker aus den eigenen Reihen. Deshalb rangiert der Parteienkampf bisweilen am Rande eines Bürgerkrieges. Vom Präsidenten wird erwartet, dass er etwas für sein Volk oder für seine Glaubensgenossen tut, d.h. dass er Staatsgelder bevorzugt in gewisse Regionen lenkt, dass er Angehörige seines Volkes bei der Einstellung im öffentlichen Dienst begünstigt und dass er nach dem gleichen Gesichtspunkt auch Staatsaufträge vergibt. Kurz: Der Präsident steht an der Spitze nicht nur eines Staates, sondern auch einer – meist ethnisch eingefärbten – Klientel. Und diese Klientel gibt dem Präsidenten – neben der bewaffneten Macht – den stärksten Rückhalt. Die Menschen wissen aus Erfahrung, dass ein neuer Präsident genauso weiter machen wird wie sein Vorgänger, nur dass er eine andere Klientel bedienen wird. Deshalb ist in freien Wahlen viel zu verlieren. Wenn sich schon nicht verhindern lässt, dass ernstzunehmende Gegenkandidaten und Oppositionsparteien auftreten, dann gibt es als letzte Bremse immer noch die Manipulation des Wahlprozesses und die Fälschung der Wahlergebnisse (Chabal/Daloz 1999).

Dieses düstere Bild hellt sich seit gut zwanzig Jahren hier und dort auf. Wegen der Kreditabhängigkeit der zumeist sehr armen Staaten fließen heute kaum noch Gelder demokratischer Geberländer, des Internationalen Währungsfonds und der Weltbank an afrikanische Regierungen, wenn diese freie Wahlen verweigern. Diese externen Vorgaben haben die afrikanische Politik belebt und die autoritären Systeme in Schwierigkeiten gebracht. Mit dem moralischen Sieger, aber technischen Verlierer einer Wahl, der dank gelungener Manipulation die Zielmarke verfehlt, wird in jüngerer Zeit als Trostpreis – und mit internationalem Druck – das Amt eines gewichtigeren Regierungschefs neben dem Präsidenten ausgehandelt. Es handelt sich stets um ein Palliativangebot: Besser Machtteilung als vollständiger Machtverlust, oder besser, um die Sache auf den Punkt zu bringen: Es geht nicht um Machtteilung, sondern um Ressourcenteilung.

Diese Aufweichung präsidialer Macht ist nicht gering zu achten. Demokratisierungsprozesse, die nicht erst auf den Trümmerbergen von Krieg und Bürgerkrieg reifen, haben zumeist den Charakter „paktierter Übergänge", wie sie vor zwanzig Jahren in Osteuropa zu beobachten waren. Länder wie Ghana und der Senegal praktizieren seit längerer Zeit mit bemerkenswerter Regeltreue demokratische Präsidialsysteme.

Präsidenten und Monarchen im Orient

Wenden wir uns jetzt dem Vorderen Orient zu. Als nach dem Ersten Weltkrieg die Restbestände des untergegangenen Osmanischen Reiches politisch neu zu organisieren waren, wurden die Völker nicht gefragt. Förmliche Kolonien waren jetzt nicht mehr zeitgemäß. Für die osmanischen Nachfolgestaaten wurde stattdessen eine eingeschränkte Form der Souveränität gewählt. Jordanien und dem Irak wurden königliche Staatsoberhäupter verordnet. Die Throninhaber wurden gleich mitgeliefert. Sie waren landfremd und kamen aus der Haschemitendynastie. Diese herrschte im Hedschas, im Westen der arabischen Halbinsel. Eigentlich hätte ein Haschemitensprössling, Feisal, wegen seiner Unterstützung der Briten im Krieg gegen die Osmanen König eines Staates Groß-Syrien werden sollen. Er richtete sich 1918 in Damaskus ein. Die Briten hatten ihm freilich verschwiegen, dass sie bereits Frankreich versprochen hatten, ihm die Nordhälfte seines erhofften Reiches zu überlassen. Frankreich bestand auf diesen Zusagen. Feisal musste den Platz räumen. Als Trostpreis nahm er ein Angebot der Briten an, König der Iraker zu werden. Bei gleicher Gelegenheit wurde auch sein erzürnter Bruder Abdallah mit dem Titel eines Königs von Jordanien ruhig gestellt.

Mit diesem Oktroi neuer Monarchien kam es zu einem kuriosen Gleichklang mit den Verhältnissen in Ägypten. Dort herrschte zu dieser Zeit seit bald hundert Jahren ein Vizekönig, der nur der Form nach noch dem osmanischen Sultan untertan war. Diese Dynastie war in Ägypten kaum weniger fremd als die

Haschemiten in den arabischen Neustaaten. Ihre Ursprünge lagen im fernen Albanien. Der Sultan hatte zur Verwaltung seiner Provinzen von jeher gern auf Fremde zurückgegriffen, von ihnen drohte keine Verbrüderung mit den heimischen Völkern. Eine Verfassung hatte dem Vizekönig später die äußere Form eines europäischen Monarchen übergestreift. Diese drei Monarchien sollten gar nicht einmal so schlecht funktionieren. Innergesellschaftlich gaben reich gewordene Grundbesitzer den politischen Ton an. Sie hatten kein anderes Interesse als die Wahrung des Status quo. Die Monarchen wurden geduldet, weil sie ihre Kreise nicht störten. Das Regierungsgeschäft besorgten sie auch nicht selbst, sondern vielmehr Regierungschefs, die wussten, was von ihnen erwartet wurde.

Die britische Noch-Weltmacht musste sich nach 1945 damit abfinden, die letzten Reservatrechte in diesen Staaten aufzugeben. Diese Staaten wurden jetzt Teile der mit der Auflösung der Kolonialimperien rasch expandierenden Dritten Welt. In dieser neuen Staatenwelt waren sozialistische Gedanken überaus populär. Alle Residuen der kolonialen Vergangenheit waren verhasst. Offiziere waren die Speerspitze des mit sozialistischen Einsprengseln gespickten arabischen Nationalismus. Mit dem Putsch der Freien Offiziere fiel 1952 in Ägypten die erste Monarchie im Vorderen Orient, mit einem Putsch im Irak sollte ihr 1958 eine weitere folgen.

Bei der Gestaltung der staatlichen Strukturen, die jetzt zur Tagesparole wurde, hielten sich die nationalistischen Regime an das einzige bis dahin gelungene Vorbild der Emanzipation von osmanischer Vergangenheit und europäischer Bevormundung: die Türkei. Noch zur Zeit des türkischen Unabhängigkeitskrieges hatte es Stimmen gegeben, die den Sultan als konstitutionellen Monarchen behalten wollten. Kemal Atatürk setzte sich auch in diesem Punkt auf der Generallinie seines Programms durch: radikaler Bruch mit der Vergangenheit, Europa als Zielmarke für den Staat der Türken! An erster Stelle seines Modernisierungsprogramms standen der Staatsapparat und die Wirtschaft. Erst dann, viel später, mochte auch die Demokratie einkehren. Die Person an der Staatsspitze war für dieses Projekt außerordentlich wichtig. Atatürk lebte plastisch vor, wohin die Reise gehen sollte. Für diese Rolle bot sich allein die konstitutionelle Figur eines starken Präsidenten an. Atatürk trug für alle sichtbar europäische Kleidung, er nahm gern einen Drink, seine Tochter erlernte gar die Fliegerei; als erster Lehrer seines Volkes examinierte er publikumswirksam einfache Menschen, ob sie mit der neuen lateinischen Schrift zurecht kamen.

Atatürk war bestens vertraut mit der europäischen Politik und Gesellschaft. Die zahlreichen europäischen Neustaaten, die nach 1918 die politische Bühne betraten, hatten sich, wie oben geschildert, sämtlich für starke Präsidenten entschieden. Hier setzte Atatürk an. Für freie Wahlen und Parlamentarismus war es noch nicht an der Zeit. Atatürk war kein Antidemokrat, sein langfristiges Ziel war auch in politischer Hinsicht der Aufschluss zum europäischen Standard. Zuvor aber sollten in dem rückständigen Land durch staatliche Tätigkeit überhaupt erst bürgerliche Klassen entstehen. Sie galten als Voraussetzung für eine moderne Wirtschaft.

An Vorbildhaftigkeit für die umliegenden Staaten stand der ägyptische PräsidentGamal Abdel Nasser Atatürk nicht nach. Im Gegenteil: Er übertraf ihn noch. Er war ein charismatischer Redner, ein Mann aus dem Volke, dazu ein tapferer David, der es bei der Verstaatlichung des Suez-Kanals 1954 mit dem Goliath Großbritannien aufgenommen hatte. Die Präsidenten der übrigen arabischen Welt mochten nicht hinter ihm zurückstehen. Die Präsidentschaft wurde zur öffentlichen Kanzel, zum Motor für umfassende Reformen im Inneren und zur Trutzburg wider die sinistren Absichten des Westens. Nicht der spaltende Parteienkampf war gefragt, sondern die nationale Einheit. Die Präsidenten hatten ihre Rolle gefunden. Fast ausschließlich Militärs bekleideten das höchste Staatsamt, also in Hierarchien und Befehlsketten denkende Zeitgenossen.

Dieser Hintergrund gab dem Präsidentenamt im Nahen Osten seinen besonderen Anstrich. Es sollte ihn auch behalten, nachdem die zweite und dritte Generation in die Präsidentenpaläste eingezogen waren. Die großen sozialistischen Modernisierungsvisionen sind im Archiv abgelegt, und die Regime haben sich mit neuen Klassen verbunden, die im Import- und Exportgeschäft reich geworden sind. Dank staatlicher Maßnahmen und der Kreditpolitik internationaler Geldgeber feiert in Ägypten heute auch der Großgrundbesitz ein Comeback.

Die gesellschaftlichen Spieler in der Politik haben sich neu positioniert. Aber unverändert ist die Präsidentschaft der Pol, auf den sie sich ausrichten (dazu exemplarisch und unverändert aktuell: Pawelka 1985, 23ff.). In diesem Punkt weist die Präsidentschaft eine große Ähnlichkeit mit den orientalischen Monarchen auf. Diese regieren nicht direkt, sie dulden Parteien und Regierungen neben sich. Aber die Richtlinien der Politik werden in den Palästen ausgegeben. Das gilt selbst für Saudi-Arabien, wo der Monarch lediglich ein Primus inter pares im Kreise einer weitverzweigten Herrscherfamilie ist (Fähndrich 2005).

Die Unterschiede zwischen den orientalischen Präsidenten und den Monarchen scheinen zu schrumpfen. Die Sohnesnachfolge des im Jahr 2000 verstorbenen syrischen Präsidenten Hafis Assad und die recht wahrscheinliche Nachfolge des Präsidentensohnes Gamal Mubarak in Ägypten zeigen, dass das Staatsoberhaupt, ob nun mit oder ohne Königswürde, nicht nur und nicht einmal in erster Linie eine Verfassungsfunktion bekleidet, wie man sie von den Präsidenten und Verfassungsmonarchen in den Demokratien kennt. Die Person an der Staatsspitze ist vielmehr der Angelpunkt einer komplexen Machtstruktur, die ein autoritäres System voraussetzt. Die Frage, ob die Person an der Spitze der Herrschaftspyramide monarchisch oder präsidial gewandet ist, tritt dahinter zurück.

Eine Diffusion des amerikanischen oder europäischen Präsidialmodells hat auch im Orient nicht stattgefunden. Die Präsidenten sind Eigengewächse ihrer Gesellschaften. Lediglich die äußeren Formen wurden auf die international üblichen Bezeichnungen und auf diplomatisch verwertbare Eigenschaften eingestellt.

Das Präsidentenamt in Russland und in den sowjetischen Nachfolgestaaten

Fassen wir nun noch die Nachbarn im Umkreis der früheren Sowjetunion ins Auge. Auch dort entschieden sich die Verfassungsgebenden Versammlungen für ein Präsidialsystem, vornehmlich nach dem Grundmuster der französischen Republik (Bahro/Veser 1995). In der russischen Verfassung wurde das Präsidentenamt im Vergleich zum französischen allerdings noch einmal ein großes Stück aufgewertet. Die Figur des Regierungschefs sank auf die eines Chefverwaltungsbeamten zurück. Sein Hauptgestaltungsfeld sind wirtschaftliche Angelegenheiten. Politische Grundsatzfragen und alles, was mit innerer und äußerer Sicherheit zu tun hat, werden im Präsidentenamt entschieden (Mommsen 2003).

Die Ukraine wählte eine ähnliche Verfassung. Sie gab dem Präsidenten aber nicht ganz so viele Rechte. Dort kommt es zu fortwährenden schweren Konflikten zwischen Präsident und Regierung um den bestimmenden Einfluss auf die politische Richtung (Bos 2004, 476ff.). In Russland indes ist der Status des Präsidenten kaum umstritten. Dort allerdings hat sich ein autoritärer Regierungsmodus, sogar mit einer dominierenden Regimepartei, eingespielt. Diesem Kurs ist die Ukraine nicht gefolgt.

Der ausgesprochen stark auftretende Präsident Wladimir Putin respektierte 2008 die Verfassung und kandidierte nach den Vorgaben der Verfassung kein weiteres Mal für das Amt. Als Nachfolger empfahl er einen handverlesenen Kandidaten, Dmitri Medwedew, der dann auch prompt gewählt wurde. Wenige Monate später wurde die Amtsperiode des Präsidenten mit einer Verfassungsänderung von vier auf sechs Jahre verlängert. Beobachter werteten diese Vorgänge als Beleg für ihre Vermutung, der Vor-Präsident Putin, der inzwischen als Ministerpräsident amtierte, wolle eine möglichst kurze Zeit im zweithöchsten Regierungsamt überwintern, um dann zum nächstmöglichen Zeitpunkt erneut für die Präsidentschaft zu kandidieren. Wie dem auch sei: Die Vorgänge zeigen, dass die Präsidentschaft den Kern des Regierungssystems ausmacht. Wir haben es allerdings auch hier mit einer Präsidentschaft zu tun, die in den Kontext eines autoritären Systems eingebettet ist.

Die russische Präsidentschaft steht in einer Herrschaftstradition, die das Präsidentenamt nicht kennt. Dieser Punkt ist weniger wichtig als die Tatsache, dass zunächst das zaristische Russland, später auch die Sowjetunion autokratisch regiert wurden. Die Zaren des Hauses Romanov, Stalin und Chruschtschow – es handelt sich ausnahmslos um politische Führer, die in der Rolle des Alleinbestimmers auftraten oder dies zumindest versuchten, ob als Monarchen oder als Generalsekretäre der Kommunistischen Partei. Allein zwischen 1964 und 1985 schob sich eine Parteioligarchie an die Stelle des singulären Führers. Nach dieser kraftlosen Periode, die nach dem damaligen Generalsekretär Leonid Breschnew benannt wurde, gewann die sowjetische Politik unter dem damals jungen Generalsekretär Michail Gorbatschow noch einmal an Dynamik. Diese kurze, aber dramatische und folgenreiche Epoche war ganz an die Person des Reformers Gorbatschow gebunden. In einer Art One-man show krempelte er Staat und Wirtschaft der Sowjetunion so stark um, wie sonst nur ein Stalin ein halbes Jahrhundert zuvor. Er ließ sich in das neu geschaffene Amt eines sowjetischen Präsidenten wählen. Ein Ministerpräsident kümmerte sich um das kleinteiligere Regieren.

Wie man heute weiß, erging es Gorbatschow wie weiland Goethes Zauberlehrling. Eine tragische Figur, führte er ungewollt das Ende der Sowjetunion herbei. Russland als größtes und bedeutendstes Fragment des sowjetischen Staates führte Gorbatschows Innovation fort: Der Präsident blieb auch im nachsowjetischen Russland die Nummer Eins. Noch bevor die Sowjetunion unterging und Gorbatschow die politische Bühne verließ, bestimmte in der russischen Sowjetrepublik mit Boris Jelzin bereits ein anderer starker Präsident die Szene.

Im neuen Russland, das die Sowjetunion ablösen sollte, entschied man sich beim Shopping im internationalen Verfassungssalon für eine Variation des französischen Präsidialmodells. Den Ausschlag gab die Überlegung, ein präsidiales System wie in den USA berge das Risiko einer Lähmung der Exekutive durch ein womöglich störrisches Parlament. Völlig korrekt darf der russische Präsident die Regierung entlassen und das Parlament auflösen. Die Kombination beider Befugnisse nimmt dem Parlament jeglichen Biss. Kann der Präsident seinen Kandidaten für das Amt des Regierungschefs nicht durchsetzen, löst er einfach das Parlament auf. Selbst diese Eventualität ist inzwischen höchst unwahrscheinlich geworden. Eine Regimepartei, die vom Staatsapparat unterstützt wird, bietet hinreichend Gewähr, dass die Parlamentarier den Winken des Kreml gehorchen.

Kurzer Rede langer Sinn: Die Ähnlichkeit des russischen Präsidentenamtes mit dem Präsidentenamt in den Demokratien beschränkt sich auf Formales und auf Semantik. Die Deutung des Amtes im Kontext einer Gewaltenteilung macht keinen Sinn. Die Konstruktion zielt auf die Konzentration der Regierungs- und Gesetzgebungsgewalt. Die kaukasischen und die zentralasiatischen Nachfolgestaaten der Sowjetunion haben das russische Verfassungsvorbild im Großen und Ganzen übernommen.

Fazit: Der Kontext siegt über das Modell einer demokratischen Staatsspitze

Was lehrt uns dieser Überblick? Erstens: Er unterstreicht ganz simpel die Binsenweisheit, dass es wenig Sinn hat, Äpfel mit Birnen zu vergleichen, nur weil beide als Obst firmieren und auf Bäumen wachsen. Das Staatsoberhaupt in der Demokratie ist eine andere Sache als das Staatsoberhaupt im autoritären System (Linz/Valenzuela 1994). Diese Unterscheidung ist wichtiger als die Binnendifferenzierung der Demokratien in parlamentarische Monarchien und Republiken. Ob es sich nun um ein machtvolles Staatsoberhaupt handelt wie etwa in der V. französischen Republik oder auch in den USA, oder um eine Verfassungsfigur, die hauptsächlich repräsentiert, moderiert und hin und wieder parlamentarische Ehen zwischen parlamentarischen Parteien anbahnt: So oder so handelt es sich um politische Akteure, die sich mit anderen starken Institutionen arrangieren müssen, mit Parlamenten und Regierungen. In alter Sprache hieß dies Gewaltenteilung. Mit dem Charme einer Gebrauchsanweisung für neue Gesellschaftsspiele ist heute stattdessen von Vetospielern die Rede. Hat man es mit Präsidenten unter autoritärem Vorzeichen zu tun, so mag es nützlich sein, auch noch etwas über weitere Institutionen zu wissen. Um die Gesamtveranstaltung zu verstehen, genügt die Information, dass sich die Entscheidungsgewalt auf den Präsidenten konzentriert.

Zweitens: Das Staatsoberhaupt in der Demokratie ist – wie auch andere Verfassungsinstitutionen – kein exportfähiger Artikel. Dies liegt hauptsächlich daran, dass jedes Staatsoberhaupt das Produkt eines historischen Pfades ist. Die Historie aber folgt keinem Plan, sie ist von Kontingenz gekennzeichnet. Die Verpflanzung in ähnliche kulturelle Kontexte mag gelingen. Doch eben diese Ähnlichkeit deutet in aller Regel auf gemeinsame Wurzeln. Und wo es diese Wurzeln nicht gibt, wäre es blauäugig, den Präsidenten in andere Kontexte zu kopieren und dann auch noch die gleichen Ergebnisse zu erwarten, die das Vorbild in seinem Ursprungskontext produziert.

Institutionen vergleichen ist die Kunst des Verbindens und Trennens. Und das heißt hier: Unterscheiden ist Trumpf!

Literatur

Bahro, Horst, und Ernst Veser: Das semi-präsidentielle System. „Bastard" oder Regierungsform sui generis, in: Zeitschrift für Parlamentsfragen 26/1995, S.471-485.
Barr, Robert R.: The Persistence of Neopopulism in Peru? From Fujimori to Toledo, in: Third World Quarterly 24/2003., S.1161-1178.
Bøas, Taylor C.: Television and Neopopulism in Latin America: Media Effects in Brazil and Peru, in: Latin American Research Review 40/2005., S.27-49.

Bos, Ellen: Das politische System der Ukraine, in: Wolfgang Ismayr (Hg.), Die politischen Systeme Osteuropas, 2. Aufl., Wiesbaden. 2004, S.469-514.

Chabal, Patrick, und Jean-Pascal Daloz: Africa Works: Disorder as Political Instrument, Oxford, Bloomington und Indianapolis 1999.

Fähndrich, Hartmut (Hg.): Vererbte Macht: Monarchien und Dynastien in der arabischen Welt, Frankfurt/M. und New York 2005.

Linz, Juan, und Arturo Valenzuela (Hg.): The Failure of Presidential Democracy, Baltimore und London 1994.

Mols, Manfred: Demokratie in Lateinamerika, Stuttgart 1985.

Mommsen, Margareta: Wer herrscht in Russland? Der Kreml und die Schatten der Macht, München 2003.

Pawelka, Peter: Herrschaft und Entwicklung im Nahen Osten: Ägypten, Heidelberg 1985.

Stüwe, Klaus, und Stefan Rinke (Hg.): Die politischen Systeme in Nord- und Lateinamerika, Wiesbaden 2008.

Tetzlaff, Rainer: Stufen und Etappen politischer Herrschaft 1960-2002, in: Mir A. Ferdowski (Hg.), Afrika – ein verlorener Kontinent?, Müchen 2004, S.33-71.

Die Präsidentschaftswahl in den USA im November 2008

Politologische und kulturwissenschaftliche Überlegungen

Gabriele Metzler/ Reingard M. Nischik

> Robert Kennedy said it was conceivable that in 40 years in America we might have a Negro President. That sounded like a very emancipated statement to white people.
> James Baldwin, „American Dream and American Negro" (1965)

> Gender is probably the most restricting force in American life, whether the question is who must be in the kitchen or who could be in the White House.
> Gloria Steinem (2008)

Im September 2008 ergab sich durch das vorzeitige Ausrufen von Neuwahlen in Kanada durch den konservativen Premierminister Stephen Harper die interessante Konstellation, dass in beiden nordamerikanischen Ländern, den USA und Kanada, mit einer zeitlichen Verschiebung von nur etwas mehr als zwei Wochen, wichtige Wahlen anstanden. Grund für Harpers Ausrufung von Neuwahlen für Oktober 2008 (nötig wäre die Neuwahl erst zum Februar 2011 geworden) war nicht nur die prekäre Konstellation seiner Minderheitsregierung, sondern auch die Tatsache, dass Harper die kanadischen WählerInnen unbedingt *vor* der Wahl in den USA zu den Urnen schicken wollte: Bei einem Wahlsieg in den USA durch den Demokraten Barack Obama befürchtete der konservative Harper – trotz Kanadas allgemeiner USA-Skepsis – auch in Kanada einen Ruck hin zur liberaleren Politik eines Stéphane Dion.

An derartigen Überlegungen wird bereits die international außerordentlich große Ausstrahlungskraft der amerikanischen Wahl 2008 und auch des amerikanischen Wahlkampfs deutlich, der sich inklusive des Fundraising ab Januar 2007 und der Vorwahlen („Primaries") über fast zwei Jahre zog. Diese Ausstrahlungskraft zeigte sich z.B. auch daran, dass man in Deutschland über den kanadischen Wahlkampf und sogar die Wahl selbst so gut wie gar nichts in den Medien erfuhr, während die Medien – speziell in Deutschland – intensivst von dem Geschehen in den USA berichteten.

Woran lag es, dass die Wahl in den USA ein solch enormes Interesse auf sich zog? Was waren die Besonderheiten gerade dieser Wahl? Was zeigt uns diese Wahl nicht nur über das politische System der USA, sondern auch über die amerikanische (politische) Kultur, die gerade auch in ihrer Andersartigkeit offenbar eine starke Faszination auf Europa ausübt? Welche Schlussfolgerungen lassen sich aus den Ereignissen um die amerikanische Wahl 2008 in Bezug auf die USA selbst wie auch in einem Vergleich zum politischen System und zur politischen Kultur in Deutschland ziehen? Dies sind einige grundlegende Fragen, die wir im Folgenden behandeln, z.T. hier auch nur anstoßen können.

Nach einem Überblick über das politische System der USA und die Rolle des Präsidenten sowie des amerikanischen Wahlsystems werden sodann kulturelle Auffälligkeiten dieser Wahl diskutiert – die in einer globalisierten Welt immer auch von internationaler Ausstrahlungskraft sind – um schließlich besser einschätzen zu können, warum gerade diese amerikanische Wahl solch eine außerordentliche Bedeutung hatte und eine derart weitreichende Faszination ausübte. Um es gleich summarisch vorneweg zu sagen: Wir sehen diese Wahl als Markierung einer Zeitenwende in der politischen Kultur der USA.

Das amerikanische Regierungssystem

Im parlamentarischen Regierungssystem, welches für Deutschland oder Großbritannien konstitutiv ist, entscheidet eine einzige allgemeine Wahl über die Zusammensetzung des Parlaments und damit auch über die nächste Regierung. Ein weiteres Merkmal parlamentarischer Systeme ist, dass die Mitglieder der legislativen Körperschaft auch gleichzeitig Regierungsmitglieder sein können. So war etwa Helmut Kohl von 1982 bis 1998 deutscher Bundeskanzler und gleichzeitig bereits ab 1976 als Abgeordneter der CDU/CSU Mitglied des Deutschen Bundestags. Ein signifikantes Charakteristikum parlamentarischer Regierungssysteme ist auch die „gespaltene Exekutive," in Deutschland repräsentiert durch den im Sinne Walter Bagehots eher den *dignified parts* der Politik zuzurechnenden Bundespräsidenten Horst Köhler und die für die *efficient parts* des Regierens maßgebliche Bundeskanzlerin Angela Merkel (Bagehot 1867).

Das amerikanische Regierungssystem wird des Öfteren, gerade auch in den Medien, weitgehend mit der deutschen oder britischen Demokratie gleichgesetzt. So hieß es zumeist, wenn Condoleeza Rice nach Deutschland kam, die amerikanische „Außenministerin" besuche Deutschland. Die amerikanische Verfassung kennt aber keine „Minister" mit eigenen verfassungsgemäßen Festschreibungen. Im amerikanischen Kabinett sitzen vielmehr *secretaries*. Die eigentliche Schaltzentrale der Regierungspolitik ist nicht das Kabinett, sondern das *Executive Office* (*EOP*), das 1939 von Präsident Roosevelt installiert wurde.

Beim Regierungssystem der Vereinigten Staaten handelt es sich um eine *Präsidialdemokratie*. Der Präsident vereinigt in seiner Person die Funktionen des Staatsoberhaupts und des Regierungschefs. Ihm obliegt von daher eine große Machtfülle. In den USA gehen Legislative und Exekutive aus unterschiedlichen Wahlakten hervor. Ein Regierungsamt auszuüben und gleichzeitig Mitglied des amerikanischen Kongresses zu sein, ist nach der Verfassung von 1787 unvereinbar. Weder der Präsident noch seine Regierungsmitglieder – mit Ausnahme des Vizepräsidenten – dürfen einen Sitz im Repräsentantenhaus oder Senat innehaben. Von daher musste auch Barack Obama bis zum 20. Januar 2010 (sic) seinen Senatorenposten aufgegeben haben. Es gibt in den USA seitens des Parlaments kein konstruktives Misstrauensvotum wie in Deutschland, und der Präsident hat auch nicht die Möglichkeit, den Kongress aufzulösen. Formal ist dem Präsidenten die Gesetzesinitiative verschlossen (in der Praxis kommen aber viele Gesetzesvorschläge aus der Exekutive). Der Präsident hat jedoch das Recht, die Gesetzesbeschlüsse des Kongresses mit seinem Veto zu belegen. Durch sein *aufschiebendes Vetorecht*, welches allerdings mit einer Zweidrittelmehrheit beider Häuser des Kongresses überstimmt werden kann, besitzt der Präsident eine weitreichende Eingriffsmöglichkeit in den Gesetzgebungsprozess.

Trotz der verfassungsmäßig intendierten institutionellen Gewaltentrennung gibt es immer wieder Ausnahmetatbestände. So ist etwa der Vizepräsident gleichzeitig Präsident des Senats (*presiding officer*); die entscheidende Stimme hat er aber nur bei Stimmengleichheit der Senatoren. Bei diffizilen Mehrheitsverhältnissen im Senat kann also die Stimme des Vizepräsidenten den Ausschlag geben, wie etwa während der Bill Clinton-Präsidentschaft der damalige Vizepräsident Al Gore diverse Male das entscheidende Votum abgab.

Von vielen politisch interessierten Menschen wird die Gewaltentrennung häufig als das wichtigste Unterscheidungsmerkmal zwischen präsidentieller und parlamentarischer Demokratie herausgestellt, wobei das amerikanische Regierungssystem auch als Verwirklichung der Montesquieuschen Gewaltenteilungslehre angesehen wird, gemäß einer zentralen Aussage Montesquieus: „Um den Missbrauch der Macht zu verhindern, muss vermöge einer Ordnung der Dinge die Macht der Macht Schranken setzen" (Oberndörfer/Rosenzweig 2000, 278). Das Prinzip der Gewaltentrennung kann aber nicht verabsolutiert werden. „Neben der institutionellen Gewaltentrennung sieht die amerikanische Verfassung (auch) das Prinzip der Gewaltenverschränkung vor, durch wechselseitige Hemmnisse und (Gegen-)Gewichte (*checks and balances*) und durch Kompetenzüberschneidungen (*shared powers*). Im Zusammenwirken sollen Gewaltentrennung und -verschränkung einerseits die gegenseitige Kontrolle der Gewalten

sichern und so vor Machtkonzentration und Machtmissbrauch schützen; andererseits aber durch die Kompetenzüberschneidungen das notwendige Zusammenwirken vor allem zwischen Legislative und Exekutive sicherstellen" (Medick-
Krakau, Robel, Brand 2004, 95). Richard Neustadt bezeichnet das amerikanische
Regierungssystem von daher als „a government of separated institutions sharing
power" (Hübner 2007, 112). Eine Vermengung von legislativer und judikativer
Gewalt liegt beispielsweise dann vor, wenn der Vorsitzende des Supreme Court
bei Amtsanklagen gegen den Präsidenten den Senatsvorsitz einnimmt (Art. I
Sect. 3 der amerikanischen Verfassung). Andererseits verfügt der Präsident mit
der Ernennungsbefugnis der Bundesrichter, insbesondere derjenigen des Supreme Court, über ein Macht- und Entscheidungspotential via etwa Auswahl konservativer oder liberaler Richterpersönlichkeiten, was im daraus resultierenden,
Politik und Gesellschaft prägenden Charakter der höchstrichterlichen Entscheidungen die beiden möglichen Amtsperioden des Präsidenten dann sogar über-
dauern kann. Hinzuzufügen ist allerdings noch, dass die präsidentielle Entscheidung für eine/n Richter/in vom Senat gebilligt werden muss, wie auch der Senat
bei gewissen Personalentscheidungen des Präsidenten ein verfassungsmäßiges
Zustimmungsrecht besitzt.

Das Amt des Präsidenten

Seit dem kontrovers geführten Diskurs um das Amt des Präsidenten im Rahmen
des Verfassungskonvents von Philadelphia von 1787 hat sich der Aufgabenkreis
des Präsidenten erheblich erweitert und damit auch die bereits angesprochene
Machtfülle des amerikanischen Präsidenten. Der amerikanische Präsident ist
nach Burnham der *Chief Executive*, er ist als *Commander-in-Chief* der oberste
Befehlshaber der Streitkräfte, als *Chief Diplomate* ist er für die diplomatische
Gestaltung der Außenpolitik zuständig, er ist der *Party Leader* seiner Partei und,
etwas ungewohnt für europäische Ohren, laut Burnham *Leader of the People and
Chief Preacher* (Hübner 2007, 131). Der ehemalige New Yorker Gouverneur
Morris hatte im Kontext des Verfassungskonvents die Ambivalenz eines zu starken oder auch zu schwachen Präsidenten einst so auf den Punkt gebracht:
„Macht man ihn [den Präsidenten] zu schwach, wird die Legislative seine Macht
usurpieren. Macht man ihn zu stark, wird er die Legislative usurpieren" (in Hübner 2007, 131).

Ein erheblicher Machtzuwachs floss dem amerikanischen Präsidenten einer-
seits durch die im Verlauf der Geschichte vollzogene Abkehr vom liberalen
„Nachtwächterstaat" zum modernen „état actif" zu (Bertrand de Jouvenel in
Hübner 2007, 142) und andererseits durch die zunehmende Internationalisierung

der Politik, „was wiederum die Machtposition der verhandlungsführenden Regierung gegenüber dem auf bloße Zustimmung oder Ablehnung beschränkten Parlament bzw. Kongress zementiert" (Hübner 2007, 142). Auch hat sich insbesondere unter der Präsidentschaft George W. Bushs die *presidential leadership* im Rahmen des von Vizepräsident Cheney initiierten und von Bush ausgerufenen „Krieges gegen den Terror" (*War on Terror*) nach den 9/11-Terroranschlägen in eine generationenübergreifende Mammutaufgabe mit dem Präsidenten als Speerspitze des verunsicherten und nach einem Mehr an Sicherheit trachtenden amerikanischen Volkes gewandelt. Dieser Krieg, so Bush und seine Vordenker Cheney, *Secretary of Defense* Rumsfeld und dessen Stellvertreter Wolfowitz, werde „über lange Zeit und an vielen Fronten gegen einen besonders schwer fassbaren Feind geführt werden" (in Staack 2008, 34).

Was die in der Verfassung niedergelegten Formalia anbelangt, ist auch Folgendes bemerkenswert: Amerikanischer Präsident kann nur werden, wer in den Vereinigten Staaten geboren wurde, mindestens 14 Jahre im Land gelebt hat und ein Mindestalter von 35 Jahren aufweist. Auch soll an dieser Stelle nicht unerwähnt bleiben, wie sich Präsident George W. Bush im Jahre 2002, also noch während seiner ersten vierjährigen Amtsperiode, gegenüber Bob Woodward über sein Präsidentenamt geäußert hat: „I'm the commander – see, I don't need to explain [...] why I say things. That's the interesting thing about being the president" (Schissler 2008, 46).

Das amerikanische Wahlsystem

John F. Kennedy erklärte am 2.1.1960 seine Kandidatur für das Präsidentenamt, wohlgemerkt für den Wahltermin im November 1960. Kennedys Wahlkampfdauer betrug damals gerade mal zehn Monate. Die ehemalige First Lady und spätere Senatorin des Staates New York, Hillary Clinton – die zu Beginn des Wahlkampfs die Favoritin der demokratischen Partei war – beendete ihren Wahlkampf Anfang Juni 2008 nach fast eineinhalbjährigem Ringen um die demokratische Kandidatur. Hillary Clintons demokratischer Kontrahent Barack Obama konnte am *Election Day*, dem 4.11.2008, sogar auf einen Wahlkampf von über einem Jahr und zehn Monate zurückblicken. Der Weg ins Weiße Haus erweist sich von daher als ein zunehmend langes und beschwerliches sowie kostenträchtiges Unterfangen (siehe Tabelle 1).

Es ist wichtig festzuhalten, dass der amerikanische Präsident nicht direkt vom Volk gewählt wird und dass am *Election Day*, der immer auf einen Dienstag Anfang November fällt, alle Mitglieder des Repräsentantenhauses (435 Abgeordnete) sowie ein Drittel der Senatoren (100 Senatsmitglieder) neu gewählt werden. Präsidentschaftswahlen finden in den USA alle vier Jahre statt. Die Amtsdauer des Präsidenten ist auf maximal zwei Legislaturperioden begrenzt. So endete George W. Bushs Präsidentschaft, die im Jahr 2000 begann, nach einmaliger Wiederwahl 2004 endgültig mit seiner zweiten Legislaturperiode. Am 20.1.2009 fand die Amtseinführung und Vereidigung des neuen Präsidenten Obama statt.

Tabelle 1: Wahlkampfkosten nach Federal Election Commission

Candidates	Millions of dollars
All Candidates	1685.6
Democrats	1079.2
Obama (D)	747.6
Clinton (D)	227.7
Edwards (D)	48.2
Richardson (D)	22.5
Biden (D)	11.9
Republicans	606.5
McCain (R)	351.2
Romney (R)	105.3
Guiliani (R)	59.7
Thompson, F. (R)	23.4
Huckabee (R)	16.1

Wer einen Sitz im amerikanischen Senat innehat, muss sich erst nach sechs Jahren einer erneuten Wahl stellen. Allerdings wird jeweils ein Drittel der Senatoren im Turnus von zwei Jahren neu gewählt. Die Legislaturperiode eines Senators beginnt jeweils am 3. Januar nach der Wahl (*amendment XX*). Die Abgeordneten des Repräsentantenhauses sind nur auf jeweils zwei Jahre im Amt, so dass den *mid-term-elections* im Rahmen der vierjährigen Amtsperiode des Präsidenten eine besondere Bedeutung zukommt. Für den Präsidenten entscheidet sich dann in der Mitte seiner Legislaturperiode, ob er mit einer demokratischen oder republikanischen Mehrheit in den beiden Häusern des Kongresses weiterregieren kann. Im Falle einer wahlbedingten Verschiebung der politischen Macht, bei der sich Mehrheitsverhältnisse zuungunsten der Parteizugehörigkeit des Präsidenten verschieben, spricht man von *divided government*.

Das amerikanische Wahlsystem ist äußerst kompliziert. Hier kann insofern nur Grundlegendes vermittelt werden. Wer amerikanische/r Präsident/in werden möchte, muss von einer der beiden großen Parteien als deren jeweilige/r Kandidatin aufgestellt werden. Dies erfolgt meist im Frühsommer des Wahljahres auf den Nominierungs-Parteitagen (*Conventions*). Der demokratische Kandidat Barack Obama wurde auf dem vom 25. bis 28.8.2008 stattfindenden Parteitag der Demokraten in Denver von einer großen Mehrheit der dortigen Delegierten, welche im Wesentlichen aus den Vorwahlen (*primaries*) und den sog. Urwahlen (*caucuses*) hervorgingen, gewählt. Als Hillary Clinton offiziell am 7.6.2008 ihre Kandidatur zurückzog, verfügte Obama über 2201 Delegiertenstimmen, Clinton über 1896. Entscheidend war damals, wie sich die sog. Superdelegierten – d.h. nicht gewählte, sondern verdiente MandatsträgerInnen der Demokratischen Partei – verhalten würden. Hätten alle 694 *unpledged delegates* bzw. Superdelegierte für Hillary Clinton gestimmt, hätte sie die Nominierung noch erringen können. Dies war aber nicht der Fall, da sich im Vorfeld von Denver bereits viele Superdelegierte für Obama und damit gegen Clinton ausgesprochen hatten. Beim republikanischen Kanditaten John McCain war die Nominierung einfacher. Er hatte sich bereits im Frühjahr 2008 als eindeutiger Sieger des republikanischen Bewerberfeldes durchgesetzt, so dass seine offizielle Nominierung auf dem vom 1. bis 4.9.2008 stattfindenden Nominierungs-Parteitag der Republikaner in Minneapolis-St.Paul (Minneapolis) reine Formsache war.

Der Auftakt der Vorwahl-Serie in den Einzelstaaten erfolgt immer mit dem *caucus* im kleinen Iowa (3. Januar 2008). Dann erfolgte der *caucus* der Republikaner in Wyoming (die Demokraten folgten dort erst zwei Monate später). Am 8. Januar 2008 fand in New Hampshire die erste *primary* statt. Diese ist insofern sehr wichtig, als mit der einzigen Ausnahme von Bill Clinton der dortige Sieger oder die dortige Siegerin immer künftige/r Präsidentschaftskandidat/in wurde. Ein besonders entscheidender Vorwahltag war der 5.2.2008, der *Super-Tuesday*: In insgesamt 24 US-Staaten erfolgten Abstimmungen, die knapp die Hälfte aller Wahlberechtigten umfassten. Bei den Demokraten konnten sowohl Clinton wie auch Obama punkten – Clinton erzielte mehr Stimmen in den bevölkerungsreichen Staaten, Obama gewann dagegen mehr Bundesstaaten für sich. Bei den Republikanern setzte sich McCain an die Spitze vor die Kandidaten Mike Huckabee und Mitt Romney. Romney beendete seine Kandidatur wegen offensichtlicher Aussichtslosigkeit nach dem *Super-Tuesday*.

Wenn ein/e Präsidentschaftskandidat/in nunmehr im Rahmen der *primaries* erfolgreich die Parteitags-Nominierung geschafft hat, muss er oder sie im Zeitraum bis zum *Election Day* die Wählerschaft überzeugen. Je nachdem wie viele Stimmen der von vornherein auf einen Kandidaten festgelegten Wahlmänner und -frauen ein Präsidentschaftskandidat erhält, kann berechnet werden, wer wahrscheinlich der nächste Präsident sein wird. Am 4.11.2008 haben die amerikanischen WählerInnen entschieden, dass der 44. Präsident der auf *hope* und *change* setzende 47jährige Demokrat Barack Obama sein wird und nicht der 71jährige McCain, der sich als Querdenker und unorthodoxer Republikaner präsentierte. Das Wahlmänner- und frauen-Treffen – und damit die eigentliche offizielle Wahl des amerikanischen Präsidenten und des Vizepräsidenten – fand aber erst am 15.12.2008 durch das *Electoral College* statt. Am 6.1.2009 kam es dann noch zu einer offiziellen Auszählung der Stimmen in einer gemeinsamen Sitzung von Senat und Repräsentantenhaus. Der neue Präsident Obama trat am 20. Januar 2009 sein Amt an.

Die Zahl der Wahlmänner und -frauen beträgt 538, so dass der neue Präsident mit mindestens 270 Stimmen (269+1) gewählt ist. Die Anzahl der Wahlmänner und -frauen variiert pro Bundesstaat je nach der Anzahl der vorhandenen Abgeordneten des Repräsentantenhauses, plus zwei zusätzliche *electorates* analog zu den zwei Senatoren eines jeden Bundesstaates. So hat etwa das bevölkerungsmäßig kleine Alaska nur einen Abgeordneten plus zwei Senatorensitze, insgesamt also drei Stimmen. Kalifornien als größter Bundesstaat verfügt über 53 Abgeordnetensitze im Repräsentantenhaus, plus die zwei üblichen Senatorensitze, macht 55 *electorates*. Eine Besonderheit des amerikanischen Wahlsystems ist nun, dass alle Wahlmänner- und -frauenstimmen eines Staates nach dem „The winner takes it all"-Prinzip (etwas modifiziert allein in Maine und Nebraska) demjenigen Präsidentschaftskandidaten zufallen, der in diesem Staat mehrheitlich, nach einfachem Mehrheitsvotum, gewählt worden ist. Auf diese Weise ergab sich bei der Präsidentenwahl im Jahr 2000, dass George W. Bush 271 Wahlmänner und -frauenstimmen mit 50.455.156 abgegebenen Stimmen erlangte und für den Demokraten Al Gore eine Stimmenzahl von 50.992.335 ausgezählt wurde. Gore gewann also vom Stimmenverhältnis her 537179 Stimmen mehr als Bush, aber aufgrund des Wahlsystems erhielt Gore nur 266 Wahlmänner- und –frauen-stimmen, so dass Bush schließlich zum Wahlsieger gekürt wurde.

Bei der Präsidentenwahl 2008 gewann Barack Obama in 28 Staaten 365 Wahlmänner/-frauenstimmen, McCain dagegen in 22 Staaten nur 173 der insgesamt zu vergebenden 538 Stimmen. Um die Wahl zu gewinnen, hätte der unterlegene McCain mindestens 270 Stimmen erhalten müssen. Barack Obama fanden 69.456.897 Wähler und Wählerinnen überzeugend, für John McCain entschieden sich 59.934.814 Wahlberechtigte (s. Abbildung 1).

Abbildung 1: **2008 Official Presidential General Election Results**

2008 OFFICIAL PRESIDENTIAL GENERAL ELECTION RESULTS
General Election Date: 11/04/08

DATE: January 22, 2009   SOURCE: State Elections Offices

STATE	ELECTORAL VOTE: MCCAIN (R)	ELECTORAL VOTE: OBAMA (D)
AL	9	
AK	3	
AZ	10	
AR	6	
CA		55
CO		9
CT		7
DE		3
DC		3
FL		27
GA	15	
HI		4
ID	4	
IL		21
IN		11
IA		7
KS	6	
KY	8	
LA	9	
ME		4
MD		10
MA		12
MI		17
MN		10
MS	6	
MO	11	
MT	3	
NE	4	1
NV		5
NH		4
NJ		15
NM		5
NY		31
NC		15
ND	3	
OH		20
OK	7	
OR		7
PA		21
RI		4
SC	8	
SD	3	
TN	11	
TX	34	
UT	5	
VT		3
VA		13
WA		11
WV	5	
WI		10
WY	3	
Total:	173	365

Total Electoral Vote = 538
Total Electoral Vote Needed to Elect = 270

Die in den letzten Dekaden beklagte Wahlmüdigkeit der AmerikanerInnen hat sich zumindest seit den Wahlen nach 2000 wieder verbessert. Im Wahljahr 2000 lag die Wahlbeteiligung bei 51,2 %, im Wahljahr 2008, so der Wahlforscher Michael McDonald, bei 64,1 %. Bei den *midterm elections* zum Senat und Repräsentantenhaus ist die Wahlbeteiligung merklich geringer; in jüngster Zeit bewegte sie sich zwischen 36 bis 40 % (Hübner 2007, 87). Bei den Wahlen 2008 ist eine Mobilisierung weiter Bevölkerungsgruppen gelungen. Vor allem sehr junge und nicht-weiße AmerikanerInnen haben sich sicherlich auch durch Obamas jugendliche Ausstrahlung mitreißen lassen und sind zur Wahl gegangen: Paul Street spricht hier vom *Obama phenomenon* (Street 2009, xiv). Noam Chomsky sah bereits 2006 anlässlich einer National Public Radio-Sendung über Obama die starke emotionale Komponente seiner Performance und folgende Diskrepanz: „It was very favorable, really enthusiastic. Here is a new star rising in the political firmament. I was listening to see if the report would say anything about his position on the issues – any issue. Nothing. It was just about his image. I think they may have had a couple of words about him being in favor of doing something about the climate. What are his positions? It just doesn't matter. You read the articles. It's the same. He gives hope. He looks right into your eyes when you talk to him. That's what's considered significant" (Noam Chomsky in Street 2009, 68). Die Worte *hope* und *change* konnten ihre Strahlkraft in besonderer Weise vor dem Hintergrund der vehementen Unzufriedenheit mit der Bush-Regierung, der sich verschlechternden, durch Jobverluste und Arbeitslosigkeit geprägten wirtschaftlichen Situation und dem von mehr als 70 % der Bevölkerung abgelehnten, verfehlten Irak-Krieg entfalten. Obamas überwältigender Wahlsieg ist vor allem den großen Minderheiten, den Schwarzen (96 % pro Obama), den Latinos (Obama/McCain: 66 contra 31 %) und den Einwohnern asiatischer Abstammung (62 contra 35 %) zu verdanken, während bei der weißen (Noch-)Mehrheitsbevölkerung McCain mit 55 % vor Obama mit 43 % lag. Bei der religiösen Zuordnung überrascht die mit 72 % pro Obama liegende Zustimmung der Juden, gegenüber lediglich 22 % für McCain. Auch altersmäßig lassen sich Unterschiede festmachen. So beläuft sich der Vorsprung Obamas bei den 18 bis 29jährigen auf 66 contra 33 %, bei den 60jährigen und darüber hinaus punktet dagegen McCain mit 52 zu 43 %. Frauen, allerdings weniger die weißen Frauen, tendieren eher zu Obama als zu McCain (56 zu 43 %), bei den Männern herrscht ein ausgeglichenes Verhältnis: Obama 49 %, Mc Cain 48 % (Süddeutsche Zeitung, 5.11.2008).

Die Weltgesellschaft schaute mit großer Spannung auf die US-Wahlen am 4.11.. Anders als bei vielen kontinentaleuropäischen Wahlen gibt es in den USA keine Programmwahlen. Eine Studie hat im Hinblick auf die *party identification* der amerikanischen Wahlbevölkerung eine Bedeutungsminderung der politischen Parteien herausgestellt. Die von den beiden großen Parteien, den Demokraten und den Republikanern, auf den alle vier Jahre im Frühsommer stattfindenden *Conventions* verabschiedeten *Platforms* sind meist wenig aussagekräftige Kompromisspapiere, welche die unterschiedlichen Strömungen in den beiden Parteien aufzufangen versuchen. Eine Studie des Survey Research Center der Universität Michigan misst demnach *party identification* eine geringere Rolle bei als der *issue orientation*, also den von den Präsidentschaftskandidaten aufgestellten Themenkreisen mitsamt ihren Lösungsvorschlägen für die jeweiligen politischen Probleme. Von herausragender Wahlbedeutung aber, so die Studie, sei die *candidate orientation*, wobei die Kandidaten oftmals weniger auf ihre Fähigkeiten und Kompetenzen für das Präsidentenamt abgeklopft werden als vielmehr auf Charaktereigenschaften, die zumeist aus medialen Präsentationen herausgefiltert werden. Aus Sicht vieler AmerikanerInnen sollte ihr/e Präsident/in Glaubwürdigkeit mit Volksnähe verbinden. Nach Auffassung des letztjährigen Ökonomie-Nobelpreisträgers Paul Krugman hat Präsident Bush seine Glaubwürdigkeit verspielt, als er den Irak-Einmarsch amerikanischer Truppen primär damit begründete, dass der irakische Diktator Saddam Hussein über Massenvernichtungswaffen verfüge. Diese angebliche Legitimation des amerikanischen Kriegseintritts konnte widerlegt werden: es fanden sich nirgendwo im Irak Massenvernichtungswaffen. Für Krugman ist Präsident Bush aus diesem Grund, aber auch noch aus diversen anderen Gründen, der schlechteste Präsident, den Amerika je hatte. Nicht von ungefähr versuchte der republikanische Präsidentschaftsbewerber John McCain also, nicht in eine zu große Nähe zu Bush gestellt zu werden. Eines von McCains wahltaktischen Zielen war insofern, den *maverick* (Querkopf) herauszukehren und sich so auch als altgedienter Politiker, aber mit Erfahrungsvorsprung, in den von Barack Obama so erfolgreich ausgerufenen *change* einzuklinken. Interessanterweise zielte die Wahlkampfstrategie McCains weniger darauf ab, Obama die Befähigung fürs Präsidentenamt abzusprechen; vielmehr wurde der demokratische Kandidat als charakterlich ungeeignet angegriffen. Obama sei zu elitär, als Harvard-Absolvent zu abgehoben, ja er sei im Grunde ein nichtssagender Prominenter mit vagen politischen Vorstellungen und stünde von daher in einer Reihe mit Figuren wie Paris Hilton. Doch Obama kam in der heißen Phase des Wahlkampfs die Finanz- bzw. Wirtschaftskrise zugute. Viele Amerikaner, geschockt über das Ausmaß der Verwerfungen in ökonomischen Angelegenheiten, sagten „I vote with my purse," gaben ihre Stimme also demjenigen, dem sie ökonomisch mehr zutrauten, und in dieser grundlegenden Frage lag Obama eindeutig vorn.

Was nun die kulturwissenschaftliche Signifikanz dieser Wahl anbelangt, so lassen sich die in diesem Ausmaß neuartigen kulturellen Auffälligkeiten in sechs Unterpunkte gliedern: 1. Die Bedeutung der Medien (Fernsehen, Internet: Vi-

deoplattformen und Blogs, Videospiele, Printmedien, Demoskopie); 2. Die Wahl
als Pop-Event, KandidatInnen als Politik-Stars; 3. Die Relevanz des Geldes
(Wahlspenden und Wahlschulden, *merchandizing*); 4. Die Bedeutung von *race*/ethnischer Zugehörigkeit; 5. Die Bedeutung von *gen-
der*/Geschlechtszugehörigkeit; und 6. die Bedeutung von *age*/Alter bzw. Generationenzugehörigkeit.

Die Bedeutung der Medien

Dass wohl noch nie weltweit einer Wahl so viel Aufmerksamkeit zuteil wurde,
liegt u.a. auch in der spezifischen Medienkonstellation begründet, speziell den
neuen Möglichkeiten der politischen Partizipation, die das Internet bietet. Doch
zunächst zum traditionelleren Medium Fernsehen, das gleichwohl bei dieser
Wahl z.t. neuartig genutzt wurde. Da sind zum einen die sogenannten TV-
Duelle zwischen Hillary Clinton, Barack Obama und John McCain, die in den
USA – wie bisher eher nur bei sportlichen Großereignissen – zum Anlass von
public viewing und „Debatten-Partys" wurden. Über die Demoskopie wurde in
unmittelbaren Blitzumfragen und herkömmlicheren Umfragen ermittelt, welcher
der Diskutanden in der Meinung der Zuschauer das sog. Duell gewonnen hatte
(zur sich überhitzenden Demoskopie in diesem Wahlkampf s. Moorstedt 2008a).
Die einzige TV-Debatte der beiden VizepräsidentschaftskandidatInnen, Sarah
Palin und Joe Biden, erhielt aus verschiedenen Gründen vor allem in den USA
die wohl größte Aufmerksamkeit, die je einer Debatte zwischen *vice presidential
candidates* zuteil geworden war. Vorab war auf *Spiegel Online* kurioserweise zu
lesen, dass diese Debatte der Vizepräsidentschaftskandidaten sogar „wahlentscheidend" werden würde (Pitzke 2008a). Bezeichnend ist auch das Phänomen
der sog. „spin doctors" – gut bezahlte Vertreter beider Parteien, die direkt nach
den TV-Debatten den akkreditierten Reportern (bei der Vice Presidential Debate
in Saint Louis waren es z.B. 3100 Reporter) „verkaufen" bzw. nahelegen wollten, dass und inwiefern *ihr* Kandidat das TV-Duell gewonnen habe – eine Me-
diatisierung der besonderen Art.

Zweitens hervorzuheben sind die Fernseh-Wahlspots, die schließlich – vor
allem aufgrund entsprechender Aktionen des Obama-Teams – fast rund um die
Uhr auf allen amerikanischen Fernsehkanälen liefen. Noch nie hat ein Präsidentschaftskandidat so viele Wahlspenden eingenommen und noch nie hat ein Kandidat so viel Geld für Fernsehspots ausgegeben wie Obama – gerade auch unterstützt durch die neuen Medien, denn die mit Abstand meisten Spenden hat Obama über das Internet eingenommen. In der Schlussphase gab es sogar halbstün-
dige sog. „Infomercials" zur Primetime auf fast allen amerikanischen Fernseh-

sendern, ausschließlich über Obama, die pro Ausstrahlung über eine Million Dollar gekostet haben (die McCain-Kampagne hingegen hatte kein Geld für derartige Werbeüberflutung).

Die im Fernsehen übertragenen Ansprachen Clintons und Obamas nach gewonnenen oder verlorenen Vorwahlen waren z.t. rhetorische Glanzlichter, aber auch schließlich häufiger „more of the same" (um einen Spruch zu adaptieren, den Obama selbst in Bezug auf die Bush/McCain-Konstellation häufig verwendete). Die Rede von Hillary Clinton („Concession Speech" in Washington, DC), in der sie die demokratischen Delegierten sehr geschickt und effektvoll auf eine Unterstützung Obamas einschwor, war ein Quotenrenner, wie auch Obamas in Denver in einem Football-Stadium vor 100.000 Zuhörern und extra aufgestellten pompösen griechischen Säulen gehaltene Nominierungsrede oder seine inhaltlich eher weniger aussagekräftige Berlin-Rede, deren medialer Hauptwert darin lag, dass sie vor ca. 200.000 Zuhörern stattfand und in alle Welt übertragen wurde, um so die außenpolitische Kompetenz Obamas (die bis dato angezweifelt worden war) in ein günstigeres Licht zu rücken.

Besonders hat jedoch die Videoplattform YouTube diesen Wahlkampf verändert. Jedes visuell festgehaltene Ereignis – von Fernsehsendungen und Handy-Videomitschnitten von Wahlkampfauftritten bis zu persönlichen Stellungnahmen oder (z.T. von den jeweils anderen Wahlkampfteams erstellten) Parodien der KandidatInnen – all dies landete im Internet auf YouTube und wurde so einem Millionenpublikum zugänglich. Sarah Palins streckenweise sehr unvorteilhafte Selbstdarstellung in TV-Interviews – etwa ihre ausweichende Antwort auf die Frage, welche Zeitungen zu ihren Hauptinformationsquellen gehört haben oder ihre offenkundige Nicht-Kenntnis der sog. Bush-Doktrin – verbreitete sich wie ein Lauffeuer über YouTube und wurde millionenfach aufgerufen. Noch nie konnten das Wahlvolk und die interessierte internationale Gemeinschaft über die Ansichten und Vorhaben der KandidatInnen so zeitnah und direkt informiert werden wie bei dieser Wahl. Und noch nie konnten z.b. ungeschickte oder falsche Aussagen so schnell veröffentlicht und auch widerlegt bzw. zerlegt werden. Über Internet-Foren oder Blogs konnte sich die Internet-Gemeinde („community") zudem sogleich über das Gesehene oder ihre generellen Ansichten zu den KandidatInnen in Form von kurzen Meinungsäußerungen austauschen. Letztere reichten von begrüßenswert weiterführend bis zu erschreckend abstoßend im Fall von kruden oder gar unflätigen, rassistischen oder sexistischen Kommentaren. Als Anfang Februar 2008 – nach der von Obama verlorenen Vorwahl in New Hampshire – das „Yes, We Can"-Musikvideo über Obama auf YouTube auftauchte (in dem prominente Musiker und Filmstars Auszüge von Obamas amerikanische Mythen aufrufenden Rede mit eingängiger Popmusik unterlegten), wurde es bis Oktober 2008 mit über zehn Millionen Aufrufen schnell zu einem

Internet-Hit. Keine Frage, dass durch solche „Kult-Events" und Starformations-Aktionen gerade auch noch prägsamere junge WählerInnen emotional angesprochen und in ihrer Wahlentscheidung beeinflusst werden. Speziell über Medien wie Internetplattformen ist eine weit stärkere „Demokratisierung" bzw. allzeitige Verfügbarkeit des Zugangs zu Informationen zu verzeichnen – s. auch die Verbreitungsmethoden, die von den KandidatInnen gehaltenen Reden per Web-Videos an alle registrierten Anhänger automatisch zu versenden oder gar Werbung für Obama in Videospiele zu integrieren („Ingame Werbung," die vor allem auf die „videospielaffine Zielgruppe" der jungen Männer abzielt, die über das Fernsehen immer schlechter erreicht werden kann; s. hierzu cis 2008). Der amerikanische Wahlkampf 2008 hat die Ära des digitalen Hightech-Wahlkampfs eingeläutet, zumindest in den USA. Insgesamt erfolgte auf diese Weise ein prinzipiell begrüßenswerter Anstieg der „Politisierung" der Massen, gerade auch der jüngeren Generationen, wie auch ihrer (teil-)politischen Partizipation.

Die Wahl als Pop-Event, KandidatInnen als Polit-Stars

Es ist naheliegend, dass „medienwirksame" KandidatInnen durch die neue persönliche Durchleuchtung und potentielle Allgegenwärtigkeit über die zur Verfügung stehenden Medien begünstigt werden. Gutes Aussehen, gewinnendes Auftreten, rhetorische Stärke, ausgeprägtes Selbstbewusstsein bzw. Souveränität, persönliches Charisma oder zumindest „Präsenz," Modebewusstsein und ähnliche „visuell" wirkende Faktoren können wenn nicht wahlentscheidend, so doch wahlbeeinflussend sein – verstärkt noch durch die entsprechenden Analysen des medialen Auftretens der KandidatInnen in den Medien selbst. So konnte man streckenweise den Eindruck gewinnen, dass die Art, in der Obama seine Reden darlegte, mindestens ebenso wichtig war wie deren Inhalte – ohnehin über You-Tube als relativ repetitiv zu erkennen (auch die Länge des Wahlkampfs in den USA forderte hier ihren Tribut). Obamas Rhetorik wurde analysiert, seine gewinnende Körpersprache, sein ruhiger Sprachduktus in Fernsehdebatten (s. hierzu auch Shrivastava 2008, die Obamas Gelassenheit mit der Sozialisierung von Afroamerikanern in Zusammenhang bringt), seine geschmackvolle Art der Kleidung und sein insgesamt souveränes Auftreten. Oft treten derartige Attribute in der öffentlichen Wahrnehmung hinter den politischen Inhalten zurück, werden politische Inhalte von diffusen oder lapidaren – wenn auch eben keineswegs unwichtigen – Eindrücken, z.B. welche/r Kandidat/in insgesamt mehr Wandel verspricht, verdrängt.

Bezeichnend für das Medienzeitalter ist auch der kometenhafte Aufstieg der 44jährigen republikanischen Vizepräsidentschaftskandidatin Sarah Palin (nach ihrer kämpferischen Antrittsrede auf dem republikanischen Parteitag – auf *Zeit Online* wurde sogar übertriebenermaßen behauptet, dass diese fulminante Rede Palin zum „politischen Rockstar" machte; s. Kleine-Brockhoff 2008) und ihr ebenso schneller Fall. Als national und international völlig unbekannte Gouverneurin von Alaska überraschend von McCain zur „running mate" erhoben, wurde Palin von einem Tag auf den anderen in das öffentliche Interesse katapultiert und sofort auf Herz und Nieren durchleuchtet. Obwohl z.b. ihre z.t. peinlich unwissenden Auftritte in Fernseh-Interviews bald einen eher negativen Eindruck vermittelten (ein Drittel der Befragten sagte Ende Oktober 2008, die Nominierung Palins sei für sie wahlentscheidend), wurden z.b. der Brillenstil und die Frisur Palins in den USA zu einem Verkaufsschlager, und man konnte plötzlich sogar Tapeten kaufen, auf denen Bilder Palins gedruckt waren. Diese Vermarktung („merchandizing") von mit den Personen assoziierten Objekten trägt das Seinige zum politischen Starkult bei.

Die Anhänger jubelten ihren jeweiligen KandidatInnen enthusiastisch zu, wie es einst das Privileg von Popstars der Musik oder auch des Sports gewesen ist. Politische Events wie besonders der demokratische Nominierungs-Parteitag (im sog. Pepsi Center in Denver abgehalten) wurden mit Mitteln, die wir eher aus Popkonzerten kennen, inszeniert: Glamourbeleuchtung, pompöse Dekoration, Unterlegung der Auftritte mit Popmusik, Konfettiregen, etc. Die Popularisierung der Politik, die wir bereits im medialen Zusammenhang konstatierten, veräußerlichte sich auch in derartigen Veranstaltungen, die von den Parteimanagern minutiös orchestriert wurden. Was Modefragen anbelangt, so zogen in diesem Wahlkampf die Männer mit den Frauen etwas nach, deren „Domäne" dies jedoch weiterhin blieb: Bei den Berichten zu den Fernsehdebatten etwa wurde immer wieder auch kundgetan, welche Anzugfarbe mit welcher Krawatte Obamas oder McCains kombiniert wurde („Palin erscheint im schwarzen Kleid, Biden trägt dunklen Anzug mit hellblauer Krawatte. Beide tragen die US-Flagge als Anstecker am Revers," *phw* 2008) oder auf Obamas schicke „gestärkte Hemden" verwiesen. Die Farben von Hillary Clintons Hosenanzügen oder die Frisur und Stöckelschuhe Sarah Palins wurden kommentiert, als seien sie ebenso wichtig wie z.B. ihre Sicht zu Fragen der Außenpolitik. Kritisch besehen mag man dieses Interesse an medienwirksamen Äußerlichkeiten auch als eine Trivialisierung einer eigentlich politischen Entscheidung ansehen. Positiv betrachtet sind dies Aufmerksamkeitsgewinner, die auch politisch eher unerfahrene oder gar unbedarfte Menschen für die politischen KandidatInnen einnahmen oder die Menschen in den medialen Kreislauf dieses Wahlkampfs einbezogen. Zu Wahlzeiten durfte man gespannt sein, ob diese dominant personenbezogene Euphorie anhalten würde, was z.B. aus einem Politstar wie Obama in der öffentlichen Wahrnehmung werden würde, wenn er im Amt unpopuläre Entscheidungen treffen

muss. (Bereits ein Jahr nach seiner Wahl hat sich die Begeisterung für Obama
vor allem in den USA merklich abgekühlt, sind seine Zustimmungswerte deutlich gesunken – trotz des bizarrerweise bereits zu Beginn seiner Amtszeit an ihn
für seine bloßen Absichten vergebenen Friedensnobelpreises, bevor er wirklich
friedensstiftende Resultate vorweisen könnte.) Und man darf bezweifeln, ob es
dem politischen Bewusstsein wirklich zuträglich ist, wenn sich Präsidentschafts-
(Vize-)KandidatInnen wie Sarah Palin oder John McCain bei der Saturday Night
Show oder der David Letterman Show vor den Augen von Millionen von Zu-
schauern durch den Kakao ziehen lassen.

Eher auf der positiven Seite zu verbuchen – da letztlich partizipationsför-
dernd – ist die Tatsache, dass diverse Popstars oder bekannte Persönlichkeiten
sich in diesen Wahlkampf einbrachten und dezidiert Partei ergriffen. So ist
Will.i.am von den Black Eyed Peas der Hauptsänger des einflussreichen „Yes,
We Can"-Pro-Obama Videos (zur Repolitisierung des US-HipHop s. Landsberg
2008). Produziert wurde dieses Video von Jakob Dylan, dem jüngsten Sohn des
legendären Protestsängers Bob Dylan. Auch Bruce Springsteen und Billy Joel
gaben Unterstützungskonzerte für Obama. Bei Hillary Clinton war der promi-
nenteste Sänger Elton John. Der amerikanische Schauspieler Jack Nicholson
produzierte ein Pro-Clinton-Video, das auf neu kontextualisierten Auszügen aus
seinen diversen Hollywood-Filmen fußt. Madonna brachte in einem ihrer Kon-
zerte McCain in eine Reihe mit u.a. Hitler, ein Zeichen dafür, dass nicht jede
Popgröße zu vernünftigen politischen Aussagen befähigt ist. Auffällig ist, dass
die meisten Interventionen von Popstars Barack Obama galten – dem jüngsten
der PräsidentschaftsbewerberInnen.

Die Relevanz des Geldes

Dass Barack Obama bei dieser Wahl nach den allgemein als desaströs angesehenen acht Bush-Jahren als derjenige Kandidat angesehen wurde, der am ehesten
den ersehnten Wandel („Change We Can Believe In") versprach, kam ihm auch
im Spendenaufkommen zugute: Noch nie hat ein amerikanischer Präsidentschaftskandidat so viele Wahlkampfspenden eingenommen (den Rekord hielt
bisher sein Vorgänger George W. Bush), die dann auch wieder in den Wahlkampf flossen. Die Relevanz der Dauerberieselung durch Wahlkampfwerbung
darf für den Ausgang der Wahl nicht unterschätzt werden. Auch diesbezüglich ist
Obama ein Kandidat des Volkes: Im Gegensatz zu McCain verzichtete er auf
staatliche Wahlkampfförderung (die eine Deckelung der Ausgaben auf 84 Millionen Dollar mit sich bringt) und bestritt seinen extrem gut organisierten Wahlkampf mit Hilfe von Spenden seiner Anhänger. Da nur in den USA lebende

AmerikanerInnen sowie Green Card-Besitzer spendenberechtigt sind (zudem neuerdings mit einer Höchstsumme von 2.300 US-Dollar), setzt sich die von Obama eingenommene Spendenrekordsumme von sage und schreibe 600 Millionen Dollar aus den Spenden von über 3 Millionen Spendern zusammen, die eben gerade Obama als Präsidenten im Weißen Haus sehen wollten – wahrlich „a government of the people, by the people, for the people" (um Abraham Lincolns berühmte Gettysburg Address zu zitieren). Allein im September 2008 gab es 632.000 neue Spender, mit einer durchschnittlichen Spendensumme von unter 100 US-Dollar – dies ergab die Rekordsumme von 150.000 US-Dollar Spenden alleine für September 2008.

Auch in diesem Zusammenhang hatte das Internet eine Schlüsselstellung inne: Mit einem Klick auf den Spendenknopf auf den Homepages und Blogs der KandidatInnen, oft unterstützt durch bei den mail-registrierten WählerInnen eingehende „Bettelmails," war eine Spende über die Kreditkarte leicht zu leisten. So kam es, dass Obama die Rekordsumme von ca. 190 Millionen US-Dollar für Fernsehwerbung ausgeben konnte, verstärkt in den letzten Wochen des Wahlkampfs – ein Verhältnis 4:1 gegenüber seinem Kontrahenten McCain (in einigen der am härtesten umkämpften Bundesstaaten, den sog. „swing states" war das Verhältnis sogar noch diskrepanter, bis zu 20:1). Sicherlich steht Obama somit auch für die „Dollarisierung" des politischen Prozesses. McCain wie auch Obamas frühere Gegenspielerin Hillary Clinton konnten sich in Bezug auf Spenden nicht in gleicher Weise auf ihr Wahlvolk verlassen – Clintons Wahlkampfkasse war streckenweise, gerade in entscheidenden Phasen des Wahlkampfs, leer, sie musste sogar private Millionen beisteuern, um die Wahlkampfmaschinerie am Laufen zu halten. Der Reichtum Obamas an Spenden, sein kluges Einwerben auch kleiner Beträge, hat kreislaufmäßig mit dazu beigetragen, sein vielzitiertes „momentum," seinen Schwung, bis zum Schluss aufrechtzuerhalten. „Das Konzept der vernetzten Kleinspender" war der früheren „altmodischen, elitefixierten" Variante eindeutig überlegen – Obamas Kampagne und Kandidatur war „die erste in der Geschichte des Landes, die wirklich vom Volk finanziert wurde" (Moorstedt 2008). Insgesamt hat Obama für seinen Wahlkampf sage und schreibe 747.6 Millionen US-Dollar ausgegeben, Hillary Clinton hingegen „nur" 227.7 MillionenUS-Dollar.

Ein anderer finanzieller Aspekt in diesem Wahlkampf war das in einem solchen Ausmaß noch nicht gekannte *merchandizing* der Wahlen, die mehr oder weniger kuriose „Vermarktung" der KandidatInnen. So gab es im Land der Wirtschaftsmacht No. 1 Hundekleidchen mit „I Love Obama"-Aufdruck, Hillary Clinton als „Klobürste" oder „Nussknacker" („Is America Ready for This Nutcracker?") oder auch per T-Shirt-Aufdruck als „Bitch"/Schlampe zu kaufen oder Sarah Palin-Anstecknöpfe, auf denen neben ihrem Namen und der geschickten

Aufschrift „Change Has Arrived" („Der Wandel ist da") eines ihrer Markenzeichen, Stöckelschuhe, abgebildet sind. Wahlpräferenzen wurden auf solche Weise im wahrsten Sinne des Wortes zur Schau gestellt, und gleichzeitig etwas für die Wirtschaft getan – die amerikanische Wahl war insgesamt auch ein erstaunliches finanzielles Großereignis in Zeiten einer drastischen Finanzkrise.

Die unmittelbar auffälligste Neuerung der amerikanischen Wahl 2008 war jedoch die spezifische KandidatInnen-Konstellation gewesen bzw. die identitätspolitischen Attribute der BewerberInnen, die mehr oder weniger direkt und virulent auch Thema des Wahlkampfs und gewiss auch Faktoren der Wahlentscheidung gewesen sind. Die Literatur- und Kulturwissenschaft verweist in den letzten Dekaden auf die kulturelle Relevanz von „race, class and gender," also die Bedeutung der Zugehörigkeit zu einer bestimmten ethnischen Gruppe („race"), zu einer bestimmten sozialen Schicht („class") und zu einem bestimmten Geschlecht („gender"). Dieser Triade wäre im Zuge der zunehmenden Bedeutung der Altersproblematik auch noch die Kategorie „age," also Alter oder Generationenzugehörigkeit hinzuzufügen. Während die Kategorie *class*/soziale Schicht bei den Bewerbern um ein amerikanisches Präsidentenamt in etwa gleich bleibt – allein schon auch wegen den finanziellen Herausforderungen, die der lange, enorm kostspielige Wahlkampf in den USA mit sich bringt – unterschieden sich die drei Hauptbewerber erheblich in den Kategorien Ethnie, Geschlecht und Alter, was abschließend noch behandelt werden soll.

Race/ethnische Zugehörigkeit

Während der schwarze Bürgerrechtler Jesse Jackson 1984 und 1988 zweimal vergeblich versucht hatte, Präsidentschaftskandidat seiner (demokratischen) Partei zu werden, war der 47jährige Barack Obama der erste nicht-weiße Präsidentschaftskandidat, den die USA in 220 Jahren je hatten (seit George Washington 1789 erster amerikanischer Präsident wurde). Entsprechend war phasenweise diskutiert worden, welchen Einfluss das Attribut *race* auf die Wahlentscheidung haben würde. Obama hat einen multikulturellen Werdegang: Sohn einer weißen amerikanischen Mutter und eines schwarzen Vaters aus Kenia, wuchs er in Indonesien und auf Hawaii auf, bevor er schließlich ein Jura-Studium an der renommierten Harvard University absolvierte. Obwohl also gemischt mit halb weißen, halb schwarzen ethnischen Wurzeln, betrachtet sich Obama als Afro-Amerikaner, hat aber das Thema *race* so lange wie möglich nicht selbst direkt thematisiert, sondern sah sich als ein Kandidat für *alle* Amerikaner, indem er die verbindenden anstatt die trennenden Aspekte der Amerikaner betonte. Seine

Versöhnung und Zuversicht ausstrahlende Zugangsweise und Rhetorik zeigen sich in Statements wie dem folgenden des Obama-Teams:

> „After campaining for 15 months in nearly all 50 states, Barack Obama and our entire campaign have been nothing but impressed and encouraged by the core decency, kindness, and generosity of Americans from all walks of life. The last year has only reinforced Senator Obama's view that this country is not as divided as our politics suggest" (Merida 2008, 2).

Dem stehen misstrauische, potentiell Angst schürende Äußerungen wie z.b. die folgende eines Bürgermeisters in einer Lokalzeitung gegenüber:

> „Barrack Hussein Obama and all his talk will do nothing for our country. There is so much that people don't know about his upbringing in the Muslim world. His stepfather was a radical Muslim and the ranting of his minister against the white America, you can't convince me that some of that didn't rub off on him" (ebd., 2).

Erst als z.b. durch die Ereignisse um seinen langjährigen schwarzen Pastor Jeremiah Wright dazu gezwungen – dessen problematisches Verhältnis zu den USA („God *damn* America!") über YouTube der Welt zugänglich wurde – äußerte sich Obama in ausgewogener Weise zur Rassenproblematik (s. z.B. seine Grundsatzrede vom 18. März 2008 in Philadelphia, viele Millionen Male auf YouTube aufgerufen). Wenn nun Obama der erste schwarze Präsident der Vereinigten Staaten geworden ist, so lässt sich sagen, dass seine ethnische Zugehörigkeit ihm bei der afro-amerikanischen Bevölkerung klar genutzt hat (96 % dieser Gruppierung wählten Obama) und bei den restlichen ethnischen Gruppierungen, speziell den Weißen, zumindest nicht signifikant geschadet hat. Insgesamt entschied sich Amerika für den jüngsten und politisch unerfahrensten der drei Hauptbewerber, zunächst da die republikanische Partei für viele der negativen Entwicklungen der letzten Jahre verantwortlich gemacht wurde und insofern ein demokratischer Kandidat bei der anstehenden Wahl beste Ausgangschancen hatte; aber gewiss auch aufgrund der vielen positiven persönlichen Qualitäten Obamas, der die wenigsten Fehler aller drei Bewerber im langen Wahlkampf gemacht hatte, der sich dem eher negativ ausgerichteten Wahlkampf seiner MitbewerberInnen erfolgreich widersetzte und dessen Wahlaussagen eher konstruktiv-sachorientiert denn destruktiv-konfrontativ bzw. personenbeschädigend waren. Im Laufe des langen und harten Wahlkampfs zeigte sich der zunächst häufiger als bloßer Rhetoriker und „Menschenfänger" charakterisierte „Redner" als ein besonnener, kluger Politiker – stark befördert auch von der Unterstützung seiner Partei, speziell auch des knapp unterlegenen Clinton-Clans, sowie auch des schlecht bis desaströs geführten Wahlkampfs der Republikaner. Schließlich

traute man Obama das große Amt offenbar weitgehend vorbehaltlos zu. Die
großen Zeitungen in den USA wie die *New York Times* oder die *Washington Post*
sprachen ihre Wahlempfehlung für Obama aus (das eindeutige Verhältnis war
am 29. Oktober 2008 162:62 pro Obama), und selbst der ehemalige schwarze
Außenminister unter Bush, der Republikaner Colin Powell, der unter insgesamt
drei republikanischen Präsidenten gearbeitet hatte, sprach sich am 19. Oktober
2008 in der Fernsehsendung *Meet the Press* für Obama und somit gegen seinen
langjährigen Freund und Parteikollegen John McCain aus. Powell betonte dabei,
dass seine Entscheidung *nicht* auf ethnischer Zugehörigkeit beruhe, sondern auf
der Tatsache, dass Obama das bessere Programm und die besseren persönlichen
Qualitäten für dieses hohe Amt in schwierigsten Zeiten mitbringe.

Obamas Wahlsieg in den USA war ein grandioser Durchbruch für das lange
von Rassenproblemen und seiner Geschichte der Sklaverei markierte Land, das
offiziell immer noch der einigenden Ideologie des „melting pot," des Schmelz-
tiegels, huldigt, gemäß der alle unterschiedlichen Ethnien des Einwanderungs-
landes USA letztlich zu dem *einen* Amerika zusammenwachsen – nicht umsonst
hörte man gerade von Obama häufig den lapidaren Satz: „We are Americans."
Gerade unter Afro-AmerikanerInnen wird jedoch auch skeptisch, vielleicht über-
skeptisch, auf die wichtige Einflussvariable von *class* im Zusammenhang mit
race hingewiesen. So macht Jonathan Tilove auf das Folgende aufmerksam:
„Barack Obama presents a new American dilemma. On the one hand, his election as president would be a breathtaking symbol of racial progress. On the other,
an Obama victory could prove illusory, doing little to dismantle racism while
crippling their ability to call attention to it" (Tilove 2008, 1). Wir sind jedoch der
Ansicht, dass die Symbolkraft der Wahl eines Schwarzen ins immer noch mäch-
tigste politische Amt der Welt ausstrahlungskräftig ist – wie dies im übrigen
entsprechend genauso bei der Kategorie „Geschlecht" der Fall wäre – und durchaus einen gewissen Transfer-Wert in Bezug auf andere, weniger herausgehobene
Bereiche besitzt. Auch wenn Obama selbst zunächst die Rassen-Problematik
ausblenden wollte, so hat sie ihn schließlich doch eingeholt, etwa über seinen
Pastor Wright – doch wie für Obama üblich hat er die Attacken auf seine Person
ins Versöhnliche zu wenden gesucht. Wie Stephen Steinberg nach Obamas Ras-
sen-Grundsatzrede konstatiert: „His candidacy hinged on putting a happy face on
racism, and here [in dieser Rede] he reveals, to his credit, knowledge and com-
passion about racism and its tentacles into the present. He was running away
from history, and this has forced him to talk about the past" (Tilove, 2). Insgesamt hat Obama in diesem Wahlkampf vorbildhaft vorgelebt, dass es nicht die
ethnische Zugehörigkeit sein kann, die eine Person für die Präsidentschaft qualifiziert oder auch nicht qualifiziert. Wie Colin Powell sagte: „Wir müssen endlich

darüber hinwegkommen" (*Spiegel Online*, 18. Oktober 2008, 1). Und der *Spiegel-Online*-Blogger Peter Ross Range schrieb am 14. Oktober 2008:

> „Viele Kommentatoren sind sowieso der Meinung, dass die „Braunen" (sprich: Einwanderer) längst die Schwarzen als Schreckgespenst [die „Anderen"] abgelöst haben. Ich glaube außerdem, dass viele Menschen sich soweit an Barack Obama gewöhnt haben, dass sie in ihm nicht mehr den Schwarzen Mann sehen, sondern jemanden, der – da von Geburt weiß und schwarz – außerhalb dieser Rassendefinition steht und kühl und gelassen das moderne Amerika repräsentiert, das ja genau aus diesem ethnischen Mix besteht."

Gender/Geschlechtszugehörigkeit

Für eine Weile sah es so aus, als sei Hillary Clinton die tragische Figur der US-Wahlen 2008. Sie begann die Vorwahlen als haushohe Favoritin und musste dann erleben, wie ein politisch weit unerfahrenerer, 15 Jahre jüngerer männlicher Bewerber ihr in den Vorwahlen in den Delegiertenstimmen nach und nach immer näher kam, um sie schließlich – denkbar knapp – zu überholen. In Bezug auf die absolute Stimmenzahl in den Vorwahlen (und in dieser Hinsicht hatte Clinton nach einigen Berechnungen sogar mehr Wählerstimmen als Obama erhalten) war das Rennen zwischen Clinton und Obama ein beispielloses Kopf-an-Kopf-Rennen, das die Welt in Atem hielt und die Vorwahlen zum spannenderen Teil dieser Wahlen machte als der eigentliche Wahlkampf zwischen Obama und McCain. Bedauerlich an dieser Konstellation war auch, dass mit Clinton und Obama zwei sehr talentierte und fähige Persönlichkeiten in der gleichen Partei zur Verfügung standen, und dass sich die von vielen als „once-in-a-lifetime" benannte symbolträchtige Konstellation „erste Frau" vs. „erster Afro-Amerikaner" ergab.

Auffällig war, dass beide KandidatInnen die Kategorien Geschlecht und ethnische Zugehörigkeit lange nicht thematisierten, wobei Clinton in dieser Hinsicht noch zurückhaltender als Obama war. Während Obama die entsprechende Problematik frontal anging – s. z.B. seine vielbeachtete Grundsatzrede zu *race* in Philadelphia – sprach Clinton entsprechend über Vorurteile in Bezug auf die Kategorie Geschlecht erst spät, als ihr Kampf bereits lange verloren war, nämlich teilweise in ihrer „Concession Speech" in Washington, DC:

> „Together Senator Obama and I achieved milestones essential to our progress as a nation, part of our perpetual duty to form a more perfect union. Now, on a personal note – when I was asked what it means to be a woman running for President, I always gave the same answer: that I was proud to be running as a woman but I was running because I thought I'd be the best President. But I am a woman, and like millions of women, I know there are still barriers and biases out there, often uncon-

scious. I want to build an America that respects and embraces the potential of every last one of us. I ran as a daughter who benefited from opportunities my mother never dreamed of. I ran as a mother who worries about my daughter's future and a mother who wants to lead all children to brighter tomorrows. To build that future I see, we must make sure that women and men alike understand the struggles of their grand-mothers and mothers, and that women enjoy equal opportunities, equal pay, and equal respect. Let us resolve and work toward achieving some very simple proposi-tions: There are no acceptable limits and there are no acceptable prejudices in the twenty-first century. You can be so proud that, from now on, it will be unremarkable for a woman to win primary state victories, unremarkable to have a woman in a close race to be our nominee, unremarkable to think that a woman can be the Presi-dent of the United States. And that is truly remarkable." (Transkription von einem Videomitschnitt der Rede auf YouTube)

Es war auch im weit weniger gut organisierten Wahlkampfteam Clintons um-stritten, ob Clinton sich – wie entsprechend Obama zu *race* – früher zu dieser Thematik hätte äußern sollen. Viele Kommentatoren meinten, dass die „Conces-sion Speech" Clintons herausragend war, dass sie in mancherlei thematischer Hinsicht aber viel früher hätte erfolgen müssen, um das Blatt für sie ggf. zu wen-den.

Hillary Clinton war eine der ersten Aspirantinnen auf dieses Amt (s. auch die Demokratin Shirley Chisholm oder die Republikanerin Margaret Chase Smith, die jedoch – wie auch andere Aspirantinnen kleinerer Parteien – ebenfalls bereits vor der Nominierung zur Präsidentschaftskandidatin scheiterten). Im vorliegenden Fall konnte sich Clinton letztlich nicht ganz auf die weibliche und weiße Wählerschaft verlassen – was man vielleicht jedoch auch insoweit positiv deuten könnte, dass identitätspolitische Kategorien wie Geschlecht und ethnische Zugehörigkeit nicht ausschlaggebend sein sollten (vgl. 96% Wählerstimmen der Afro-AmerikanerInnen für Obama), sondern das politische Programm und die persönlichen Qualitäten der Kandidatin oder des Kandidaten.

Fest steht, dass Clintons Wahlkampfteam und Clinton selbst diverse Fehler begingen, die ihr wesentliche Stimmen gekostet haben dürften: das frühzeitige Fokussieren auf die Staaten mit großer Wahlmännerzahl, während Obama sich früher spiegelbildlich geschickt auf die kleineren Staaten konzentrierte und somit letztlich weit mehr Staaten hinter sich bringen konnte – ein wichtiger Aspekt seines „momentums." Wiederholt hörte man von einer ungeordnet und inkonse-quent organisierten Kampagne des Clinton-Teams, in der es bezeichnenderweise auch diverse Entlassungen und Rücktritte gegeben hatte – so den von Geraldine Ferraro, der bis dato einzigen früheren Vizepräsidentschaftskandidatin, nach ihrer öffentlichen Äußerung, dass Obama z.B. von den Medien mit Samthand-schuhen behandelt würde, weil er ein Schwarzer ist, während Clinton unter dem jahrhundertealten Frauen-Malus leiden würde. Allein schon die Tatsache, dass solch eine Äußerung zum Rücktritt führte – die in ihrer Brisanz nicht vergleichbar ist mit den drastischen Verleumdungen der McCain-Kampagne (z.B. dass Obama mit Terroristen Gesellschaft pflege) – zeigt die Virulenz der Kategorien *race* und *gender* in dieser Wahl – wobei eben auch auffiel, dass die Kategorie Geschlecht offiziell weit weniger als die von *race* thematisiert wurde; dies mag man als eine von diversen strategischen Fehlentscheidungen Hillary Clintons ansehen.

Denn hinter den offiziellen Verlautbarungen tobte ein als sexistisch zu bewertender Kampf gegen Hillary Clinton, der sich misogynisch gegen sie als Frau richtete und der in seinen z.T. abstoßenden Angriffsweisen aufzeigte, wie stark die Kategorie Geschlecht die Wahlpräferenzen mitbeeinflusste – denn nicht alles in diesen auf das Geschlecht der Kandidatin abzielenden Angriffe ließe sich mit rein persönlicher Antipathie erklären. Immer wieder funktionierten diese Herabsetzungen auf sexueller Ebene. So wurde Clinton in den Foren und Blogs immer wieder als „bitch"/Schlampe bezeichnet, war auf YouTube (wenn man als Anordnungsprinzip „Relevanz" eingab) vorneweg ein Video zu sehen, in dem Obama- und Clinton-Darsteller miteinander schlafen – wobei die Obama-Figur oben auf der Clinton-Figur liegt (das sog. „Under Barack Obama"-Video; s. Potts 2008). Ein Republikaner gründete eine Anti-Clinton-Gruppe, die sich „Citizen United Not Timid" nannte – ein merkwürdiger Titel, der akronymisch jedoch das Wort „cunt" ergibt (auf deutsch: „Fotze"). Die Radio-Moderatorin Randi Rhodes nannte Clinton auf einer Wahlveranstaltung von Obama „whore" (Hure), selbst die Harvard-Professorin Samantha Power, übrigens nach wie vor eine enge Beraterin Obamas, bezeichnete Clinton in einem Interview als „Monster." Ansteckknöpfe mit einer als alt und hässlich retouchierten Hillary und der Aufschrift „Life's a bitch – don't elect one" oder „Hillary: The Movie," eine 90-minütige Aneinanderreihung von Gruselmaterial, die kein gutes Haar an Clinton lässt, oder Clinton als Klobürste und auf Klopapier gedruckt (s. Meiritz 2008) oder sogar als Urinal-Einleger, dessen „Gesicht" bei Erwärmung verschwindet – sprich wenn darauf uriniert wird – all dies waren erschreckende Angriffe auf eine politisch erfahrene, intelligente, selbstbewusste, gut aussehende Frau, die sie im Wesentlichen deswegen zu erleiden hatte, weil sie Frau ist. Sogar Tochter Chelsea, die sich auffällig lange im Wahlkampf zurückgehalten hatte (in dem Land, in dem sozusagen die ganze Familie in den Wahlkampf zieht), kam nicht ungeschoren davon: Ein Reporter eines Kabelsenders warf den Clintons öffentlich vor, Tochter Chelsea werde wie eine „Prostituierte" für den Wahlkampf eingespannt.

Doch auch in subtilerer Hinsicht wurde aufmerksamen Beobachtern dieses Wahlkampfs immer wieder klar, dass es hier eine Frau war, die gegen einen

Mann antrat: Man warf Clinton wiederholt überstarken Ehrgeiz vor, als sei dies nicht eine notwendige Voraussetzung dafür, sich derartigen Strapazen zu unterziehen und als träfe dies nicht in mindestens gleichem Ausmaß auch auf die männlichen Mitbewerber zu. Wie selbstverständlich war Hillary Clinton im öffentlichen Diskurs schlicht „Hillary," während auf Barack Obama wie üblich in solchem Kontext mit seinem Nachnamen referiert wurde (man referiert auch auf Nicolas Sarkozy nicht mit „Nicolas" oder auf Gordon Brown mit „Gordon"). In den Printmedien wurde selbst zu Zeiten, als Clinton in den Vorwahlen noch vorne war, fast immer erst das Bild von Obama, dann erst das von Clinton gedruckt – wie auch bei z.B. „Herrn und Frau Müller" wurde der traditionell sozial Respektiertere, d.h. der Mann, an erster Stelle hervorgehoben. Überhaupt hatte man streckenweise den Eindruck, als wolle die Presse Obamas Sieg geradezu herbeischreiben – in unzähligen Textvarianten, deren Privilegierung von Obama sich durch detaillierte Textanalyse zutage fördern ließe. Obama war eindeutig der Medienliebling dieser Kampagne, besonders zu Lasten Clintons. Die Kritiker hielten Clinton sogar vor, sie hätte ihren einmaligen, kleinen öffentlichen Tränenausbruch bei einer Wahlveranstaltung im kleinerem Rahmen, der damals um die Welt ging, fingiert – dabei trat Clinton doch nicht für die Position einer Schauspielerin an. Das „Hillary-Bashing" war gerade in der entscheidenden Wahlkampfphase besonders ausgeprägt. Im Mai 2008 sagte Clinton schließlich in einem Interview mit der konservativen *Washington Post*, dass Sexismus in den USA offenbar akzeptierter sei als Rassismus. Manche Angriffe auf sie seien „für Millionen von Frauen zutiefst beleidigend gewesen." Clintons Wahlkampfteam war davon überzeugt, dass ihre Kandidatin gegen eine jahrhundertealte Mauer sexistischer Vorurteile anrannte, doch man fand kein Rezept dagegen und war sich auch nicht einig darüber, was ad hoc dagegen hätte getan werden können (s. hierzu auch Green 2008 und Sullivan 2008).

Wiederholt gab es jedoch unterstützende bzw. aufklärerische Stellungnahmen in der Öffentlichkeit. Marie Cocco resümierte im Mai 2008 in der *Washington Post*: „For all Clinton's political blemishes, the darker stain that has been exposed is the hatred of women that is accepted as part of our culture." Gloria Steinem schrieb in ihrem Artikel „Women Are Never-Front-Runners" am 8. Januar 2008 in der *New York Times*:

> „Gender is probably the most restricting force in American life, whether the question is who must be in the kitchen or who could be in the White House. [...] Black men were given the vote a half-century before women of any race were allowed to mark a ballot. [...] What worries me is that he [Obama] is seen as unifying by his race while she is seen as divisive by her sex. [...] That male Iowa votes were seen as gender-free when supporting their own, while female votes were seen as biased if they did and disloyal if they didn't."

Hier geht es auch um das altbekannte Prinzip, dass der Mann als die (geschlechtsneutrale) Norm angesehen wird, die Frau als das Andere, deren von der Norm abweichender Aufstieg in hohe Ämter auf vielerlei Weise von der sog. „gläsernen Decke" verhindert wird. Die *Süddeutsche Zeitung* zog einen interessanten Vergleich:

> „Shirley Chisholm brachte es auf den Punkt. Die Afroamerikanerin bewarb sich 1972 als erste schwarze Frau um die demokratische Präsidentschaftskandidatur, den Vorwahlkampf der Demokraten verlor sie damals gegen George McGovern. Chisholm sage, es gäbe in Amerika mehr Sexisten als Rassisten. „Als Frau traf ich auf mehr Diskriminierung, als dafür, schwarz zu sein." (Heimerl 2008, 2)

Als Hillary Clinton mit Obamas Vizepräsidentschaftsentscheidung pro Joe Biden (der übrigens älter als Clinton ist) nicht zur Vizepräsidentschaftskandidatin ernannt wurde, sagte Rudolph Giuliani dem Sender ABC: „Sie hatte 50 Prozent der Demokratenstimmen bekommen, und man musste sich schon außerordentlich mühen, sie als Vizepräsidentin zu vermeiden" (*Spiegel Online* 25.8.2008, 2). Und nach Clintons großartiger Rede pro Obama auf dem Nominierungsparteitag in Denver konstatierte Marc Pitzke: „Wenn diese Rede nicht eint, dann keine. […] Warum ist diese Frau nicht Vize geworden? Warum darf diese Frau nicht an die Macht?" (Pitzke, 27.8.2008, 1).

Age/Alter bzw. Generationenzugehörigkeit

Den anerkannten Einflussvariablen *race, class* und *gender* sollte man noch die Kategorie Alter/Generationenzugehörigkeit hinzufügen. Dies war vermutlich eine der wichtigsten Einflussvariablen dieser Wahl: John McCain wäre mit 72 Jahren der älteste amerikanische Präsident geworden. Bei seinem etwaigen vorzeitigen Ableben wäre die sehr umstrittene Sarah Palin amerikanische Präsidentin geworden. Auch Hillary Clinton war mit ihren damals 62 Jahren schon lange im politischen Geschäft und gehört zum politischen Establishment der USA. Dass sie dann immerhin Außenministerin im Obama-Regierungsteam geworden ist, zeugt von ihrer (auch auf Lebensalter fußenden) Einschätzung als politisch erfahrene, fachlich fähige und international respektierte Demokratin. Barack Obama ist 25 Jahre jünger als sein ehemaliger Kontrahent McCain, könnte also sein Sohn sein, wie auch das geschickt gewählte Wahlkampfmotto Obamas hervorhob: „Change We Can Believe In" – (auch auf Lebensalter fußender) „Wandel, an den wir glauben können." *Einen* Rekord hat Obama jedoch nicht gebrochen. Der bisher jüngste Präsident der USA, John F. Kennedy, war bei Amtsantritt vier Jahre jünger als Obama, der zweitjüngste, Bill Clinton, ein Jahr jünger (zur Relevanz des Alters bei dieser Wahl s. auch Nagourney 2008 und Becker 2008). Andererseits ließe sich argumentieren, dass John McCain ein *age-bender* gewesen ist, indem er demonstriert hat, dass man selbst mit 72 Jahren noch nach dem höchsten politischen Amt der Welt greifen kann und dass „Alter" heutzutage mehr denn je ein relativer Begriff ist. Prinzipiell lässt sich wohl sagen, dass seine Kampagne weniger an seinem fortgeschrittenen Lebensalter als an diversen Fehlentscheidungen gescheitert ist.

Schlussfolgerungen

Aus unserer Behandlung des Wahlsystems und des Wahlkampfs im Zusammenhang mit den amerikanischen Präsidentschaftswahlen im November 2008 stechen folgende Aspekte der amerikanischen politischen Kultur besonders hervor:

1. Noch nie hat eine Wahl in den USA dermaßen die Massen mobilisiert, erschien ein Wahlkampf bzw. eine politische Wahl dermaßen geradezu als Pop-Event bzw. wurde auch bewusst als solches inszeniert. Daraus resultierte ein erheblicher Politisierungsschub der amerikanischen Gesellschaft, ein sprunghafter Anstieg der politischen Partizipation und schließlich eine Rekordwahlbeteiligung, besonders auch unter der jüngeren Generation. Etwas Vergleichbares hat es in der deutschen Nachkriegsgeschichte noch nicht gegeben, am nächsten kommt hier vielleicht die Verehrung Willy Brandts („Willy wählen") in den 1970er Jahren.

2. In den Fußstapfen seines demokratischen Vorgängers John F. Kennedy wurde Barack Obama *der* Popstar dieser Wahl („der schwarze Kennedy"), aber auch Hillary Clinton und sogar Sarah Palin wurden von ihren Anhängern kultartig gefeiert (immerhin landete Palin auf Platz 4 der *Time*-Wahl der „person of the year 2008" – auch diese Wahl gewann Obama, wobei Clinton hier kurioserweise noch hinter Palin gereiht wurde). Vorschub dazu leistet auch die starke Personalisierung der herausgehobenen politischen Position, die durch das amerikanische Präsidialsystem begünstigt wird. Deutsche Politiker hingegen sind mehr von ihrer zusammenspielenden Funktion im politischen System und ihrem politischen Programm als von ihrer (medienkompatiblen) Persönlichkeit in ihrer politischen Wertigkeit bestimmt. Dem wiederum leistet das deutsche System der parlamentarischen Demokratie und die hiesige größere Parteienvielfalt, die die Machtverhältnisse weitflächiger verteilt, Vorschub. Wie Janko Röttgers bemerkt, finden sich deutsche (Spitzen-)Politiker lieber auf Littfasssäulen wieder denn etwa als Pin-up Poster in der Privatwohnung: diese distanziertere Form der Wahl-

werbung scheint dem ernsthaften politischen Amt (das per se z.B. nichts oder relativ wenig mit fotogenem Aussehen zu tun hat) angemessener.

3. Die extreme Personalisierung des amerikanischen Wahlkampfs 2008 fußte auch auf der allzeitigen Verfügbarkeit der neuen Medien via vor allem Internetplattformen. Die Transparenz des politischen Prozesses wurde so enorm gesteigert, auch die mediale Durchleuchtung der Kandidaten, im positiv-repräsentativen wie auch im eher investigativen Sinn. Wohl zum ersten Mal in solchem Wahlkontext sah man am Tage nach der Wahl von Obama freigegebene Bilder im Internet, die ihn leger im privaten Umfeld seiner Familie am wichtigsten, folgenreichsten Tag seines bisherigen politischen Lebens zeigten: mit hochgelegten Füßen vor dem Fernseher am Tag der Wahlentscheidung. Politisches und Privates haben sich in diesem Wahlkampf weitgehend miteinander vermischt. Barack Obama wird aufgrund seines äußerst geschickten, ausgeklügelten und effektvollen Einsatzes des Mediums Internet auch als der erste „Internet-Präsident" in die Annalen eingehen. Aufgrund seines relativ geringen nationalen Bekanntheitsgrades zu Beginn des Wahlkampfs ist es fraglich, ob er es ohne das Internet fertig geschafft hätte, die bereits für das Präsidentenamt als „gesetzt" angesehene, weit bekanntere und etabliertere Hillary Clinton aus dem Rennen zu werfen – Politik hat nun einmal auch viel mit Mehrheitsbildungen zu tun, und diese Art des Netzwerks lässt sich mit dem Internet zügig und relativ preisgünstig herstellen, wie Obamas Kampagne deutlich gezeigt hat. In Deutschland hingegen ist z.B. der (professorale) Mann von Bundeskanzlerin Merkel erfolgreich damit beschäftigt, sich möglichst weitgehend aus der politischen Öffentlichkeit herauszuhalten – gemeinsame öffentliche Auftritte des Paars haben geradezu Seltenheitswert und werden von den hiesigen Medien auch nicht außerordentlich in Szene gesetzt.

4. Auch im Rahmen der Ökonomisierung, der „Dollarisierung" setzte der amerikanische Wahlkampf 2008 neue Maßstäbe. Rekordbrecher war hierbei das Obama-Team, das Riesensummen von (Spenden-)Geldern in den Wahlkampf pumpte.

5. Schließlich mussten sich im amerikanischen Wahlkampf 2008 die drei Hauptkonkurrenten Obama, Clinton und McCain nicht nur mit ihrer wahrlich ganzen Person, sondern auch als Repräsentanten ihrer je sozialen Gruppierung durchsetzen und z.T. dadurch gegen erhebliche Vorurteile ankämpfen, mehr oder weniger erfolgreich: Clinton als Frau, Obama als Schwarzer, McCain als Senior.

Der so beschriebene amerikanische Wahlkampf 2008 und sein Ausgang werden gewiss Folgen für zukünftige Wahlen in den USA haben (so bastelten z.B. die

Republikaner noch im Jahre 2008, gemäß des Vorbilds Obama, an einer neuen Internetstrategie; s. Moorstedt 2008c), und es bleibt abzuwarten, inwieweit sich die eher an Inhalten orientierte politische Kultur Deutschlands den hier aufgezeigten Trends aus den USA öffnen wird. Es ist auch bedenkenswert bzw. fraglich, ob dies insgesamt für den hiesigen politischen Prozess wünschenswert wäre. Denn betrachtet man die amerikanischen Präsidentschaftswahlen 2008, so ließen sich, etwas überspitzt ausgedrückt, die folgenden allgemeinen Selektionskriterien für das höchste politische Amt der Welt aufstellen:

a) die Geschlechtszugehörigkeit (seit 220 Jahren wurden von Beginn der USA an nur männliche Kandidaten ins Amt gewählt, wohingegen mit der Wahl Obamas nun immerhin die ethnische Hürde durchbrochen scheint)
b) Vorhandensein von oder Zugang zu (viel) Geld
c) medienkompatible Persönlichkeit, gutes Aussehen und souveränes Auftreten
d) geschickter Umgang mit den Medien, besonders dem Internet
e) rhetorische Fähigkeiten
f) Exzellenz des Wahlkampfteams
g) weitgehend unbescholtene persönliche Lebensgeschichte

Vor all diesem scheint die Spezifik der jeweiligen Wahlprogramme beider Parteien eher nebensächlich. Auch wenn man den letztendlichen Ausgang dieser Wahlen begrüßt, hat der amerikanische Wahlkampf 2008 eine tendenziell politisch inhaltsfernere Personalisierung der präsidentalen Wahlentscheidung auf die Spitze getrieben. Wie jedoch Martin Klingst in seinem Bericht zu „Obamas Krönungsmesse" (dem ihn zum Präsidentschaftskandidaten kürenden Parteitag in Denver im August 2008) hervorhebt:

> „Warum sollten die Delegierten nicht auch feiern, tanzen und Luftballons in die Luft werfen? Warum sollten sie bei aller Ernsthaftigkeit nicht auch Spaß haben? Schon die alten Griechen wussten die Kunst politischer Rhetorik mit Unterhaltungsspielen zu verbinden, die Römer standen ihnen in nichts nach. Gerade der Wahlkampf 2008 hat viele Amerikaner aus ihrer politischen Lethargie gerissen. Millionen Freiwillige, unter ihnen besonders viele junge Menschen, helfen neue Wähler zu registrieren. Es entsteht eine urdemokratische Bewegung. Zeugt das von politischem Verfall?"

Gleichwohl werden die unterschiedlichen Wahlsysteme und politischen Kulturen eine allzu große Annäherung zwischen amerikanischen und deutschen Wahlen verhindern: So gibt es in Deutschland z.B. eine streng kontrollierte öffentliche Wahlkampfkostenerstattung gegenüber den spendenbezogenen Millioneneinnahmen eines Barack Obamas, was entsprechende Werbeorgien in Deutschland verhindert. Ähnlich sind in Deutschland alle Fernsehsender zur kostengünstigen Ausstrahlung von Wahlwerbung verpflichtet. Es steht hier also keineswegs an, dass der finanzielle Einsatz eines einzelnen Kandidaten (oder seine Rhetorik oder sein effektvolles telegenes Auftreten) wahlentscheidend sind. Im deutschen Kontext entscheiden vornehmlich politische Argumente und ihre Glaubwürdigkeit Wahlkämpfe – und so wird es hoffentlich auch bleiben.

(Dieser Artikel wurde i.w. im Januar 2009 verfasst. Er hat sich in seinem kulturwissenschaftlichen Teil gemäß eines beschriebenen Trends dieser Wahlen fast ausschließlich auf Informationen gestützt, die das Internet bereitstellte.)

Literatur

Bagehot, W: The English Constitution. With an Introduction by R.H.S. Crossman, London 1964 (1867).

Hübner, E.: Das politische System der USA, München, 2007.

Medick-Krakau, M./S. Robel/A. Brand: Die Außen- und Weltpolitik der USA, in: M. Knapp/G. Krell (Hg.) Einführung in die internationale Politik, München/Wien, 2004.

Oberndörfer, D./B. Rosenzweig (Hg.): Klassische Staatsphilosophie, München, 2000.

Pitzke, M.: Clinton zelebriert Einigkeit – ihre Fans grollen, www.spiegel.de/politik/ausland/0,1518,druck-574633,00.html, [27.08.2008]

Schissler, J.: US-Präsidenten: 'Real Men' or 'Sissies'?, in: Aus Politik und Zeitgeschichte, Sept. 2008, S. 41-46.

Staack, M.: Die Außenpolitik der Bush-Administration, in: Aus Politik und Zeitgeschichte, 37-38/2008, S. 6-13

Street, P.: Barack Obama and the Future of American Politics, Boulder, 2009.

„Clinton plant große Geste der Einigkeit" www.spiegel.de/politik/ausland/0,1518,druck-574085,00.html, [25.08.2008]

„Angela Merkels tragische Schwester" Schwarz, P., www.zeit.de/2008/21/Angela Merkels tragische Schwester, [15.05.2005]

„Death of a Saleswoman" Haimerl, K., www.sueddeutsche.de/ausland/artikel/567/176037/ print.html, [22.05.2008]

„US-Vorwahlen: Keine Heuchelei mehr." Piegsa, O., www.zeit.de/online/2008/04/martin-luther-king-day, [21.01.2008]

„Misogyny I Won't Miss" Cocco, M., www.washingtonpost.com/wp-dyn/content/article/2008/05/1..., [15.05.2008]

„Ex-US-Außenminister Powell will Obama wählen" www.spiegel.de/politik/ausland/0,1518,druck-584966,00.html, [18.10.2008]

„Racist Incidents Give Some Obama Campaigners Pause" Merida, K., www.washingtonpost.com/wp-dyn/content/article/2008/05/1..., [13.05.2008]

„For America's Scholars Of Race, An Obama Dilemma" Tilove, J., www.realclearpolitics.com/printage/?url=, [13.08.2008]

„Obama unterschätzt die Gefahren des Krawallwahlkampfs" www.spiegel.de/politik/ausland/0,1518,druck-583867,00.html, [14.10.2008]

„Obama online, Ole offline" Röttgers, J., www.zeit.de/online/2008/08/www wahlwerbung; [30.05.2008]

„Barack Obama wirbt in Crash-Videospiel" cis, www.spiegel.de/netzwelt/spielzeug/0,1518,druck-584105,00..., [14.10.2008]

„Die Stunde der Statistiker" Moorstedt, T., www.spiegel.de/netzwelt/ web/0,1518,druck-588043,00.html, [03.11.2008]

„Wie Obama mit kleinen Spenden reich wurde" Moorstedt, T., www.spiegel.de/ netzwelt/web/0,1518,druck-580202,00.html, [26.09.2008]

„Obama-Blogger schlagen McCains Anruf-Roboter" Moorstedt, T., www.spiegel.de/netzwelt/web/0,1518,druck-586695,00.html, [29.10.2008]

„Wie Blogs den US-Wahlkampf verändern" Potts, C., www.heute.de/ZDFheute/druckansicht/14/0,6903,7152830,00..., [04.02.2008]

„Der Lerchenspiegel" Piegsa, O., www.zeit.de/online/2008/34/us-blogschau-hegemonie-auf-den-internet-plattformen, [30.05.2008]

„Wie Obama mit dem Netz regieren will" Moorstedt, T., www.spiegel.de/netzwelt/web/0,1518,druck-591167,00.html, [19.11.2008]

„Kalt, cool, brothercool" Shrivastava, A., www.spiegel.de/kultur/gesellschaft/0,1518,druck-587711,00..., [04.11.2008]

„Tanz den Barack" Landsberg, T., www.taz.de/1/archiv/dossiers/dossiers-praesidentenwahl-in-den..., [14.04.2008]

„Age Becomes the New Race and Gender" Nagourney, A., www.nytimes.com/2008/06/15/weekinreview/15nagourney.html, [15.06.2008]

„Wie lange würde McCain im Weißen Haus überleben?" Becker, M., www.spiegel.de/wissenschaft/mensch/0,1518,druck-581693..., [03.10.2008]

„Clinton als Klobürste, Obama auf dem Hundekleid." Meiritz, A., www.spiegel.de/politik/ausland/0,1518,druck-529245,00.html, [18.01.2008]

„Pop und Porno: Der US-Wahlkampf auf Youtube" Potts, C., www.heute.de/ZDFheute/druckansicht/1/0,6903,7162929,00.html, [28.02.2008]

„The Front-Runner's Fall" Green, J., www.theatlantic.com/doc/print/200809/hillary-clinton-campain, [27.08.2008]

„Gender Bender" Sullivan, A., Time, June 16, 2008.

„Palin gut vorbereitet, Biden routiniert", www.spiegel.de/politik/ausland/0,1518,druck-582047,00.html, [03.10.2008]

„High Noon in St. Louis" Pitzke, M., www.spiegel.de/politik/ausland/0,1518,druck-581833,00.html, [02.10.2008]

„Obamas Krönungsmesse" Klingst, M., www.zeit.de/online/2008/36/obama-kroenungsmesse [29.8.2008]

„Kultfigur und stramm rechts" Kleine-Brockhoff, T., www.zeit.de/online/ 2008/37/palin-republikaner-wahlkampfstrategie [9.9.2008]

„So päppeln junge Konservative die Republikaner im Web auf." Moorstedt, T., www.spiegel.de/netzwelt/web/0,1518,druck-597449,00.html, [22.12.2008]

Parlamentarische Demokratie und Weltfinanzkrise

Hiltrud Naßmacher

Großbritannien gilt als Musterbeispiel der parlamentarischen Demokratien, die sich dadurch auszeichnen, dass die Regierungen durch klare Mehrheiten im Parlament gestützt werden, während die Opposition die Chance hat, nach den Parlamentswahlen die Regierungsverantwortung zu übernehmen. Da das Regieren nicht durch sonstige institutionelle Veto-Spieler gehindert wird, sind den in der Regierungsverantwortung stehenden Akteuren zukunftsorientierte wirtschaftspolitische Entscheidungen möglich (s. d. Naßmacher/Naßmacher 2009).

Nach dem Drei-Sektoren-Modell der wirtschaftlichen Modernisierung schreiten Gesellschaften voran, indem sich die Schwerpunkte der Beschäftigung und Wirtschaftsleistung (etwa gemessen durch das Bruttosozialprodukt BSP oder das Bruttoinlandsprodukt BIP) von Landwirtschaft und Bergbau (primärer Sektor) zunächst zur industriellen Fertigung (sekundärer Sektor) und schließlich zu Dienstleistungen (tertiärer Sektor) verlagern. Der Dienstleistungsbereich ist dadurch gekennzeichnet, dass durch Interaktion von Personen Serviceleistungen aller Art für Wirtschaftsunternehmen und Endverbraucher bereitgestellt werden, u.a. die unterschiedlichen Finanzdienstleistungen.

In Großbritannien hat sich gezeigt, dass die Aktivitäten in diesem Bereich Segen und Fluch zugleich sind. Einerseits ist zu konstatieren, dass in der Phase, als die britische Industrie fast durchgängig im Abstieg war (De-Industrialisierung), sich gerade die Finanzdienste als Wachstumsmotor erster Ordnung erwiesen haben. Andererseits stellt sich die Frage, warum die entscheidungsfähigen politischen Akteure nicht in der Lage waren, die krisenhafte Entwicklung im eigenen Land zu verhindern. Dieser Frage soll hier nachgegangen werden.

Strukturen des Finanzsektors im internationalen Vergleich

Finanzdienstleistungen gelten als das Nervensystem jeder Volkswirtschaft. Sie umfassen Leistungen, „die von Kreditinstituten, Versicherungen, … und sonstigen Nichtbanken im Finanzsektor angeboten werden." (Lipke/ Vander Stichele 2003, 6). Finanzplätze zu fördern war weltweit üblich und auch Voraussetzung dafür, als Global Player in der Weltwirtschaft mithalten zu können. Die Bedeutung Londons seit dem 17. Jahrhundert und vor allem im späten 18. und ganzen 19. Jahrhundert (Coleman 1996, 180), der Aufstieg New Yorks in der ersten Hälfte des 20. Jahrhunderts und derjenige Tokios in dessen zweiter Hälfte mögen als Belege ausreichen. Allerdings ist in der makroökonomischen Diskussion nach wie vor strittig, ob durch die Finanzmärkte ein langfristiges Wirtschaftswachstum mit steigendem Pro-Kopf-Einkommen erreicht werden kann (Hahn 2008, 420, 421, 426). Die aktuelle weltweite Finanz- und Wirtschaftskrise stimmt eher skeptisch. Als Innovationen galten neue Finanzierungsinstrumente („Produkte" im Finanzsektor, wie z.B. „credit default swaps" − CDS o.ä.). Sie hatten einerseits den Vorteil, das Risiko durch Risikohandel (Horn/ Gaese 2007) zu verteilen, andererseits aber auch den Nachteil, Risiken auszulagern und damit unüberschaubar zu machen. Anstelle von neuen Technologien und neuen Produkten in der Realwirtschaft wurden Konsum bzw. Lebensstandard gefördert. Die stürmische Entwicklung dieses Wirtschaftszweiges wäre ohne die heutigen Instrumente der Informations- und Kommunikationstechnologie nicht möglich gewesen.

Im Gegensatz zum Bankensektor war die Fertigungswirtschaft schon seit den Anfängen der Textilindustrie offen für internationalen Handel. Dienstleistungen werden vorwiegend ortsnah erbracht und so entwickelten sich auch innerhalb der nationalen Märkte nur allmählich überregional tätige Anbieter. Der Wandel von den örtlichen Tante-Emma-Läden zu national agierenden Supermarktketten mit zahlreichen Filialen ebenso wie der von lokalen Privatbankiers zu nationalen Großbanken mit örtlichen Depositenkassen begann mit Kaufhäusern und Filialbanken gegen Ende des 19. Jahrhunderts (Lütz 2002, 107, 110) und kam erst in der zweiten Hälfte des 20. Jahrhunderts zum Abschluß. Die Grundstruktur des britischen Bankwesens blieb bis weit in die 1960er Jahre durch die traditionellen Schwerpunkte des Bedarfs für Bankleistungen geprägt (Campbell 1974, 301ff.). Erst dann expandierten britische Banken stärker in internationale Märkte, „ausländische Banken ließen sich in der City nieder." (Lütz 2002, 78). Aber der Londoner Finanzplatz blieb weitgehend von Internationalisierungseinflüssen verschont, weil bis 1986 keine neuen Mitglieder an der Londoner Börse zugelassen wurden. Die nationalen Grenzen überschreitende Fusionen zu europaweit agierenden Banken (und Versicherungen) sind bis heute eher selten.

Vorherrschend war zunächst eine regionale Aufteilung der Einzugsgebiete. Einzelne Banken arbeiteten jeweils in nur einer Region des U.K., insbesondere in den Landesteilen England und Wales, Schottland (Hein 1989, 53ff. bzw. 59ff.), aber auch Nord-Irland und sogar auf der Isle of Man bzw. den Kanalinseln. Daneben bestand eine sachliche Arbeitsteilung für die Geschäftsschwerpunkte:

a) Abwicklung des Zahlungsverkehrs, Entgegennahme von Einlagen und Bereitstellung von Kontokorrentkrediten durch sog. Depositenbanken („clearing banks") (Hein 1989, 37ff.; Campbell 1974, 304),

b) Finanzierung des Handelsverkehrs, insbesondere auch des Außenhandels, sowie Verwaltung von Kapitalanlagen vermögender Privatpersonen durch sog. Handelsbanken („merchant banks") (Campbell 1974, 313ff., 330f.; Hein 1989, 75f., 78f.; Bauer 1979, 41, 285; Cottrell 1993),

c) Finanzierung des Erwerbs von Wohneigentum (insbesondere der landestypischen Reihenhäuser) durch Hypothekenkredite von Bauspargenossenschaften („building societies") mit überwiegend regionalem Einzugsbereich sowie

d) sichere Anlage (überwiegend in Staatsanleihen) für „Notgroschen" der „kleinen Leute" durch örtliche Sparkassen („trustee savings banks") (Hein 1989, 133ff. bzw. 64ff.).

Dieses Trennbankensystem erfüllte im Gegensatz zum Universalbankensystem (Büschgen/ Börner 2003, 63ff.; Büschgen 1998, 50ff.) arbeitsteilig alle Anforderungen, die in der ersten Hälfte des 20. Jahrhunderts auftraten, und ersparte den Briten in der Weltwirtschaftskrise der 1930er Jahre eine Bankenkrise ähnlichen Ausmaßes wie in Deutschland und den USA.

Noch in den 1960er Jahren agierten am Finanzplatz London elf „clearing banks", ganz überwiegend in der Rechtsform der Aktiengesellschaft (damals Ltd.). Davon betrieben seit 1920 fünf Depositenkassen in ganz England (und Wales), die sog. „Big Five" (Cottrell 1993, 240, 358): Barclays Bank, Lloyds Bank, Midland Bank, National Provincial Bank, Westminster Bank. Eine durch die staatliche Zentralbank, die Bank von England (zur besseren Kontrolle des nationalen Geldumlaufs) angestoßene Fusion der National Provincial Bank mit der Westminster Bank zur National Westminster Bank (NatWest) bildete dann den Einstieg in eine (zunächst nationale, später auch internationale) Fusionswelle. Weitere Stationen in diesem Prozess waren die Entgrenzung zwischen „clearing banks" und „merchant banks" seit den 1970er Jahren (von Stechow 1973, 24ff.) und der Einstieg der schottischen Großbanken in den englischen Markt.

Dass der Bankensektor in Großbritannien durch die aktuelle Finanzkrise besonders betroffen ist, lässt sich möglicherweise auf dessen Struktur zurückführen. Im Vergleich zu den USA, Deutschland und der Schweiz ist das britische Kreditwesen ungewöhnlich stark zentralisiert (Campbell 1974, 301; Hein 1989, 21). Vier große, im ganzen U.K. (und darüber hinaus) als „Universalbanken" tätige Bankkonzerne, beherrschen inzwischen den britischen Markt für Bankleistungen:

a) *HSBC Holding plc* wurde 1990 als Dachgesellschaft für die Hongkong and Shanghai Banking Corporation gegründet, erwarb 1992 die Midland Bank (zu deren Konzern u.a. die schottische Clydesdale Bank gehörte) und verlagerte 1993 den Sitz von Hongkong nach London.

b) *Royal Bank of Scotland Group plc* übernahm 2000 den NatWest-Konzern (einschließlich der Ulster Bank, einer nordirischen Regionalbank).

c) *Barclays plc*, einschließlich der im Jahre 2000 erworbenen ehemaligen Woolwich Building Society, und

d) *Lloyds Banking Group*, die seit 2008 sowohl den 2001 aus der Bank of Scotland und der Halifax Building Society gebildeten HBOS-Konzern als auch die 1995 gebildete Lloyds TSB umfasst, zu der neben der traditionellen Groß-bank Lloyds auch die in den 1980ern als TSB landesweit zusammengeschlosse-nen Sparkassen (Hein 1989, 65), (die Handelsbank) Hill, Samuel & Co. Ltd. und die ehemaligen Bauspargenossenschaften Cheltenham & Gloucester bzw. Bir-mingham Midshires gehören.

Alle vier Bankkonzerne sind Ergebnisse eines nahezu kontinuierlich ablaufenden Prozesses, der z.T. durch staatliche Gesetzgebung gefördert wurde. Einige über-schreiten vorrangig die traditionellen Grenzen zwischen den Landesteilen (insbe-sondere England und Schottland), andere vor allem die sachlichen Grenzen zwi-schen traditionell getrennten Geschäftszweigen. Beides gilt in ganz besonderer Weise für die heutige Lloyds Banking Group, zu der englische und schottische Institute, ehemalige „clearing banks", „merchant banks", „building societies" und „savings banks" gehören. Neben den heutigen „Big Four" arbeiten inzwi-schen am Finanzplatz London Tochtergesellschaften und Niederlassungen einer Vielzahl von führenden ausländischen Banken, insbesondere in den Bereichen Kapitalverkehr und Investment Banking.

Die Schieflage der „merchant bank" Baring Brothers (als Folge von Devi-senspekulationen) gab einen zusätzlichen Impuls für transnationale Fusionen. Barings wurde von der niederländischen ING, insgesamt drei „building socie-ties" von der spanischen Banco Santander übernommen. Daneben erwarben amerikanische, deutsche, französische, schweizerische, belgische und isländische Großbanken reihenweise britische „merchant banks" als Basis für ihr in London betriebenes Investmentbanking. So arbeitete beispielsweise die Deutsche Bank ab 1990 mit Morgan, Grenfell & Co., die Kreditbank N.V. seit 1992 mit Brown, Shipley & Co., die UBS ab 1995 mit S.G. Warburg & Co., die Société Générale seit 1999 mit Hambros Bank, die Chase Manhattan ab 2000 mit Robert Fleming & Co. und die Kaupthing Bank ab 2006 mit Singer & Friedlander. In Deutsch-land dürfte Dresdner Kleinwort als Ursache für den Notverkauf der Dresdner Bank durch die Allianz Versicherung an die (auf erhebliche Staatshilfe angewiesene) Commerzbank besonders bekannt geworden sein. Sie nutzten die von der britischen Regierung seit den 1980ern geschaffenen Möglichkeiten des Finanzplatzes London ebenso wie die britischen „Steuerparadiese" (z.b. Jersey), die jetzt zunehmend unter internationalen Druck geraten (Strukturierung und Einzelinformationen aufgrund von Vorarbeiten von K.-H. Naßmacher 2008).

Neuere Entwicklungen in der Bankenpolitik und ihre Wirkungen

Die Entgrenzung der Finanzdienstleister in räumlicher und sachlicher Hinsicht ist auch in anderen hochentwickelten Ländern (etwa USA, Japan, Frankreich, Italien, Spanien, Belgien und den Niederlanden), dort aber langsamer und weniger radikal abgelaufen. Dies gilt auch für Deutschland (Naßmacher 1998, 27-31). Selbst Großbritannien hielt bis 1979 noch an zahlreichen Restriktionen fest (Moran 1991, 61, 64f.). Erst die Regierung Thatcher hat durch ihre Politik der De-Regulierung (auch für Bankdienstleistungen) Veränderungen vorangetrieben. Durch sie wurde das (im Vergleich zu den genannten Ländern) liberalste Kapitalmarktkontrollsystem implementiert, das seine Wirkungen seit Mitte der 1980er Jahre entfaltete.

Überall in Westeuropa schuf dieser Prozess leistungs- und handlungsfähige Einheiten für die globalen Finanzmärkte, die den japanischen und amerikanischen Marktteilnehmern als gleichwertig begegnen konnten. Zugleich ermöglichte die Konzentration der Finanzbranche aber auch die Ballung von Risiken, insbesondere bei „Rudelverhalten", d.h. wenn alle Marktteilnehmer ohne wirksame öffentliche Aufsicht die gleichen, hoch riskanten Geschäfte betreiben. Diese Rahmenbedingungen für Finanzdienstleistungen haben die Kreditblase und die weltweite Finanzkrise seit 2007, deren erste Anzeichen schon 2003 sichtbar waren, erst ermöglicht.

Dabei erscheint es als höchst problematisch, dass im britischen Finanzsektor traditionell eine Staatsferne herrschte (Coleman 1996, 182) und die Durchsetzungsfähigkeit des Regierungssystems nicht genutzt wurde. Die Regulierungsmodelle des Kapitalmarktes bzw. der Banken werden als professionelle Selbstregulierung bzw. als klientelistische Regulierung gekennzeichnet, wobei als staatliche Regulierungsakteur vor allem die Bank von England agierte. Mit dem Bank of England Act 1946 war die Zentralbank verstaatlicht worden. Damit konnte die Treasury auch Weisungen an die Bank geben, was aber in der Praxis nicht erfolgte (Lütz 2002, 112). Wichtiger dürften aber Börse und professionelle Gruppen (also private Akteure) gewesen sein, zwischen denen und der Regierung die Zentralbank als Vermittler auftrat. Die Zentralbank orientierte sich dabei aber vorrangig an den Bedürfnissen der in London ansässigen Großbanken. Moran

(1991, 85) charakterisiert das System als neo-korporatistisch. Zudem verbreitete die Konservative Regierung nach 1970 „ein deregulationsfreundliches Klima", dem sich auch die nachfolgende Labour-Regierung anschloss. Zu den Zielen der Regierung Thatcher (seit 1979) gehörte eine Intensivierung des Wettbewerbs im Kreditwesen. Mit der Abschaffung von Kontrollen bewirkte sie einen wichtigen Dammbruch in Richtung Freizügigkeit des Geld- und Kapitalverkehrs (Lütz 2002, 92f., 131f., 142f.).

Zwischen 1973 und 1989 entstanden durch Gesetze, die zunächst die örtlichen Sparkassen regional zusammenschlossen, die TSB (Trustee Savings Bank) England & Wales plc, die TSB Scotland plc, die TSB Northern Ireland plc und die TSB Channel Islands plc. Deren Aktien wurden über öffentliche Kaufangebote breit gestreut, der Kauferlös dem Eigenkapital der Gesellschaften zugeführt. Schließlich bildeten die regionalen Institute die landesweit tätige TSB Group plc. (Hein 1989, 65).

Auf Förderung des Wettbewerbs zielte auch die im Rahmen der deregulierenden Gesetzgebung erfolgte Öffnung des allgemeinen Einlagengeschäfts für die Bauspargenossenschaften, die so mit allen „retail banks" konkurrieren konnten. Der Building Societies Act 1986 gestattete Genossenschaften die Umwandlung in börsennotierte Aktiengesellschaften (Demutualisation), wenn mehr als ¾ der Mitglieder dem zustimmten (Hein 1989, 136). Zehn (größere) Bauspargenossenschaften haben davon in den 1990ern Gebrauch gemacht. Die meisten sind inzwischen Teil nationaler oder internationaler Bankkonzerne.

Auch andere Maßnahmen der Regierung Thatcher trugen dazu bei, den Geschäftsumfang im Kreditgewerbe auszuweiten. Zur Schwächung der Macht von Labour in den Städten wurde der Wunsch nach Wohneigentum durch Verkauf kommunaler Wohnungen gefördert: gemieteter Wohnraum konnte zum Eigentum werden. Dieser Aspekt der Privatisierungspolitik bewirkte eine Ausweitung des Bedarfs für Hypothekenkredite. Die von den bisherigen Mietern erworbenen Immobilien (ehemalige Sozialwohnungen) galten als Sicherheit für zunächst (konjunkurbedingt) billige Bankkredite; die Bonität der Kreditnehmer blieb weithin ungeprüft, da allgemein eine Wertsteigerung der Immobilien erwartet und später auch beobachtet wurde. Zuweilen wurden mehr als 100% beliehen und das mit kurzer Festzins-Laufzeit.

Auf den internationalen Kapitalverkehr, die Stellung des Bankplatzes London und die Entwicklung des dortigen Investmentbanking wirkte sich eine weitere Maßnahme in besonderer Weise aus: die Liberalisierung des Börsenhandels im sogenannten „Big Bang" (Urknall, 1986), die Reid (1988) als Revolution im britischen Finanzsektor bezeichnet (Einzelheiten bei Lütz 2002, 144, 220). Dabei wurde die Grenze zwischen „stockjobbers" und „stockbrokers" an der „London Stock Exchange" abgeschafft. Bis dahin durften Broker nur Aktien im Kundenauftrag kaufen und verkaufen, also lediglich Handelsaufträge gegen eine feste Gebühr ausführen, jedoch nicht auf eigene Rechnung und nicht untereinander handeln. Jobber hingegen konnten selbst Aktien und Anleihen besitzen und diese zu einem selbst gesetzten Preis verkaufen, durften jedoch nicht direkt mit öffentlichen und privaten Kunden handeln; ihr Verdienst ergab sich aus der Spanne zwischen Kauf- und Verkaufspreis (Lütz 2002, 73f.). Weiterhin wurde die Eigentümerstruktur der Börse internationalisiert; so dass ausländische Firmen nun Anteile an Mitgliedsfirmen erwerben konnten. Die Politik der Regierung Thatcher zum Big Bang sollte auch das im Kreditwesen dominante „old boys network" aus Adeligen und Absolventen von „Oxbridge" treffen, das traditionell die Londoner Finanzszene beherrschte (Lütz 2002, 74f., 108).

Insgesamt waren die 1980er Jahre durch die allgemeine Vorstellung gekennzeichnet, dass eine zu enge Aufsicht über die Banken für die wirtschaftliche Entwicklung eher hinderlich sei. Dies traf auch die Interessenlage der Londoner Finanzakteure, die eine öffentliche Behörde als Aufsicht ablehnten. So blieb die Tory-Regierung im Financial Services Act von 1986 beim Prinzip der Selbstregulierung durch eine halböffentliche Körperschaft. „Mit dem Securities and Investments Board (SIB) stand eine durch die Finanzbranche selbst finanzierte Aufsichtsbehörde im Mittelpunkt des Aufsichtsregimes" (Lütz 2002, 222), die ihre Aufgaben an privat finanzierte Self-Regulating Organisations (SROs) delegieren konnte. Staatliche Eingriffskompetenzen blieben unterentwickelt. Dazu trug auch die unklare Abgrenzung zwischen Finanzministerium, SIB und SROs bei (Lütz 2002, 220f., 226).

Die Politik der britischen Regierungen lag voll im Trend. Weltweit hatte die WTO die Liberalisierung der Finanzdienstleistungen vorangetrieben (Eckert 1997, 54f.). Auch die OECD drängte ihre Mitgliedsstaaten in die gleiche Richtung. Die EWG verfolgte zwar seit 1960 die Zielvorstellung des freien Kapitalverkehrs, fasste dazu aber erst 1988 ausdrückliche Beschlüsse (Karas 2008, 434). In der Folge und maßgeblich seit der Einführung des Euro ist ein freier Kapitalmarkt geschaffen worden, verbunden mit dem Abbau sämtlicher Kapitalverkehrsbarrieren, der Harmonisierung des Bankrechts und des Niederlassungsrechts für Töchter der Finanzdienstleister überall in Europa. Die Bildung von Allfinanzkonzernen (unter Einschluss von Versicherungen und des Rentensystems) lag ebenso im Trend wie die Konzentration im Bankwesen (Lipke/ Vander Stichele 2003, 3, 10). Den bedeutendsten Zuwachs erlebte das jahrelang besonders profitabel arbeitende Investmentbanking.

Erst gegen Ende der 1990er Jahre wurden die Stimmen, die auf Probleme der entfesselten Finanzmärkte hinwiesen, lauter und fanden eher Gehör. Vorher wurde zuweilen sogar ein Reformstau im Hinblick auf die Finanzmärkte in Europa konstatiert. Der Financial Services Action Plan (ECFSAP) der EU-

Kommission brachte die Voraussetzungen für die 1999 beschlossene volle Integration der nationalen Finanzmärkte (Lütz 2002, 149). Dieser enthielt u.a. auch Vorschläge zur Modernisierung, Stärkung und Zusammenarbeit der Aufsichtsbehörden. Bis 2005 sollten auch Regulierungs- und Kontrollinstrumente implementiert sein (Barth u.a.. 2006, 165f.; Karas 2008, 435).

Internationale Bemühungen um Regulierung und Kontrollen

Schon 1974 hatten die Zentralbanken der G10 ein Committee on Bank Supervision eingesetzt, dem auch die jeweiligen einzelstaatlichen Aufsichtsbehörden mit einem bei der Bank für Internationalen Zahlungsausgleich (BIZ) angesiedelten Sekretariat in Basel angehören. Bei der BIZ handelt es sich um „ein Institut im Dienste der (europäischen – d. Verf.) Zentralbanken." (Mandel 1974, 70; zu den Aufgaben 63ff.). Ein erstes Ergebnis waren internationale Standards für das Verhältnis zwischen Eigenkapital und Risiken (Basel I). Akzeptiert wurde ein „'risk-weighted' capital standard reflecting the riskiness of a bank's loan portfolio" (Barth u.a. 2006, 64). Aber Argumente, die mit Blick auf Bankzusammenbrüche seit den 1970er Jahren (z.B. Herstatt 1974) eine problemadäquate Regulierung für wichtig hielten, weil der Zusammenbruch einer (großen) Bank Kettenreaktionen auslöst, „die über die Finanzwirtschaft hinaus auch die ‚reale Volkswirtschaft' beeinträchtigen" (Eckert 1997, 34) können, galten als mit Rücksicht auf die ausländische Konkurrenz vorgetragen, der ein Zugang zum eigenen Markt für Finanzdienstleistungen möglichst verwehrt bleiben sollte.

Erst mit der wachsenden Liberalisierung wurde der Einfluss des Baseler Committee on Bank Supervision größer. Die EU übernahm 1987 Basel I als Minimalkonsens (Barth u.a. 2006, 164), auch Großbritannien hatte zugestimmt. Es stellte sich aber bald heraus, dass die Regeln nicht besonders griffen. Nach Kritik an diesem Instrument wurde Basel II vorangetrieben und seit 2006 konnten die sehr komplizierten Regeln implementiert werden. Erneut ging es u.a. um Eigenkapitalvorschriften für Banken. Die EU-Kommission hat diese Vorgaben als Richtlinie übernommen, die für den Herbst 2009 erwartet wird (FAZ v. 31.3.2009). Bei allen Anläufen zur Regulierung auf zwischenstaatlicher (Basel) bzw. supranationaler Ebene (EU) haben (wie in Großbritannien) private Interessen eine erhebliche Rolle gespielt. Die extreme Ausdifferenzierung des Marktes kam hinzu, so dass bei Umsetzung der vielen Beschlüsse, Richtlinien und Rechtsvorschriften die Wirkung gering blieb (Karas 2008, 433, 437, 443).

Die Labour Party hatte sich zwar „seit jeher für eine stärkere staatliche Aufsicht über den Finanzmarkt ausgesprochen und das (im U.K. – d. Verf.) bestehende System der Selbstregulierung für ineffizient kritisiert." (Lütz 2002, 228).

So kündigte die Regierung Blair unmittelbar nach der Amtsübernahme eine umfassende Reform an. Noch vor Verabschiedung des neuen Gesetzes wurde 1997 eine unabhängige neue Kontrollbehörde, die Financial Services Authority (FSA), geschaffen, die Aufgaben der unterschiedlichen Kontrollbehörden übernahm (Barth u.a. 2006, 93). Es handelt sich um eine Non-Profit-Organisation, die von den Marktteilnehmern finanziert wird. Die FSA ist dem Schatzamt (Finanzministerium) und damit indirekt dem Parlament verantwortlich. Sie bündelt die „Enforcement"-Kompetenzen. Der Einfluss von Vorstandsmitgliedern der alteingesessenen City-Banken in Verbindung mit Tory-Abgeordneten ließ den Gesetzestext aber äußerst komplex werden. Schließlich konnte er erst im Jahre 2000, also drei Jahre nach der Ankündigung, verabschiedet werden (Lütz 2002, 332).

Aus heutiger Sicht ist unstrittig, dass die Bankenaufsicht deutliche Schwächen zeigt. Es gab zwar Warnungen der Londoner Finanzaufsicht, die das Risikomanagement einzelner Banken betrafen (FAZ v. 13.2.2009). Insgesamt wird die Aufsicht inzwischen aber als „zahnloser Tiger" eingeschätzt. Dies wurde offenbar auch von den Regierungen Blair und Brown in Kauf genommen, um dem Finanzplatz London gegenüber New York und anderen Finanzplätzen Vorteile zu verschaffen. Die Regierung Blair habe sogar Druck auf die Aufsicht ausgeübt, um das Geschäft der Banken nicht zu erschweren (FAZ v. 18.3.2009).

Bewertung

In der Phase der Liberalisierung ist der Finanzplatz London zu Großbritanniens Vorzeigebereich beim Übergang zur Dienstleistungsgesellschaft geworden. Er gelangte zu einer Bedeutung, die weit über den sonstigen Finanzplätzen Europas (Frankfurt, Paris, Mailand, Amsterdam, Madrid) lag, und wird zuweilen als der wichtigste weltweit eingeschätzt. So betrug der Export an Finanzdienstleistungen im Jahre 2001 etwa 17% des gesamten britischen Exports, in Deutschland dagegen im Jahre 2000 nur 5% (Lipke/ Vander Stichele 2003, 14). Die wachsende Bedeutung des Finanzplatzes London galt einerseits als ein wichtiger Schritt in die Dienstleistungsgesellschaft, denn die Wachstumsraten der Finanzdienstleistungen waren sehr viel größer als die der sonstigen Wirtschaftssektoren (Briefing The City of London's tumble, in: Economist vom 1. 12. 2007), andererseits war dies aber zugleich der Weg in eine Monostruktur bei Dienstleistungen. Auch für die wirtschaftliche Entwicklung der Metropolregion London und die britische Volkswirtschaft war und ist diese Entwicklung bedeutsam. Schon in den späten 1980er/ frühen 1990er Jahren galt die britische Hauptstadt (neben New York und Tokio) als eine von drei „global cities" (Sassen 1993). Obwohl in London nur 12% der britischen Bevölkerung wohnen, finden sich hier 15% aller Arbeitsplätze des Landes. Die Einwohner des multi-ethnischen Ballungsraums London zahlten im Haushaltsjahr 2007-08 18% aller vereinnahmten Steuern und erwirtschafteten selbst 2007-08 noch 19% des BIP. Diese Wirtschaftsleistung beruht wesentlich auf den hier erbrachten Finanzdienstleistungen, bei denen hochqualifizierte Arbeitskräfte zu einem raschen Wachstum der Produktivität und zu internationaler Wettbewerbsfähigkeit beigetragen haben (Pressemitteilungen der City of London „London's Place in the UK Economy, 2007-08"; www.cityoflondon. gov.uk.). Die gesamte Metropolregion (über die von der Labour-Regierung eingerichtete City of London Corporation hinaus) erzeugt sogar etwa 30% des britischen BIP.

Generell lässt sich sagen, dass niedrige Ertragssteuern für Ausländer, eine hochentwickelte Verkehrsinfrastruktur und eine deregulierte Wirtschaft mit geringer Interventionsneigung der Regierung wesentlich zu diesem Erfolg einer auf Dienstleistungen beruhenden Regionalwirtschaft beigetragen haben. Zwei Entwicklungslinien trafen hier in den 1980er und 1990er Jahren zu positiver Synergie zusammen: die Entwicklung des globalen Kapitalverkehrs als Folge der weltweiten Vernetzung der Informationstechnologie (e-mail, Internet) und der (in Großbritannien besonders) forcierte Ausbau des Dienstleistungssektors. Die Notwendigkeit dazu ergab sich im Zusammenhang mit einer bewussten Politik des Rückbaus der britischen Industrie als Folge der Weigerung der Regierung Thatcher, veraltete Wirtschaftszweige wie Kohle, Textil, Stahl, Werften und Automobilbau durch massive staatliche Subventionen zu stützen (S. d. ausführlich Naßmacher/ Naßmacher 2009, Kapitel C).

Kurz- und mittelfristig betrachtet waren der Finanzplatz London und die britische Volkswirtschaft die Nutznießer eines Zusammentreffens der „modischen" Trends Privatisierung, De-Regulierung und Globalisierung. Auf längere Sicht erwies sich die in diesem Bereich von (handlungsfähigen) Regierungen der beiden großen Parteien (unter den Premierministern Thatcher, Major, Blair und Brown) betriebene Wirtschaftspolitik jedoch nicht als nachhaltig.

Die Strategien des leichten Geldes und der leichten Regulierung sowie das (relativ blinde) Vertrauen auf die Steuerungsmechanismen des Marktes haben erheblich zur Entwicklung dieses „Wachstumspols" beigetragen. Inzwischen wurde zusätzlich deutlich, dass die Banken sich sogar der wenig ausgeprägten Aufsicht entzogen hatten, indem sie den Handel mit neuen Produkten außerhalb der Bankbilanzen abwickelten. Die Konkurrenz auf den weltweiten Finanzmärkten und das grenzenlose Vertrauen in die Urteilsfähigkeit von Rating-Agenturen machten blind für die tatsächlich eingegangenen Risiken. Dies ist keine Besonderheit Großbritanniens. Im Nachhinein wird allgemein anerkannt, dass die weltweite Finanzkrise durch ähnliche Fehleinschätzungen in den wirtschaftlich am weitesten entwickelten Ländern entstanden ist. Hier bot die japanische Bankenkrise der 1990er Jahre eine deutliche, aber mißachtete Warnung. Die vom Labour-Finanzminister Brown 1997 als erste Amtshandlung geschaffene unabhängige Notenbank hätte gegensteuern können, aber in einer Ära des billigen Geldes wurde durch eine erhebliche Kreditexpansion die allgemeine Wirtschaftstätigkeit angekurbelt. 70 Prozent der Briten leben heute im Wohneigentum, dessen Marktpreise inzwischen eingebrochen sind. Die private Verschuldung der Bevölkerung ist durch übermäßigen Konsum des vergangenen Jahrzehnts sehr hoch.

Größere Unternehmen gingen größere Risiken ein, der (weitgehend unkontrollierte) „globale Herdentrieb" (so bereits Holger Steltzner in der FAZ v. 8.2.1995) einer „Elite" von Fondsmanagern und Händlern ersetzte den Wettbewerb einer größeren Zahl von kleineren Anbietern am Markt. Derweil geht die Entgrenzung weiter, denn der Handel versucht seit den 1990er Jahren ebenfalls in das Geschäft mit Finanzdienstleistungen einzusteigen (FAZ v. 28.4.2009). Die (räumliche und sachliche) Entgrenzung bei gleichzeitigem Verzicht auf wirksame öffentliche Aufsicht verstärkte die aus früheren Bankenkrisen bekannte, typische Gefahr kapitalistischer Wirtschaftsweise zur Bildung einer Spekulationsblase aus Gier und geringem Risikobewußtsein.

Der Zusammenbruch der Hypothekenbank Northern Rock beendete 2008 die Euphorie des grenzenlosen Wachstums und ließ die Kreditblase platzen. Der eilends verabschiedete „Banking Provisions Act" machte die Stützung von Banken und ihre Verstaatlichung möglich. Verstaatlichung soll nach diesem Gesetz immer dann eine Option sein, wenn ohne diese Maßnahme ein Zusammenbruch des Bankensystem zu befürchten wäre und gleichzeitig Geld des Steuerzahlers gesichert werden muss, das durch staatliche Hilfen oder die Bank von England als Staatsgarantien und Liquiditätshilfen an eine entsprechende Bank gezahlt wird (FAZ v. 28. 2. 2009). Danach kann die Bank von England in Absprache mit Finanzaufsicht und Schatzamt eine strauchelnde Bank „blitzschnell" in Staatseigentum überführen (FAZ v. 31.3.2009). Die Erkenntnis, dass im Zuge der Deregulierung keine geeigneten Instrumente der Kontrolle geschaffen wurden, ist inzwischen überdeutlich. Insbesondere geht es um das Verhältnis von Eigen- und Fremdkapital, die Bilanzwahrheit bei Banken (Risiken müssen sichtbar sein) und die Sicherstellung der Liquidität bei Fristentransformation (langfristige Projekte dürfen nur kurzfristig finanziert werden, wenn ein angemessener Risikopuffer bereit steht) (FAZ v. 3.2.2009). Maßgeblich beteiligt ist die Londoner Finanzaufsicht (FSA).

In der Krise hat sich das politische System Großbritanniens wiederum als entscheidungsfähig erwiesen. Ob die Maßnahmen der Regierung Brown (Verstaatlichung von Northern Rock und Beteiligung an den wichtigsten Großbanken (an RBS (mit NatWest) zu ca. 70%, an der Lloyds Banking Group zu über 40% (FAZ v. 23.2.2009)) allerdings ausreichen, um die Krise abzufangen, muss sich noch zeigen. Insbesondere geht es darum, die Banken gegen Kreditrisiken aus strukturierten Produkten abzusichern und die Wirtschaft mit ausreichend Krediten zu versorgen.

Der Fall Großbritanniens belegt deutlich, dass sich eine Volkswirtschaft nicht auf Monostruktur in einem Wirtschaftsbereich einlassen darf, selbst dann nicht wenn er als modern und zukunftsträchtig gilt. Es ist unverständlich, dass in der so häufig beschworenen „Wissensgesellschaft" nur die sicherlich bedeutenden Finanzdienstleistungen im Mittelpunkt des Interesses standen. Wahrscheinlich haben sich alle (nicht nur die unmittelbar profitierenden Banker, sondern auch Politiker) an schnellen Gewinnen berauscht. Diese zeigen sich bei Investitionen in Bildung nur langfristig. Auch das Vertrauen in hochbezahlte Fachkräfte ohne Kontrollen erwies sich als fatal.

Der weltweit (geradezu „naturwüchsig") ablaufende Konzentrationsprozess innerhalb der nationalen Bankensysteme, zusätzlich verstärkt durch eine auf Deregulierung gerichtete Politik, hat in Verbindung mit der landesspezifischen Tradition der Selbstkontrolle des Kreditwesens und der Globalsierung von Finanztransaktionen zu einer national besonders schweren Ausprägung der weltweiten Finanzkrise geführt. Die OECD sieht allerdings den wirtschaftlichen Abschwung Großbritanniens „glimpflicher" als den deutschen (FAZ v. 6.4.09). Im Rückblick muss der kritische Beobachter feststellen, dass dieses Ergebnis durch die Laissez-faire-Politik der Konservativen und deren Fortsetzung unter Schatzkanzler Brown (Labour) billigend in Kauf genommen wurde. Angesichts der ausgeprägten Handlungsfähigkeit eines politischen Systems (ohne die üblichen Vetospieler wie Koalitionspartner, Verfassungsgerichte und Zweite Kammern) hätte die Aufgabe einer nachhaltigen Wirtschaftspolitik darin bestanden, der wachsenden Entgrenzung der Finanzdienstleister mit aufgehäuften Risiken eine wirksame öffentliche Aufsicht entgegenzustellen. Darauf haben rechte und linke Regierungen bewußt verzichtet. In der aktuellen Krise soll allerdings die FSA − auch durch die Aufsicht über ausländische Akteure in Großbritannien − effizienter werden. Dagegen mißtrauen die politischen Akteure einer gemeinsamen EU-Aufsichtsbehörde. Die nationale Tradition der Selbstregulierung wurde nicht durch eine sachlich angemessene und unter den Bedingungen globalisierter Finanzmärkte dringend erforderliche Einhegung der unternehmerischen Freiheit (etwa durch besondere Eigenkapital- und Finanzierungsvorschriften) ersetzt.

Die Finanzbranche belegt aktuell, dass ein Aufbrechen des Einflusses der Kräfte der Beharrung in den Parteien noch dauerhaft gesichert werden muss. Dies erfordert offene Eliten (mehr Zirkulation zwischen alter Oberschicht und gesellschaftlichen Aufsteigern). Parteien sind noch zu sehr auf reiche Einzelper-

sonen als Geldquelle angewiesen, wobei es sich aber keineswegs um eine zuverlässige Geldquelle handelt (S. d. ausführlich Naßmacher/ Naßmacher 2009, Kapitel D und E). Die umfassende Rücksichtnahme der Labour-Führung auf die
„City" war unangemessen.

Literatur

Barth, J. R./ Caprio, G. Jr./ Levine, R.: Rethinking Bank Regulation. Till Angels Govern,
  Cambridge u.a., 2006.
Bauer, H.-P.: Merchant Banks, Bern/ Stuttgart, 1979.
Büschgen, H. E.: Universalbankensystem vs. Trennbankensystem, in: Naßmacher, K.-H.
  u.a. 1998, S. 50-65.
Büschgen, H. E./ Börner, C. J.: Bankbetriebslehre, Stuttgart, 4. Aufl., 2003.
Campbell, M.: Das Bankwesen in Großbritannien, in: Regul, R./ Wolf, H. (Hg.): Das
  Bankwesen im größeren Europa, Baden-Baden, 1974, S. 297-336.
Coleman, W. D.: Financial Services, Globalization and the Domestic Policy Change,
  Houndmills u.a., 1996.
Cottrell, P.: Great Britain, in: Pohl 1993, S. 234-249.
Cottrell, P.: Great Britain, in: Pohl 1993, S. 358-372.
Eckert, M. G.: Die Liberalisierung internationaler Finanzdienstleistungen durch das Gene-
  ral Agreement on Trade in Services (GATS). Unter besonderer Berücksichtigung in-
  ternationaler Bankdienstleistungen, Hamburg, 1997.
European Commission: Capital Market Liberalization. The Single Market Review. Sub-
  series III: Volume 5. Luxembourg, 1997.
Hahn, F. R.: Finanzmärkte und Wirtschaftswachstum, in: Pernsteiner 2008, S. 419-430.
Hein, M.: Struktur ausländischer Bankensysteme: Großbritannien, Frankfurt a. M., 1989.
Horn, C./ Gaese, R.: Vom Risk Taker zum Risk Broker, in: Frankfurter Allgemeine vom
  4. 4. 2007.
Karas, O.: Der EU-Finanzbinnenmarkt, in: Pernsteiner 2008, S. 431-452.
Lipke, I./ Vander Stichele, M.: Finanzdienstleistungen in der WTO: Lizenz zum Kassie-
  ren? Eine zivilgesellschaftliche Kritik der Liberalisierung von Finanzdienstleistun-
  gen im Rahmen der GATS-Verhandlungen, Berlin, 2003.
Lütz, S.: Der Staat und die Globalisierung von Finanzmärkten. Regulative Politik in
  Deutschland, Großbritannien und den USA, Frankfurt/M. und New York, 2002.
Mandel, H. H.: Die Bank für Internationalen Zahlungsausgleich, in: Regul, R./ Wolf, H.
  (Hg.): Das Bankwesen im größeren Europa, Baden-Baden, 1974, S. 63-75.
Moran, M.: The Politics of the Financial Services Revolution. The USA, UK and Japan,
  Houndmills u.a., 1991.
Naßmacher, K.-H.: Banken als Thema öffentlicher Politik, in: Naßmacher, K.-H. u.a.
  1998, S. 11-34.
Naßmacher, K./ Naßmacher, H.: Nachhaltige Wirtschaftspolitik in der parlamentarischen
  Demokratie. Das britische Beispiel, Wiesbaden, 2009.
Naßmacher, K.-H. u.a.: Banken in Deutschland, Opladen, 1998.

Pernsteiner, H. (Hg.): Finanzmanagement aktuell. Unternehmensfinanzierung, Wertpa-
piermanagement/ Kapitalmarkt, Bank/ Versicherung, Wien, 2008.

Pohl, H. (Hg.): Europäische Bankengeschichte, Frankfurt a/M., 1993.

Reid, M.: All-Change in the City. The Revolution in Britain's Financial Sector, Houndmills u.a., 1988.

Rudolph, J.: Scherbenhaufen in der City, in: Frankfurter Allgemeine Zeitung v.
12.12.1988.

Sassen, S.: The Gobal City: New York, London, Tokyo, Princeton NJ, 1993, 2. Aufl.,
2001.

Stechow, F.-L. von: Die Auflösung der Arbeitsteilung im englischen Bankensystem dargestellt am Beispiel der Londoner Clearing Banks und Merchant Banks, Würzburg,
1973.

Klägerfreundlichkeit im US-Zivilprozess
Gebotene Hilfe für den „kleinen Mann" oder ungebremster Individualismus zu Lasten anderer?

Christoph Ann

Parteiverhalten und Prozessrecht

Im Ranking der *most litigious societies*, was man frei als Rangliste der weltweit „größten Gesellschaften von Prozesshanseln" übersetzen könnte, liegt die *pole position* seit langem und unangefochten in amerikanischer Hand. Nirgends wird mehr geklagt als in den USA, und niemand klagt mehr als ihre Staatsbürger. Die Kosten dieses Drangs nach staatlicher Hilfe bei der Konfliktlösung oder, anders gewendet, dieser Unfähigkeit zu außergerichtlicher Konfliktlösung sind horrend: Allein die jährlichen Ausgaben für Schadensersatzprozesse erreichen beinahe 2 % des Bruttoinlandsprodukts (Baye/Kovenock/de Vries 2005, 584). Beobachten lassen sich auch soziale Folgen: angesichts prohibitiver Kosten für Haftpflichtversicherungsschutz sind ganze Landstriche medizinisch verödet, sind dort keine Fachärzte für Geburtshilfe mehr zugänglich. Und selbst simpelste Sachverhalte wie das feuchte Aufwischen einer Flughafentoilette sind in bizarrer Weise verrechtlicht. Ohne spezielle Schilder gewinnt besagtes Aufwischen suizidale Züge, denn gar nicht auszudenken wäre, wenn ein Toilettenbesucher auf dem stillen Ort nicht auf so fundamentale physikalische Sachverhalte hingewiesen würde, wie auf das *Slippery When Wet*. Fehlte der Hinweis und käme es sturzbedingt zu Verletzungen, wäre eine Klage nahezu unweigerlich die Folge.

Andere Staaten stehen erheblich besser da. Schon im ebenfalls abendländisch geprägten Europa werden deutlich weniger Prozesse geführt; bei im Durchschnitt deutlich geringeren Gesamtkosten je Verfahren (Murray/Stürner 2004, 620). Obwohl sich das zum Common Law gehörende Schadensersatzrecht Englands und der USA stark ähnelt, werden in den USA pro Jahr pro Kopf der Bevölkerung beinah dreimal so viele Prozesse geführt wie in England (Posner 1997, 478). Noch deutlicher sind die Unterschiede zu konfuzianisch geprägten Gesellschaften. Ließe sich ein Vergleich der USA mit der VR China noch mit dem Armutsargument entkräften, weil zu den USA nach wie vor ein erhebliches wirtschaftliches Gefälle besteht und auch die Mittel für eine adäquate justizielle Infrastruktur fehlen, gehen derartige Argumente mit Blick auf Japan oder auch Taiwan sicherlich fehl. Hier werden bei allen relevanten Parametern ähnliche

Pro-Kopf-Werte erreicht wie in den USA und auch bei der Ausstattung der respektiven Justizverwaltungen besteht nicht das besagte Armutsproblem. Gleichwohl lassen sich die Gesellschaften dieser beiden Staaten nicht auch nur ansatzweise als *litigious* im genannten Sinne bezeichnen (Wollschläger 1998, 586).

Aufgeworfen ist mit diesem Befund die Frage, was Parteien antreibt, Konflikte nicht autonom zu lösen, sondern unter Beiziehung der staatlichen Justiz. Eine Ursachengruppe besteht zweifellos in psychologischen Präkonditionierungen wie einer geringen Bindungskraft von Kollektiven, die die amerikanische Gesellschaft in Gestalt eines großen Individualismus' prägt (Gaylin 2003, 47 f., 64). Während dieser Individualismus für die amerikanische Gesellschaft der Gegenwart sprichwörtlich ist und aus der US-Binnensicht als Beleg für die Möglichkeit jedes US-Bürgers verstanden wird, nach seiner Façon selig zu werden, stößt er in anderen kulturellen Zusammenhängen auf Unverständnis und wird vielfach sogar als abstoßendes Zeichen mangelnder Gemeinwohlorientierung empfunden. Weitere Ursache sind die Härte gesellschaftlicher Verteilungskämpfe und das Fehlen oder Nachlassen verbindlicher Konventionen oberhalb des Mindestniveaus gesetzlicher Standards. Beides befördert einen Trend zur gerichtsförmigen Lösung von Konflikten, lässt diese also rascher vor die Gerichte geraten. Zu beeinflussen sind diese Parameter freilich nur schwer. Anders als Gesetze sind gesellschaftliche Binnenklimate so gut wie nicht „top-down" zu regulieren. Gesetzgeberisch durchaus beeinflussen lassen sich demgegenüber (wirtschaftliche) Anreizsituationen, wie die Verteilung von Kostenrisiken, die durch Prozessordnungen, den durch das anwaltliche Berufsrecht geregelten Zugang zur Anwaltschaft oder durch die Verfügbarkeit von Prozessfinanzierungen (durch Rechtsschutzversicherer oder Prozessfinanzierer) definiert wird.

Verhaltenssteuerung im deutschen Zivilprozessrecht

Das deutsche Zivilprozessrecht steuert das Verhalten aktueller und potentieller Prozessparteien maßgeblich durch Kostentragungsregeln. Dabei gilt nach § 91 ZPO der Grundsatz: *The winner takes it all*. Nichts anderes bedeutet die Tragung sämtlicher Gerichts- und Anwaltskosten – gerade auch des Gegners! – durch die unterlegene Partei. Entscheidende Weiterung dieses scheinbar einfachen Grundsatzes ist seine Wirkung auf potentielle Kläger: Wer vor einem deutschen Gericht klagt, muss die Gerichtskosten der ersten Instanz vorlegen, denn nach § 12 I Gerichtskostengesetz (GKG) gilt: *ohne Schuss kein ius*. Zusätzlich ist der eigene Anwalt zu bezahlen, und auch er ist nach § 9 Rechtsanwaltsvergütungsgesetz (RVG) zur Anforderung angemessener Vorschüsse berechtigt. Geht der Prozess verloren, wird auch der Gegner seine Kosten dem Kläger aufgeben; im Wege des Kostenfestsetzungsverfahrens vor dem Prozessgericht. Diese Risikoverteilung ist praktisch nicht zu umgehen. Für die Gerichtsgebühren versteht sich dies von selbst. Aber auch im Bereich der Anwaltsgebühren besteht praktisch kein Spielraum. Ungeachtet gewisser Liberalisierungen des anwaltlichen Berufsrechts aus dem Jahr 2007 sind reine Erfolgshonorare sowie *quota-litis*-Vergütungen, also die Knüpfung der Vergütungspflicht einer vom Anwalt erhobenen Klage allein an deren Erfolg oder der Einbehalt von Teilen einer erstrittenen Leistung, in Deutschland nach § 49b II Bundesrechtsanwaltsordnung (BRAO) weiterhin unzulässig. Zwar erfasst dieses Verbot nicht die Erhöhung der gesetzlichen Gebühren im Erfolgsfall. Dies bringt für den Kläger aber deshalb keine Entlastung und wirkt deshalb nicht prozesstreibend, weil für den Fall mangelnden Erfolgseintritts die gesetzliche, aus dem Wert der Sache berechnete Gebühr auch weiterhin nicht unterschritten werden darf.

Einen Zivilprozess ohne Kostenrisiko anzustoßen ist in Deutschland damit nach wie vor nicht möglich. Der daraus folgende Steuerungseffekt für das Verhalten potentieller Kläger vor deutschen Gerichten liegt auf der Hand: Bei Strafe des Totalverlusts aller eingesetzten Gebühren werden sie ihre Prozesschancen peinlich genau prüfen (müssen) – und im Zweifel von der Erhebung einer Klage absehen. *Wild cards* kennt das deutsche Zivilprozessrecht nicht – anders als das US-amerikanische, wie gleich zu zeigen sein wird.

Verhaltenssteuerung im US-Zivilprozessrecht

Kostentragung im US-Zivilprozess – American Rule

Auch in den USA sind entscheidend für die Neigung, vor Gericht Klage zu erheben, das Anwaltsgebührenrecht sowie die Regeln zur Prozesskostentragung. Jeder dieser Parameter ist in den USA grundsätzlich anders konstruiert als in Deutschland. Während die Kostenerstattungsregeln des deutschen Zivilprozessrechts der sog. *English Rule* nahe kommen, alle zur zweckentsprechenden Rechtsverfolgung oder Rechtsverteidigung notwendigen(!) Anwaltskosten der obsiegenden Prozesspartei also von der unterlegenen Partei zu erstatten sind, folgt das US-amerikanische Recht der sog. *American Rule*, kennt also keine Prozesskostenerstattung (Friedman/Landers/Collins 2006, 344).

Anwaltsgebührenrecht – Contingency Fees

Im Anwaltsgebührenrecht ist die Situation ähnlich unterschiedlich: Vom Verbot des deutschen Rechts, die gesetzlichen Anwaltsgebühren zu unterschreiten, war oben bereits die Rede. In den USA besteht ein solches Verbot nicht nur nicht. Etabliert hat sich dort für Anwaltsgebühren speziell in den spektakulären *perso-nal-injury*-Verfahren, also in Schadenersatzprozessen wegen überwiegend un-fallbedingter Körperschäden inzwischen sogar die besonders klägerfreundliche Kultur und Handhabung, die in solchen Verfahren auf Klägerseite tätigen sog. *PI-Lawyers* rein erfolgsabhängig zu vergüten: Erstreitet der Anwalt für seinen Mandanten eine hohe Schadenersatzsumme, erhält er meist ein Drittel der ausge-urteilten Forderung, manchmal auch mehr. Bleibt seine Klage erfolglos, erhält auch der Anwalt keine Vergütung. Besonders in Verbindung mit der vorstehend skizzierten *American Rule* zur Gerichtskostentragung ist der Effekt dieses Sys-tems durchschlagend: Es ermöglicht die Erhebung einer Schadensersatzklage praktisch ohne jedes Vermögensrisiko. Einzusetzen und im Fall eines Prozess-verlusts verlorenzugeben sind lediglich die Gerichtskosten, die jedoch nur einen Bruchteil der gesamten Prozesskosten bilden.

Orangemail und Patent Trolls als Belege für Konzeptionsmängel

Die Folgen beider Regelungen aus europäischer Perspektive sind ebenso augen-fällig wie verheerend. Das zeigen zwei Phänomene, von denen eines aus der jüngsten Vergangenheit stammt, das andere aus der großen Zeit des Verbrau-cherschutzrechts vor gut dreißig Jahren.

In jüngster Zeit bekannt geworden sind im amerikanischen Patentrecht sog. *Patent Trolls*. Dieser etwas unscharfe Begriff bezeichnet Unternehmungen, meist Investoren, die sich vor allem durch Aufkauf in den Besitz von Patenten gebracht haben, aus denen sie gegen Hersteller komplexer Geräte oder Anlagen vorgehen können, denen erstens bei der Entwicklung ihrer Produkte die Existenz besagter Schutzrechte nicht bekannt war und die zweitens aus wirtschaftlichen Gründen – man spricht von einem betriebswirtschaftlichen *lock-in* – nicht mehr auf techni-sche Alternativlösungen ausweichen können, weil sie schon umfangreiche Folge-investitionen in Entwicklungen und Produktionsanlagen getätigt haben und diese nicht abschreiben können. In Zusammenhang mit der lange Zeit sehr geringen Qualität von Patenten des US Patent and Trademark Office (USPTO) und der hier inmitten stehenden Klägerfreundlichkeit des US-Zivilprozessrechts bietet diese gewisse Zwangslage des Patentverletzers enormes Potential für einen *Pa-tent Troll*. Das zeigt das Vorgehen der amerikanischen New Technologies Products, Inc. (NTP), einer US-amerikanischen Ein-Mann-GmbH, die seit ihrer Gründung im Jahr 1992 ein Portfolio von rund 50 US-Patenten im Mobilfunkbereich aufgebaut hatte, ohne je ein Produkt hergestellt zu haben. 2001 verklagte NTP die kanadische Research in Motion, Ltd. (RIM), Produzentin der BlackBerry-Technologie, wegen Patentverletzung. Der folgende Rechtsstreit, in dessen Verlauf befürchtet worden war, das Prozessgericht könnte die Abschaltung aller BlackBerrys anordnen, dauerte fünf Jahre. Beigelegt wurde er im März 2006 gegen Zahlung der bis dato beispiellosen Vergleichssumme von $ 612,5 Millionen durch RIM an NTP, das wenig später die vier größten US-Mobilfunknetzbetreiber verklagte: Verizon Wireless, Sprint Nextel, T-Mobile USA, and AT&T. Dieser Rechtsstreit ist nach wie vor anhängig (Ann 2009, 358).

Ein zweites Phänomen, das die Konzeptionsmängel des US-Zivilprozessrechts verdeutlicht, ist das im Zusammenhang mit der *Agent-Orange*-Rechtsprechung im Gefolge des Vietnamkriegs bekannt gewordene sog. *orangemailing*. In Anlehnung an das bekanntere *blackmailing* bezeichnet dieser Begriff die erpresserischere Strategie vorgeblicher Schadenersatzgläubiger, Ansprüche entweder ohne nennenswertes Kostenrisiko einzuklagen und die betroffenen Beklagten auf diese Weise in nicht vermeidbare sechsstellige Anwalts- und Sachverständigenkosten zu treiben (die auch bei Erfolglosigkeit der Klage nicht erstattet werden müssen), oder sich die mögliche Klageerhebung für einen Teil dieser Kosten abkaufen zu lassen (Ann 1995, 188 sowie Fußn. 56 m. w. Nw.). Dieses Vorgehen ist so perfide wie zweckrational: Mangels Kostenerstattung auch für die obsiegende Prozesspartei und der Möglichkeit, anwaltliche Vertretung auf Erfolgshonorarbasis ohne nennenswertes Kostenrisiko einzukaufen, kann der Kläger den Beklagten in unentrinnbare Kosten treiben. Der Beklagte kann sich dem kaum entziehen. Erstens muss er sich gegen jede Klage wehren, weil er sonst eine Verurteilung riskiert. Zweitens sind für die Abwehr einer Klage Erfolgshonorare nicht vorstellbar, weil es hier auch dann nichts zu verteilen gibt, wenn diese Abwehr erfolgreich war.

Gründe für die aus europäischer Perspektive verblüffende Haltbarkeit des *status quo* in den USA

Contingency fees in historischer Perspektive

Forscht man nach den Gründen für den trotz einer mittlerweile jahrzehntelangen Diskussion bis dato stabilen Bestand des zivilprozessrechtliche status quo in den USA, gelangt man sehr rasch zu einem, vielleicht dem entscheidenden Motiv nicht nur des gesamten US-Zivilprozessrechts, sondern öffentlich-rechtlicher Gesetzgebung überhaupt: Verfassungsrecht und jede andere Art öffentlichen Rechts – dazu zählen neben dem Verwaltungsrecht auch die verschiedenen Prozessrechte, weil auch sie ein Über-Unterordnungsverhältnis des Individuums gegenüber der (dritten) staatlichen Gewalt definieren – sind zunächst und zuvörderst Abwehrrechte des Einzelnen gegen den Staat. Dieses Grundaxiom staatlicher Organisation der USA und ihrer Bundesstaaten zeigt eine aus europäischer Sicht gelegentlich nachgerade anarchisch anmutende Befindlichkeit, die historische Wurzeln hat und die vielfach und in ganz unterschiedlichen Zusammenhängen zutage tritt. Darauf wird noch einzugehen sein.

Nachweisen lässt sich dieser Ansatz auch im US-Anwaltsgebührenrecht. Es ist beherrscht von der Idee, den Zugang auch nicht solventer Rechtssuchender zu den Gerichten zu sichern, um dort Rechtsschutz gegen Beeinträchtigungen individueller (Grund-)Rechte durch die neue, kapitalkräftige Industrie erlangen zu können. Im ideologisch scheinbar neutralen Anwaltsgebührenrecht wirkungsmächtig wurde der Gedanke des freien Zugangs zum Recht ab etwa Mitte des 19. Jahrhunderts bei der Zulassung anwaltlicher *contingency fees*. Als Folge der ansteigenden Zahl (ausgleichsbedürftiger) Personenschäden im Zuge der Industrialisierung verbreitete sich in den USA zeitgleich die Erkenntnis, das seinerzeit auch in den USA bestehende Verbot (als prozesstreibend abgelehnter) Erfolgshonorare hindere den Zugang Geschädigter zum Recht. Entsprechend wurde dieses Verbot nach und nach aufgeweicht (Schepke, 32, unter Hinweis auf die Entscheidungen *Wydie* v. *Cox*, 20 U.S. 580 (1853) sowie *Taylor* v. *Bemiss*, 110 U.S. 42 (1884), in denen der US Supreme Court Erfolgshonorare in Höhe von 5% bzw. 50% Streitanteil gebilligt hatte) und fiel schließlich praktisch ganz weg. In den erwähnten *personal-injury*-Verfahren sind Erfolgshonorare heute die Regel, und nicht zuletzt die beteiligten *PI-lawyers* halten sie für ein Kernelement des amerikanischen Rechtsstaats.

Die insbesondere im Zusammenwirken mit der jede Prozesskostenerstattung ausschließenden *American Rule* auftretenden negativen Effekte dieses Honorarsystems nehmen seine Befürworter hin, weil das Ergebnis des Ausgangsrechtsstreits nicht hinreichend vorhersehbar sei und weil im Zweifel dem Zugang zum Recht der Vorrang gebühre (vgl. Hommelsheim, S.67 ff.).

Fehlen sozialer Sicherungssysteme

Gefördert wird diese Sicht durch das Fehlen eines aus europäischer Sicht funktionsadäquaten Systems sozialer Sicherung, namentlich einer Unfallversicherung. Dieser Mangel hat verschiedene, aus europäischer Sicht durchweg problematische Effekte: Zum ersten steigert er erheblich die Bedeutung des US-Haftungsrechts und namentlich des US-Unfallrechts und bewirkt eine Vermengung haftungs- und sozialrechtlicher Funktionen, die in Europa weitgehend getrennt gehalten werden, weil Genugtuung und in den USA auch Elemente der Pönalisierung (*punitive damages*) nicht zur reinen Existenzsicherungsfunktion des Sozialversicherungsrechts passen. In den USA ist diese Mischung alternativlos, weil dort Existenzsicherung mangels funktionstüchtiger Sozialversicherungssysteme vom Haftungs- und Unfallrecht mitgeleistet werden muss. Die Problematik dieses Ansatzes zeigt beispielhaft die erhebliche Spreizung der Werte ausgeurteilter *damage awards*. Zudem steigt mit der Existentialität gerichtlicher Auseinandersetzungen deren Intensität. Anders gewendet: während es in europäischen Prozessen vorwiegend um Schmerzensgeld geht, geht es für Geschädigte in den USA nicht selten um Existenz oder Lebensstil.

Otto von Bismarck hatte dieses Problem bei der Konzeption seiner Sozialgesetzgebung Ende des 19. Jahrhunderts gesehen und soziale Grundsicherungsentscheidungen auch deshalb bewusst nicht justiziell, sondern administrativ ausgeformt und nicht *ab initio* den Gerichten überantwortet, sondern in erster und zweiter Instanz spezialisierten Behörden. Als Träger sowohl der 1883 geschaffenen Krankenversicherung als auch der 1884 geschaffenen Unfallversicherung vorgesehen wurden öffentlich-rechtlichen Körperschaften, eine gehobene Form selbstverwalteter „Quasi-Behörden". Dies ist in Deutschland bis heute so. Folgen sind zum einen ein deutlich weniger geräuschvoller Verwaltungsvollzug, zum anderen – mutmaßlich – auch eine im Mittel deutlich höhere Qualität der Entscheidungen (Waltermann 2008, 15).

American Rule als Abwehrrecht gegen den Staat

Von der Bedeutung des „Zugangs zum Recht" als eines Grundaxioms der im Vergleich zu Europa bis heute ausgeprägt individualistisch angelegten US-Gesellschaft war oben bereits die Rede. Gesprochen wurde auch bereits von der Wirkungsmacht dieses Grundsatzes im Bereich des Anwaltsgebührenrechts. Relevant ist das Axiom des „Zugangs zum Recht" aber auch – jenseits der Anwaltsgebühren – bei der eingangs bereits kurz erwähnten *American Rule*, die die Kostentragung im US-Zivilprozess bestimmt.

Anders als § 91 der deutschen Zivilprozessordnung (ZPO), der *grosso modo* der sog. *English Rule* entspricht und die Tragung sämtlicher Prozesskosten – grundsätzlich – der unterlegenen Partei aufgibt, kennt die *American Rule* – wiederum grundsätzlich, denn es gibt Ausnahmen – keine Kostenerstattung. Nicht zu erstatten sind damit grundsätzlich auch Kosten, die zur zweckentsprechenden Rechtsverfolgung oder Rechtsverteidigung notwendig waren.

Sinn dieser Regelung, die das Kostenrisiko der Klageerhebung reduziert, ist es, den „Zugang zum Recht" möglichst weitgehend zu öffnen. Im deutschen Recht gilt dieser Ansatz zwar nicht allgemein. Er ist dem deutschen Recht aber auch keineswegs gänzlich fremd. Auch § 12a I 1 Arbeitsgerichtsgesetz (ArbGG) schließt nämlich die Erstattung von Prozesskosten der im ersten Rechtszug obsiegenden Streitpartei weitgehend aus. Begründet wird dies mit dem aus den USA geläufigen Argument, dem (meist der Arbeitnehmerseite entstammenden) Kläger den „Zugang zum Recht" in Arbeitssachen weitmöglichst zu öffnen und ihn dazu vom Haftungsrisiko für die Kosten auch der Gegenseite in der ersten Instanz freizustellen.

Anders als in den USA wird so in Deutschland aber nur für das in verschiedener Hinsicht besonders gelagerte Arbeitsrecht argumentiert. Weiter verallgemeinert wird nicht. Auch wird der möglichst (kosten-)risikofreie Zugang zu den Gerichten hierzulande nicht zum ideologisch aufgeladenen Probstein für die Reife einer Demokratie gemacht. Gesehen wird vielmehr, dass gewisse Risiken der Klageerhebung nicht nur aus Fairness-, sondern auch aus Anreizgründen beim Kläger verbleiben müssen, weil sonst die Umwandlung des in einer Klage liegenden Rechtschutzbegehrens in eine gehobene Form von *wild card* für Vergleichsverhandlungen droht. Die deutsche Lösung, gewisse Kostenrisiken beim Kläger zu belassen, ist darum richtig – auch weil sie durch das Institut der Prozesskostenhilfe für Bedürftige sowie die Möglichkeit zum Abschluss einer Rechtsschutzversicherung moderiert wird, die beide freilich an das Vorliegen gewisser Erfolgsaussichten geknüpft sind.

Anarchischer Grundzug im kollektiven Bewusstsein der US-Gesellschaft

Ein weiteres, kollektivpsychologisches Moment besteht in einem anarchischen Grundzug der US-Gesellschaft, der aus europäischer Sicht erstaunlich erscheint. Fast scheint es, als konserviere das Schlagwort vom „Zugang zum Recht" eine Befindlichkeit des freien, der Unfreiheit des monarchischen Europas soeben entronnenen Siedlers, als werde der „Zugang zum Recht" im Rechtsstaat zum Surrogat für das in einigen (westlichen) Bundesstaaten bis heute bestehende und vom US Supreme Court erst 2008 in seiner Grundsatzentscheidung *District of Columbia v. Heller* (128 S. Ct. 2783) ausdrücklich als solches bestätigte Individualgrundrecht „to keep and bear arms – zumindest für *„any lawful firearm in the home operable for the purpose of immediate self-defense"*. Dem europäischen Rechtsdenken ist dieser anarchische Grundzug des US-Gesellschaft ebenso fremd wie das vermutlich noch aus Siedlertagen überkommene Grundmisstrauen vieler Amerikaner gegen jede Form staatlicher Autorität, insbesondere des aus Washington D.C. gesteuerten Bundes. Diese Sicht auf eine als latente Tyrannei gesehene Herrschaft könnte am Grund der Formulierung liegen, mit der US Supreme Court Justice und Berichterstatter Antonin Scalia in der vorgenannten Entscheidung das Recht zum Waffenbesitzt auch mit einem Naturrecht zur Verteidigung auch gegen Tyrannei begründet hatte: *the operative clause of the Second Amendment – „the right of the people to keep and bear Arms, shall not be infringed" – is controlling and refers to a pre-existing right of individuals to possess and carry personal weapons for self-defense and intrinsically for defense against tyranny.*

Zusammenfassung

Zusammenfassend festzuhalten ist zunächst, dass auch so scheinbar technische Materien wie das Rechtsanwaltsgebührenrecht und das Gerichtskostenrecht unmittelbar auf das System des Zivilprozesses einwirken. Grund dafür ist die Anreizwirkung, die beide Rechtsgebiete dadurch entfalten, dass sie Kostenrisiken sowie die Möglichkeit bestimmen, Kosten auf die Gegenpartei zu überwälzen. In den USA und Deutschland bestehen zu beiden Gebieten sehr unterschiedliche, einander teils diametral entgegen gesetzte Regelungen: während in den USA die weitgehende Möglichkeit zur Vereinbarung komplett erfolgsabhängiger Rechtsanwaltsvergütungen besteht und eine Pflicht zur Prozesskostenerstattung auch im Fall eines Prozessgewinns regelmäßig nicht besteht, gestattet das deutsche Recht einerseits erfolgsabhängige Anwaltsvergütungen nur oberhalb des durch das RVG vorgegebenen (gesetzlichen) Vergütungsrahmens und normiert § 91 ZPO die Tragung sämtlicher Prozesskosten durch die unterlegene Streitpartei.

Zusammengenommen bestehen damit in Deutschland und den USA durchaus gewollt sehr unterschiedliche Anreizsituationen für die Klageerhebung vor den Zivilgerichten. Während in den USA mit dem ‚Zugang zum Recht' eher die Rechte des Einzelnen im Vordergrund stehen, sich gegen Beeinträchtigungen durch Dritte oder den Staat klageweise zu wehren, werden in Deutschland eher die gesellschaftlichen und wirtschaftlichen Auswirkungen einer allzu weiten Entlastung potentieller Kläger von (Kosten-)Risiken gesehen und ausufernde Klagewellen mit Ergebnissen wie in den USA befürchtet. Dort haben Haftpflichtprozesse gegen niedergelassene Ärzte, etwa im Bereich der Geburtshilfe, zur medizinischen Verödung ganzer Landstriche geführt, weil Ärzte aufgrund der mangelnden Bezahlbarkeit adäquaten Versicherungsschutzes ihre Praxen geschlossen haben und sich zurückgezogen haben oder fortgezogen sind.

Aus europäischer Sicht muss sich das US-Zivilprozessrecht darum vorhalten lassen, Kläger auch über die Nachhaltigkeitsgrenze hinaus zu fördern und zu entlasten. Ob sich dieser Weg auf Dauer durchhalten lässt, erscheint heute ebenso zweifelhaft wie schon vor 20 Jahren. Andererseits erweist sich auch in den USA die Haltbarkeit rechtlicher Befindlichkeiten und Axiome – aus juristischen Gründen ebenso wie aus gesellschaftlichen. Immerhin dies haben Europa und die USA augenscheinlich gemeinsam.

Literatur

Ann, C.: Die Produkthaftung des Lizenzgebers – Zur Haftung von Innovationsträgern im deutschen und im amerikanischen Recht, Köln 1991

Ann, C.: Innovators in the Crossfire – A Policy Sketch for Unknowable Risks in European and American Product Liability Law, in: Tulane European & Civil Law Forum 1995, S. 173-189

Ann, C.: Patent Trolls – Menace or Myth?, in: Patents and Technological Progress in a Globalized World – Liber Amicorum Joseph Straus, Berlin/Heidelberg 2009, S. 355-364

Baye, M.R. / Kovenock, D. / de Vries, C.G.: Comparative analysis of litigation systems: an auction-theoretic approach, in: The Economic Journal 115 (July 2005), S. 583-601

Friedman, J.W. / Landers, J.M. / Collins, M.G.: The Law of Civil Procedure: Cases and Materials. Second Edition, St.Paul, Minnesota 2006

Gaylin, W.: The perversion of autonomy: coercion and constraints in a liberal society, Washington, D.C. 2003

Hommelsheim, E.: Cost allocation in civil litigation: Kostentragung und –ausgleichung im amerikanischen Zivilprozess, Bonn 1990

Murray, P. / Stürner, R.: German Civil Justice, Durham, NC 2004

Posner, R.A.: Explaining the variance in the number of tort suits across U.S. states and between the United States and England, in: The Journal of Legal Studies, vol. 26 (June 1997), S. 477 – 489

Schepke, J.: Das Erfolgshonorar des Rechtsanwalts, Tübingen 1998

Waltermann, R.: Sozialrecht, Heidelberg 2008

Wollschläger, C.: Exploring Global Landscapes of Litigation Rates, in: Soziologie des Rechts – Festschrift für Erhard Blankenburg, Baden-Baden 1998

Gesundheit in Kanada im Spiegel der Entwicklungen in Deutschland

Wolfgang Reuter

Einleitung

Das kanadische Gesundheitswesen ist aus innerkanadischer Sicht erheblich wichtiger, als es aus deutscher oder europäischer Perspektive erscheint. Regelmäßig ist die Gesundheitspolitik ein heißes Wahlkampfthema.

Auch in komparatistischer Hinsicht empfiehlt sich eine Beschäftigung mit kanadischer Gesundheitspolitik. Dabei können sowohl die Strukturen und Entwicklungen innerhalb des Politikfeldes Gesundheit verglichen werden als auch die Analyse des Föderalismus zwischen Bund und Provinzen in Kanada bzw. Bund und Bundesländern in Deutschland am Beispiel der Gesundheitspolitik durchgespielt werden.

Grundsätzliches zu Gesundheit und Gesundheitswesen

Kanadische Männer und Frauen haben eine längere Lebenserwartung als die deutschen Männer und Frauen. In Kanada arbeiten weniger Ärzte und Krankenschwestern pro Kopf der Bevölkerung.

Nach den neusten OECD-Statistiken betrugen die Anteile des Bruttosozialprodukts, die in Kanada und Deutschland für Gesundheit ausgegeben wurden, im Jahr 2007 10,1 % bzw. 10,4 %. In Kanada wurden allerdings etwas mehr Dollar (in Kaufkraftparitäten) pro Kopf ausgegeben als in Deutschland.

Der Anteil der öffentlichen Ausgaben an den Gesundheitsausgaben in Kanada beträgt 2007 nur 70% und ist in den letzten Jahren sogar leicht gesunken. Das niedrige Ausgangsniveau erklärt sich aus der Tatsache, dass in Kanada der Zahnersatz und die Medikamente weitgehend aus dem allgemeinen Leistungskatalog ausgeschlossen sind. Die Senkung ergibt sich aus der Kürzung von Optiker-, Zahnarzt- und Medikamentenleistungen. In Deutschland betrug der Anteil der öffentlichen Gesundheitsausgaben im Jahr 2007 immerhin 76%.

In Kanada ist die gesundheitliche Versorgung der Bevölkerung grundsätzlich auf der Provinzebene organisiert. Der Bund macht allerdings gewisse struk-

turelle Vorgaben, mit denen er seine Bereitschaft zur Kofinanzierung der Ge-
sundheitsleistungen verknüpft.

Folgende Anforderungen an die soziale Krankenversicherung müssen die
Provinzen erfüllen:

- öffentliche Verwaltung
- umfassende Leistungen
- Universalität
- Übertragbarkeit (bei Wohnortwechsel in andere Provinzen)
- Freier Zugang

Die Länderhoheit ist in Deutschland nur bei der öffentlichen Gesundheit gegeben. Die Diskussionen im Sommer 2009 um die Organisation und Finanzierung
der Impfung gegen die neue Grippe zwischen der Gesetzlichen Krankenversicherung, dem Bund und vor allem den Ländern hat dies gezeigt.

In Deutschland wird die soziale Krankenversicherung durch ein Bundesge-
setz, das Fünfte Sozialgesetzbuch (SGB V), geregelt. Die Länder übernehmen
hier nur noch die Krankenhausplanung. Die regionalen Kassenärztlichen Vereinigungen (KV) haben den Sicherstellungsauftrag für die ambulante Versorgung.

Für die ärztliche Vergütung wird in Kanada in jeder Provinz ein Tarif ausgehandelt. Anfang der achtziger Jahre begannen unzufriedene Ärzte den Patienten zusätzliche Rechnungen zu stellen, was in Kanada unter Extra-Billing bekannt wurde. Als das Extra-Billing der Ärzte überhand nahm, verbot der Canada
Health Act (1984) diese Praxis mit der Sanktion der Reduktion von Bundeszu-
schüssen.

In Deutschland handelt grundsätzlich die Kassenärztliche Vereinigung (KV)
das Honorar für die ambulant tätigen Ärzte mit den Krankenkassen aus. Auch
hier darf der Arzt für versicherte Leistungen von Patienten kein zusätzliches
Honorar verlangen.

Geschichte der sozialen Krankenversicherung in Kanada

Während in Deutschland schon unter Bismarck im 19. Jahrhundert eine soziale
Krankenversicherung eingeführt wurde, geschah dies in Kanada erst nach dem
Zweiten Weltkrieg.

Zunächst wurden die Krankenhausleistungen versichert, später folgten die
ambulanten Leistungen. Die einzelnen Provinzen verabschiedeten die entsprechenden Gesetze jeweils in einem Zeitraum von etwa zehn Jahren.

Die erste Krankenhausversicherung in Kanada wurde 1947 in Saskachewan eingeführt. 1957 trat auf Bundesebene der Hospital Insurance and Diagnostic Act in Kraft. Damit übernahm der Bund fünfzig Prozent der Kosten von Krankenhausbehandlungen. Drei Provinzen hatten zu diesem Zeitpunkt schon eine allgemeine Krankenhausversicherung, die übrigen kanadischen Provinzen folgten dann wegen des erheblichen Kostenzuschusses aus Ottawa.

Bei der ambulanten Versorgung sah es ähnlich aus. Wieder ging Saskatchewan voran und führe 1962 eine soziale Versicherung ein. Schon 1966 folgte Ottawa mit einer Bundesgesetzgebung. Aber erst 1972 hatte auch die letzte Provinz die ambulante Versorgung unter Versicherungsschutz gestellt.

Die hälftige Finanzierung der Gesundheitsausgaben durch den Bund erwies sich bald als ein Faß ohne Boden für den Bundeshaushalt. Die Ausgabensteigerungen im Gesundheitswesen lagen weit über denen in anderen Bereichen.

Zunächst führte der Bund 1977 das sogenannte Block Funding ein, bei dem Ausgaben für Erziehung und Gesundheit miteinander verbunden wurden.

Durch den Canada Health and Social Transfer (CHST) Act ging der Bund vom Dollar-Transfer zum Steuernachlaß über. Davon profitierten solche Provinzen stärker, die besonders viel Steuern an den Bund weiterleiteten.

Das 19. geschlossene Social Union Framework Agreement (SUFA) sieht gegenseitige Konsultationsverpflichtungen und eingeschränkte Autonomie bei der Einrichtung und Finanzierung von Sozial- und Gesundheitsprogrammen vor. Damit sollten großzügige neue Programme vermieden werden, die die Provinzen für ihre Bewohner einrichten und zum (Groß-) Teil vom Bund finanzieren lassen.

Anfang des neuen Jahrhundert erhielt die sogenannte Romanov Kommission die Aufgabe, Vorschläge für die grundlegende Neuordnung des Bund-Provinzen-Verhältnisses im kanadischen Gesundheitswesen zu machen. Sie publizierte in ihrem Abschlußbericht 47 konkrete Empfehlungen: Sie befürwortete kooperative Beziehungen zwischen gleichwertigen Partnern, eine neue Definition der Transferleistungen (was 2003 im Canada Health Transfer umgesetzt wurde), die Einrichtung eines Haushaltstitels nur für Gesundheit und nicht für weitere Sozialprogramme. Auch sollten nur noch Geldleistungen und keine Steuernachlässe für die Provinzen und Territorien vorgesehen werden, weil von den Steuernachlässen vor allem die reichen Provinzen profitieren. Der Versicherungsumfang sollte auf Medikamente ausgedehnt werden (was 2003 im Accord on Health Care Renewal berücksichtigt wurde). Schließlich sollte ein Minimum von 25% als Bundesanteil an den regionalen Gesundheitsausgaben festgeschrieben werden.

Berufe im Gesundheitswesen

In der ersten Hälfte des 20. Jahrhunderts besaßen die Ärzte in Kanada ein unangefochtenes gesellschaftliches Monopol für die Definition von Gesundheit und Krankheit sowie für die Erbringung medizinischer Leistungen bei vorliegender Krankheit. Zu Beginn hat dieses Monopol der Ärzte auch die Einführung einer sozialen Krankenversicherung überlebt. In den letzten Jahren verlieren die Ärzte allerdings an Terrain. Physiotherapeuten, Ergotherapeuten und Hebammen erhalten eine akademische Ausbildung, regulieren ihre Berufsausübung sehr stark selber und erhalten einen direkten Zugang zu den Patienten. Soziale Kriterien erweitern das Leistungsspektrum von öffentlich finanzierten und organisierten Einrichtungen. Der Arztberuf wird immer weniger vom Freiberufler, sondern immer stärker vom Angestellten geprägt. (Reuter 1990)

Besonders die Entwicklung in den achtziger Jahren führte zu Zentren, in denen medizinische und soziale Leistungen nebeneinander erbracht werden, in denen gleichberechtigt mehrere Heilberufe als Angestellte arbeiten, wie es auch die „Ottawa Charter Health for All" forderte. (Rochon Bericht 1985)

Trotzdem führen die Ärzte noch gesundheits- und gesellschaftspolitische Rückzugsgefechte. Anlässlich des „Jubiläums" des Canada Health Act, der 1984, also vor 25 Jahren, verabschiedet wurde, forderten die Ärzte eine Generalüberholung des Gesundheitswesens in Kanada. (Picard 2009) Um ihre eigene Position zu stärken, forderten sie vor allem eine Patienten-zentrierte Versorgung. Mit dieser Haltung grenzen sie sich von Ansätzen ab, die Risikogruppen oder altersbezogene Interventionen auf kommunaler oder Bevölkerungsebene bevorzugen, wie sie z.B. in der Folge des Rochon-Berichts (Rochon 1985) in Quebec eingerichtet wurden.

Beide oben genannten berufssoziologischen Trends sind in Deutschland mit einiger Verzögerung ebenfalls zu beobachten. Die nicht-ärztlichen Heilberufe akademisieren sich, sie erreichen in kleinen Schritten eine gewisse Unabhängigkeit vom Arzt, und die Bestrebungen zur Kammerbildung als Symbol professioneller Selbstbestimmung sind deutlich vernehmbar. Durch gesetzliche Änderungen ist es den Ärzten in Deutschland seit wenigen Jahren erlaubt, auch als Angestellte in der ambulanten vertragsärztlichen Versorgung tätig zu sein. Seither erfreuen sich Job-Sharing-Modelle in der Arztpraxis und Medizinische Versorgungszentren (MVZ) wachsender Beliebtheit bei den Ärzten, weil sie flexiblerer Arbeitszeitmodelle und Verteilung von Verantwortung als die traditionelle freiberufliche Einzelpraxis erlauben. Mit zunehmender Tendenz sind heute schon mehr als 18% der ambulant tätigen Ärzte angestellt und in dem Sinne keine Freiberufler in eigener Praxis mehr.

Auch wurden gemeindeorientierte Versorgungsansätze in Deutschland anders als in Kanada nur zögerlich und wenig systematisch ausprobiert und eingeführt. (Reuter 1988)

Wissenschaftliche Bewertung von Innovationen im Gesundheitswesen

Schon 1990 nahm das Canadian Coordinating Office for Health Technology Assessment (CCOHTA) seine Arbeit auf. Das Institut für Qualität und Wirtschaftlichkeit im Gesundheitswesen (IQWiG) wurde demgegenüber erst 2004 in Deutschland gegründet. Erst im Jahr 2009 einigt man sich auf eine Methodik zu Darstellung von Kosten-Nutzen-Bewertungen von Arzneimitteln und deren erste Bewertung erfolgt erst im Jahr 2010.

In diesem Bereich hat Kanada fast zwanzig Jahre Vorsprung bei der wissenschaftlichen Bewertung von neuen Diagnose- und Therapieverfahren. Hier wird zunächst eine ausreichende Wirksamkeit im Vergleich zum bisherigen Standard geprüft und dann werden noch Kosten-Nutzen-Überlegungen angestellt. Daraus ergibt sich dann eine Empfehlung an die Provinzen, bestimmte neue medizinische Leistungen zu vergüten oder nicht.

Wartezeiten

In der Wahrnehmung der Bevölkerung sind die Wartezeiten im Gesundheitswesen das größte Problem. Dies gilt für Termine zur fachärztlichen Behandlung, für die die mediane Wartezeit vier Wochen beträgt, und bei der Strahlendiagnostik, für die offizielle Zahlen eine Wartezeit von zwei Wochen auf einen Termin zur Magnetresonanztomographie (MRT) und zur Computertomographie (CT) angeben.

Zusammenfassung

Innovationen im Gesundheitswesen können gelingen, wenn Bund und Länder sich gegenseitig die nötigen Spielräume lassen und gleichzeitig auf vergleichbare Rahmenbedingungen achten.

Die deutsche Diskussion über den Gesundheitsfonds, über Beitragsanteile von Versicherten und Arbeitgebern und dem Staat kann durch einen Seitenblick auf die Entwicklungen in Kanda bereichert werden.

Literatur

Brede, F.: Medicare at the Crossroads, Zeitschrift der Gesellschaft für Kanada-Studien, 1/2005, S. 23-38

Coburn, D. et al: Health and Canadian Society, 1987

Kempf U. et al: Politik und Politikstile im kanadischen Bundesstaat, 1991

Kempf U. /Reuter W.: Gesundheitspolitik in Quebec, in: Kempf et al., Gesundheits- und Energiepolitik in Kanada (Teil 1a), Oldenburg

Picard, A.: Doctors se 'urgent' need to fix system, in: Globe and Mail, 19.08.2009

Reuter W.: Die Professionalisierung von Assistenzberufen im Gesundheitswesen. Am Beispiel der Ergotherapeuten in Quebec, in: Ergotherapie und Rehabilitation, 6/1990

Reuter W./Schiller T.: Strukturvergleich zur Gesundheitspolitik in: Kempf/ Michelmann/ Schiller (Hrsg.): Politik und Politikstile im kanadischen Bundesstaat. Gesundheits- und energiepolitische Entscheidungsprozesse im Provinzenvergleich, Opladen 1991

Rochon J.: Rapport de la Commission d'enquete sur les service de santé et les services sociaux,1988

Troschke J./ Reuter W.: Gemeindebezogene Studien zur Prävention nicht-übertragbarer Krankheiten in Frankreich, Freiburg, 1986

Föderalismus à la française
Aspekte alliierter Deutschlandpolitik nach dem Zweiten Weltkrieg

Paul-Ludwig Weinacht

Frankreich gilt als das Muster eines auf der Gleichheitsidee der Jakobiner begründeten Einheitsstaats. Die Revolutionäre proklamierten 1792 die *République une et indivisible*, und diese Verfassungsmaxime ist bis zur Fünften Republik fortgeschrieben worden. Erst seit den siebziger Jahren wird Kritik an den Schattenseiten des Pariser Zentralismus laut. Man hat Regionen eingerichtet und Verwaltungen dezentralisiert. 1997 stellte Udo Kempf fest, dass es „ökonomische, soziale und kulturelle Fortschritte" in den neugebildeten Regionen Frankreichs gebe (Kempf 1997, 304). Inzwischen beurteilt er die „jahrzehntelangen Wünsche der Regionen nach größerer Eigenständigkeit" so: Man habe ihnen „in erstaunlichem Maße Rechnung getragen", andererseits sei der „jakobinische Zentralstaat...erst in Ansätzen [darauf] eingegangen" (Kempf 2007, 324). In einer Neuauflage des Buches, die ich dem Jubilar wünsche, könnte er vom vielschichtigen Blätterteig der französischen Verwaltungsstrukturen sprechen, der ineffizient und kostspielig ist. Eine vom ehemaligen Premier Balladur geleitete Neugliederungskommission hatte daher von Präsident Sarkozy den undankbaren Auftrag übernommen, die Zahl der Gebietskörperschaften zu reduzieren. Die Auflösung traditioneller Regionen soll durch eine erweiterte Selbstverwaltung der aus der Fusion entstehenden Körperschaften versüßt werden. Allein das Vorhaben stößt auf wenig Gegenliebe (Stand März 2009).

Als Frankreich in den ersten Nachkriegsjahren sich als Verfechterin föderaler und staatenbündischer Lösungen gab, zielten solche Äußerungen nicht nach innen, sondern auf Deutschland. Es blieb damit unter den Siegermächten allein, so wie de Gaulle mit seinem – auch gegen Nachkriegs-Deutschland gerichteten – Versuch einer Sonderbundpolitik mit Stalin (November 1944) allein blieb. Die Briten verlangten in dem zu gründenden Weststaat um einheitlicher Wirtschaftsverwaltung willen ein ausgebautes Regierungszentrum, die Amerikaner eine Föderation, auch sie mit den erforderlichen zentralen Einrichtungen versehen: beide Mächte im Einklang mit ihren eigenen politischen Systemen. Frankreich hingegen sprach dem besiegten Deutschland die Merkmale ab, die es selbst auszeichneten (*une et indivisible)* und forderte einen lockeren Bund deutscher Länder. Die Fixierung seiner politischen Eliten auf ein militaristisches Preußen als Machtkern und Berlin als Hauptstadt eines Deutschen Reiches – de Gaulle sprach mit von Furcht getränktem Abscheu vom *Reich germanique* – ließen die französischen Verfassungsvorstellungen hinter das Epochenjahr 1866 zurückfallen.

Entscheidungen über Grenzen und Staatsorganisation

Um in typologischer Absicht die Entscheidungen der Siegermächte in Deutschland zu beobachten, lassen sich zwei Felder unterscheiden, auf denen die staatliche Neuordnung nach zum Teil langen und schwierigen Verhandlungen fixiert wurde: die Staatsgrenzen und die Neugliederung der Länder einerseits, die Staatsorganisation, also die Frage von Bundesstaat und Staatenbund andererseits.

Die deutschen Außengrenzen wurden teils durch Verträge der drei Hauptsiegermächte (Potsdam), teils durch Tolerierung handstreichartiger Annexionen (z. B. Stettin) festgelegt. Die innere Neuvermessung des Reiches erfolgte in Entscheidungen über Besatzungszonen und nachfolgend über deren Binnengliederung; in Vorbereitungskonferenzen zum Parlamentarischen Rat (gemäß Frankfurter Dokument II); deutsche Politiker hatten dadurch immerhin die Möglichkeit, Ländergrenzen im Einzelfall zu korrigieren. Frankreich, die vierte Besatzungsmacht, war zu geschwächt aus dem Krieg hervorgegangen und zu arm an ökonomischen Ressourcen, um seine extrem föderalistischen Vorstellungen für Deutschland zu realisieren. Auch sahen die Amerikaner sich gegen Überraschungen de Gaulles durch strategische Entscheidungen vor und zögerten nicht, ihre Nachschubwege gegen allfällige französische Eingriffe abzuschirmen. Sie zerschnitten die Traditionsländer Württemberg und Baden, um die Autobahn Frankfurt/Ulm zu beherrschen, auf der der Verkehr von Bremerhaven nach Bayern und Österreich rollte. Hätte es dieser Vorsicht nicht bedurft, gäbe es Grund zu der Annahme, dass Bayern nicht das einzige Traditionsland in Süddeutschland geblieben wäre.

Das staatsorganisatorische Feld, dessen Kern die Verfassung Westdeutschlands wurde, ist von der Londoner Sechserkonferenz bestellt worden. Sie entschied sich für eine föderative Ordnung mit Zentralinstanzen. Dass die Franzosen nach ihrem im Alliierten Kontrollrat erfolgten Veto gegen Zentralinstanzen für Deutschland nunmehr solche Einrichtungen für den Weststaat hinnahmen, erklärt sich dadurch, dass sie dem darauf gerichteten politischen Willen der angelsächsischen Staaten ernstlich nichts entgegensetzen konnten, zumal dieser Teilstaat nicht mehr das *Reich germanique* war. Paris konnte sich mit nichts leichter anfreunden als mit einem geteilten Deutschland (vgl. die auf Verständnis der französischen Positionen zielende Darstellung von Hudemann 1991). Die letzte außenpolitische Intervention im alten Geist de Gaulles datiert vom Spät-

jahr 1989. Damals eilte Mitterrand, von allen guten Geistern deutsch-
französischer Freundschaft verlassen, nach Ostberlin, um die Errungenschaft
französischer Sicherheitspolitik auf deutschem Reichsboden, nämlich *des Allemagnes*, mit Hilfe des ZK der SED zu verteidigen.

Zwei bemerkenswerte Gebietsvorschläge (Litchfield, Kopelmanas)

Den territorialen Entscheidungen, die wir berührt haben, gingen Diskussionen
voraus und folgten Diskussionen nach. Alliierte Stäbe, gemischte Kommissio-
nen, deutsche Politiker und Schriftsteller überboten sich in Entwürfen für die
Gliederung des Reichs in Länder, unter ihnen Autoren wie der nach England
emigrierte Sebastian Haffner (*Germany* 1941), der in die USA emigrierte Lübe-
cker Senatsbeamte Arnold Brecht (*Federalism and Regionalism in Germany.
The Division of Prussia* 1945) oder der in der Schweiz lehrende deutsche Öko-
nom Wilhelm Röpke (Die deutsche Frage 1945), um nur diese drei zu nennen.
Mit Deutschland vertraute Autoren knüpften zumeist an die steckengebliebenen
Neugliederungspläne der Weimarer Republik an, die der Aufteilung Preußens
galten. Gewicht gewannen solche Planungen, wenn sie von zonalen und überzo-
nalen Entscheidungsträgern kamen, amerikanischen Interessen entsprachen und
Aussicht besaßen, von deutschen Politikern hingenommen zu werden.

Es kann hier nicht darum gehen, eine Quintessenz aus den bisherigen Publi-
kationen zum Thema zu ziehen, vielmehr soll das eine oder andere markante
Zeugnis aufgeführt werden, wie es etwa im Vorschlag des politischen Beraters
von General Clay, H.G. Litchfield, vorliegt. Zur Vorbereitung der Londoner
Außenministerkonferenz vom Frühjahr 1947 hatte Clay ihn eine Diskussions-
grundlage erarbeiten lassen. (Verf. konnte das Papier im Archiv des Quai
d'Orsay einsehen.) Darin waren – im Wesentlichen auf der Grundlage des völ-
kerrechtlichen Zustands Deutschlands von 1938 – vier Varianten einer territorialen Neugestaltung eines deutschen Bundesstaates beschrieben. Als politische
Klammer diente ihm ein doppeltes Kriterium: Deutschland sollte so gegliedert
werden, dass es von seiner Peripherie her beeinflussbar, aber in sich selbst fest
wäre; die Länder sollten in der Lage sein, zentralistischen Anfechtungen Widerstand entgegenzubringen:

- *Proposal A. Large States,* ein 10-Ländervorschlag mit großen Gliedstaaten
  (im Südwesten waren ganz Baden und ganz Württemberg miteinander vereinigt);
- *Proposal B. Medium States,* ein 12 – Ländervorschlag für mittelgroße
  Gliedstaaten;

- *Proposal C. Small States*, ein Vorschlag für 17 kleinere Länder (im Südwesten waren die Traditionsländer selbstständig);
- *Proposal D. States with minor changes*, eine 18-Länder-Variante, bei der u.a. die bayerische Pfalz an Baden angeschlossen war.

Mit der Einbeziehung auf das östliche Reichsgebiet wollte Litchfield dem sowjetischen Werben um Deutschland etwas entgegensetzen. Sinn dieser Vorgabe, die in Art. 116. I GG – hier zur Vermeidung von Staatenlosigkeit Volksdeutscher – wiederholt wird, war es gewiss nicht, die Zustimmung Molotows oder der Franzosen zu gewinnen, wohl aber die Zustimmung wichtiger deutscher Politiker. Hatte doch der Vorsitzende der westdeutschen Sozialdemokraten, Kurt Schumacher, französischen Journalisten gestanden, er werde lieber auf den Knien nach Versailles gehen, als Potsdam anzuerkennen.

Für Paris war der Vorschlag „C" gedacht, da die Franzosen, wie man wusste, darauf aus waren, die Länder – vorab im deutschen Südwesten – in den alten Gebietsgrenzen wiederherzustellen. Die USA ihrerseits zielten eher auf die Vorschläge A und B, mit denen die Fusionierung dieser und anderer kleiner Länder, etwa in der Sowjetischen Zone, verbunden gewesen wäre. Sie waren überzeugt, nur dadurch die Probleme der Millionen geflohener und vertriebener Ostpreußen, Pommern, Schlesier, Sudetendeutscher meistern zu können. Man wollte Deutschland in die Lage versetzen, dem amerikanischen Steuerzahler nicht dauerhaft auf der Tasche zu liegen. Wie man weiß, kam es darüber in London zu keiner Einigung, und auch die Sechserkonferenz gelangte angesichts amerikanisch-französischer Meinungsunterschiede zu keinem abgestimmten Neugliederungsvorschlag für die Länder in den Westzonen.

Ein anderes markantes Zeugnis aus jener vorkonstitutionellen Epoche Deutschlands bietet die Beratung von fünf Professoren, die im Sommer 1948 in der amerikanischen Zone die „föderalistische Neugestaltung Deutschlands" studieren sollten, darunter ein Deutsch-Amerikaner und ein aus Paris hinzugezogenen Franzose. (Meine Quelle ist ein autobiographischer Bericht des Deutsch-Amerikaners [Arnold Brecht]; ich habe sein Manuskript vor Jahren im Bundesarchiv eingesehen.) Brecht schreibt, er sei „nun nicht mehr wie einst... durch die Überlegung gehemmt, dass eine Reichsreform nur mit Zustimmung Preußens möglich war. Denn Preußen existierte nicht mehr. Aber dafür musste ich in Betracht ziehen dass die Neugestaltung jetzt die amerikanische Zustimmung finden musste... Mein französischer Kollege, der kluge und geistreiche Pariser Professor Kopelmanas...versuchte in jeder Besprechung, die Deutschen zu überreden, Deutschland in völlig selbständige Staaten aufzulösen. Damit kam er nicht nur bei mir, sondern natürlich auch bei unsern deutschen Gesprächspartnern schlecht an. Besonders in Heidelberg geriet er in ein Kreuzfeuer empörter Antworten.

Alfred Weber ließ seinen Zorn und Hohn an ihm aus: 'Wenn es so schön ist, eine Nation in selbständige Länder aufzuteilen, warum machen Sie uns das dann in Frankreich nicht vor, sondern im Gegenteil?' Mitleidig vertröstete ich unseren Kollegen auf unsere späteren Besprechungen in Bayern. Aber auch bei der Münchener großen Abendsitzung mit den bayerischen Abgeordneten unter dem Vorsitze des damaligen Ministerpräsidenten Erhart [gemeint ist Ehard]...erhielten die separatistischen Empfehlungen aus reichstreuen bajuwarischen Kehlen eine kaum schwächere Zurückweisung als in Heidelberg und Stuttgart." Wir wissen nicht, ob Kopelmanas' Bericht in Paris zur Kenntnis genommen worden ist und dort das Umdenken in der Deutschlandpolitik erleichtert hat.

Was wir wissen ist, dass einige der territorialen Streitfragen zwischen den westlichen Besatzungsmächten durch die sich als „Treuhänder des deutschen Volkes" verstehenden Ministerpräsidenten der Länder hätten behoben werden können; doch dafür hätten sie in ihren Beratungen über das Frankfurter Dokument II Übereinstimmung erzielen müssen. Weil das nicht der Fall war, blieb es dem Parlamentarischen Rat überlassen, mit Art. 118 GG einen Sonderweg zur südwestdeutschen Neugliederung zu eröffnen. Art. 29 GG war ja nach dem Willen der Alliierten zunächst nicht anwendbar. Die von den Franzosen begünstigte Neugliederung nach Traditionsländern wurde – nachdem eine staatsvertragliche Lösung nicht zustande kam – 1951 durch den Bundesgesetzgeber und das Bundesverfassungsgericht vereitelt.

Bundestaat oder Staatenbund?

In Zusammenhang mit dem Zuschnitt der Länder, der ein Stück weit Ausdruck ihres Bundesverhältnisses sein sollte, wurde oftmals der Charakter der Einheit Westdeutschlands diskutiert. Die von de Gaulle ausgegebene Formel *Les Allemagnes* hatte den genauen Sinn, dass es kein Reich und künftighin auch keine (west-)deutsche Zentralregierung mehr geben sollte. Deutschland sollte als ein möglichst lockerer „Bund deutscher Länder" fortbestehen, der – wie es in dem Litchfieldschen Kriterium hieß – von seiner Peripherie her beeinflussbar wäre. Die Franzosen dachten dabei an die am Rhein gelegenen Traditionsländer, nicht zuletzt das, was sie *Etat Rhénan* nannten. Dazu passt, dass sie sich der in Potsdam (ohne ihre Mitwirkung) beschlossenen Einrichtung zentraler Berliner Ämter für zonenübergreifende Aufgaben widersetzt hatten, dass sie 1947 „ihre Ministerpräsidenten" mit Redeverbot zur deutschen Einheit belegten und nur so die Teilnahme an der Münchner Konferenz an Fronleichnam 1947 erlaubten. Und unterstützten sie nicht den südbadischen Staatspräsidenten Leo Wohleb bereitwilligst, als er seine Ministerpräsidenten-Kollegen zu einer Folgekonferenz nach

Badenweiler einlud? Nach der gescheiterten Münchner Einheitskonferenz wollte Wohleb dort einen betont föderalen Weg zur deutschen Einheit beraten; indes überwogen alsbald die Absagen derer, die in ungewisser Zeit die Reichseinheit nicht aufs Spiel setzen wollten. Misstrauen gegen die Franzosen schien ihnen angezeigt, weil in der französischen Zone separatistische Gruppen agieren konnten und eine von einem Konstanzer Archivar verfasste antipreußische Werbeschrift für eine „Schwäbisch-Alemannische Demokratie" in hoher Auflage Verbreitung fand.

Auf der Moskauer Außenministerkonferenz im März/April 1947, auf der ein Friedensvertrag beraten wurde, berief sich der französische Außenminister Bidault für seine Forderungen auf zweierlei Legitimation: bei der Fixierung der Außengrenzen Deutschlands auf Siegerrecht, bei der deutschen Binnenverfassung auf angebliche deutsch-kulturelle Selbstverständlichkeiten. Im ersten Fall forderte er die Anerkennung des Rheinstaat-Projekts, durch das die friedensvertraglich festzusetzenden Grenzen Deutschlands modifiziert werden sollten: *Frontières futures de l'Allemagne (Ruhr, Rhénanie, etc...)*, im zweiten Fall stützte er sich auf einen vorgeblichen Organisationskonsens unter den Deutschen selbst. In einem Vorbereitungspapier, das Stabsmitarbeiter von General Koenig in Berlin ausgearbeitet hatten, heißt es: Die Deutschen „fürchten, ihr Land werde in zwei oder drei Stücke geteilt. Aber zahlreiche Beispiele haben es uns gezeigt, im Osten und Norden ebenso wie im Westen und im Süden, sie bleiben dem Partikularismus ihrer engeren Heimat inniger verbunden. Sie protestieren, sobald man daran rührt. Einzig der Föderalismus ist geeignet, diesen widersprüchlichen Bestrebungen zu genügen. Die Deutschen können die Einheit ihres Landes nur in föderaler Form begreifen. Und das erklärt, warum man von den unterschiedlichsten Gesichtspunkten aus in den verschiedenen Zonen bei fast gleichartigen Resultaten landet."

Wenn französische Beamte und Politiker dies geglaubt haben, dann weil sie es glauben wollten. Entsprach es doch ihrer eigenen Deutschlandpolitik. Allerdings hatte jener Professor Kopelmanas, der im Sommer 1948 in der amerikanischen Zone die Voraussetzungen für Föderalismus (und die Grenzen des Partikularismus) untersuchte, in München erfahren müssen, dass die Deutschen die Einheit ihres Landes nicht aufgeben, allenfalls – wie dies Leo Wohleb sehr schön formuliert hat – „auf feinerem Wege verwirklichen" wollten. Arnold Brecht, dem wir den Bericht davon verdanken, meinte treuherzig, der französische Kollege habe „die Aussichtslosigkeit" seiner Bemühungen begriffen (nämlich dass die Deutschen eher auf ihre staatliche Einheit als auf die Autonomie ihrer engeren Heimat verzichten würden) und fasste zusammen: „Er hat wahrscheinlich seiner Regierung laufend berichtet, so dass dieser Versuch am untauglichen Objekt indirekten Wert hatte. Niemand kam mehr auf Teilung Deutschlands in selbstän-

dige Staaten zurück. Unser gemeinsamer Bericht ging grundsätzlich in bundes-
staatlicher Richtung." (Zum weiteren Schicksal des Berichts vgl. das autobiogra-
phische Manuskript von Arnold Brecht, Bundesarchiv.) Auch aus dem Stab General Koenigs gingen Bidault warnende Hinweise zu. Der politische Rat de
Charmasse schrieb sehr hellsichtig: „Die Mehrheit der Deutschen hat die Über-
zeugung, dass unsere Parteinahme zugunsten des Föderalismus vor allem aus
strategischen Gründen motiviert ist, dass wir darin ein Mittel sehen, um Deutschland auf viele Jahre hin zu schwächen. Diejenigen unter ihnen, die unseren Gesichtspunkt teilen, werden als 'Kollaborateure' verdächtigt…Es gibt darum Leute, die unsere Haltung bedauern, weil sie das Instrument kompromittiert, dessen
sie sich sonst hätten bedienen können."

Zusammenfassung

Frankreich hat aus sicherheitspolitischen Erwägungen die deutsche Frage als
eine Frage der Vereitelung künftiger Machtballung verstanden. Die Strategie, die
de Gaulle dafür konzipierte, bestand in Faustpfändern, einseitigem oder geteiltem Ressourcenzugriff (Saar, Ruhr), Einflusszonen („Rheinstaat", locker verbundene Traditionsländer), in der Ausschaltung Preußens und Berlins. Allenfalls
ein Bund deutscher Länder sollte „jenseits des Rheins" wiedererstehen, wobei
Traditionsländer zur Kumulierung landesstaatlicher Kompetenzen und zur Abwehr unitarisierender Tendenzen besonders geeignet erschienen.

Da diese Linie zutage lag und Frankreich das alte Misstrauen des Erbfeindes einbrachte, verbündeten sich selbst Persönlichkeiten gegen diese französische Politik, die ins süddeutsch-katholische Milieu des Föderalismus gehörten.
Wenn die Traditionsländer im deutschen Südwesten fusionierten, dann ist das
auch auf einen antifranzösischen Affekt von durch Versailles traumatisierte Politiker zurückzuführen. Es gibt dafür in den Lebenserinnerungen Heinrich Köhlers
gewichtige Zeugnisse.

Die Risiken, die die Besiegten des 8. Mai 1945 in der französischen
Deutschlandpolitik für sich sahen, und die Wiederholungsgefahr deutsch-
französischer Kriege, auf die Frankreich sich – ein Teilaspekt der *force de frappe*
– einrichtete, haben sich glücklicherweise nicht bestätigt. Die Militärallianzen
des Kalten Krieges, die Männer wie Schuman und Adenauer zu politischen Pro-
jektionen auf ein christliches Abendland vertieften, ferner der günstige wirtschaftliche Einfluss von EWG und EU bauten im Verlauf eines halben Jahrhunderts ererbtes Misstrauen ab und Zuversicht in die Verlässlichkeit der anderen
Seite auf. Erst die bevorstehende Auflösung der DDR gab dann Anlass, dass man
sich in Paris alte außen- und sicherheitspolitische Reflexe einstellten und Mitter-

rand die ostberliner Partei- und Regierungsmannschaft zum Durchhalten ermun-
terte. Derlei wurde durch den Vertrag über die abschließende Regelung in bezug
auf Deutschland (zwei plus vier) vom 12. September 1990 und den in Aussicht
genommenen Vertiefungs- und Erweiterungsprozess der EU gegenstandslos.

Im Verlauf der V. Republik sind Versatzstücke des westdeutschen Föderal-
lismus über den Rhein gewandert, wo sie sich als staatsbürokratische Dezentralisierung und Erweiterung von Departements in Regionen zur Geltung zu bringen
suchen. Paris scheint erkannt zu haben, dass die Einheit der Republik durch Re-
gionalismen reicher wird und das Hexagon sich gleichmäßiger entwickeln lässt.
Allerdings wurde – wie Udo Kempf wiederholt feststellt – der Pariser Zentralismus nicht wirklich abgebaut: „Verkehrsmäßig wie politisch führen fast alle Wege weiterhin nach Paris." (Kempf 2007, 323) Wer geglaubt hatte, dass die deutsche und die französische politische Kultur ein Stück weit gemeinsame Entwick-
lungsarbeit vor sich haben, nämlich im „Europa der Regionen", wird sich also
wohl noch gedulden müssen.

Literatur

Hudemann, R.: De Gaulle und der Wiederaufbau in der französischen Besatzungszone
    nach 1945, in: Loth, W./ Picht, R. (Hg.): De Gaulle, Deutschland und Europa, Opla-
    den 1991, S. 153-167
Kempf, U.: Das politisches System Frankreichs, Opladen 2007
Kempf, U.: Von De Gaulle bis Chirac. Das politische System Frankreichs, Opladen 1997

Französische Besatzungspolitik und deutsche Nachkriegspolitiker

Die Beispiele Jakob Kaiser und Kurt Schumacher

Hans-Georg Merz

Am Ende des Zweiten Weltkriegs unterzeichnete und publizierte Dokumente ließen keinen Zweifel: Das Deutsche Reich in seiner staatlichen Existenz hatte aufgehört zu bestehen, deutsche politische Perspektiven waren auf absehbare Zeit kaum zu erkennen. Eine Erklärung des britischen Premierministers Winston Churchill vom Februar 1944 machte unmissverständlich klar, welche Konsequenzen die „bedingungslose Kapitulation" der Wehrmacht (7./8. Mai 1945) für die Bevölkerung haben würde: „'Bedingungslose Kapitulation' bedeutet, dass die Sieger freie Hand haben. Aber sie bedeutet nicht, dass sie zu barbarischen Akten berechtigt sind oder dass sie beabsichtigen, Deutschland aus der europäischen Völkerfamilie zu tilgen. Aber wir erkennen keine aus anderen Gründen als allgemeinen Erwägungen der Zivilisation entspringende Verpflichtung an. Den Deutschen gegenüber bindet uns keine Vereinbarung irgendwelcher Art. Das ist der genaue Sinn der ‚bedingungslosen Kapitulation'‚ (Krautkrämer 1977, 85). Politisch implementiert wurde diese Position durch die alliierte „Erklärung in Anbetracht der Niederlage Deutschlands und der Übernahme der obersten Regierungsgewalt hinsichtlich Deutschlands" vom 5. Juni 1945, laut welcher die Regierungen der Siegermächte die Hoheitsrechte in Deutschland übernahmen „einschließlich aller Befugnisse der deutschen Regierung, des Oberkommandos der Wehrmacht und der Regierungen, Verwaltungen oder Behörden der Länder, Städte und Gemeinden" (Benz 2009, 56).

Deutschland folglich ein Territorium: militärisch besetzt, besatzungsrechtlich administriert, politisch von fremden Regierungen und ihren Behörden dirigiert? Anfänglich ja, aber schon bald, in unterschiedlicher Geschwindigkeit, begann sich das politische Vakuum in den einzelnen Besatzungszonen wieder zu füllen – mit deutschen lokalen, dann regionalen, Länderautoritäten, die überwiegend als Repräsentanten wieder entstandener oder neuer Parteien politische Aufgaben übernahmen. In diesem Prozess einer allmählichen Rekonstruktion des politischen Lebens gelang deutschen Parteiführern eine Profilierung über die Zonengrenzen hinweg – mit dem Resultat, dass diese schon in vergleichsweise kurzer Zeit zu wichtigen Gesprächspartnern der Besatzungsmächte und von diesen anerkannte ‚Einflussfaktoren' wurden. „Freie Hand" der Sieger bedeutete nämlich nicht gänzlich unabhängig zu agieren, deutsche Befindlichkeiten und Vorstellungen außer acht zu lassen und auf – auch konflikthafte – Beziehungen zu deutschen Spitzenpolitikern der Nachkriegszeit verzichten zu können.

Mit Jakob Kaiser und Kurt Schumacher begegneten sie überdies zwei Politikern, die, biographisch ohne „dunkle Schatten", nicht ohne Selbstbewusstsein auftraten und über ‚elaborierte' politische Konzepte verfügten, die ‚von außen" zu verstehen und zu beurteilen offensichtlich nicht ganz einfach war, wenn sie nicht überhaupt – zumindest in Teilaspekten – als unrealistisch bzw. unakzeptabel erschienen. Beide Parteiführer hatten außerordentliche Schwierigkeiten mit der sowjetischen Besatzungsmacht, die Schumachers Partei in ihrer Zone durch die ‚Zwangsvereinigung" mit der KPD zur SED im April 1946 ihrer Existenz beraubte und die im Dezember 1947 Kaiser als Vorsitzenden der CDU in der SBZ absetzte. Keineswegs reibungslos war aber auch das Verhältnis der beiden deutschen Spitzenpolitiker, die ihre politischen Schwerpunkte im nördlichen und östlichen Deutschland hatten, zu den französischen Behörden. Diese versuchten mittels Informationen aus verschiedenen Quellen – z.B. öffentliche Verlautbarungen der Politiker, Pressekommentare, Berichte und Einschätzungen anderer alliierter Dienststellen, direkte Gesprächskontakte – sich ein mehr als nur oberflächliches Bild zu machen von den Ansichten und Zielen wichtiger Repräsentanten der deutschen Nachkriegspolitik. Damit waren gewiss nicht sogleich manifeste und substanzielle Mitsprachemöglichkeiten oder sogar Mitentscheidungschancen intendiert. Dass deutsche Positionen, wie sehr sie letztlich auch die Formulierung und Durchführung der französischen Politik beeinflussten oder nicht, sehr wohl perzipiert und analysiert wurden, ist mehr als eine Vermutung. Akten französischer Behörden, im ‚Mutterland' wie in der Besatzungszone tätig, belegen diesen Sachverhalt.

Jakob Kaiser und Frankreich

Am Anfang war das Saarland – als gravierender Streitpunkt zwischen der französischen Besatzungsmacht und Jakob Kaiser (Quellen zu den folgenden Ausführungen bezüglich Kaiser insgesamt: AdO Colmar, Bonn 39, Pol II, B 2, 1946-1949, Personalités K). Weniger sein kontrovers diskutiertes Konzept von Deutschland als „Brücke" zwischen West und Ost noch das deutungswürdige Schlagwort vom „christlichen Sozialismus" berührten das Verhältnis des CDU-Politikers zu Frankreich. Konfliktpotenzial enthielten vielmehr eher ‚nationale' Fragen, Zugehörigkeits- und Grenzfragen, über die in Potsdam noch nicht das letzte Wort gesprochen worden sei; und die unter den Siegerstaaten nicht nur vor allem die Sowjetunion, sondern auch Frankreich betrafen (Elzer 2008, 67). Auf einer Kundgebung in Leipzig im Mai 1946 übte Kaiser heftige Kritik an Teilen der Bevölkerung des Saarlandes, die als „Geschäftemacher in Separatismus", gleichsam in einem Akt der „Felonie", einen „Anschluss" an Frankreich wünschten. Den heftigen Worten Kaisers sollte eine auf den ersten Blick starke Reaktion Frankreichs, das einen Angriff, eine „Attacke" auf die Politik einer der vier Besatzungsmächte nicht hinnehmen wollte, folgen: Generalverwalter Laffon schlug dem Militärgouverneur und Oberbefehlshaber der französischen Truppen in Deutschland, General Koenig, einen förmlichen Protest vor. Adressat: „Autorités russes de la Commission de Contrôle". Ob ein solcher – der Sowjetischen Militäradministration sicherlich nicht unwillkommener Schritt – tatsächlich unternommen wurde, ist aus den Akten der französischen Militärregierung nicht ersichtlich. Die Brisanz des Vorgangs und das Ausmaß der französischen Verärgerung über Kaisers Ausführungen – „paroles très opposées aux thèses françaises" – zeigte überdies die Benachrichtigung René Mayers, des Generalkommissars für deutsche und österreichische Angelegenheiten in Paris, sowie Überlegungen auf der Ebene des Alliierten Kontrollrats, deutschen Rednern per Gesetz Äußerungen zu verbieten, die den Auffassungen („thèses politiques") eines der alliierten Staaten widersprachen.

Die partiell durchaus konflikthafte Struktur der Beziehungen zwischen französischen Offiziellen und Jakob Kaiser wurde indessen auch mehrmals nach außen sichtbar. Während ein politischer Weggefährte Kaisers, der spätere Bundesminister Ernst Lemmer, als CDU-Politiker in Berlin das „Gefühl" hatte, man stehe den Franzosen „vielleicht aus weltanschaulichen Gründen besonders nahe" (Lemmer, 285), traf dieses Urteil für die französische Politik in der Besatzungszone offensichtlich nicht zu. Zu einem regelrechten Eklat kam es Ende September 1947 anlässlich einer Veranstaltung der Arbeitsgemeinschaft der CDU/CSU in Koblenz: „Die französische Militärregierung griff fast unmittelbar zu Beginn überraschend in den Gang der Tagung ein. Kaiser wurde aus der Sitzung herausgerufen. Ein französischer Offizier eröffnete ihm, dass er die Zone auf Anweisung von General Koenig sofort wieder zu verlassen habe, und zwar deutete er als Grund bestimmte gesamtdeutsche Bestrebungen Kaisers an. Kaiser begab sich daraufhin zusammen mit dem Ministerpräsidenten des Landes Rheinland-Pfalz, Peter Altmeier, zu dem Generaldelegierten der französischen Militärregierung Hettier de Boislambert, durch dessen Vermittlung es nach einigen Telefongesprächen mit Baden-Baden erreicht wurde, dass der Ausweisungsbefehl zurückgenommen wurde, zumal Kaiser darauf hingewiesen hatte, dass bei seiner Ausweisung wohl auch Konrad Adenauer und schon gar seine Berliner Freunde die Tagung aus Solidarität ebenfalls verlassen müssten. Kaiser durfte somit in

Koblenz bleiben, wurde aber von der französischen Militärregierung angewiesen, auf der Tagung nicht das Wort zu ergreifen" (Conze 1969, 176f.).

Seinen ersten öffentlichen Auftritt in der französischen Besatzungszone absolvierte Kaiser schließlich im Juni 1948 in der Freiburger Straßenbahnhalle vor rund 4000 Zuhörern, denen er seine programmatische Vorstellung von einer „Brücke", die in Richtung Osten errichtet werden sollte, erläuterte. Einem internen Bericht der „division de la sûreté" zufolge war sich Kaiser nicht ohne Zufriedenheit des Einflusses bewusst, den er etwa im deutschen Südwesten zu besitzen schien – mit möglichen Auswirkungen auf die Politik seines parteiinternen Rivalen Konrad Adenauer: „Au cours de ma visite en Bade-Sud j'ai eu l'occasion de constater que mes déclarations anti-françaises ont attiré de nombreuses sympathies allemandes. J'ai remarqué chez les Badois du Sud la naissance d'un mouvement nationaliste comme jamais je n'en ai vu en Allemagne. Ces constatations m'ont fait réfléchir et j'ai pensé qu'ADENAUER ne tarderait pas à se casser les reins s'il continuait à papilloter avec la France."

Alles andere als harmonisch verlief auch im April 1949 ein Treffen Kaisers und des Sozialdemokraten Otto Suhr, beide als Mitglieder einer Delegation des Parlamentarischen Rates, mit den drei westlichen Militärgouverneuren in Frankfurt. Auf Betreiben General Koenigs durften die beiden Berliner Vertreter nicht am Konferenztisch, sondern nur auf zurückgestellten Stühlen Platz nehmen. Nach einiger Zeit wurde eine Lösung des Problems gefunden: Man holte die Stühle an den Tisch heran (Conze 1969, 236f., 252).

Vorgänge solcher Art, denen zweifellos auch ein Gran – vor allem nach außen gerichteter – symbolischer Politik zu eigen war, beschreiben jedoch nur einen Teil französisch-deutscher, von Besatzungsmacht und von zunächst befugnisarmen politischen Repräsentanten in den Westzonen zu gestaltenden Beziehungen. Parallel zu öffentlichen Verlautbarungen und Veranstaltungen – wobei französische Beobachter sehr genau den Grad der Unterstützung für Kaisers Positionen ergründeten und in ihren verwaltungsinternen Berichten festhielten (z.B.: „une tempête d'applaudissements") – gab es sehr wohl Gelegenheiten und Formen vertraulicher Kommunikation zwischen dem christdemokratischen Politiker und alliierten, französischen Beamten und Militärs. So erfuhren die ausländischen Gesprächspartner, wie Kaiser das Regime in der SBZ im Dezember 1947 beurteilte („il serait chimérique de songer à instaurer des institutions démocratiques"). Bedenken in Süddeutschland gegen Berlin als zukünftige Hauptstadt wies er zurück, höchstens könne man unter schwierigen Umständen einige Ministerien nach Frankfurt verlegen.

Für die französische Seite ohne Zweifel interessant waren Äußerungen Kaisers, die über den Konsul in Frankfurt mit Jacques Tarbé de Saint-Hardouin den politischen Berater General Koenigs erreichten. Ende April 1948, während einer schon zugespitzten Lage in Berlin und wenige Wochen vor Beginn der Blockade konstatierte Kaiser unumwunden: „Paris doit être défendu à Berlin." Überrascht mochten die französischen Gesprächspartner auch seinen Bericht über eine Unterredung aufgenommen haben, die er in Berlin mit einem russischen General geführt hatte und die eine ‚neue' Polenfrage zu thematisieren schien: „Ce dernier lui ayant dit: ‚Nous devons nous entendre, nous sommes voisins', Kaiser avait objecté: ‚Nous ne sommes pas voisins, il y a la Pologne entre nous', à quoi le général russe aurait répondu: ‚La Pologne? Cèst une question secondaire. Il s'agit de nous, Allemagne – Russie.'„ Welche Schlüsse die Franzosen letztlich aus diesem sowjetischen ‚Angebot', wie ernst es auch immer gemeint war, zogen – sollte die Standhaftigkeit der Westmächte getestet oder ein Lockruf an die Deutschen gerichtet werden: Die Verankerung in der eigenen Partei, der Entwurf ‚origineller', dabei bisweilen auch illusorischer Politikprojekte, ferner ‚Ostkontakte' verschafften Kaiser, ungeachtet aller heftigen Differenzen und Konflikte, augenscheinlich ein nicht unbeträchtliches Gehör, wobei dieses jedoch nicht mit größeren Einflusschancen im Hinblick auf die Politik der – westlichen – Siegermächte gleichgesetzt werden darf.

Bei der Unterredung im Frühjahr 1948 hatte sich im Übrigen ein Begleiter Kaisers, der nordrhein-westfälische Landwirtschaftsminister und spätere zweite Bundespräsident Heinrich Lübke, gegen ein Verbot der kommunistischen Partei in den Westzonen mit dem Argument ausgesprochen, eine geheime Bewegung würde „furchtbarer" sein als eine zugelassene Partei.

Kurt Schumacher und Frankreich

Von dem französischen Konsul in Stuttgart und Tübingen wurde Jakob Kaiser als ein Politiker mit klarem Verstand beschrieben, der wisse, was er wolle, unerschrocken im Einsatz für politische Lösungen, wenn sie dem Interesse seines Vaterlandes und seinem Ideal angemessen seien. Eine ähnliche – allgemeine – Charakterisierung mochte in französischen Augen auch auf den sozialdemokratischen Parteiführer Kurt Schumacher zutreffen. Auch er war eine Persönlichkeit, welche der Besatzungsmacht manches Rätsel aufgab. Das Verhältnis der beiden deutschen Politiker selbst war durch essentiell konträre Anschauungen in der Deutschlandpolitik gegenüber den Alliierten bestimmt, ja belastet – mit dem Ergebnis, dass auch aus diesem Grund Kaisers „Brückenkonzept" nicht zum Tragen kam (Mayer, 1988. 60f.).

Bei Schumacher gehörte ebenfalls von Anfang an die Saarfrage zu den Beschwerdepunkten, mit denen er die alliierten Mächte, in diesem Fall besonders die USA, konfrontierte: ein „Geschenk" des Außenministers Byrnes an Frankreich (Quellen zu den folgenden Ausführungen bezüglich Schumachers insgesamt: AdO, Colmar, Bonn 40, Pol II, B 3, 1945-1948, Personnalités S). Weitere Monita Schumachers kamen hinzu: gegen die Behauptung des sowjetischen Außenministers Molotow, dass die deutschen Ostgrenzen defintiv festgelegt seien; gegen das Verhalten britischer Besatzungsbeamten vornehmlich auf der mittleren und subalternen Ebene, das geeignet sei, den „Hass der Okkupierten gegen die Okkupanten" nach sich zu ziehen. Überhaupt schienen viele Briten seiner Meinung nach nicht wahrgenommen zu haben, dass in ihrem Land seit Juli 1945 die Labour Party regierte. Auch ein geschichtliches ‚Argument' bemühte der Sozialdemokrat, er wollte die Siegerstaaten vor der Wiederholung eines schwerwiegenden Fehlers warnen: nämlich sich so zu verhalten wie 1918, als in der Folge der Weigerung der damaligen Großmächte, der Weimarer Republik einen außenpolitischen Erfolg zu gönnen, der deutsche Nationalismus entstanden sei. In dieser Interpretation traf er sich mit dem CDU-Oberbürgermeister von Essen, dem späteren dritten Bundespräsidenten Gustav Heinemann, der bereits im Frühjahr 1946 einem französischen Gesprächspartner mit Blick auf das Ende des Ersten Weltkriegs und die Entstehung der Weimarer Demokratie erklärt hatte: „ Les vainqueurs n'ont pas voulu aider ce nouveau-né enfanté par la guerre et la défaite. La démocratie en Allemagne était ainsi entachée de honte. Les Alliés et Associés n'ont pas, par une paix équitable, effacée cette tache qui pesait sur la démocratie allemande".

Wie im Falle Kaisers versuchten die Beamten und Offiziere in den französischen Besatzungsbehörden möglichst viele Informationen über Persönlichkeit, politische Überzeugungen und Pläne Schumachers zu gewinnen. Sie bedienten sich dabei wiederum verschiedener ‚Quellen', nämlich eigener dienstlicher Kommunikationskanäle, Mitteilungen angelsächsischer Verwaltungsstellen und nunmehr auch in auffallendem Umfang der Berichterstattung französischer Presseorgane. Der eminent politische Hintergrund dieses besonders großen Interesses an den Proklamationen und Aktionen des SPD-Vorsitzenden lag nicht zuletzt in dessen scharfer Kritik an den Besatzungsmächten begründet. Nicht ohne innere Zustimmung zitierte im September 1946 der französische Generalkonsul in Düsseldorf in einem Bericht an Tarbé de Saint-Hardouin eine „sozialistische Zeitung", der zufolge die SED-Politiker Wilhelm Pieck und Otto Grotewohl sich schon längst in Sibirien befinden würden, wenn sie sich nur die Hälfte dessen erlaubten, was Kurt Schumacher ausgesprochen hatte.

Auch nach dem weltpolitisch signifikanten Vorgang der Ablösung der Anti-Hitler-Koalition durch das Strukturmodell antagonistischer Bipolarität im ‚Kalten Krieg' missbilligten die Westmächte deutlich Schumachers antikommunistische Rhetorik (Heine 1969, 59f.), wohl wissend, dass diese nicht, gleichsam in einem Umkehrschluss, automatisch uneingeschränkte pro-westliche Sympathien implizierte, sondern der Sozialdemokrat nach beiden Seiten mal stärkere, das andere Mal schwächere Vorbehalte hatte, gemäß der Formulierung des US-Magazins „Time" aus dem Jahre 1952: „Feindschaft nach Osten, Opposition nach Westen" (Merseburger 1995, 508). So wenig es insgesamt zu einem guten Einvernehmen zwischen Schumacher und der britischen Labour-Regierung – letztlich zum Vorteil Adenauers – kam und so wenig er bei seiner frühen Reise in die USA, im September 1947, amerikanische Regierungsmitglieder und andere Repräsentanten des öffentlichen Lebens von seinen politischen Anschauungen zu überzeugen vermochte – mit Ausnahme vielleicht der Kritik an dem Ausmaß der alliierten Demontagen in Deutschland, sicherlich aber nicht mit seiner als befremdlich qualifizierten Kapitalismus-Kritik (Merseburger, 1995, 361ff.) -, so sehr bereitete es offensichtlich auch den Franzosen Schwierigkeiten, die Person Schumachers zu beurteilen und seine Politik nicht nur zu verstehen, sondern auch auf die eigene Interessenlage zu beziehen. Auf vertrauensbildende Gesten und Maßnahmen kam es den Vertretern Frankreichs im Besatzungsdeutschland zunächst nicht an. Im Gegenteil, ihren Argwohn legten sie unverhohlen an den Tag. Ein Treffen Schumachers und seiner Begleiterin, der späteren Bundestagspräsidentin Annemarie Renger, mit dem aus dem Elsass stammenden französischen Sozialisten Salomon Grumbach Ende 1946 in der Pfalz versuchten sie zu verhindern, so dass die beiden Deutschen nur mit Hilfe gefälschter Dokumente von Mannheim nach Ludwigshafen gelangten (Merseburger, 1995, 334). Und wenn, auf einer anderen Ebene, wirklich in Frankreich geäußert worden sein sollte, allein seinem verkrüppelten Arm, den er nicht über seine Schulter heben könne, habe Kurt Schumacher – und damit ja auch Europa und die Welt – davor bewahrt, zu einem zweiten Hitler zu werden (Edinger 1967, 261), so handelte es sich hier um eine Minderheitsmeinung, jedoch so zugespitzt, ja überspitzt-bösartig, dass zumindest zu erahnen ist, welches Misstrauen ihm begegnete und wie sehr seine Politik auf den Prüfstand gestellt wurde.

Ein erster wichtiger Anlass für eine genauere Beobachtung aus französischer Sicht war Schumachers London-Besuch im Spätherbst 1946 auf Einladung der Labour-Party, die erste Auslandsreise eines führenden deutschen Politikers seit Kriegsende – und mit diplomatischen Protesten Frankreichs wegen des halboffiziellen Charakters mancher Veranstaltungen als Folge. Die publizistische Reaktion auf Schumachers Auftreten in Großbritannien in rund zehn Pariser Zeitungen sammelte das französische Außenministerium in einem Dossier zur Information der Diplomaten in Europa und Übersee – nach dem Motto: „L'évolution soulevée dans l'opinion française". Auf diesem Weg erfuhren die Auslandsvertretungen Frankreichs, wie unterschiedlich, jedoch in dem vorherrschenden Tenor kritisch die Journalisten urteilten – über das englische Verhalten, das in einer Zeitung zu der Bemerkung Anlass gab, die Franzosen sollten die deutschen Angelegenheiten nicht mit derselben Gleichgültigkeit betrachten wie die „Freunde" jenseits des Kanals; mehr aber noch über Schumachers Aufforderung, Deutschland den Aufbau einer ausgeprägten Friedensindustrie zu ermöglichen – ganz im Sinn der Auffassung eines amerikanischen Senators, welcher für Deutschland befürworte „une situation économiquement dominante en Europe" – mit dem befürchteten Effekt, Frankreich um die Ruhrkohle zu bringen.

Noch größere Aufmerksamkeit schenkten die französischen Berichterstatter und Kommentatoren ferner solchen Hinweisen, die sich als Beleg für eine „nationalistische" Einstellung der Sozialdemokratie deuten ließen – bei Schumacher und in seiner Partei. So wurde z.B. ein Journalist zitiert, der – tatsächliche oder vermeintliche – Äußerungen Franz Neumanns, des SPD-Landesvorsitzenden in Berlin, in der „lapidaren" Formel wiedergab: „L'Allemagne n'est pas responsable de Hitler et veut garder la Sarre." Im Übrigen spielte auch abseits des London-Besuchs das „Nationalismus"-Thema häufiger eine Rolle, so wenn der in Baden-Baden residierende „Conseiller Politique" im November 1947 eine Rede Schumachers in dem Satz zusammenfasste: „Toute la manifestation a été caractérisée par une note nationaliste". Auch gab es Gerüchte, dass die britische Militärregierung über Schumachers „Nationalismus" beunruhigt gewesen sei. Der deutsche Sozialdemokrat konnte solche Befürchtungen nicht verstehen; er unterschied zwischen „nationalistischer" und „nationaler", seiner eigenen Einstellung, die dem Postulat des „Internationalismus" in keiner Weise im Wege stünde (Lademacher 1985, 258; Heine 1969, 72). In den politischen Auseinandersetzungen der unmittelbaren Nachkriegszeit waren solche – zuerst terminologischen – Unterscheidungen für die Zeitgenossen nicht leicht nachzuvollziehen. Aus der – für diese nicht zugänglichen – historischen Perspektive besaß Schumachers ‚Richtung' indes eine große Bedeutung: „Hätte bei der Auseinandersetzung um den Vorrang von Westintegration oder Wiedervereinigung nicht die Sozialdemokratie den nationalen Part übernommen, wäre diese Rolle anderen Kräften zugefallen – und zwar, wie Schumacher immer wieder betonte, extremen Kräften von links und von rechts. So gesehen, trug die Sozialdemokratie durch ihre Opposition wesentlich dazu bei, die inneren Voraussetzungen für Adenauers Außenpolitik zu schaffen" (Winkler 1996, 50). Diese ‚Dialektik' wies verständlicherweise weit über den ‚Horizont' von 1946 hinaus.

Direkte Kontakte, Möglichkeiten eines umfassenden Austauschs der politischen Meinungen und Absichten gab es selten zwischen dem SPD-Vorsitzenden und führenden Vertretern der französischen Militärregierung in Deutschland. Eine bemerkenswerte Ausnahme bildete ein ausführliches Gespräch Schumachers mit Jean Laloy, einem ranghohen Vertreter des französischen Außenministeriums, das am 14. Februar 1948 in Tübingen stattfand. Aus Schumachers Sicht sollte die Unterredung dem Ziel dienen, Klarheit über die französische Deutschlandpolitik zu gewinnen (AdO Colmar, Bonn 40, Pol II, B 3, 1945-1948, Personnalités S; Wolfrum 1991, 303ff.).

Hauptsächlich zwei Themenfelder bestimmten die Unterredung: die staatliche Struktur Deutschlands einerseits, die Ruhrfrage andererseits, wobei aus französischem Blickwinkel diese nicht getrennt gesehen werden durften: „Ces deux problèmes ne doivent pas être dissociés. Ils ont en effet une fin commune qui est l'integration progressive de l'ALLEMAGNE et des ressources dans la communauté européenne. Si l'on ne perd pas de vue cette position fondamentale, il me semble que la politique française s'explique plus aisément et se comprend mieux qu'on ne l'admet souvent." Die Eröffnung der europäischen Perspektive signalisierte und verstärkte, da teilweise schon angelegt, einen neueren Trend der französischen Deutschlandpolitik, wie ihn kurz zuvor, im Januar 1948, Tarbé de Saint-Hardouin Außenminister Bidault in einer Aufzeichnung skizziert hatte (Fritsch-Bournazel 1984, 94).

Schumacher vermochte sich freilich dieser Ansicht nicht vorbehaltlos anzuschließen. Mit dem Hinweis, dass von den „drei sous", die „wir" im Geldbeutel hatten, man schon zwei weggenommen habe, nämlich Schlesien und Sachsen, verknüpfte er die Frage, wie Frankreich sich die Internationalisierung der Ruhr vorstellen würde: als politische Trennung von Deutschland („séparer politiquement la RUHR de l'ALLEMAGNE") oder mittels Kontrolle bestimmter Industriezweige ? Der französische Diplomat nannte die zweite Option, die angesichts der unter historischem Aspekt brisanten (deutschen) Besitzlage, gemeint waren die „anciens patrons", auch im sozialdemokratischen Interesse liegen müsste. Schumachers Kritik bezog sich infolgedessen vornehmlich auf die Probleme der Verwaltung und des internationalen Eigentums, denn, so seine Besorgnis: „Nous ne voulons pas...en substance, être débarrassées du capitalisme allemand pour tomber sous le contrôle du capitalisme étranger" – mit amerikanischen Geschäftsinteressen im Hintergrund, woraus letztlich wiederum die Kommunisten Kapital schlagen würden.

Für Frankreich stand dagegen ein anderer Gesichtspunkt im Vordergrund: Für eine Europäische Gemeinschaft („communauté européenne") sei eine bloß verbale Versöhnung nicht ausreichend, sie bedürfe vielmehr eines „realen" Projekts, nämlich einer Zusammenlegung der an der Ruhr konzentrierten „essentiellen" Ressourcen – wohl wissend, dass es sich für die Deutschen um ein „Opfer" handle, jedoch quasi mit ‚Ausblick': „Sans doute s'agit-il là d'un sacrifice pour le peuple allemand, mais c'est un sacrifice productif, un sacrifice qui au lieu de l'obliger à se replier sur lui-même, lui offre en même temps des perspectives nouvelles et des possibilités d'avenir." Ohne dass er dies explizit aussprach, dürfte für den SPD-Vorsitzenden der französische Verzicht auf eine „Separierung" des Ruhrgebiets, bei allen sonstigen Meinungsverschiedenheiten, eines der wichtigsten Ergebnisse der Besprechung gewesen sein.

Und Schumacher scheute sich nicht, der viel kritisierten deutschen Reparationsverpflichtung sogar einen positiven Aspekt insofern abzugewinnen, als er – auch – daraus den Wiedervereinigungsanspruch ableitete: „Vous demandez des réparations à l'ALLEMAGNE ...et non au WURTEMBERG, au BADE ou à je ne sais quoi. La politique des réparations suppose une ALLEMAGNE unie." Auch sei die wirtschaftliche Einheit unentbehrlich für den Erfolg des Marshallplans – eine Bemerkung, welche jedoch ein Lesen der von Laloy verfassten „streng vertraulichen" Gesprächsaufzeichnung mit der Randnotiz kommentierte: „Je ne vois pas la relation."

Einen erheblichen Dissens offenbarte ferner die Diskussion über den künftigen Staatsaufbau Deutschlands. Der Repräsentant Frankreichs begründete die antizentralistisch-föderalistische Haltung seines Landes mit mehreren Argumenten: mit dem Bedürfnis der Nachbarn des „alten Reichs" nach Sicherheit; der Gefahr einer Vertiefung der Kluft zu den Ländern in der SBZ; mit der praktischen Erwägung, die Demokratie unten einzupflanzen („planter la Démocratie"), um auf diese Weise mit den Lokalgewalten eine „Basis der Freiheit" zu schaffen. Schumacher widersprach: Föderalismus schließe nicht eine wirkliche Friedensgarantie ein, der bayerische Partikularismus habe leicht dem „Nazismus" Platz gemacht und schließlich hätten sich die „Zwergstaaten" gerne auf die Zentralgewalt gestützt. Den basisdemokratischen Ansatz hätten auch die Briten und Amerikaner propagiert – mit dem in seinen Augen entsprechenden Resultat, besonders in wirtschaftlicher Hinsicht: „un accroissement du chaos, des retards, un affaiblissement sur le plan économique". Auf keinen Fall sollte der Geist der „preußischen Kaste" nochmals zum Zuge kommen, nicht zuletzt aufgrund seiner Herkunft kenne er dessen Gefahr. Den Franzosen riet er, keine zu große Bedeutung dem „Echo" ihrer Politik von seiten bestimmter „führender Kreise" Süddeutschlands beizumessen – diese allesamt „mittelmäßige" Persönlichkeiten, die niemals einen Einfluss in Deutschland ausüben würden. Und weiter erklärte er seinem französischen Gesprächspartner: „N'oubliez jamais, que la BAVIERE n'est pas un pays sûr." Positiv gewendet lautete die SPD-Lösung des Staatsproblems: Alle möglichen Machtbefugnisse den Ländern, alle notwendigen der „Zentralregierung" – bei (unter Einbeziehung der Kommunen) jeweils entsprechender Zuteilung des Steueraufkommens. Augenscheinlich sollten diese politisch noch wenig elaborierten Eckpunkte wichtige Bausteine der von der Sozialdemokratie erstrebten, auf die Vernunft gegründeten Republik sein („une République allemande, fondée sur la raison").

Die Unterredung zwischen Laloy und Schumacher, in Anwesenheit Carlo Schmids, Stellvertretender Staatspräsident des Landes Württemberg-

Hohenzollern, dauerte mehr als sechs Stunden. Der französische Diplomat lobte Schumachers großen Freimut, dieser wiederum äußerte ebenfalls seine Genugtuung über den offenen Gedankenaustausch. Zweifellos trug die Begegnung in Tübingen zu einem besseren Verständnis, zu einer „Entspannung" zwischen französischer Besatzungspolitik und deutscher (in diesem Fall sozialdemokratischer) Parteipolitik bei. „Jedenfalls war Laloys Bericht an das Außenministerium der positivste und verständnisvollste, den bislang ein Franzose über Kurt Schumacher und die deutschlandpolitischen Positionen der SPD angefertigt hatte" (Wolfrum 1991, 305). Eine Neu-Ausrichtung der französischen Außenpolitik angesichts der vollen Entfaltung des „Kalten Krieges" spielte dabei eine Rolle. Meinungsverschiedenheiten und Missverständnisse waren damit nicht gänzlich ausgeräumt. Am Ende des Tübinger Treffens bat Schmid um eine Aufhebung des Verbots für Schumacher, sich in der französischen Zone aufzuhalten, wofür sich einzusetzen der Abgesandte der Pariser Regierung versprach. Die Beziehungen zwischen zwei „Schwesterparteien", der SPD, auch von französischen Sozialisten des „Nationalismus" verdächtigt, und der SFIO (Section Française de l'Internationale Ouvrière), rechts des Rheins als „Oberlehrerpartei" tituliert, waren nach wie vor bei weitem nicht problemlos (Cahn, 1988, 123ff.; Benz, 1990, 55f.). Aber ein – nicht besonders gravierender, eher ‚symbolischer' – Fortschritt mochte es sein, wenn französische Behörden nach der Tübinger Zusammenkunft nicht mehr, wie noch Ende 1947 geschehen, über einen ehemaligen Mitarbeiter der deutschen Botschaft in Paris während des Zweiten Weltkriegs Informationen über Schumachers „Gefühle" zur deutschen Einheit einholen mussten.

Wie Jakob Kaiser nahm wenige Jahre nach der „bedingungslosen Kapitulation" des Deutschen Reiches auch Kurt Schumacher einen Platz auf der internationalen Bühne ein – nicht ganz oben, aber doch auf einer Höhe, von der aus man nicht unbeobachtet und unbeachtet bleiben konnte.

Kaiser und Schumacher im alliierten Vergleich

Offensichtlich waren Kaiser und Schumacher zwei Politiker, die den Besatzungsmächten, auch der französischen, einige Rätsel aufgaben. Diese wollte im Herbst 1947, quasi auf dem Dienstweg, von der US-Militärregierung (OMGUS) wissen, welchen Grad von Vertrauen („degré de confiance") diese den beiden deutschen Parteivorsitzenden entgegenbringe. Die Aufgabe wurde in Gestalt eines Exposés gelöst, mit einer deutlich amerikanischen „Färbung" – auch als Reflex der USA-Reise Schumachers vom September 1947, die ihn mit der Funktionsweise der dortigen „großen Demokratie", wo eine sozialistische Parteiformation nicht existierte, bekannt gemacht habe und damit auch mit den Prinzipien, die ebenfalls in Deutschland verankert werden sollten (AdO Colmar, Bonn 40, Pol 2, B 3). Der Autor bescheinigte dem Sozialdemokraten einen Sinn für Realität, der sich darin zeige, dass er die „Sackgasse" erfasst habe, in die sein Land geraten sei, dass er daraus die angemessenen Schlüsse ziehe: Nicht die Wiederherstellung eines vereinigten Deutschland „mit sowjetischer Hypothek" sei für ihn die richtige Option, sondern die Bildung eines unabhängigen Westdeutschland, und ebenso sei zu hoffen, dass er durchaus kompromissbereit dieselbe Position beziehe wie die USA in der Frage einer Dezentralisierung der staatlichen Organisation. Und schließlich wurde Schumacher die Fähigkeit attestiert, den Blick noch weiter zu richten: „…celui du monde occidental avec lequel il recherche des contacts d'idées dans le but de développer une solidarité, de créer une communauté parmi les partisans sincères de l'idéal démocratique, en face de la menace d'expansion soviéte-communiste." Erst später wurde die historische Bedeutung und Reichweite dieser von den Westmächten ausdrücklich gewürdigten Richtungsentscheidung Schumachers voll erkannt: Sein Alternativentwurf zur Politik Adenauers „mit seiner klar antitotalitären Ausrichtung eröffnete auch den Menschen, die der inneren Entwicklung der Bundesrepublik eher fernstanden, die Chance, am Wiederbeginn des politischen Lebens aktiv teilzunehmen" (Schäfer 1996, 10).

Das ‚Zeugnis' der Amerikaner für Kaiser zur Information der Franzosen war bei weitem nicht so positiv wie dasjenige für Schumacher. Nach Ansicht des OMGUS-Mitarbeiters scheint er die „Sackgasse" nicht gesehen zu haben, in welche sein Land hineingeraten war. Politische Geschicklichkeit fehlte ihm ebenso wie politischer Realismus. Seine Blicke richtete er mehr auf eine ferne statt auf die nächste Zukunft. Und ob er bei seinem Streben nach Wiedervereinigung die Gefahr sowjetischer Infiltration richtig einschätze, das sei zu bezweifeln: „Il est possible qu'il voit dans la restauration de l'unité spirituelle de pays, sous l'égide de l'Eglise, une garantie suffisante contre les effets de l'idéologie moscoutaire dans l'Allemagne Orientale." Wurde der Christdemokrat hierbei schon naiver dargestellt als ein demokratischer Politiker eigentlich sein konnte, so enthielt die Schlussfolgerung, die der amerikanische Autor des „Exposés" vom 10. November 1947 dem französischen Oberkommando in Deutschland übermittelte, ein negatives, ungerechtes Urteil: „Kaiser fait ‚le jeu des Soviets',". Diese Behauptung wurde schnell widerlegt. Bereits am 20. Dezember 1947 enthob die Sowjetische Militäradministration (SMAD) Jakob Kaiser und Ernst Lemmer ihrer Ämter als Vorsitzender bzw. Stellvertretender Vorsitzender der CDU in der SBZ. Und es war schwer vorstellbar, dass Bundeskanzler Adenauer im Jahre 1949 einen Bundesminister für gesamtdeutsche Fragen berufen hätte, der im Verdacht sowjetfreundlichen Verhaltens stand.

Das Verhältnis zwischen – hier vor allem französischer – Besatzungspolitik und deutschen Nachkriegspolitikern war, sicherlich nicht überraschend, ein kompliziertes. Zwar war die Machtlage eindeutig: Die Alliierten hatten die „oberste Gewalt" inne, den Deutschen war der Status von Befehlsempfängern zugedacht. Notgedrungen rasch kam es jedoch zu Konsultationen und Konferenzen, die politische Meinungsbildungsprozesse und nach und nach Willensbildungsprozesse unterschiedlichster Art zur Folge hatten. Jakob Kaiser und Kurt Schumacher waren wichtige ‚Mitspieler' in dieser Konstellation, für die neben heftigen Konflikten auch Elemente der Kooperation charakteristisch waren.

Ungedruckte Quellen

Ministère des Affaires Etrangères, Archives de l'occupation française en Allemagne et en Autriche, Colmar (AdO)
Bonn 39, Pol II, B 2 (1946-1949), (Personnalités K)
Bonn 40, Pol II, B 3 (1945-1948), (Personnalités S)

Literatur

Benz, W.: Kurt Schumachers Europakonzeption, in: Herbst, L./Bührer, W./Sowade, H. (Hg.): Vom Marshallplan zur EWG. Die Eingliederung der Bundesrepublik Deutschland in die westliche Welt, München 1990, S. 47-61

Benz, W.: Deutschland unter alliierter Besatzung 1945-1949, in: Gebhardt. Handbuch der deutschen Geschichte, 10. Aufl., Bd. 22, Stuttgart 2009, S. 1-221

Cahn, J.P.: Einige Bemerkungen zum Thema Kurt Schumacher und Frankreich, in: Albrecht, W. (Bearb.): Kurt Schumacher als deutscher und europäischer Sozialist. Bonn 1988, S. 113-131

Conze, W.: Jakob Kaiser. Politiker zwischen Ost und West 1945-1949, Stuttgart u.a. 1969

Edinger, Lewis J.: Kurt Schumacher. Persönlichkeit und politisches Verhalten, Köln und Opladen 1967

Elzer, H.: Konrad Adenauer, Jakob Kaiser und die „kleine Wiedervereinigung". Die Bundesministerien im außenpolitischen Ringen um die Saar 1949 bis 1955, St. Ingbert 2008

Fritsch-Bournazel, R.: Frankreich und die deutsche Frage 1945-1949, in: Fischer, A. u.a.: Die Deutschlandfrage und die Anfänge des Ost-West-Konflikts 1945-1949, Berlin 1984, S.85-95

Heine, F.: Kurt Schumacher. Ein demokratischer Sozialist europäischer Prägung, Göttingen u.a. 1969

Krautkrämer, E.: Internationale Politik im 20. Jahrhundert. Band 2: 1939-1945, Frankfurt/M. u.a. 1977

Lademacher, H.: Zur Bedeutung des Petersberger Abkommens vom 22. November 1949, in: Foschepoth, J. (Hg.): Kalter Krieg und Deutsche Frage. Deutschland im Widerstreit der Mächte 1945-1952, Göttingen-Zürich 1985, S. 240-265

Lemmer, E: Manches war doch anders. Erinnerungen eines deutschen Demokraten, Frankfurt/M. 1968

Mayer, T. (Hg.): Jakob Kaiser. Gewerkschafter und Patriot. Eine Werkauswahl, Köln 1988

Merseburger, P.: Der schwierige Deutsche: Kurt Schumacher. Eine Biographie, Stuttgart 1995

Schäfer, H.: Einleitung, in: Haus der Geschichte der Bundesrepublik Deutschland (Hg.): Kurt Schumacher und seine Politik, Berlin 1996, S. 9-11

Winkler, Heinrich August: Kurt Schumacher und die nationale Frage, in: Haus der Geschichte der Bundesrepublik Deutschland (Hg.): Kurt Schumacher und seine Politik, Berlin 1996, S. 41-52

Wolfrum, Edgar: Französische Besatzungspolitik und deutsche Sozialdemokratie. Politische Neuansätze in der „vergessenen Zone" bis zur Bildung des Südweststaates 1945-1952, Düsseldorf 1991

Rainer Barzel: Koordinator der deutsch-französischen Zusammenarbeit

Ludwig Huber

„La grande guerre", so heißt in Frankreich heute noch jene Urkatastrophe des 20. Jahrhunderts, die sich bis in die Gegenwart tief in das kollektive Gedächtnis dieses Landes geradezu eingebrannt hat und dies zu Recht. Markierte dieser Erste Weltkrieg doch vor allem in seinem Ergebnis und seiner Folgeentwicklung besonders deutlich das extrem schwierige Nachbarschaftsverhältnis zu Deutschland, welches beide Länder während der beiden letzten Jahrhunderte tief prägen sollte. Zuvor schon im Zeitabschnitt zwischen dem deutsch-französischen Krieg 1870/71 bis zum Ende des letzten Weltkrieges überwogen die antagonistischen Elemente im bilateralen Verhältnis der beiden Länder, was die europäische Sicherheitsarchitektur weit nachhaltiger beeinflussen sollte als jedes andere Nachbarschaftsverhältnis zwischen den europäischen Nationen.

Seit den frühen 50er Jahren kann, mit Lösung der Saarfrage, dem Schumanplan und den Anfängen einer europäischen Wirtschaftsgemeinschaft dann allerdings eher von einem zunehmend produktiveren Nebeneinander, das sich – von schwierigeren Phasen einmal abgesehen – sukzessive zu einem Miteinander wandeln sollte, gesprochen werden. Der lange Zeit auf beiden Seiten des Rheines gepflegten Legende der „Erbfeindschaft" setzten mutige Realpolitiker beider Länder die Sonderbeziehungen zwischen Frankreich und der Bundesrepublik entgegen. Sie sollten 1963 in den Elysée-Vertrag münden und den beiderseitigen politischen Willen zur Versöhnung sowie die Bereitschaft zur Abkehr von den im Ergebnis fatalen historischen Denkmustern und Vorurteilen vergangener Zeiten bekunden (vgl. Defrance 2005). Deutschland und Frankreich haben damit ihr Verhältnis zueinander nicht nur normalisiert, sondern auf ein solides Fundament gutnachbarschaftlicher, später gar freundschaftlicher Beziehungen gestellt. Beide Länder sollten in der Folge sogar zum entscheidenden Motor, zum Kern und Kristallisationspunkt der zunehmend erfolgreicheren europäischen Einigung werden.

Die skizzierte Entwicklung ist in erster Linie einer Reihe von couragierten Politikern zu verdanken, die sich seit den 50er Jahren für die deutsch-französischen Beziehungen engagierten. Die Begegnung von Konrad Adenauer und Charles de Gaulle in Colombey-les-deux-Eglises, das exzellente, später

sogar freundschaftliche Verhältnis zwischen Helmut Schmidt und dem damaligen französischen Staatspräsidenten Giscard d'Estaing oder der Handschlag
zwischen Kohl und Mitterrand auf den einstigen Schlachtfeldern von Verdun
sind in die Geschichtsbücher eingegangen. Aber auch politische Köpfe der zweiten Reihe haben wichtige Anregungen für die Vertiefung der deutsch-
französischen Verständigung gegeben. An dieser Stelle soll deshalb das Engagement Rainer Barzels gewürdigt werden, der kurzzeitig zu Beginn der 80er
Jahre unter der Kanzlerschaft Helmut Schmidts und, mit Unterbrechung, noch
einmal sechs Jahre später unter Bundeskanzler Helmut Kohl als Koordinator der
Bundesregierung für die deutsch-französischen Beziehungen tätig war.

Eine neue Generation

In einer seiner autobiographischen Veröffentlichungen legt Rainer Barzel dar,
dass Konrad Adenauer ihn auch im Blick auf den deutsch-französischen Verständigungsprozess in sein letztes Kabinett berufen habe, wo der CDU-Politiker
– erst knapp 38jährig – ab 1961 als Minister für die gesamtdeutschen Angelegenheiten verantwortlich zeichnete. Um die Versöhnung mit dem Nachbarn auf
der anderen Seite des Rheins zu forcieren, brauchte der schon betagte Kanzler
jüngere Kräfte im Kabinett, für die das Verhältnis zu Frankreich nicht so belastet
war wie für die ältere Generation und die deshalb unbefangener agieren konnten
(vgl. Barzel 2001, bes. 161). Mit den damaligen Ministern für Auswärtiges,
Wirtschaft und Verteidigung war auf diesem Gebiet nicht allzu viel zu erreichen,
denn sie standen als sogenannte Atlantiker dem vorsichtigen Annäherungskurs
Adenauers gegenüber Frankreich skeptisch bis ablehnend gegenüber. Aber auch
der französische Staatspräsident selbst äußerte vor allem im Hinblick auf Bun-
desaußenminister Gerhard Schröder wohl berechtigt Zweifel an dessen echtem
Willen zur Aussöhnung. Schröder stammte zudem ursprünglich aus dem Saarland und hatte immerhin die Ausweisung seiner Familie durch die Franzosen
miterleben müssen.
     Rainer Barzel, der seit 1957 für die Christdemokraten im Deutschen Bun-
destag saß, repräsentierte eine neue Generation von Politikern, deren Einstellung
zum europäischen Nachbarn im Westen deutlich stärker auf Ausgleich und Konsens denn auf Konfrontation zwischen den europäischen Staaten ausgerichtet war
(Steinkühler 2003, 46). Der CDU-Politiker bekundete in einer biographischen
Veröffentlichung expressis verbis, dass *„das Bemühen um Ausgleich und Miteinander mit Frankreich von Anfang an zu den Richtpunkten"* (Barzel 1987,
235) seiner politischen Arbeit gehört habe.

Ein erstes deutliches Eintreten für die besondere Rolle Frankreichs in der bundesdeutschen Außenpolitik war bereits in den 50er Jahren zu verzeichnen, damals noch als junger Bundestagsabgeordneter. Im Streit zwischen Atlantikern und Gaullisten (vgl. Geiger 2008, 225), der in den späten Adenauerjahren in der Union fast permanent virulent schwelte, aber auch offen ausgetragen wurde, nahm er eine vermittelnde Position ein: Sicher einer seiner besonders hervorstechenden Charakterzüge, die sich besonders im Ringen um die Ostverträge bewährt hatten. Diese außenpolitische Debatte nun, bei der es um die schwierige Balance der Bonner Diplomatie zwischen Washington und Paris ging, ist in der Bundesrepublik auch in späteren Jahrzehnten geführt worden, wobei Barzel stets dezidiert für den Vorrang der europäischen Einigungsbemühungen eintrat (vgl. Kölner Stadtanzeiger vom 2.2.1980). Auch als Fraktionsvorsitzender der christdemokratischen Bundestagsfraktion reiste Barzel mehrfach nach Paris, um sich dort im persönlichen Gespräch mit den Spitzen der französischen Politik auszutauschen.

Erste Berufung zum Koordinator

Als *ein* Ergebnis des Elysée-Vertrages über die deutsch-französische Zusammenarbeit, der im Jahr 1963 geschlossen wurde und das deutsch-französische Verhältnis ganz neu fundiert hat, erfolgte auf beiden Seiten des Rheines 1967 die Einrichtung einer Koordinatorenstelle (vgl. Dienstanweisung für den Koordinator der deutsch-französischen Zusammenarbeit im Rahmen des Vertrages vom 22. Januar 1963, 23. Februar 1968). Zunächst wurde diese Position auf deutscher Seite mit dem ehemaligen Botschafter in Paris, ab 1969 dann mit dem SPD-Politiker Carlo Schmid, einem politischen „Schwergewicht", besetzt. Auf ihn folgte Rainer Barzel. Im Gegensatz zu seinen Vorgängern konnte bei ihm von keiner besonderen persönlichen Affinität zum Nachbarn jenseits des Rheines die Rede sein. Carlo Schmid dagegen war in Frankreich geboren und mit französischer Kultur und Lebensart – seine Mutter war Französin – schon seit seiner Kindheit vertraut. Für Barzel hingegen – er stammte aus Ostpreußen – lag der französische Kulturkreis schon geographisch weit entfernt. Dennoch sollte ihm die Verständigung mit dem europäischen Nachbarn mehr und mehr zur Herzensangelegenheit werden.

Die herausgehobene Stellung des Koordinators bezeugt die Tatsache, dass er – sehr ungewöhnlich – das Recht zum unmittelbaren Vortrag beim Bundeskanzler hat, obwohl er dienstrechtlich dem Bundesminister des Auswärtigen unterstellt und deshalb im Auswärtigen Amt angesiedelt ist (vgl. Guérin-Sendelbach 1993, 26). Der Koordinator soll einmal über die Einhaltung der im

Elysée-Vertrag getroffenen Vereinbarungen wachen. Das außenpolitische Tagesgeschehen, das operative Geschäft also, gehört dagegen nicht zu den unmittelbaren Aufgaben des Koordinators, wiewohl dessen Schreibtisch im Auswärtigen Amt steht. In seinem Verantwortungsbereich stehen vor allem Maßnahmen, die längerfristig wirksame bilaterale Strukturen begründen und festigen. Hierzu gehören beispielsweise der Sprachunterricht, das in Schulbüchern vermittelte Bild des jeweils anderen Landes, Städtepartnerschaften oder Austauschprogramme (vgl. Dienstanweisung für den Koordinator der deutsch-französischen Zusammenarbeit im Rahmen des Vertrages vom 22. Januar 1963). Aber mitunter werden auf der Ebene der deutsch-französischen Konsultationen auch heikle Themen angesprochen, die beide Länder betreffen. Hier zeigt sich die zentrale Rolle des besonderen Verhältnisses der Bundesrepublik zu seinem westlichen Nachbarn, welches die deutsche Außen- und Europapolitik maßgeblich mitbestimmt.

Die Außenpolitik der alten Bundesrepublik war in ihrer Substanz Westpolitik, in der das Verhältnis zu Paris neben den Beziehungen zu Washington die tragende Säule darstellte. In den 80-er Jahren dann wurden beide Länder zu Wortführern der europäischen Integration und setzten neue Zeichen in der Verteidigungs- und Sicherheitspolitik. Aber bereits in den 70er Jahren gab es kaum noch einen Bereich deutscher Politik, in dem nicht auch die Beziehungen zu Frankreich mit zu berücksichtigen waren.

Im Jahr 1980 nun hat die die Bundesregierung unter dem sozialdemokratischen Kanzler Helmut Schmidt Rainer Barzel zum Koordinator für die deutschfranzösische Zusammenarbeit berufen – eine Entscheidung, die vom französischen Staatspräsidenten Giscard d'Estaing sehr begrüßt wurde. Kanzler wie Präsident hatten in den Jahren zuvor wichtige Schritte auf dem Weg zur europäischen Einigung mit dem Motor Bonn/Paris unternommen. So fällt in diese Zeit auch die erste Direktwahl des europäischen Parlaments in Straßburg, aber auch der Grundstein für eine europäische Währungsunion wurde von diesen beiden Staatsmännern in jenen Jahren gelegt.

Aufgrund der Zugehörigkeit Rainer Barzels zur damaligen Opposition wurde die Entscheidung Schmidts zugunsten von Barzel schon als Überraschung gewertet. Da sich jedoch die Kontinuität der Beziehungen zwischen Bonn und Paris in beiden Ländern als unabhängig von der jeweils maßgebenden politischen Couleur erwiesen hatte, stellte die Berufung eines Christdemokraten durch einen Bundeskanzler der SPD augenscheinlich keine Hürde dar. Die allererste Anfrage an Barzel allerdings war von Hans Dietrich Genscher ausgegangen (vgl. Barzel 1987, 236), was mit einer gewissen Wahrscheinlichkeit als ein frühes Indiz für den späteren politischen Schwenk des Freidemokraten zu Beginn der 80er Jahre zu werten wäre. Barzel übernahm diese Position also von dem SPD-

Granden Carlo Schmid, der das Amt von 1969 bis zu seinem Tod im Dezember 1979 innegehabt hatte. Ihm war die deutsch-französische Aussöhnung durch Herkunftsfamilie wie späteren politischen Werdegang bei aller Steuerung durch den Verstand – er hatte mehrere Ämter auf europäischer Ebene bekleidet – schon früh zum Herzensanliegen geworden.

Personalfragen waren im deutsch-französischen Verhältnis oft der Schlüssel zu einem besseren gegenseitigen Verständnis sowie Grundlage einer erfolgreichen Zusammenarbeit, „denn im Grunde haben die persönlichen Beziehungen sehr starke und immer noch fortwirkende Divergenzen gezähmt" (Handschriftlicher Text von Rainer Barzel an das Bundeskanzleramt zur Vorbereitung eines Gesprächs mit dem Bundeskanzler/ 4. März 1980). Auch aus diesem Grund bleibt es eine gute Lösung, dass das Amt des Koordinators nicht mit einem Beamten, der es eher mit bürokratischer Kompetenz nur verwaltet, besetzt wird, sondern mit einem Politiker, der viel mehr politische Autorität und im Idealfall – und das war nach Carlo Schmid auch bei Rainer Barzel der Fall – auch Leidenschaft in das Amt einbringt.

Das Wirken für die deutsch-französischen Beziehungen

Rainer Barzel hat sein Amt nicht als „Schönwetter"-Politik verstanden mit möglichst nur angenehmen, vorwiegend eher repräsentativen Terminen. Als außenpolitisch erfahrener und durch hohe Ämter schon gestählter Realist hat er vielmehr von Beginn an auch heiße Eisen angepackt und damit unterstrichen, dass die deutsch-französische Koordination sich mit ganz praktischen Fragen zu befassen hat, die für mindestens eine der beiden Seiten unangenehm sein konnten. Als Koordinator wie übrigens auch als Direktor des deutsch-französischen Instituts in Ludwigsburg erhielt er dazu reichlich Gelegenheit. Dieses Institut war schon 1948 auf Initiative von Carlo Schmid und Theodor Heuss gegründet worden und galt über Jahrzehnte hinweg als Ideenschmiede des deutsch-französischen Verständigungsprozesses.

Ein Hauptproblem im diesem Verständigungsprozess bestand und besteht noch immer darin, trotz zahlreicher Austauschprogramme, Partnerschaften und ähnlicher Initiativen jeweils doch nur eine kleine Minderheit engagierter Franzosen und Deutscher zu erreichen. In einem Brief Barzels an Bundeskanzler Helmut Schmidt macht er als neu ernannter Koordinator gerade auf dieses Problem aufmerksam und argumentiert in der Folge an dieser Stelle für ein gemeinsames Schulbuch als *einen* möglichen Lösungsansatz (vgl. Schreiben Barzel an Bundeskanzler Helmut Schmidt, 15. Mai 1980).

In den frühen 80-er Jahren stellten zudem die Themenfelder „*Kernenergie*"
und „*Umweltschutz*" einen wichtigen Diskussionsbereich zwischen Deutschen
und Franzosen dar. Hier spielten allerdings stark divergierenden Mentalitätsun-
terschiede eine nicht zu unterschätzende, erschwerende Rolle. Während nämlich
einerseits die Deutschen den Umweltschutz früh entdeckten und ihm eine zunehmend hohe Bedeutung beimaßen, war auf französischer Seite eher ein kühles
Desinteresse zu konstatieren. Vor allem beim Schutz des Rheins ergaben sich so
Konflikte. Hierzu trug auch der Bau von Atomkraftwerken bei, die aufgrund
fehlender Kühltürme im Elsass für eine starke Erwärmung des Flusses sorgten.
Das musste die deutsche Seite beunruhigen. Auch diese Problematik schnitt
Rainer Barzel in seinem Schreiben an den Kanzler an.

Bereits im November 1980, nach nur einem knappen Jahr der Tätigkeit als
Koordinator für die deutsch-französische Zusammenarbeit, legte Barzel sein Amt
wieder nieder. Nach der Bundestagswahl 1980, die Schmidt als Sieger gegen den
gemeinsamen Unionskandidaten Franz-Josef Strauß sah, wurde Barzel nämlich
vom Parlament zum Vorsitzenden des wichtigen Auswärtigen Ausschusses gewählt. Barzel hielt dieses neue prestige- wie einflussreiche Amt nicht mit seiner
vorherigen Position für vereinbar und verzichtete konsequenterweise auf ersteres
(vgl. Schreiben Barzel an Bundeskanzler Helmut Schmidt, 05. November 1980).
Im ersten Amt wäre er für die Bundesregierung tätig gewesen, im zweiten sollte
er sie im Auftrag des Parlamentes kontrollieren: Beides musste inkompatibel
kollidieren.

1986 – Erneut im Dienst der deutsch-französischen Verständigung

Barzel hatte also die Position des Koordinators für die deutsch-französische
Zusammenarbeit im Dezember 1980 abgegeben, weil er Vorsitzender des Auswärtigen Ausschusses des Deutschen Bundestages geworden war. Einige Jahre
später, nachdem es in Bonn zu einem Regierungswechsel gekommen war, schlug
Hans-Dietrich Genscher, der auch im Kabinett Kohl das Amt des Außenministers bekleidete, Barzel erneut für das Amt vor. Dieser willigte nur unter gleichzeitigem Verzicht auf eine weitere Bundestagskandidatur ein und das Bundeskabinett berief ihn am 23. April 1986 erneut. Durch den Verzicht auf die parlamentarische Arbeit konnte er sich nun noch intensiver als beim ersten Mal um dieses
Amt kümmern.

Nach ersten Anlaufschwierigkeiten hatten inzwischen der Sozialist Franois
Mitterrand und der Christdemokrat Helmut Kohl einen guten Draht zueinander
gefunden und unternahmen in der Folge entscheidende Schritte, um die deutsch-
französische Zusammenarbeit weiter auszubauen (vgl. Kimmel/Pierre 2002, 237

ff.). In seiner Symbolkraft zweifellos am wichtigsten wurde der Handschlag von Staats- und Regierungschef auf den Schlachtfeldern von Verdun – eine mehr als beeindruckende Versöhnungsgeste gerade zwischen diesen beiden Völkern. Annäherung und Zusammenarbeit zwischen den Nationen diesseits und jenseits des Rheins können sich jedoch nicht nur in großen Gesten erschöpfen. Um nachhaltige Wirkungen zu zeitigen, bedurfte es auch einer Politik der vielen kleinen Schritte, welche die Kooperation substantiell voranbringt. Als Realpolitiker, der er immer war, erkannte Barzel diesen Zusammenhang und lieferte wiederum wichtige Impulse.

So versuchte der Koordinator mit seinem französischen Kollegen André Bord die Zusammenarbeit auf der institutionellen Ebene stärker zu verankern. Es wurden in der zweiten Hälfte der 80er Jahre auf Initiative von Barzel beispielsweise ein Finanzrat, ein Umweltrat, ein Rat für Energie, Forschung und Technik sowie ein Verteidigungsrat (vgl. Brigot/Schmidt/Schütze 1989) ins Leben gerufen, um in zahlreichen praktischen Fragen Übereinstimmung zwischen beiden Ländern zu erreichen oder zumindest Unstimmigkeiten beizeiten klar zu artikulieren, dann aber auch nach Möglichkeit aus der Welt zu schaffen. Die zuständigen Ressortleiter treffen sich seit damals im regelmäßigen Turnus, um wichtige Fragen gemeinsam zu klären (vgl. Barzel 2001, 342). Durch den zwischen Bord und Barzel 1986 vereinbarten Beamtenaustausch des Auswärtigen Amtes sollte es zudem zu einer stärkeren Verzahnung der deutschen und französischen Außenpolitik kommen (vgl. Barzel 1988, 28). Der Koordinator knüpfte bei vielen dieser Punkte an Themenfelder an, die ihn bereits während seiner ersten, nur kurzen Amtszeit an dieser politischen Schaltstelle beschäftigt hatten.

Diese zweite Amtszeit als Koordinator der deutsch-französischen Zusammenarbeit, die bis Ende 1990 dauern sollte, fällt in eine – vor allem global gesehen – hochschwierige Phase. Es ist ein offenes Geheimnis, dass die Franzosen unter Staatspräsident Francois Miterrand der plötzlich möglichen deutschen Wiedervereinigung zunächst zumindest reserviert – dieses Wort beschreibt die französische Haltung noch sehr euphemistisch – gegenüber standen. So hielt Miterrand noch im Dezember 1989 an seinen Plänen eines Staatsbesuches in Ostberlin fest, obwohl der ostdeutsche „Staat" unverkennbar zunehmend Auflösungstendenzen zeigte. Hieraus musste zwingend die klare französische Präferenz für eine deutsche Zweistaatlichkeit abgeleitet werden. Barzels Agieren im Sinne einer deutsch-französischen Annäherung machte dies sicher nicht leichter. In seiner Autobiographie bekundet er absolut nachvollziehbar, bereits im Oktober 1989 die deutsche Einheit vorausgesehen zu haben und lud seinen französischen Amtskollegen André Bord zu einem Gespräch nach Mainz, um diesem „diese für beide Länder wichtige Einschätzung der Lage (...) zur geeigneten, vertraulichen Verwendung freundschaftlich nahezubringen" (Barzel 2001, 417).

Auch sonst unternahm Barzel einiges, um den Wiedervereinigungsprozess voranzubringen und Frankreich einzubinden. So lud er beispielsweise schon im Januar 1990 zu einer Konferenz zum Thema „Deutschland und Frankreich nach der Wiedervereinigung".

Barzels Position und Eintreten wurde im Schicksalsjahr der Deutschen auch und gerade aus französischer Sicht, trotz der schwierigen Situation für die Pariser Deutschlandpolitik, als klug und fair eingeschätzt. So überreichte ihm der französische Staatspräsident Francois Miterrand in Anwesenheit des deutschen und des französischen Kabinettes in Bonn Orden und Urkunde mit der ehrenvollen Ernennung zum „Großoffizier der Ehrenlegion".

Schlussbetrachtung

Das Jahrzehnte während außenpolitische Engagement Rainer Barzels hat über Parteigrenzen hinweg große Anerkennung gefunden. Als Vorsitzender des Wirtschafts-, später des Auswärtigen Ausschusses des Deutschen Bundestages sowie zweimal berufener Koordinator für die deutsch-französische Zusammenarbeit hat er in Schlüsselstellungen das Bild der Bundesrepublik nach außen entscheidend mitgeprägt. Der CDU-Politiker hat es stets verstanden, dass die sensiblen Beziehungen zu den Nachbarn, vor allem zu Frankreich, von parteipolitischem Gezänk möglichst frei gehalten werden konnten. Davon zeugt nicht zuletzt seine erste Berufung durch Bundeskanzler Helmut Schmidt, den Kanzler der SPD, im Jahr 1980. Dessen bei Barzels Tod geäußertes Diktum *„er (Barzel, d. Verf.) wäre ein guter Bundeskanzler geworden"* (Nachruf „Ein Freund" in: DIE ZEIT Nr. 36 v. 31.08.2006, 1) spricht hier für sich.

Rainer Barzel gehört sicherlich nicht zu denjenigen Politikern, die beim Gedanken an den deutsch-französischen Verständigungsprozess als Erste genannt werden. Diesen Rang dürfen naturgemäß die jeweiligen Staatsoberhäupter und Regierungs- und Ressortchefs in Anspruch nehmen. Sie haben auch durch in hohem Maße symbolträchtige Gesten die Annäherung beider Länder schrittweise, aber effektiv und letztlich unumkehrbar vorangebracht. Aber Barzel hat, wie zahlreiche Politiker seiner Generation, die wachsende Verständigung auf der institutionellen Ebene fortgeschrieben, sodass sich im Lauf der letzten Jahrzehnte die Kooperation zwischen beiden Ländern über die im Elysée-Vertrag von 1963 vorgesehenen Bereiche hinaus ausgedehnt hat. Als Ergebnis durchdringt die deutsch-französische Zusammenarbeit bis auf den heutigen Tag immer stärker den Alltag – und auf ihn kommt es letztlich an – der Beziehungen beider Länder. Rainer Barzel hat sich auch darum mehr als verdient gemacht.

Quellen

Bundesarchiv Koblenz, Depositum Rainer Barzel, N 1371

Dienstanweisung für den Koordinator der deutsch-französischen Zusammenarbeit im Rahmen des Vertrages vom 22. Januar 1963, 23. Februar 1968 . D 84, Blätter 8u.27

Schreiben Rainer Barzel an Bundeskanzleramt zur Vorbereitung eines Gespräches zwischen Kanzler und Koordinator, 4. März 1980. D 86 Blätter 35 u. 36 .

Schreiben Rainer Barzel (handschriftlich) an Bundeskanzler Helmut Schmidt, 15. Mai 1980, D 88 Blätter 71 und 186 ff.

Schreiben Rainer Barzel an Bundeskanzler Helmut Schmidt, 05. Nov. 1980 . D 86, Blatt 35 f.

Literatur

Barzel, R.: Geschichten aus der Politik. Persönliches aus meinem Archiv, Frankfurt/Berlin 1987

Barzel, R.: 25 Jahre deutsch-französische Zusammenarbeit. Bericht des Koordinators für die deutsch-französische Zusammenarbeit, Bonn 1988

Barzel, R.: Ein gewagtes Leben, Stuttgart und Leipzig 2001

Brigot, A./ Schmidt, P./ Schütze, W. (Hg.): Sicherheits- und Ostpolitik. Deutsch-Französische Perspektiven, Baden-Baden 1989

Defrance, C./ Pfeil, U. (Hg.): Der Elysée-Vertrag und die deutsch-französischen Beziehungen 1945 -1963 - 2003, München 2005

Geiger, T.: Atlantiker gegen Gaullisten. Außenpolitischer Konflikt und innerparteilicher Machtkampf in der CDU/CSU 1958 – 1969, München 2008

Guérin-Sendelbach, V.: Ein Tandem für Europa ? Die deutsch-französische Zusammenarbeit der achtziger Jahre, Bonn 1993

Kimmel, A./ Jardin, P. (Hg.): Die deutsch-französischen Beziehungen seit 1963, Opladen 2002 .

Steinkühler, M.: Der deutsch-französische Vertrag. Entstehung, diplomatische Anwendung und politische Bedeutung in den Jahren von 1958 bis 1969, Berlin 2003

Demokratiepädagogik und politische Bildung
Der pragmatische Ansatz in der Schweiz

Volker Reinhardt

Die Schweiz macht aus der Not eine Tugend

Politische Bildung, die mehr sein soll als reine Institutionenkunde, tauchte erst vor wenigen Jahren in den Bildungsplänen auf, eine Zentrale für Politische Bildung gibt es in der Schweiz bislang nicht, Lehrstühle an Universitäten ebenso wenig. Angesichts der fehlenden Institutionalisierung wird Politische Bildung in der Schweiz pragmatisch in einer weiten Form verstanden. In den wenigsten Kantonen wird Politische Bildung als Unterrichtsfach geführt, es dominiert die Integration in den Geschichtsunterricht. Ernüchternde empirische Befunde einer internationalen Vergleichsstudie haben dem Ruf nach mehr expliziter Politischer Bildung und Demokratiepädagogik indessen Nachdruck verliehen und eine landesweite Umbruchphase eingeläutet. Die noch jungen Pädagogischen Hochschulen erfüllen hierfür eine Vorreiterrolle.

Dadurch, dass die Politische Bildung in der Schweiz weder eine theoretisch-konzeptionelle noch eine ausgeprägte schulische Tradition vorweisen kann, hat sie heutzutage weniger Schwierigkeiten, sich pragmatisch verschiedenen theoretischen Strömungen zu öffnen und zu versuchen, diese in ihre Entwicklungskonzepte zu integrieren. Ein Beispiel einer Integration von zwei Positionen, die in der deutschen Diskussion um Politische Bildung als unvereinbar erscheinen, ist die Frage, ob das Demokratie Lernen oder das Politiklernen im Mittelpunkt der Bildungsbemühungen stehen sollte. Es wird dort nämlich seit einigen Jahren darüber debattiert, ob das (häufig projektorientierte) Demokratie-Lernen auf der Stufe der Lebensform *oder* das Politik-Lernen in den Mittelpunkt der politischen Bildung rücken sollte (vgl. z. B. Pohl, 2004; Detjen, 2002; Breit & Eckensberger, 2004; Himmelmann 2002).

Man kann sagen, dass beide Formen der Politischen Bildung zwar ihre Vorzüge, aber auch ihre jeweiligen Mängel haben: Das Unterrichtsfach Politik ist, wenn es rein kognitiv unterrichtet wird, ein eher unbeliebtes Fach (vgl. Nonnenmacher 1996, 182) und nach Massing (1999, 154) „marginalisiert, unangemessen, unzureichend.". Im Unterrichtsalltag dominieren nach wie vor Institutionenkunde und kognitive Wissensvermittlung, wie Kötters-König (vgl. Krüger et al., 2002) beschreibt: Der Politikunterricht sei in der Praxis stofforientiert und eng geführt. Darauf ließen „die erkennbaren Verfahren des Lehrervortrags und des Abfragens von Wissen schließen, so das Ergebnis der Schülerbefragung. Inhalt und Kommunikation in einem derartigen Unterricht (würden) fast ausschließlich vom Lehrer bestimmt" (Kötters-König, 2001, 7).

Auf der anderen Seite sind Schülerinnen und Schüler zwar häufig von der Durchführung von Projekten im Bereich der Demokratie auf der Mikroebene, auf der Ebene der Demokratie als Lebensform überzeugt und begeistert (vgl. Förderprogramm 2002). Sie können allerdings diese konkret gemachten Demokratie-Erfahrungen nicht auf das politische oder demokratische System, auf die Herrschafts- bzw. Staatsform übertragen oder gar anwenden. Pohl (2004, 2) spricht in diesem Zusammenhang von der Gefahr einer „falschen Parallelisierung von lebensweltlicher Demokratie und demokratischer Politik". Ohne Zweifel setzt der Prozesscharakter der Projekte und die Möglichkeit, demokratische Prozesse im Nahraum mitzugestalten, bei den Lernenden ein hohes Maß an Kreativität und Engagement frei und es ist in der Regel ein großes Interesse der Schüler/innen bei der Mitarbeit zu verzeichnen, bei der Selbsttätigkeit, eigenständiges Lernen und Handeln im Mittelpunkt stehen (vgl. Förderprogramm, 2002; Beutel & Fauser, 2001). Viele Projekte haben aber keine oder wenige Bezüge zur „großen institutionellen Politik", weder in Form der Bildung eines rationalen politischen Urteils noch im direkten Kontakt mit politischen Akteuren, was bedeutet, dass in diesen Demokratie-Projekten die Politik außen vor bleibt. Das bedeutet, dass sich Schüler/innen zwar für konkrete Projektideen im Bereich des Demokratie-Lernens als Lebensform begeistern können, sich aber dennoch nicht für Politik interessieren. Sie sind häufig ebenso enttäuscht von den Parteien und Politikern wie die Nicht-Engagierten (vgl. Shell, 2000, 275ff.).

Laut Breit und Eckensberger (2004, 10) müsste aber ein Übergang von gemeinschaftlichen Interaktionen zu gesellschaftlichen Systemfunktionen erreicht werden, was „einem Wechsel von der Polisorientierung hin zu einer Gesellschafts- oder Staatsorientierung" entspricht. Pohl (2004, 12) fordert in diesem Zusammenhang „echte Brücken zwischen der Lebenswelt der Schüler/innen und dem demokratischen politischen System". Die"Kluft zwischen Gemeinschaft und Gesellschaft (und Staat, Anm. die Verfasser), Mikro- und Makroebene, Moral und Recht, Lebenswelt und System sowie informalen und formalen Institutionen" (Breit & Eckensberger, 2004, 7) versuchen schweizerische Politikdidaktiker in jüngerer Zeit zu überwinden, indem sie Elemente aus beiden Konzepten integrieren.

Forschung und Entwicklung zur Politischen Bildung

Das lässt sich beispielsweise an einem neuen Lehrmittel ablesen, das von mehreren schweizerischen Hochschulen vor allem für Studierende und die Lehrerfortbildung entwickelt wurde (vgl. Politik und Demokratie 2007). Es versucht diese beiden Ebenen des Politiklernens und Demokratie-Lernens im Auge zu behalten und integrativ weiter zu entwickeln. Es fokussiert sowohl die engere Politische Bildung mit dem Schwerpunkt auf politische Urteilsbildung und Verfahren des Politikzyklus als auch Lernverfahren auf der Ebene der Demokratie als Lebensform. Es hat also vielleicht auch sein Gutes, wenn die Schweiz nicht wie Deutschland die jeweiligen Traditionslinien der politischen Pädagogik bzw. Demokratiepädagogik versus Politikdidaktik verteidigen bzw. die jeweils andere Richtung bekämpfen muss, sondern sich aus den bestehenden Theorielinien vorbehaltlos integrierende Wege für die Praxis der Politischen Bildung heraussuchen kann.

Ein Forschungsprojekt, das derzeit in Luzern entsteht, versucht in einer ähnlichen Stoßrichtung Politiklernen und demokratieorientiertes Projektlernen zu verbinden, indem Schüler/innen in mehreren Schulen selbstständig miteinander in Projektform kommunizieren und an Projekten arbeiten, die nicht nur den Nahraum Schule betreffen – dazu gehören Projekte wie Patenschaften für jüngere Schüler zu übernehmen, ein Schülercafé zu gründen oder Streitschlichtungsprogramme zu implementieren (vgl. z. B. Förderprogramm 2002) – sondern sich auch mit „konkreten und echten Anlässen" der Demokratie und Politik auf der Ebene der Herrschaftsform auseinander setzen (zumindest reflexiv auf der kognitiven Ebene, wenn möglich aber auch auf der Handlungsebene), um mit den Schwierigkeiten aber auch den Möglichkeiten innerhalb politischer Prozesse konfrontiert zu werden und Einblick und Erfahrungen zu gewinnen in die komplexen Strukturen des politischen Systems. Sie erwerben damit neben demokratischen Handlungskompetenzen auch Wissen über demokratische und politische Prozesse und können sich ein politisches Urteil bilden. Damit kann eine Politikvernetzung der Projekte erreicht werden. Diese soll für die Schüler/innen „motivierend wirken für partizipative Verfahren und gleichzeitig aufzeigen, wo die Grenzen interaktiver Konfliktlösungsmechanismen in komplexen Gesellschaften verlaufen, d.h. [es sollte] die Polisperspektive mit funktionalen und rechtsstaatlichen Prinzipien gesellschaftlicher Steuerung" vermittelt werden (Breit & Eckensberger, 2004, 6). Eine solche projektorientierte Vernetzung von Politik- und Demokratie-Lernen wird derzeit Schulklassen mit über 400 Schüler/innen erprobt und evaluiert. Eine anschließende quantitative Befragung soll messen, ob es auf Schülerseite im Bereich des politischen Interesses, der politischen Motivation und Handlungsbereitschaft nach einem solchen Projekt Veränderungen gibt.

Eine begleitende qualitative Studie wird die Erfahrungen der Lehrer/innen mit dieser Form der politischen Bildung untersuchen.

Eine weitere, von verschieden Hochschulen (PH Bern, PH Nordwest-schweiz, PH Zürich) initiierte Studie „Geschichte und Politik im Unterricht", möchte in ihrer breit angelegten Untersuchung Grundlagen zur Verbesserung des Geschichts- und Politikunterrichts liefern, indem sie das politische Wissen der Schüler/innen untersucht und sich darüber hinaus mit der Arbeitsweise der Lehr-kräfte befasst. Es gibt in der Schweiz also derzeit unterschiedlichste Bemühun-gen, Politische Bildung in der Praxis zu untersuchen und weiter zu entwickeln.

Ein Blick zurück auf die Politische Bildung in früherer Zeit

Eine institutionalisierte Politische Bildung gab es bis Ende der 1990er-Jahre entweder gar nicht oder wenn doch, dann in manchen Kantonen nur als Fach in der Tradition der politischen Institutionenkunde mit wenig Stundenumfang und der Bezeichnung „Staats(bürger)kunde". Sie ist damit auch lange Zeit in den Lehrplänen explizit gar nicht oder nur marginal vertreten gewesen (z. B. im Fach Geschichte). Es gab über lange Zeit eine Art „Oberflächenkonsens", der eher implizit als explizit und aus folgenden Punkten bestand:

Die Politische Bildung

- habe zum Ziel, die Schülerinnen und Schüler zu befähigen, ihre Rolle als aktive Staatsbürgerinnen und Staatsbürger wahrzunehmen;
- solle weder ausschließlich kognitiv bzw. Wissen vermittelnd noch aus-schließlich handlungsorientiert gestaltet sein;
- sei nicht nur als Fach, sondern auch als Unterrichtsprinzip zu konzipieren;
- habe sich nicht nur auf ein enges Verständnis von Politik und Staat zu be-schränken, sondern solle ebenfalls wirtschaftliche und gesellschaftliche Zu-sammenhänge beleuchten;
- müsse sich nicht dem – hinsichtlich seiner Praktikabilität fragwürdig ge-wordenen – Ideal der Wertneutralität verschreiben, sondern besser dem Prinzip der kontroversen Diskussion und der Nicht-Indoktrination (Oser/Reichenbach 2000, 9; Klöti/Risi 1991, 81f.; Hauler 1995, 134).

Diesem Konsens zur Politischen Bildung in den Schulen steht bis heute die er-nüchternde Tatsache gegenüber, dass politischer Unterricht (im engeren Sinn) in der Schweiz – wenn überhaupt – etwa zwischen 20 und 40 Minuten pro Schul-woche in den 7.–9. Klassen gehalten wird. Die Kluft zwischen Anspruch und Wirklichkeit ist im Bereich der Politischen Bildung wahrscheinlich größer als in allen anderen Fächern (vgl. Oser/Reichenbach 2000, 9). Wo sind die Gründe dieses strukturellen Grabens zu suchen, und weshalb haben sich Reformmassnahmen erst jüngst, nach der Jahrtausendwende, angelassen? Ein kurzer Blick zurück in die Bildungstraditionen einer föderalistischen schweizerischen Staatsbürgererziehung erhellt diese Divergenzen von Theorie und Praxis (vgl. hierzu Jung/Reinhardt/Ziegler 2007): Traditionellerweise erfolgte in der Schweiz eine Erziehung zum Staatsbürger (und seit 1971 zur Staatsbürgerin) schwergewichtig in der nach-obligatorischen Schulzeit, nämlich im Geschichtsunterricht der weiterführenden Schulen der Sekundarstufe II (ca. 15-19 Jahre, je nach Kanton). Integriert in die Themenliste für den Geschichtsunterricht waren in den von den Kantonen verantworteten Lehrplänen Schweizer Geschichte und Staatskunde. Schweizer Geschichte nahm sich mehrheitlich den nationalen Mythen als „Gründungsgeschichte" der demokratisch begründeten Eidgenossenschaft an. Aus ihr wurde in nahtlosem Übergang der schweizerische Bundesstaat, mithin die moderne Schweiz, entwickelt. Die neutrale Haltung des Staates und die aktive Grundhaltung von Bürgerinnen und Bürgern als Mitgliedern dieses demokratischen Staates schienen historische Verpflichtung für jede und jeden Einzelne(n). Die Partizipation wurde (vor allem für Männer) gefördert durch eine Sozialisierung in die Vereinskultur. Das Fach Staatskunde hatte damit mehrheitlich instrumentellen Charakter: Die Vermittlung des Grundwissens sollte mit der Mündigkeit die Wahrnehmung von Wahl- und Abstimmungsrechten ermöglichen.

Der diesem Zustand zugrunde liegende öffentliche Konsens der sich als Souverän begreifenden Wahlberechtigten begann mit Zuwanderung, Individualisierung und sozialem Wandeln zu zerbröckeln und geriet mit den Veränderungen 1989/91 definitiv in die Krise: Der Wegfall der weltweiten Polarität ließ eine Neuorientierung des Selbstverständnisses der schweizerischen Demokratie erforderlich scheinen, die sich angesichts einer zunehmenden Zahl zugewanderter, nicht wahlberechtigter Einwohnerinnen und Einwohner aber als schwierig erachtete. Im Hinblick auf eine inhaltliche und quantitative Aufwertung der Politischen Bildung an den Volksschulen blieben diese politischen Neuorientierungen freilich vorerst ohne Breitenwirkung.

Die IEA-Studie und ihre Konsequenzen

Einen eigentlichen Schock löste erst die internationale IEA-Studie aus (International Association for the Evaluation of Educational Achievement), in der schweizerischen Achtklässlern mittelmäßiges Wissen und Interesse an Politischer Bildung, ein hohes Vertrauen in die Regierung, hohe Geschlechtersensibilität und eine beträchtliche Xenophobie bescheinigt wurde. Diese Befunde waren sowohl inhaltlich als auch strukturell alarmierend für einen Staat, welcher die Jugendlichen mit 18 Jahren an sämtlichen politischen Rechten und den zuweilen anspruchsvollen Pflichten der direkten Demokratie teilhaben lässt. Sie erstaunten aber insofern kaum, als die Politische Bildung in den Schulen selbst auf Sekundarstufe II schon seit geraumer Zeit ein Schattendasein fristete. Der Staatskundeunterricht, bis in die 1970er-Jahre ein zentrales Schulfach, wurde in den 1980er-Jahren zusammen mit der Geschichte in den Lehrplänen stark reduziert und teilweise ganz gestrichen. Versuche zur curricularen Aufwertung der Politischen Bildung scheiterten in der Folge an den rechtlich-institutionellen Rahmenbedingungen und den politischen Widerständen. Die obligatorische Schulzeit blieb von stofflichen Anforderungen in den meisten Kantonen mehrheitlich befreit. Höchstens im 9. Schuljahr beschäftigte man sich mit gerade bevorstehenden Wahlen oder seltener auch mit als wichtig erachteten Abstimmungen. Es blieb im übrigen sowohl in der Sekundarstufe I wie in der Sekundarstufe II ganz wesentlich der Initiative der einzelnen Lehrkräfte überlassen, ob sie politische Bewusstseinsbildung förderten oder nicht; dies zudem angesichts strikt verpönter und gelegentlich denunzierter, so genannter „Indoktrinationsversuche". Gerade erfahrene Lehrkräfte der Sekundarstufen I und II verstanden es jedoch in beträchtlichem Ausmaß, die politische Dimension historischer Themen auszuloten und nicht wenige bestanden darauf, wenigstens die ungeliebte Institutionenlehre in der Sekundarstufe II zu behandeln.

Indessen fehlte es vielerorts an inhaltlichen Ansprüchen, an geeigneten Unterrichtsmitteln, an Schulungszeit und an ausgebildeten Lehrkräften. Politisch zur Kenntnis genommen wurden die Folgen dieser Entwicklungen erst im Zuge der internationalen Vergleichsforschung durch die IEA und des diesbezüglich schlechten Rankings der Schweiz. Es erstaunt kaum, dass mit der IEA-Studie der Stein ins Rollen kam, zumal sich der Ruf nach Reformen im Bereich der Politischen Bildung auf Schulebene nicht mehr unter Verweis auf Lehrplanzwänge übergehen ließ. Eine bildungspolitische Debatte fundamentalen Charakters war die Folge. Sie musste sowohl auf Ebene der Schulkultur als auch auf der institutionellen Ausgestaltung der Politischen Bildung an der Volksschule ansetzen und tat es auch.

Gegenwärtiger Stand der Politischen Bildung

Auf der inhaltlichen Seite der Politischen Bildung in der Schweiz ist hervorzuheben, dass in der Praxis rechtlich-institutionellen Aspekten der Demokratie im Unterschied zu prozedural-ethischen des demokratischen Zusammenlebens insgesamt nach wie vor mehr Beachtung geschenkt wird. So scheinen Themen wie demokratische Institutionen, Mehrheitsregel, direkte Demokratie, repräsentative Demokratie, Rechte und Pflichten allgemein, staatliche Gewalt, Menschenrechte, internationale Organisationen, Pressefreiheit, Meinungsfreiheit, Gewaltentrennung, Neutralität, Wahl- und Abstimmungsverfahren, Initiativ- und Petitionsrecht, Religionsfreiheit, Militärpflicht und politisches Asyl eher Eingang in den Unterricht zu finden als Pluralismus und Toleranz, Partizipation, rationale Diskussion, soziale Gerechtigkeit, öffentliche Meinungsbildung, Minderheitenschutz, Machtverteilung, Föderalismus, Konsenssuche, Gleichberechtigung der Frau, Arbeitsfriede, Streikrecht, Ausländerinnen- und Ausländerfrage, Recht auf Arbeit, Recht auf Bildung (vgl. Oser/Reichenbach 2000, 10). Seit einigen Jahren gibt es indessen verstärkte Bemühungen, politische Sach-, Orientierungs- und Urteilskompetenz zu fördern (vgl. hierzu Jung/Reinhardt/Ziegler 2007). Menschenrechts- und Umwelterziehung haben Eingang in Kindergarten und Primarschule gefunden. Bemühungen in Richtung eines vermehrten prozedural-ethischen Demokratielernens und einer handlungsorientierten Konfliktpädagogik im Allgemeinen haben durch die IEA-Befunde und insbesondere die Diagnose xenophober Orientierungen schweizerischer Schülerinnen und Schüler nicht zuletzt aus normativer Sicht (zumindest in der schulpolitischen Debatte) zusätzlichen Auftrieb erhalten.

Auf der institutionellen Seite entwickeln sich die Bestrebungen zur Integration der Politischen Bildung als Fach oder fachübergreifend je nach Region/Kanton in unterschiedliche Richtungen und mit unterschiedlichen Geschwindigkeiten. Die Neugestaltung und/oder Ergänzung der Lehrpläne und Bildungsziele ist gegenwärtig Gegenstand von politischen Verhandlungen. Einzelbemühungen zur Thematisierung von Politischer Bildung in der Lehrplan- und Lehrmitteldiskussion haben jüngst in neue institutionelle Kooperationen und schulübergreifende Netzwerke gemündet. In der französisch-sprachigen Westschweiz ist ein kantons-übergreifender Lehrplan entstanden, in den die Politische Bildung als Aufgabe mit aufgenommen worden ist. Die Umsetzungsanstrengungen dazu sind im Gang. Spätestens seit der Akademisierung der Ausbildung von Lehrkräften neben der Sekundarstufe I nun auch auf der Kindergarten- und Primarstufe vor ca. fünf Jahren, die mit der Gründung der schweizerischen Pädagogischen Hochschulen einherging, wurde die Politische Bildung auch in der Deutschschweiz verstärkt zum Thema. In mehreren Kantonen sind jüngst Lehrplan-Zusätze oder Lehrplan-Quermodule verabschiedet worden oder in Verabschiedung (Aargau, Bern, Zürich), die festhalten, dass Politische Bildung im Sinne des Demokratie-lebens und -lernens, in höheren Klassen zusätzlich aber auch des handlungsbezogenen Politikwissens und der Auseinandersetzung mit zeitgeschichtlichen bzw. aktuellen weltpolitischen Fragen Teil der Ausbildung in der Volksschule zu sein habe. Die noch jungen Pädagogischen Hochschulen haben in Ausbildung und Weiterbildung Politische Bildung in ihr Angebot integriert.

Dabei handelt es sich oftmals um Wahlmodule, sei es in Wahlpflichtsequenzen oder reinen Wahlbereichen.

Die zahlreichen neuen Projekte und Reformen scheinen vielversprechende Perspektiven für die Zukunft der Politischen Bildung in der Schweiz aufzuzeigen. Die strukturellen Hürden sind indessen nach wie vor beträchtlich: So ist die Politische Bildung bzw. eine Politikdidaktik lange Zeit nicht in der Ausbildung von Lehrerinnen und Lehrern präsent gewesen, sie profitierte von der Aktivität des Europarates (vor allem im Jahr 2005), der die Thematisierung der Politischen Bildung auch in der Schweiz begünstigte. Politische Bildung führte trotzdem in den wenigsten Kantonen zum eigenständigen Unterrichtsfach, sondern etabliert sich zunehmend entweder als Doppelfach Geschichte/Politik (mit einem deutlichen Schwerpunkt auf Geschichte) oder als zu integrierendes Zusatzfach. Die mit einem Konzept Politischer Bildung ohne eigenständige curriculare Verankerung verbundenen Chancen, aber auch die erheblichen Risiken, – nämlich dass Inhalte Politischer Bildung, wenn sie nicht explizit an ein Schulfach mit Noten gebunden sind, sich im schulischen Alltag oft in Luft auflösen – liegen auf der Hand und sind vorderhand noch nicht ausdiskutiert. Während die Zentralschweizer Kantone (Luzern, Schwyz, Nidwalden, Obwalden; ferner: Fribourg, Wallis) die Politische Bildung enger umfassen und in die Lehrpläne explizit (als Lehrplan für Geschichte und Politik für das 7.-9. Schuljahr) einbinden, bevorzugen andere Kantone offenere Lehrpläne ohne explizite Verortung der Politischen Bildung im Fächerplan (Aargau, Bern, Zürich).

Zu den Chancen einer breit verstandenen Politischen Bildung gehört insbesondere der Aufbau demokratischer Schulkulturen. Im Zusammenhang mit fehlender Fachinstitutionalisierung und gleichzeitigem Bemühen um Demokratie in der Schule kommt dergestalt in der Schweiz eine gewachsene demokratische bzw. soziale Bildung ins Spiel, die so explizit zwar nicht von akademischer und schulpraktischer Seite benannt wurde und wird, die aber im Klassenzimmer, also in der konkreten Praxis, sehr häufig präsent ist. Vorhandene Ideen zur Demokratiekultur werden in der Schweiz vor allem fächerübergreifend, als Unterrichts- und Schulprinzip verwirklicht. Zumal erkannt ist, dass sich das politische Interesse – wenn überhaupt – erst in der (späteren) Adoleszenz entfaltet, richtet sich der Fokus der frühen Politischen Bildung vielmehr auf die Einführung in das demokratische   Ethos   und   entsprechende   Diskurspraktiken   (vgl. Oser/Reichenbach 2000, 29). Ob es sich im Zusammenhang mit demokratischen Schulkulturprojekten um die Einrichtungen eines Klassenrates, eines Streitschlichtungsprogramms, einer just community oder gar einer Schule als Polis oder Cité handelt, die Praxis in schweizerischen Schulhäusern scheint recht ausgeprägt zu sein (auch zu diesem Themenbereich gibt es einige kleineren Untersuchungen in jüngster Zeit, die diese Ausprägung untersuchen). Gewachsene, föderale Strukturen – so sieht es bislang aus – liefern in diesem Bereich für Chancen und Hindernisse gleichermaßen Hinweise.

Es steht aber dennoch außer Frage, dass die Bemühungen um Politische Bildung sowohl inhaltlich als auch institutionell vorläufig auf steinigem Boden erfolgen:

- Eine eigentliche theoretisch basierte Formulierung des Gegenstandes Politische Bildung in der Schweiz steht aus.
- Die damit aufzubauenden Kompetenzen sind keineswegs geklärt.
- Die effektiv dafür einzusetzenden Stunden müssen auf der Ebene der obligatorischen Schulzeit je nach Kanton der Geschichte oder dem Integrationsbereich Geschichte, Geografie, Ethik-Religion(en) abgezweigt werden oder Politische Bildung könnte explizit als interdisziplinäre Konstruktion mit einem im Lehrplan ausgewiesenen Fach temporär verbunden bzw. als politisch-reflexive Ebene eingeschoben werden.
- Im neuen vereinheitlichten Lehrplan für die Berufsschulen ist Politische Bildung aufgenommen worden. Die Konsequenz davon ist, dass Berufsschülerinnen und Berufsschüler keinen Geschichtsunterricht mehr erhalten sollen. Je nachdem, wie Politische Bildung inhaltlich konzipiert ist, ist eine solche Entwicklung eine schlechte Realisierung – indem nämlich die spezifischen historischen Kompetenzen als unabdingbar verstanden werden müssen für die Herausbildung eines handlungsanleitenden Politikbewusstseins.
- Das Fach Geschichte ist sowohl in der Sekundarstufe I als auch in der Sekundarstufe II harter Konkurrenz ausgesetzt, nachdem die verkürzte Gesamtschulzeit auf 12 Jahre und der damit verbundene Stundenabbau kontrastieren mit einer Zunahme von Inhalten, die zu behandeln gefordert wird. Geschichte droht nun auch mit Politischer Bildung noch verstärkt unter Druck zu geraten.

Es ist nicht zu bestreiten, dass in den letzten Jahren hinsichtlich Politischer Bildung viel in Bewegung geraten ist, eine Bewegung, die 2005 auch noch durch das European Year of Citizenship through Education (Europäisches Jahr der Demokratieerziehung) gestützt wurde, indem über diese europäische Initiative das entsprechende Staatssekretariat – durchaus auch in gewisser Konkurrenz zu den Bemühungen und Überlegungen der Erziehungsdirektorenkonferenz – aktiv geworden ist. Dennoch ist die Bildungslandschaft in der Schweiz im Moment noch weit davon entfernt, hinsichtlich Politischer Bildung ein Bild darzubieten, das zuverlässige Aussagen erlauben könnte, ob die Politische Bildung flächendeckend und ergänzend zu den bisherigen Aufgaben der Volksschulbildung wie der weiterführenden Schulen sinnvoll und umfassend eingeführt werden kann (vgl. Jung/Reinhardt/Ziegler 2007).

Literatur

Beutel, W./Fauser, P. (Hg.): Erfahrene Demokratie. Wie Politik praktisch gelernt werden kann, Opladen 2001.

Breit, H./Eckensberger, L.: Demokratieerziehung zwischen Polis und Staat, in: dipf informiert. Journal des Deutschen Instituts für Internationale Pädagogische Forschung 6/2004, S. 6-11.

Detjen, J.: Die gesellschaftliche Infrastruktur der Demokratie kennen und sich gesellschaftlich beteiligen – Gesellschaftslernen im Rahmen des Demokratie-Lernens, in: Breit, G. /Schiele, S. (Hg.): Demokratie-Lernen als Aufgabe der politischen Bildung, Schwalbach 2002, S. 72-94.

Förderprogramm Demokratisch Handeln (Hg.): Ergebnisse und Kurzdarstellungen zur Ausschreibung 2001, Jena 2002.

Hauler, A.: Die Schweiz auf dem Weg nach Europa. Politikprobleme und Dilemmata politischer Bildung, Bonn 1995.

Himmelmann, G.: Demokratie-Lernen als Aufgabe der politischen Bildung, in: Breit, G./Schiele, S.: Demokratie-Lernen als Aufgabe der politischen Bildung, Schwalbach 2002, S. 21-39.

Huddleston, E. (Hg.): Demokratie lernen und leben. Handreichung des Europarates zur Bildung in Demokratie und Menschenrechten, Straßburg 2004.

Jung, M./Reinhardt, V./Ziegler, B.: Politische Bildung in der Schweiz, in: Dirk Lange (Hg.): Strategien der Politischen Bildung. Basiswissen Politische Bildung. Handbuch für den sozialwissenschaftlichen Unterricht, Band 2, hgg. von Lange, D. und Reinhardt, V., Baltmannsweiler 2007, S. 252-263

Klöti, U./Risi, F.-X.: Politische Bildung Jugendlicher – Rekrutenprüfung 1988. Pädagogische Rekrutenprüfungen, Bd. 11. Aarau/Frankfurt a. M. 1991.

Kötters-König, C.: Handlungsorientierung und Kontroversität. Wege zur Wirksamkeit der politischen Bildung im Sozialkundeunterricht, in: Aus Politik und Zeitgeschichte 50/2001.

Krüger, H.-H.: Jugend und Demokratie – Politische Bildung auf dem Prüfstand. Eine quantitative und qualitative Studie aus Sachsen-Anhalt, Opladen 2002

Lange, D./Reinhardt, V. (Hg.): Basiswissen Politische Bildung. Handbuch für den sozialwissenschaftlichen Unterricht, 6 Bände, Baltmannsweiler 2007

Linder, W.: Voraussetzungen zeitgemäßer politischer Bildung. Manuskript des gleichnamigen Vortrages am Kongress «Von der Bürgertugend zur politischen Kompetenz?», Fribourg, 3.–5.9.1998.

Massing, P.: Demokratietheorie und politische Bildung – eine vergessene Tradition?, in: Politische Bildung 2/1999, S. 149-156.

Nonnenmacher, F.: Sozialkunde – vom Schulfach zum Lernbereich, in: Nonnenmacher, F.: Das Ganze sehen. Schule als Ort politischen und sozialen Lernens, Schwalbach Ts. 1996.

Oser, F./Biedermann, H. (Hg.): Jugend ohne Politik. Ergebnisse der IEA Studie zu politischem Wissen, Demokratieverständnis und gesellschaftlichem Engagement von Jugendlichen in der Schweiz im Vergleich mit 27 anderen Ländern, Zürich/Chur 2003.

Oser, F./Reichenbach, R.: Politische Bildung in der Schweiz. Schlussbericht der Schweizerischen Konferenz der kantonalen Erziehungsdirektoren (EDK), Bern 2000.

Pohl, K.: Demokratie als Versprechen − demokratische versus politische Bildung, in: Politische Bildung 3/2004 (Manuskriptvorlage)

Politik und Demokratie − leben und lernen. Politische Bildung in der Schule. Grundlagen für die Aus- und Weiterbildung, hgg. von Gollob, R. u.a., Bern 2007

Reinhardt, V. (Hg.): Projekte machen Schule. Projektunterricht in der politischen Bildung, Schwalbach 2005

Shell AG (Hg.): Jugend 2000. 13. Shell Jugendstudie, Bd. 1 und 2, Opladen 2000.

Politische Bildung in Zeiten der „Politikverdrossenheit"
Politikkritik als Blockade oder Lernpotenzial?

Herbert Uhl

„Politikverdrossenheit" ist zu einem medialen Selbstläufer geworden, zu einer Formel, die problemtisch gewordenes politisches Verhalten wie auch krisenhafte Symptome des politischen Systems erklären soll. Für politisches Lernen kann darin eine Gefahr liegen: Springt der so konstatierte Verlust an Glaubwürdigkeit von der Politik auf den Politikunterricht über? Läuft Politische Bildung angesichts solcher Wahrnehmung und Deutung realer Politik in eine Lernblockade hinein – oder lassen sich auf dem Weg kritischer Diskurse kreative Lerneffekte frei setzen?

Kritik ist zunächst eine Sache der Einzelnen. In ihrem Kern handelt es sich um eine Kompetenz, die Michel Foucault einmal als „reflektierte Unfügsamkeit" bezeichnet hat (Foucault 1992, 15). Doch sie entfaltet sich im sozialen und kulturellen Raum einer politischen Öffentlichkeit und deren spezifischer Strukturen. Kritikkompetenz hat deshalb zwei Dimensionen: Sie richtet den Blick auf den Apparat und die Akteure der Politik und deren Leistung, und sie muss – da der Zugang zu Politik weitgehend über Massenmedien bestimmt wird – in gleichem Maße auf die mediale Präsentation und Ausdeutung von Politik gerichtet sein.

Kritik in der Demokratie

Politik ist auf „Feedback" angewiesen, allerdings in einer ihr spezifischen Kommunikationsstruktur. Sie hat es mit Aufgaben und Problemen zu tun, die nicht in einem funktionalen Wenn-dann-Verhältnis angesiedelt sind. Politische Prozesse gestalten sich in der Regel als Auseinandersetzung um Interessen und Meinungen, zu deren Legitimation normative Begründungen diskursiv eingebracht werden. Sie stehen unter dem Primat der *Kontingenz*, wonach anvisierte Lösungen so oder auch anders oder auch gar nicht sein können. „Politische Angebote" können deshalb daraufhin befragt werden, in welchem Maße sie geeignet sind, auf neue Problemlagen und veränderte Prioritäten „angemessen" zu reagieren.

Dass über die „Angemessenheit" gestritten werden muss, gehört allerdings zu den Bestimmungsfaktoren demokratischer Politik.

Vor diesem Hintergrund bekommt die Frage nach *Kritik* und *Kritikkompetenz* ein besonderes Gewicht – nicht als Artikulation von bloßem Unbehagen und Perspektivlosigkeit, sondern als Dimension politischer Kommunikation, die nach der Rechtfertigung und Begründung von Entscheidungen oder, auf das politische System insgesamt bezogen, von Macht und Herrschaft fragt – und selber der Begründung bedarf. Darin sieht Rainer Forst den „Grund für Kritik" (Forst 2009, 151).

Um diese kommunikative und demokratische Funktion von Kritik geht es im Folgenden. Es soll der Versuch unternommen werden, ihre Rolle in der politischen Öffentlichkeit vor dem Hintergrund des politisch-kulturellen „Syndroms" zu entfalten, das als „Politikverdrossenheit" seit dem letzten Drittel des vergangenen Jahrhunderts zu einem Leitbegriff für Zeitdiagnose wie für Kulturkritik geworden ist. Der Versuch hat eine didaktische Absicht: Treffen die in der Grundfarbe reichlich düsteren Bilder von Politik-, Politiker-, Parteien- oder gar Demokratieverdrossenheit als einer diffusen, aber dominanten Grundstimmung zu, dann könnte es um die Möglichkeiten eines Politikunterrichts, der politische Wirklichkeiten zum Gegenstand hat, schlecht bestellt sein. Politikkritik, wie sie in den unterschiedlichen Facetten von „Verdrossenheit" artikuliert wird, wäre dann eine *Blockade* für politisches Lernen.

Die mediale Omnipräsenz des Begriffs hat diesen zwar zu einer Schlüsselkategorie werden lassen, die für „Entfremdung zwischen Lebenswelt und Politik", „Rückzug aus der Politik" oder gar „politische Anomie" und „Krise der Demokratie" steht. Dadurch wurden aber andere Formen einer Auseinandersetzung mit Politik aus der Wahrnehmung ausgeblendet, nicht zuletzt Politikkritik, die neben Zustimmung und Vertrauen eine notwendige zweite Seite demokratischer Entwicklung darstellt. Die Frage, die sich daran anschließt, lautet deshalb: Welches *Potenzial* liegt in einer kritischen Auseinandersetzung mit Politik?

Um einem möglichen Missverständnis vorzubeugen, soll hier festgehalten werden: „Politikverdrossenheit" als gesellschaftlich-kulturelles Phänomen kann nicht in einer optimistischen Sicht der Dinge einfach weg argumentiert werden. Doch dessen Realität bestimmt, wie zu zeigen sein wird, nicht die ganze Breite politischer Reaktions- und Deutungsformen des politischen Betriebs.

„Politikverdrossenheit" – ein Begriff und seine Deutung

Für die vor allem mediale Karriere dieses Begriffs ist bezeichnend, dass er 1992 zum „Wort des Jahres" ausgerufen wurde. So verwundert es nicht, wenn Repräsentanten der politischen Klasse nicht selten in ihrer Betroffenheit eine Kritik der Kritik formulieren, etwa Bundestagsvizepräsident Wolfgang Thierses, der „Politikverdrossenheit" als „medialen Mülleimer" bezeichnete und damit die Unbestimmtheit des Begriffs wie auch seine gängige Verwendung zur Erklärung politischen Unbehagens tadelte (Thierse 1993, 19). An der Frage nach seiner Relevanz für Analyse und Beschreibung des Verhältnisses von Politik und Bürger hat sich eine Debatte entzündet, die noch anhält. Während auf der einen Seite die breite Präsenz in Publizistik und Wissenschaften in erster Linie als „medienvermitteltes Artefakt" interpretiert wird, das nicht zuletzt seiner kontinuierlichen demoskopischen Reproduktion geschuldet sei (Erhart/Sandschneider 1994), betont Christian Welzel, der Begriff tauge durchaus „bei seriösem Gebrauch als Sammelbezeichnung", da er „für ein Bündel quantifizierbarer Merkmale" stehe, „die allesamt einen Verlust an Vertrauen in die etablierten Institutionen und Mechanismen politischer Repräsentation anzeigen." (Welzel 1995, 142f.) Dem widerspricht Kai Arzheimer, der „Politikverdrossenheit" als deskriptive wie als analytische Kategorie für überflüssig hält, weil die in der politischen Kulturforschung praktizierten Analysekonzepte „mit den wichtigsten im Kontext der Verdrossenheitsdebatte diskutierten Einstellungen identisch" seien (Arzheimer 2002, 202). Er kommt deshalb zum Ergebnis: „Sowohl aus analytischer als auch aus empirischer Perspektive spricht also nichts dafür, am Verdrossenheitsbegriff festzuhalten." (ebd., 297)

Deskriptives Konstrukt oder reales Symptom politischer Kultur - zur Wirkungsgeschichte des Begriffs gehört, dass er inzwischen zu einem Selbstläufer geworden ist und in seinen zahlreichen Varianten als umfassende Formel bei der Bewertung von Politik und Politikerverhalten dient. Bei der Suche nach den Ursachen einer solchen Entwicklung rücken vornehmlich die Funktionsweisen der Politik und ihre Repräsentanten ins Zentrum; die Träger bzw. „Artikulanten" der Verdrossenheit, also Bürger und Massenmedien, bleiben zunächst weitgehend im Hintergrund. Dabei haben wir es mit einer Form des politischen Urteilens zu tun, die auch oder gerade bei Jugendlichen präsent ist und als dominantes Politikbild funktioniert (dazu Pickel 2002).

Für die didaktische Reflexion ist diese Perspektive unbefriedigend. Die alltägliche Kommunikation über Politik und Politiker läuft in vielem darauf hinaus, in einer „binären Begriffskonstruktion" (Dirk Kaesler) nach dem Schema „die da oben und wir hier unten" *Ambivalenzen* und *Wechselwirkungen* innerhalb des problematischen Verhältnisses zwischen politischer Praxis und Bürger auszublenden. Ausgeblendet werden so vor allem die strukturellen Veränderungen der Bedingungen und Möglichkeiten von Politikgestaltung und Politikdarstellung. Werden sie in die Analyse einbezogen, rücken neben Akteursversagen und institutionellen Defiziten sowohl die „Gestaltungsfähigkeit der Politik" als System als auch die „Teilnahmebereitschaft der Bürger auf den eingespielten Kanälen" in den Horizont (Meyer 1994, 5ff.).

In einer solchen Perspektive weist Politikkritik in Gestalt artikulierter Verdrossenheit auf einen „strukturellen Kern" hin, der das problematische wechselseitige Verhältnis von Politik und Bürgern ausmacht. Zu dessen unterschiedlichen Segmenten zählt Thomas Meyer folgende Aspekte:

- die Komplexität und Unübersichtlichkeit der öffentlichen Problemlagen wie auch der „Lösungsangebote",
- der „Kompromissdruck auf die großen politischen Entscheidungen",
- die zunehmende „Professionalisierung der Politik" und die Abkoppelung der Akteure von den tatsächlichen Bedingungen der „Lebens- und Arbeitswelten",
- eine schwindende Bereitschaft der Bürger zur Übernahme andauernden, nicht nur kurzfristig bindenden politischen und sozialen Engagements,
- die veränderten Bedingungen von Politikgestaltung, Politikdarstellung und Politikvermittlung in der „Mediendemokratie", die Eigenlogiken des Wettbewerbs zwischen den Medien und die Reduzierung der Informationen auf „politische Personen" sowie
- die Wertung von Politik nach den „Maßeinheiten privater Personenverhältnisse" (Meyer 1994, 73ff.).

„Critical Citizens" – Motive und Objekte der Politikkritik

Empirische Erhebungen gerade bei Jugendlichen und jungen Erwachsenen zeigen, dass trotz aller Verdrossenheitsrhetorik Partizipation in unterschiedlichen Formen zum politischen Handlungsrepertoire gezählt wird. Die Aussage, wonach Partizipationsbereitschaft im Gefolge von „Politikverdrossenheit" schwinde, beschreibt deshalb nur ein reduziertes Spektrum politischer Optionen, weil sie die unter Kriterien gesellschaftlicher Individualisierung beschriebene Distanz zu traditionellen Institutionen und Organisationen zum generellen Kriterium nimmt. Dadurch wird jedoch die Ambivalenz von Individualisierung verkannt. Diese zeigt sich nicht als generelle Distanzierung von Politik, sondern zugleich in *neuen Formen des Engagements*. Darin steckt ein „nicht unerhebliches demokratisches und emanzipatorisches Potenzial", wie Heiko Geiling (1995, 265) in seiner kritischen Beschäftigung mit Begriff und Phänomen der „Politikverdrossenheit" betont.

Statt von einer diffusen Grundgestimmtheit auszugehen, sollen deshalb im Folgenden unterschiedliche Ausdrucksformen eines breiteren Spektrums von

Politikkritik skizziert werden. Dabei werden nicht nur Inhalte und Objekte der Kritik beschrieben, diese sollen zugleich danach befragt werden, ob in ihnen ein „partizipatorischer Überschuss" im Sinne einer auf Disput und Diskurs gründenden demokratischen Kultur erkennbar wird. Die Überlegungen orientieren sich am Konzept des „critical citizen", wie es etwa von Pippa Norris und anderen entfaltet wurde (1999).

Wenn Kritikbereitschaft als Teil des politischen Selbstverständnisses von Bürgerinnen und Bürgern verstanden wird, „sich mit politischen Sachverhalten auseinander zu setzen" (Geißel 2006), so artikuliert sich faktische Kritik als Unzufriedenheit gegenüber Politik, ihrer Organisation und ihren Akteuren. Bei ihrer Analyse führt die von David Easton in den 1960er Jahren entwickelte Unterscheidung zwischen *spezifischer und diffuser Unterstützung* weiter. Auf diese Weise lassen sich einzelne Dimensionen von Kritik in zweifacher Weise konkretisieren:

- zum einen nach Inhalt, Objektorientierung und Ausdrucksformen,
- zum andern hinsichtlich ihrer Relevanz für Unterstützung von bzw. Distanz zu Politik.

Effizienz- und Staatsfunktionskritik

Aus einem überwiegend bürgerlichen Aufstiegsmilieu der Erwerbstätigen – in Heiko Geilings Untersuchung sind das vor allem Facharbeiter, Angestellte, Inhaber mittlerer Führungsfunktionen – kommt eine interessengeleitete Politikkritik, die sich nicht zuletzt output-orientiert als Kritik an *mangelnder Effizienz* präsentiert, also die Leistungen des politischen Systems und deren Verteilung in Frage stellt. Hier kann auch die Kritik angesiedelt werden, die sich im Zuge der Debatten der letzten Jahre für einen „Umbau" des Sozialstaats und des Steuersystems stark macht. Im Kern thematisiert sie eine ordnungspolitische *Staatsfunktionskritik*, die eine unter ökonomischen Prämissen formulierte Revision des sozialstaatlichen „Modells Deutschland" anvisiert. Sie tritt auch als Kritik an einer überbordenden Bürokratisierung des Alltags auf.

In vergleichbarer Weise kommt diese intentionale Grundstimmung zugespitzt in der Sozialstaatsdebatte zum Ausdruck, wie sie im Sommer 2009 Peter Sloterdijk mit seiner Kritik am „kleptokratischen Steuerstaat" inszenierte (Frankfurter Allgemeinen Zeitung, 13. Juni 2009). Dabei zeigte sich, dass auch intellektuelle Kontroversen dieser Art, wie Stephan Hebel in der Frankfurter Rundschau ausführte, eine Argumentation aufbauen, die eher von den Mechanismen negativer Selektion als von einer kritischen Analyse geprägt sind und der Überprüfung - historisch wie aktuell - nicht Stand halten (Frankfurter Rundschau, 09.11.2009). Vor diesem Hintergrund ist es fraglich, solche Phänomene öffentlicher Politikkritik als Indiz einer grundsätzlichen „Politikverdrossenheit" zu interpretieren. Eher lassen sie sich als interessengeleitete Kritik am „leistenden Staat" verstehen.

Legitimationskritik

Im Zentrum einer „radikaldemokratischen Rhetorik" des Milieus der „Modernisierungs- und Individualisierungsgewinner" (Geiling 1995., 269) steht eine Kritik, die vor allem mangelnde *Legitimation und Basisorientierung* von Politik thematisiert. Es ist zum einen Kritik an defizitärer Praxis, an den Institutionen und Akteuren, zum andern an deren Distanz zu den Grundsätzen partizipatorischer Demokratie. Sie tritt mit der Forderung nach mehr Transparenz und – angesichts neuer Problemlagen – nach mehr Responsivität und nach Ausweitung basisorientierter Planungs- und direkt-demokratischer Entscheidungsformen auf, mit denen auch auf den unteren Ebenen des politischen Systems, in den Kommunen, Stadtteilen und Regionen, gesellschaftlicher Bedarf und verallgemeinerungsfähige Lösungsstrategien ermittelt werden sollen (etwa auf dem Weg der so genannten Bürgerhaushaltsplanungen oder Bürgerarenen).

Zur Erklärung dieser Kritik wird häufig auf Ronald Ingelhart und seiner Theorie des Wertewandels verwiesen: Im Laufe von Modernisierungsprozessen komme es zu einer Abschwächung des Vertrauens in Institutionen und Organisationen, dem mit einer Ausweitung politischer Partizipation in Richtung unkonventioneller Formen begegnet werden könne (dazu Norris 1999, S. 24f.).

Globalisierungskritik

Im Zuge fortschreitender Internationalisierung von Wirtschaft und Politik formierte sich seit den späten 1990er Jahren eine *Globalisierungskritik*, die im Kern auch *Kapitalismuskritik* ist. Sie richtet sich vor allem gegen inter- und transnationale Großorganisationen, die als Elemente einer weitgehenden Ökonomisierung und Kapitalisierung des internationalen Systems betrachtet werden. In deren Folge verschärft sich – so der generelle Tenor – die globale Ungleichheit zwischen den Regionen weiter, spitzt sich das Armutsproblem in den Peripherien zu und wird die politische Bearbeitung transnationaler ökologischer Gefährdungen – wie die Klimaerwärmung – weiterhin vertagt.

Damit nimmt die aktuelle Globalisierungskritik inhaltlich und organisatorisch die Politikkritik der früheren sozialen Bewegungen seit den 1960er Jahren wieder auf, wobei sie in Gestalt von Nichtregierungsorganisationen gleichsam eine mittlere Rolle zwischen Basis- und Protestbewegung einerseits und Verhandlungspartner auf überstaatlicher Ebene andererseits einnimmt. Angesichts des breiten Spektrums beteiligter Initiativen und Organisationen stellt die Globalisierungskritik weder strukturell noch programmatisch eine Einheit dar. Durch die thematische Öffnung zur Kapitalismuskritik lassen sich allerdings Aspekte einer wirtschaftspolitischen Systemkritik erkennen. Diese ist nicht gleichzusetzen mit einer politischen, gegen normative Grundlagen der Demokratie als Staatsform gerichteten politischen Systemkritik. Sie hat vielmehr zwei Eckpunkte: Sie richtet sich gegen den Ausbeutungscharakter einer auf Gewinnoptimierung zielenden ökonomischen Weltordnung, und sie attackiert eine politisches Weltsystem, das von der Dominanz weniger Großer und der weitgehenden Ohnmacht vieler Schwacher geprägt ist.

Verdrossenheit: vom Ressentiment zur Systemkritik?

In der öffentlichen Wahrnehmung wie auch in den Untersuchungen zur politischen Kultur kommt – in Geilings Terminologie – einer „ressentimentgeleiteten Politikverdrossenheit" besonderes Gewicht zu. Sie speist sich aus den realen Lebenslagen der Verlierer sozialstruktureller Umbrüche, die Individualisierung und Modernisierung „überwiegend als eine Form der Bedrohung" erfahren, „weil sie sich in einem Kreislauf sozialer und politischer Defizite bewegen." (Geiling 1995, 269f.) Ihre Lage geht – bei allen individuellen Besonderheiten – mit eingeschränkten sozialen Kontakten und der Erfahrung mangelnder oder doch geringer politischer Wirksamkeit einher. Selbsteinschätzung und Politikeinschätzung gehen dabei eine dezidiert resignative Verbindung ein.

Mit der Zuspitzung wirtschaftlicher Krisenkonstellationen und der Verfestigung der Massenarbeitslosigkeit hat insbesondere diese Politikkritik quantitativ an Gewicht und qualitativ an Konkretheit gewonnen. Ein Hinweis darauf ist der zahlenmäßige Anstieg derjenigen, die eine grundsätzliche *Systemkritik* gegenüber der parlamentarischen Demokratie wie auch der sozialen Marktwirtschaft artikulieren: „Armut bzw. soziale Disparität führen zu Demokratieverdruss." (Friedrich-Ebert-Stiftung 2008) Darüber hinaus sprechen viele Anzeichen dafür, dass sich diese Ausprägung einer Politikkritik sozialstrukturell ausgeweitet und zu einer breiteren Grundgestimmtheit in der Gesellschaft geworden ist. Dies liegt an ihrer „langen Dauer", auch an der Kontinuität, mit der sie zur Erklärung problematischer Entwicklungen – wie zurückgehende Beteiligung bei Wahlen – herangezogen wird, aber auch an der medialen Präsenz als verbreitetes politisches Deutungsmuster.

Inzwischen begegnet uns diese Kritik profiliert in einem sozialen Milieu, das nach einer Studie der Friedrich-Ebert-Stiftung als „abgehängtes Prekariat" bezeichnet wird. Dazu werden jene acht Prozent der Wählerschaft mit der geringsten beruflichen und finanziellen Sicherheit gezählt, die sich selber als im „gesellschaftlichen Abseits" stehend definieren und in politischem Engagement keinen Sinn erkennen. In ihrem Politikverständnis setzen sie zwar auf einen „regulierenden Staat", gleichzeitig artikulieren sie wenig oder kein Vertrauen in dessen Leistungen.

Die in der Studie beschriebene Politikdistanz ist jedoch sozialstrukturell nicht mehr nur auf das „Prekariat" begrenzt. Wenn 63 Prozent der Befragten angeben, dass ihnen die „gesellschaftlichen Veränderungen Angst" machen, so wird verständlich, dass Elemente einer Politikresignation auch in anderen Milieus anzutreffen sind, nicht zuletzt bei denen, die in der Studie zur „bedrohten Arbeitnehmermitte" gerechnet werden. Gleichzeitig verfestigt sich ein dichotomes Gesellschafts- und Politikbild: 61 Prozent der Befragten betonen, die ökonomischen und gesellschaftlichen Veränderungen hätten dazu geführt, dass es „keine Mitte mehr", sondern „nur noch ein Oben und Unten" gebe (Friedrich-Ebert-Stiftung 2006, 4ff.). Politikkritik wird, das zeigen diese Daten, quantitativ und inhaltlich durch wirtschaftliche Exklusion in Richtung Resignation und Systemverdrossenheit dynamisiert.

Repräsentationskritik: Politiker und Parteien

Ihren prägnantesten Ausdruck findet Politikkritik, wenn sie sich gegen die politischen Akteure, d. h. gegen Politiker und ihre Parteien richtet. Diese Form der latenten und manifesten Kritik macht sich an unterschiedlichen Indikatoren fest: an dilettantischem bis zynischem Umgang von Mitgliedern der politischen Klasse mit eingespielten Regeln der politischen Kultur, an mangelnder Sachkompetenz und fehlender Authentizität, an Amtsträgern, die ihre Glaubwürdigkeit in der öffentlichen Wahrnehmung demontieren, wenn es um die Absicherung ihrer Macht geht, und sie entzündet sich nicht zuletzt an Skandalen des politischen Betriebs. Vorgänge und Vorkommnisse dieser Art sind es, die öffentliche Empörung erzeugen und nicht nur einzelne Repräsentanten, sondern die politische Elite insgesamt in den Focus der Kritik – wenn nicht des Verrufs – bringen.

Dabei handelt es sich weder um ein besonders aktuelles noch um ein national eingrenzbares Phänomen. So antworteten auf die Frage: „Wie hoch ist Ihr Vertrauen in folgende Berufsgruppen?" in Deutschland wie auch in fünfzehn weiteren europäischen Staaten lediglich sieben Prozent der Befragten, sie würden ihren Politikern „sehr hohes" bzw. „ziemlich hohes Vertrauen" entgegen bringen. In der Summe rangieren Politiker damit als Berufsgruppe an letzter Stelle von insgesamt 20 Berufen – nach Profi-Fußballern und Autoverkäufern (Bertelsmann Stiftung 2009, 19).

Dahinter zeigt sich politische Entfremdung, die im Kern den Vorwurf mangelnder Problemwahrnehmung und Einsatzbereitschaft für die Belange der Bürger durch politische Repräsentanten erhebt, also die Kritik, das politische Geschäft laufe an den realen Lebensbedingungen vorbei. Die mediale Präsentation und Reproduktion dieser Kritik erfüllt in einer offenen Gesellschaft eine wichtige Funktion, indem sie Legitimationsdefizite transparent und der öffentlichen Auseinandersetzung zugänglich macht. Doch die Präsenz des negativen Politiker- und Parteienbildes wird – neben ihren realen Ursachen in der politischen Praxis – von zwei Faktoren befördert. Zum einen ordnet es sich ein in das zweigeteilte und hierarchische Strukturbild vom Oben und Unten in Politik und Gesellschaft, zum anderen erfüllt diese Kritik das Bedürfnis nach Personalisierung als einer mediengerechten Form der „Sichtbarmachung" von Politik. Nicht zuletzt hier zeigt sich die Ambivalenz medialer Präsentation – vermeintlicher oder tatsächlicher – politischer Skandale. Sie erliegt nicht selten der Versuchung, sich zur moralisierenden Instanz aufzuschwingen, hinter deren Anklagerhetorik der politische Kern des Skandalösen verschwindet.

Allerdings: Einzelne Aspekte der in alltagsweltlichen Politikbildern aufscheinenden Kritik sind keinesfalls nur Ausdruck einer aktuellen Krisenkonstellation, sondern weisen auf eine relativ lange Geschichte hin – etwa die Kritik an den Parteien und am Parlamentarismus. So machte bereits in den 1960er Jahren Ernst Fraenkel auf eine „Parlamentsverdrossenheit" und „ein weit verbreitetes vages politisches Unbehagen" aufmerksam (Fraenkel 1966, 244, dazu auch Arzheimer 2002, 36). Und eine Spurensuche der Verdrossenheit könnte über die eigenen Grenzen hinaus führen und zeigen, dass eine spezifische, auf Funktions- und Legitimationsdefizite gerichtete Kritik noch kein hinreichendes Indiz für eine Demokratie in der Krise ist.

Um solche Befunde zu erklären, reichen ausschließlich akteursbezogene und institutionelle Ansätze, die auf personelle und strukturelle Defizite des politischen Systems verweisen, nicht aus. Wie vergleichende Studien von Pippa Norris und anderen über Unterstützung und Vertrauen als Dimensionen der politischen Kultur verdeutlichen, müssen auch kulturelle Faktoren gesellschaftlicher Modernisierung und Individualisierung in die Erklärung einbezogen werden. Dabei spielen zum einen die erkennbar gestiegenen Erwartungen, die in Richtung staatlicher Effizienz und politischer Partizipation artikuliert werden, zum

andern die realen Veränderungen der politischen Steuerungskompetenz eine
bedeutsame Rolle (siehe Norris 1999, 22)

Jugendliche - zwischen spezifischer und diffuser Politikkritik

Das Spektrum der Politikkritik, wie es bisher skizziert wurde, ist nicht zwangsläufig deckungsgleich mit den politischen Orientierungen Jugendlicher. Allerdings ist damit das Umfeld beschrieben, in dem über Politik kommuniziert und
durch das Politik weitgehend erlebt wird. Es enthält relevante Deutungsmuster,
die im Verlauf einer Biografie weiter konkretisiert und differenziert werden. Zu
diesem Ergebnis kommt auch Gert Pickel nach einem Vergleich unterschiedlicher empirischer Studien zur „Politikverdrossenheit" Jugendlicher, wenn er „eine
sehr ähnliche Struktur politischer Orientierungen und somit auch politischer
Verdrossenheit in der Jugend und Gesamtbevölkerung" erkennt (Pickel 2002,
91). Pickel fasst seine Ergebnisse zusammen: „Eine generelle Politikverdrossenheit ist [...] für die Jugendlichen und jungen Erwachsenen in der Bundesrepublik
Deutschland nicht festzustellen. Eher schon handelt es sich um eine Unzufriedenheit mit den politischen Leistungsträgern und der Leistungsfähigkeit verschiedener Bereiche des politischen Systems. [...] Diese Beurteilung ist, folgt
man der Terminologie David Eastons, spezifisch, was die Objekte der Zuordnung angeht (Politiker und Parteien als konkret Handelnde), diffus, was die Art
der Bewertung betrifft. D. h. die Politiker und Parteien werden in einer generali-
sierenden Form negativ bewertet." (ebd., 164)

Kritik an Politikern und Parteien als Faktor für politische Partizipation untersucht auch Henry Milner in einer international vergleichenden Studie. Dabei
interessieren ihn vor allem die „political dropouts", die er in Abgrenzung von
den „political protesters" untersucht. Zu Ersteren zählen politisch desinteressierte
bis apathische Jugendliche und junge Erwachsene. Dabei zeigt sich ein deutlicher Zusammenhang zwischen politischen Kenntnissen und politischem Verhalten, etwa als Beteiligung an Wahlen: Je geringer und undifferenzierter das Wissen über Politik ist, umso geringer ist die Wahlbeteiligung. Zur Legitimation des
eigenen Nicht-Verhaltens dienen Statements wie „all politicians are the same"
oder „no party stands for me". Diese kritischen Argumente finden sich zwar auch
bei „political protesters", die Zustimmung zu diesen Statements ist bei ihnen
jedoch in der Regel nicht mit politischer Apathie, sondern mit einem Votum für
unkonventionelle Formen politischer Partizipation verbunden (Milner in Farnen
u. a. (eds.) 2008, 139).

Auf der Grundlage der vom Deutschen Jugendinstitut entwickelten Jugend-
surveys haben Johann de Rijke und andere eine *Typologie* unterschiedlicher

Einstellungen Jugendlicher entwickelt und diese nach einem spezifisch kritischen Potenzial differenziert (Rijke u. a. 2006, 335ff.). Ausgehend von den beiden Einstellungsdimensionen politischer Kulturforschung – „Demokratie als ideale politische Ordnung" und „reale Erscheinungsformen der Demokratie" – unterscheiden sie zwischen

- zufriedenen Demokraten: sie artikulieren Zustimmung zu beiden Dimensionen;
- kritisch-politische Demokraten: sie bejahen Demokratie als politische Ordnung, kritisieren reale Politik; sind kritisch-aktivitätsorientiert;
- kritisch-unpolitische Demokraten: sie bejahen Demokratie als politische Ordnung, kritisieren reale Politik, zeigen jedoch eine passive, eher resignativ-unzufriedene Grundhaltung;
- Distanzierte bzw. Nichtdemokraten: ablehnend gegenüber Demokratie als politische Ordnung und unzufrieden mit reale Politik.

Mit dieser Unterteilung kommen die Autoren zu dem Ergebnis, dass die beiden kritikbereiten Gruppen (kritisch-politische und kritisch-unpolitische) in West- und Ostdeutschland rund „die Hälfte der Befragten ausmachen [...] Dabei sind die kritisch-politischen Demokraten [...] etwas stärker vertreten als die kritisch-unpolitischen." (ebd., 336f.) Im Zeitvergleich dokumentieren die Daten für die Kritikbereiten eine „gewisse Stabilität" hinsichtlich der grundsätzlichen Akzeptanz der Demokratie, aber eine „zunehmende Unzufriedenheit" über die reale Praxis der Politik und ihre Ergebnisse. Diese Entwicklung vollzieht sich regional unterschiedlich: Während sich zunehmende Unzufriedenheit im Westen eher in einem resignativ-passiven Tenor artikuliert, zeichnet sich in den neuen Bundesländern eine größere Distanz zur Idee der Demokratie ab, nimmt also die Gruppe der Systemkritiker zu.

Lernpotenzial Kritik: Perspektiven für den Politikunterricht

Analytische Konzepte zur Untersuchung politischer Kultur richten den Blick zunächst auf politische Unterstützung bzw. politisches Vertrauen. Von hier aus thematisieren sie Fragen nach Stabilität bzw. Instabilität politischer Systeme und Strukturen. Die Versuchung ist groß, Kritik in einer reduktionistischen Deutung von „political culture" als dysfunktionalen Faktor, als „Krisenindikator und Bedrohung" zu definieren, statt darin „eine Ressource zur Leistungssteigerung politischer Systeme" zu sehen (Geißel 2009, 389). Politikkritik als Ressource – in dieser Perspektive lassen sich *drei Folgerungen* für eine konzeptionelle Be-

gründung wie auch für die Gestaltung des Politikunterrichts als Thesen formulieren. Deren Einlösung setzt allerdings voraus, dass das Verhältnis von Politik-
wahrnehmung und politischer Praxis selber zum Thema von Lernen gemacht
wird.

Kritikkompetenz als soziales Kapital

„Criticism does not necessarily imply disengagement. It can mean the reverse."
(Norris 1999, 27) Das „soziale Kapital" Vertrauen und Unterstützung (R. D.
Putnam) kann durch *Kritikkompetenz* gestützt werden.
    Rijke u. a. finden dieses Potenzial unter den befragten Jugendlichen vor al-
lem bei jenen, die Kritik in einem dezidiert politisch-partizipatorischen und auf
eigenes Handeln gerichteten Sinne verstehen. Es artikuliert sich in einer aktiven
Grundorientierung, in der sich Kritikbereitschaft und politische Einmischung
miteinander verbinden (Rijke u.a. 2006, 350). In einer umfangreichen, wenn
auch nicht nach Lebensalter unterschiedenen Studie kommt Brigitte Geißel zu
einem vergleichbaren Ergebnis. Um die systembezogene Funktion von Politikkritik zu klären, genauer: um herauszufinden, „ob kritikbereite Bürger bezüglich
ihrer Profile eine demokratische Ressource oder eher eine Gefahr darstellen",
untersuchte sie drei Typen von Bürgerinnen und Bürgern: kritikbereite Demokraten, nichtkritikbereite Demokraten und Personen, die der Demokratie als Sys-
temmodell ablehnend gegenüber stehen („undemokratische Systempräferenz").
Ihr Ergebnis lässt sich dem von Rijke u. a. zuordnen: „Demokratieförderliche
Merkmale sind [...] beim kritikbereiten Typus insgesamt häufiger zu finden als
bei den Nichtkritikbereiten sowie bei Personen mit undemokratischer Systempräferenz." (Geißel 2006, 7f.)

Diskursive Lernwege als Schritte zur Kritikkompetenz

Kritikkompetenz als Fähigkeit, Kritik zu üben und Kritik auszuhalten, setzt *systematisches Lernen* voraus. Wie können Lernprozesse gestaltet werden, die Erfahrung von Politik-Distanz und -Entfremdung aufnehmen und sie „frag- und
diskurs-würdig" machen?
    Entwicklungspsychologische Untersuchungen zum Umgang mit spezifisch
politischen und vor allem kontroversen Konstellationen haben gezeigt, dass Dis-
kursfähigkeit nach Alter differiert (Oser/Biedermann 2007). Kritik-Muster und
Kritikkompetenz hängen davon ab, ob Gegensätze und Paradoxien innerhalb von
Entscheidungskonstellationen ausgehalten und als Elemente von komplexen und

kontingenten Zusammenhängen eingeordnet werde können. Ein erster Schritt liegt darin, Inhalte von Kritik und ihre Implikationen in einen Unterricht einzubringen, in dem auf dem Weg *themenbezogener Diskurse* Argumente, die Anspruch auf Anerkennung oder Zustimmung erwarten, der gegenseitigen Rechtfertigung und Begründung ausgesetzt werden (Forst 2009, 150ff.).

Diskursive Lernwege dieser Art können bereits im frühen Alter erfolgreich organisiert werden, wie Unterrichtskonzepte für Grundschulen zeigen. Ausgangspunkt solcher Lernwege können Situationen des täglichen Lebens sein, die in methodischen Schritten auf ihren gesellschaftlichen und politischen Kern, d. h. auf ihre Relevanz für die Gestaltung des Zusammenlebens – in der Klasse, Gruppe, Gemeinde oder darüber hinaus – befragt werden. Dazu gibt es eine Vielzahl methodischer Arrangements, in denen alltägliche Politikbilder und ihre mentalen Schemata selber im Kontext eines Konflikts oder einer kontroversen Konstellation zum Gegenstand von Unterricht gemacht werden – auf dem Weg szenischer oder bildhafter Vergegenwärtigung der politischen Implikationen einer Erzählung, durch kreative Umgestaltung im Sinne alternativer Handlungs- und Entscheidungswege, in Übungen zum Perspektiven- oder Rollenwechsel oder als systematische und strukturierte Diskurse zur politischen Bearbeitung von Konflikten.

Hilary Claire und Cathie Holden haben dazu für unterschiedliche Altersgruppen eine Reihe von *Konflikt-Konstellationen* ausgewählt, die als elementare „Demokratie-Projekte" für unterschiedliche Lernalter Anlässe schaffen, um eigene Sichtweisen, Meinungen und Problemdeutungen dem diskursiven Test auszusetzen. Die didaktische und methodische Modellierung der Lernkonstellationen ist so angelegt, dass die Auseinandersetzung mit den eigenen Prämissen und Intentionen und denen der anderen Lernteilnehmer zum Gegenstand kritischer Argumentation wird. Die Autoren betonen dabei fünf Grundsätze:

- das Thema/der Sachverhalt soll von aktuellem Interesse sein,
- es beinhaltet widerstreitende Interessen und Werte,
- es geht um einen Konflikt zwischen unterschiedlichen Prioritäten und materiellen Interessen,
- Konflikte sind emotional aufgeladen,
- das Thema/der Sachverhalt ist komplex (Claire/Holden 2007, 5f.)

Konfliktcharakter und Kontroversstruktur sind nicht Selbstzweck. Sie bilden zum einen die Grundlage dafür, dass ein Lerngegenstand als authentisch erlebt bzw. nachvollzogen und Entfremdung als Wahrnehmungsproblem vermieden wird. Zum andern sind sie Voraussetzung dafür, dass ein Thema auf dem Weg

„kollektiver Argumentation", im Wechsel von Argument und Gegenargument, also diskursiv bearbeitet werden kann (dazu genauer Miller 2006, 73ff.).

Diskurse strukturierende Unterrichtsarrangements orientieren sich an einer Lerntheorie, die von kommunikativen und sozialen Kontexten des Lernens ausgeht. „Teaching controversial issues" (Claire/Holden 2007) hat – über die reale politische und gesellschaftliche Relevanz eines kontroversen Themas hinaus – eine Begründung in der Erfahrung, „dass Differenzen Lernprozesse auslösen" können (Schimank in Miller 2006, 335). Dabei besteht die Chance, bei der Bearbeitung der ausgewählten Konflikte subjektive Bewertungen und Deutungsmuster zum Ausgang zu nehmen. Es geht dabei allerdings nicht um ein einfaches Für und Wider, sondern um eine strukturierte „kollektive Argumentation" (Miller 2006, 74), bei der zunächst das Entdecken von Differenzen im Mittelpunkt steht. Ergebnis solchen Lernens kann eine Auflösung der Differenzen sein; in vielen Fällen wird es bei der Einigung über einen „rationalen Dissens" (ebd., 217) bleiben, der darin besteht, dass die Beteiligten übereinstimmen, worin die Unterschiede in der Bewertung eines Konflikts liegen.

Lernblockaden bearbeiten – für Kritik öffnen

Konflikte lösen nicht immer Lernprozesse aus. Sie können auch als Blockade Lernen erschweren. Im Politikunterricht sollten solche Konstellationen nicht eindimensional auf eine moralische Wertebene reduziert werden. Vielmehr geht es darum, den politischen Kern einer Diskurs-Blockade zu erfassen und auf dieser Basis mögliche Perspektiven zu suchen.

In unserem Rahmen interessieren vor allem solche Lernblockaden, die aus alltäglichen Deutungsmustern von Politik, seien sie individuell oder kollektiv, resultieren. So tendieren Menschen in Debatten dazu, vor allem solche Informationen auszuwählen, in denen sie eigene Meinungen, Standpunkte und Erwartungen gestützt oder gar bestätigt finden: „Die selektive Suche nach standpunktkonsistenten Informationen […] ist eine Möglichkeit der Dissonanzreduktion"; diese hat jedoch zur Folge, „dass Personen im Durchschnitt mehr standpunktkonsistente als -inkonsistente Informationen aus ihrer Umwelt suchen." Barrieren für offene und kritische Diskurse resultieren aus solchen Effekten dieser „konfirmatorischen Informationssuche" (Fischer u.a. 2003, 188f.).

In vergleichbarer Weise können Lernprozesse durch kollektive Politikbilder blockiert werden, die alltägliche Kommunikation dominieren. Diffuse kollektive Schemata zeigen ihre volle Wirkung, indem sie differenzierten Zugängen und Problemlösungen im Wege stehen. Dies ist die Kehrseite der „ressentimentgeleiteten Politikverdrossenheit" (Geiling 1995), wenn sich politische Urteile auf relativ statische kulturelle Stereotypen oder Kollektivsymbole stützen, ohne deren Relevanz weiter zu befragen. Die Inhalte dieser Verdrossenheit bilden in alltäglicher Kommunikation ein „Repertoire [...], mit dem wir uns ein Gesamtbild von [...] der politischen Landschaft der Gesellschaft machen, mit dem wir diese deuten und – insbesondere durch die Medien – gedeutet bekommen." (Jäger 2001, 84)

Für die Organisation und Initiierung von Lernprozessen bedeutet dies: Wir können nicht von einer gleichsam naturwüchsigen Neugierde auf Gegenargumente ausgehen. Vielmehr muss kollektives Argumentieren methodisch inszeniert und thematisch strukturiert werden. Um für diskursives Lernen zu motivieren, bietet nicht zuletzt das Internet eine Reihe innovativer Möglichkeiten. So motivieren Internetforen nicht zuletzt Schülerinnen und Schüler, die politischen Fragen distanziert oder ablehnend begegnen. Der Lernort Schule bietet damit Anlässe, politische Kommunikation jenseits des Klassenzimmers zu praktizieren und aktuelle Politik zum Gegenstand realitätsnaher Auseinandersetzung zu machen, indem Kommunikations- und Diskurspartner aus anderen Schulen und Orten einbezogen werden. So haben Münchener und Berliner Gymnasialklassen auf einer Web 2.0-Plattform ein gemeinsames Forum eingerichtet, in dem sie sich in einem diskursiven Lernweg mit der Frage befassen: „Die Finanzkrise – Risiko für den ‚Generationenvertrag'?" Als gemeinsame Diskursregeln legten sie fest: „Nur mit erarbeiteten und fundierten Ergebnissen Thesen und Kommentare setzen. Hinweise auf Augenhöhe geben und Verantwortung für eine zielorientierte Diskussion übernehmen." (dazu www.ganztaegig-lernen.org/www/web931. aspx) Lern-Plattformen dieser Art werden auch von politischen Organisationen unterhalten; sie bieten in den meisten Fällen zugleich einen guten Zugang zu weiterführenden Informationen (z. B. eTwinning – Netzwerk für Schulen in Europa; mitmischen.de – Jugendportal des Deutschen Bundestags).

Zusammenfassung: Diskurse als politische Lernwege

Kritik als spezifische Form der Beschäftigung mit Politik und als strukturiertes methodisches Arrangement kann im Unterricht als Brücke dienen, um Politikdistanz oder Lernblockaden zu relativieren oder aufzubrechen. Ob es gelingt, dabei eigene Politikbilder und Deutungen mit denen anderer zum Austausch zu bringen, hängt von einigen Voraussetzungen ab:

- Thematische Ausgangssituationen – ein Konflikt, eine kontroverse Konstellation – müssen so konzipiert und strukturiert sein, dass ihr politischer Kern erkennbar wird und zu alternativen oder konträren Bewertungen provoziert;

- im Rahmen diskursiven Lernens konkurrieren Lerngruppen nach akzeptierten Regeln mit unterschiedlichen Positionen um Rechtfertigung und Begründung;
- es gilt die wechselseitige Akzeptanz von Kritik: grundsätzlich sind unter Beachtung der Regeln alle Aussagen zulässig, sie sind aber auch prinzipiell kritisierbar;
- das Diskursive des Lernprozesses besteht zunächst darin, Differenzen zwischen den subjektiven Bewertungen zu „explorieren" und sich über solche Fragen zu verständigen, die beitragen, das Strittige der Ausgangslage zu klären (Miller 2006, 255);
- eine Einigung über den Kern des Strittigen bildet die Grundlage für „forschendes Lernen", um sich der Sachstruktur des Falles oder der Konfliktkonstellation analytisch zu nähern;
- diskursives Lernen ist in einem zweifachen Sinn reflexiv: indem zum einen die argumentativen Ausgangspositionen rückblickend überprüft, d. h. bestätigt, modifiziert oder auch verworfen und zum andern die sozialen und kommunikativen Ebenen, denen die Muster der politischen Alltagskommunikation wie auch des Unterrichts entstammen, unterschieden werden – etwa durch Differenzierung zwischen Urteil, Tatsachenbehauptung, Faktenwissen, Kausalwissen, Leitideen (Prinzipien) und Weltbildern (dazu Nullmeier 2001, 293f.).

Diskurse können im Politikunterricht zu einem Abschluss kommen; sie müssen es jedoch nicht. Darauf hat bereits der „Beutelsbacher Konsens" hingewiesen: Was in Politik und Gesellschaft, aber auch in der Wissenschaft umstritten ist, soll es auch im Unterricht sein. Das Bemühen, unter einem falsch verstandenen Handlungsbezug zu jedem Problem „Lösungen" zu finden, unterstellt dem Unterricht eine Kompetenz, die im Kern apolitisch ist, weil das Prozesshafte von Politik und letztlich der Faktor Zeit ausgeklammert werden. Es entspricht dem Politischen vielfach mehr, das Ende einer Unterrichtseinheit mit Fragen zu schließen, die auf Offenes, noch nicht Beantwortetes oder auf neue Aufgaben verweisen, statt vermeintliche „Resultate" zu konstruieren. Auch hier kann gelten: Der Weg ist – zumindest – ein Ziel.

Literatur

Arzheimer, K.: Politikverdrossenheit. Bedeutung, Verwendung und empirische Relevanz eines politikwissenschaftlichen Begriffs. Wiesbaden 2002
Bertelsmann Stiftung: Euch vertrauen wir. Berufe mit Verantwortung. In: Change. Sonderheft 2009, S.14-19

Claire, H./Holden, C. (eds.): The Challenge of Teaching Controversial Issues. Stoke on Trent/UK 2007

Ehrhart, Ch./Sandschneider, E.: Politikverdrossenheit: Kritische Anmerkungen zur Empirie, Wahrnehmung und Interpretation abnehmender politischer Partizipation. In: Zeitschrift für Parlamentsfragen H. 3/1994, S. 441-458

Fraenkel, E.: Ursprung und politische Bedeutung der Parlamentsverdrossenheit. In: Stolte, D./Wisser, R. (Hg.): Integritas. Geistige Wandlung und menschliche Wirklichkeit. Tübingen 1966, S. 244-255

Friedrich-Ebert-Stiftung: Gesellschaft im Reformprozess. Berlin 2006

Friedrich-Ebert-Stiftung: Persönliche Lebensumstände, Einstellungen zu Reformen, Potenziale der Demokratieentfremdung und Wahlverhalten. Arbeitspapier, Berlin 2008

Fischer, P. u. a.: Konfirmatorische Informationssuche und Parteipräferenz: Sind Menschen nicht bereit, die Argumente der politischen Gegenseite zu hören? In: Witte, E. H. (Hg.): Sozialpsychologie politischer Prozesse. Beiträge des Hamburger Symposions zur Methodologie der Sozialpsychologie. Lengerich 2003, S. 186-205

Forst, R.: Der Grund der Kritik. In: Jaeggi, R./Wesche, T. (Hg.): Was ist Kritik? Frankfurt/M. 2009, S. 150-164

Foucault, M.: Was ist Kritik? Berlin 1992

Geiling, H.: Politikverdrossenheit oder Masseneffekt der Individualisierung. In: Sozialwissenschaftliche Informationen H. 4/1995, S. 265-272

Geißel, B.: Kritische Bürgerinnen und Bürger - eine Gefahr für Demokratien? In: Aus Politik und Zeitgeschichte, Nr. 12/20.03.2006, S. 3-9

Geißel, B.: Kritische Bürger – Gefahr oder Ressource für die Leistungsfähigkeit eines poltischen Systems? In: Gesellschaft – Wirtschaft – Politik, H. 3/2009, S. 387-396

Jäger, S.: Diskurs und Wissen. Theoretische und methodische Aspekte einer Kritischen Diskurs- und Dispositivanalyse. In: Keller, R. u. a. (Hg.): Handbuch Sozialwissenschaftlicher Diskursanalyse. Bd. 1: Theorien und Methoden. Opladen 2001, S. 81-112

Meyer, Th.: Die Transformation des Politischen. Frankfurt/M 1994

Milner, H.: The Phenomenon of Political Dropouts. In: Farnen, R. et al. (eds.): Political Culture, Sozialization, Democracy and Education. Frankfurt/M. 2008, S. 137-160

Norris, P. (Hg.): Critical Citizens. Global Support for Democratic Governance. Oxford 1999

Nullmeier, F.: Politikwissenschaft auf dem Weg zur Diskursanalyse. In: Keller, R. u. a. (Hg.): Handbuch Sozialwissenschaftlicher Diskursanalyse. Bd. 1: Theorien und Methoden. Opladen 2001, S. 285-311

Oser, F./Biedermann, H.: Zur Entwicklung des politischen Urteils bei Kindern und Jugendlichen. In: Biedermann, H./Oser, F./Quesel, C. (Hg.): Vom Gelingen und Scheitern Politischer Bildung. Studien und Entwürfe. Zürich 2007, S.163 – 187

Pickel, G.: Jugend und Politikverdrossenheit. Zur politischen Kultur im Deutschland nach der Vereinigung. Opladen 2002

Rijke, J. de u. a.: Wandel der Einstellungen junger Menschen zur Demokratie in West- und Ostdeutschland – Ideal, Zufriedenheit, Kritik. In: Diskurs Kindheits- und Jugendforschung H. 3/2006, S. 335-352

Thierse, W.: Politik- und Parteienverdrossenheit: Modeworte behindern berechtigte Kritik. Zur Notwendigkeit berechtigter Reformen, in: Aus Politik und Zeitgeschichte, B 31/1993, 19-25

Welzel, Ch.: Politikverdrossenheit und der Wandel des Partizipationsverhaltens. Zum Nutzen direkt-demokratischer Beteiligungsformen. In: Zeitschrift für Parlamentsfragen H. 1/1995, S. 141-149

Politikwissenschaft und Politikdidaktik: Eine interdisziplinäre Fallstudie

Hans-Werner Kuhn

Fragestellung

Wenn man sich Studien- und Prüfungsordnungen für die Politiklehrerausbildung, wenn man sich Lehrangebote an den Hochschulen, wenn man sich Fachzeitschriften und Forschungsvorhaben ansieht, hat man den Eindruck, dass Politikwissenschaft und Politikdidaktik allenfalls ein additives Verhältnis zueinander haben. Jede dieser wissenschaftlichen Disziplinen existiert für sich neben der anderen, ohne dass eine wirkliche wechselseitige Wahrnehmung auszumachen wäre.

Das hängt damit zusammen, dass beide wissenschaftlichen Disziplinen sich ausdifferenziert, eigene Forschungskonzepte entwickelt und je eigene Fragestellungen hervorgebracht haben, die einen gemeinsamen Diskurs verhindern, zumindest aber erschweren.

Hartwich hat das Verhältnis zwischen Politischer Bildung und den Sozialwissenschaften über vier Jahrzehnte anhand einer Fachzeitschrift untersucht (2006). Ohne hier auf einzelne Entwicklungsschritte eingehen zu können, kann festgehalten werden, dass die Politikwissenschaft als „Integrationswissenschaft" (Fraenkel) verstanden wird. In der Anfangsphase nach dem 2. Weltkrieg besteht das Gründer-Ethos bedeutender Politikwissenschaftler darin, ihre Disziplin als „Demokratie-Wissenschaft" zu verstehen. Im Laufe der 1980er Jahre löst sich die enge Verzahnung von Politikwissenschaft und politischer Bildung. Nach Hartwich (1/1987,10) ist die „natürliche Ehe" zwischen Politischer Wissenschaft und Politischer Bildung zerbrochen. Gründe liegen in zunehmender Professionalisierung, weiteren Profilierungen und ausdifferenzierten Forschungsfeldern (vgl. Massing 2002, 36). Die Folge ist eine Entkopplung der beiden Disziplinen.

Sander stellt in einer Bilanz zu Beginn des 21. Jahrhunderts fest, dass sich die Politikdidaktik zur „normalen Wissenschaft" (Thomas S. Kuhn) entwickelt habe. Momente des Paradigmas sind:

- „der Bezug auf politisches Lernen als Gegenstandsbereich der Politikdidaktik als Wissenschaft;

- ein Verständnis von politischer Bildung in der Tradition der Aufklärung als eine vom Leitmodus der Rationalität geprägte Auseinandersetzung mit Politik;
- die Orientierung an einem Verständnis des Menschen als Subjekt, dessen Mündigkeit im Sinne selbständigen Urteilens und Handelns politische Bildung fördern will;
- der Bezug auf die Demokratie als wünschenswerte politische Ordnung;
- schließlich die wissenschaftssystematische Verortung der Politikdidaktik als interdisziplinäre Sozialwissenschaft im Überschneidungsfeld zur Erziehungswissenschaft" (Sander 2002, 11-12).

Als Kurzformel: „Politikdidaktik als interdisziplinäre Sozialwissenschaft untersucht politisches Lernen empirisch und konzeptionell mit dem Erkenntnisinteresse, die Bedingungen für die Möglichkeit von Lernprozessen aufzuklären, die die politische Mündigkeit der Lernenden fördern" (ebd.: 12).

Bereits in diesen knappen Bestimmungen lassen sich Vernetzungen ausmachen, die das Grundcharakteristikum des folgenden Beitrags kennzeichnen.

In diesem Beitrag soll nun nicht der Versuch gemacht werden, die Trennung zwischen Politikwissenschaft und Politikdidaktik „aufzuheben"; an diesem Versuch würde man sich „verheben". Der Anspruch erscheint bescheidener: anhand eines begrenzten Fallbeispiels wird der Versuch unternommen, eine erweiterte Perspektive auf das Verhältnis der beiden Disziplinen zu gewinnen.

Konkret geht es darum, an einem politikdidaktischen Projekt die impliziten und expliziten Bezüge zur Politikwissenschaft, aber auch zu den „anderen" Sozialwissenschaften (Soziologie, Geschichte usw.) zu verdeutlichen. Daran soll die These belegt werden, dass im Vermittlungszusammenhang beide Disziplinen nicht isoliert betrachtet werden können.

Die Fragestellung lässt sich auch anders ausdrücken: Im Beitrag wird die These vertreten, dass die Hermeneutik als Interpretations- und Deutungswissenschaft zwischen Politikwissenschaft und Politikdidaktik und umgekehrt vermitteln kann. Bezogen auf den vorliegenden Fall wird untersucht, ob die drei Disziplinen: Politikwissenschaft, Politikdidaktik und Medienwissenschaft insofern eine analoge Struktur besitzen als in allen drei „gedeutet" werden muss: man muss die Phänomene jeweils „verstehen", dann vor dem jeweiligen Fachhorizont „auslegen", um schließlich im dritten Schritt zu einer „Anwendung" (Gadamer) zu gelangen, die übersetzt werden kann als kritisches Urteil. Inwieweit diese Analogie trägt soll in der folgenden Fallstudie geprüft werden.

An dieser Stelle erfolgt eine Einschränkung: es werden nicht Theorien, Konzeptionen oder Forschungsansätze Gegenstand der Darstellung sein, sondern „Lehrstücke" bzw. Theoreme im Kontext einer Fallstudie.

Die Fallstudie fokussiert das „Image von Politikerinnen und Politikern". Es handelt sich um ein Filmprojekt (2 DVDs) und darauf bezogene politikdidaktische Handreichungen, die im Auftrag der Bundeszentrale für politische Bildung erarbeitet wurden.

> „Das Projekt: Ein Projekt, das Politik & Politiker wieder den Menschen nahe bringen soll. Überparteilich, unabhängig, überregional – aber engagiert in der Sache. Der Grundgedanke dieses Projektes ist, mit filmischen Mitteln junge Menschen – Erstwähler und potentielle Erstwähler – mit solchen Politikern in Dialog und Auseinandersetzung zu bringen, die Stärke, Persönlichkeit, Authentizität ausstrahlen. Ziel ist es, interessante Politiker und Politikerinnen aller Parteien zu zeigen, also positive Beispiele zu präsentieren, die bei den jungen Menschen Neugierde auf Politik wecken, die Zutrauen in Volksvertreter geben und die Lust machen, sich in politisches Geschehen einzumischen. Die Entwicklung in der Haltung der jungen Menschen durch die Auseinandersetzung mit Film und Mensch sowie die Gegenüberstellung der Filmporträts mit den Porträtierten live wird in einer 90 min Dokumentation am Ende des Projektes stehen. (…)
>
> Trotz aller kritischen Diskussion und Berichterstattung in den Medien – es gibt zahlreiche Politiker, Frauen und Männer, Junge und Alte, die Vorbilder sind, die Interesse und gar Begeisterung wecken können, die es lohnt vorzustellen und zu begleiten, die eine „gute Werbung" für unsere Demokratie sind und die junge Menschen animieren können, sich in dieser Gesellschaft zu engagieren. Eine gewisse Einseitigkeit zu Gunsten positiver Imagewerbung für Politik, für Partizipation und für demokratische Rituale ist im Rahmen dieses Projektes beabsichtigt." […] (Filmemacherin Barbara Wackernagel-Jacobs, Projektantrag, 1)

Die zentralen „Lehrstücke" wurden im zweidimensionalen Raster zwischen den Dimensionen der Politikdidaktik (Fachwissenschaft(en), Fachdidaktik, Fachmethodik) und den Stufen der Hermeneutik (Verstehen, Auslegen, Anwenden) verortet (s. Tabelle unten).

Die genannten Lehrstücke werden nicht einzeln vorgestellt, sondern ausgewählte werden exemplarisch behandelt. Ausgangspunkt ist der Gedanke, dass unmittelbar in der Arbeit an den Handreichungen politikwissenschaftliche, politikdidaktische, medienwissenschaftliche usw. Momente thematisiert werden und zugleich in einen fruchtbaren Austausch treten. Diese Verknüpfung „at work" vollzieht sich immer dann, wenn vom Inhalt auf Unterricht weiter gedacht oder wenn vom Politikunterricht auf Texte und Materialien zurück gedacht wird. Das politikdidaktische Denken ist nicht nur – wie Hilligen es treffend charakterisiert hat – eine Pendelbewegung von der Konkretion über die Abstrahierung zur Rekonkretisierung: „Man lernt, wenn aus einem Besonderen, in dem sich ein Allgemeines abbildet, jenes Allgemeine so deutlich gemacht wird, dass es – als Schlüsselbegriff, als Regel, als Problem – an einem neuen Besonderen wiedererkannt werden kann. Anders formuliert: Ob aus etwas Gelerntem über das Gelernte hinaus etwas gelernt wird, hängt davon ab,

- ob den Lerninhalten mit Hilfe von Schlüsselbegriffen, Merkmalen, Schlüsselfragen eine Struktur gegeben wird, die eine Form von Verallgemeinerung erlaubt, ja erzwingt;
- ob und in welchem Maße dieser Verallgemeinerungsvorgang selbst deutlich gemacht und mitgelernt wird ...
- ob Gelegenheit gegeben wird, die Verallgemeinerung an neuen Informationen zu überprüfen.

Dieser Pulsschlag von Abstraktion und Rekonkretisierung kennzeichnet das didaktische (wie alles wissenschaftliche) Denken; er ermöglicht den Aufbau kognitiver Strukturen (Denkstrukturen)" (Hilligen 1976, 24).

Ein zweites zentrales Merkmal liegt in der notwendigen Pendelbewegung zwischen fachdidaktischen und fachwissenschaftlichen Theoremen. Sturm betont den Zusammenhang zwischen Politik und Politischer Bildung aus der fachwissenschaftlichen Perspektive. Als Metapher formuliert sei Politik ohne politische Bildung eine „Dame ohne Unterleib" (Sturm 2005, 133). Gerade in Krisenzeiten werde die politische Bildung mehr gebraucht als jemals zuvor. Erst durch sie können output-Krisen des politischen Systems abgefedert werden, indem Demokratie als Wertekonsens stabilisierend wirke (vgl. ebd. 136).

Die politikdidaktisch orientierte Gedankenbewegung kann sowohl den induktiven wie den deduktiven Lernweg verfolgen. Nimmt man diese Lernwege noch genauer, so kann der deduktive über fachlichen Theoremen ansetzen, über fachdidaktische Prinzipien bis hin zu spezifischen Arbeitstechniken verlaufen, aber genauso gut umgekehrt. Erst im systematischen „Durchdeklinieren" von oben nach unten oder von unten nach oben lässt sich das implizite Bild von Politikdidaktik rekonstruieren bzw. in der konstruktiven Arbeit auf seine Stimmigkeit befragen. Ohne den potentiellen Weg in beide Richtungen zu gehen, bleiben didaktische und methodische Entscheidungen, aber auch unverzichtbare Basiskonzepte der beteiligten Disziplinen willkürlich bzw. lückenhaft.

Baustein: Filmanalyse

Wie kann nun Schule als Bildungseinrichtung, wie kann politisches Lernen mit dem Medium Film umgehen? Es scheint Konsens zu sein, dass der gewohnte, in der Lebenswelt verankerte Umgang (z.B. DVD-Abende) zu wenig leistet; hier dominiert die Unterhaltung. Wie können die eingeschliffenen Seh- und Nutzungsgewohnheiten ein Stück weit durchbrochen werden, um Bildung und Lernen zu ermöglichen? Dazu gibt es eine Reihe von medienpädagogischen Strategien, die sich in den Arbeitsvorschlägen wieder finden (z.b. Negieren der Erwartungen an das Medium, konstruktives eigenes Weiterdenken der Geschichte, distanziertes eigenes Urteil als Filmkritik, Decodierung der Filmsprache, hermeneutische Bildanalyse (Bohnsack 2007, 155-171) von Standbildern, Vergleich von Ausschnitten aus verschiedenen Filmen, Fragmente in Beziehung setzen (vgl. Bergala 2006, 81ff.). Die DVD als neues Medium unterstützt diesen pädagogisch variablen Zugang zu Filmen. Da der Umgang mit Medien, genauer die Sehgewohnheiten bei Filmen – oder auch die Lesegewohnheiten bei der Tageszeitung – sehr verfestigt sind, erfüllen sie dort einen ganz anderen Zweck als im schulischen Kontext. Die Medien im Alltag sind in der Regel Selbstzweck, in der Schule bekommen sie eine Bildungsfunktion, die kritisch und aufklärend sein will, die Darstellungen in Frage stellt und Metastrukturen durchschaubar macht.

Übertragen auf die Filmanalyse stellt sich die Frage, wie der Ablaufzwang der bewegten Bilder künstlich „ent-schleunigt" werden kann. Die Arbeit an und mit Filmen in der politischen Bildung kann die Eigendynamik von Filmen zum Ausgangspunkt der Analyse machen, kann aber nicht dabei stehen bleiben. Filme haben eine suggestive Kraft und lassen eine kritische Distanz nur schwer zu. Hier kann mit didaktischen Entscheidungen und handlungsorientierten Methoden ein alternativer Zugang versucht werden.

Politikdidaktisch stellt sich bei den skizzierten Rahmenbedingungen die Frage, wie Klassen und Lerngruppen diese Lernprozesse gestalten können, ohne dass die Diskussion mit realen Politikern Bestandteil des Projekts sein kann. Schriftliches Material kann nur bedingt hier Ersatz sein. Aber auch die zweite DVD mit den Schülerdiskussionen kann den realen Dialog nicht ersetzen.

Dennoch gilt: „Die Urteilskompetenz der SchülerInnen wird dann angesprochen, wenn es gelingt, vorliegende – durch den Film gefällte – Urteile, Botschaften und Einstellungen auf ihre Begründung hin zu untersuchen ..." (vgl. Krammer 2009, 51)

Wie oben bereits angedeutet, werden Jugendliche in ihrer Lebenswelt ständig mit „politischen Erzählungen" konfrontiert, wie sie in den filmischen Porträts immer wieder eingestreut werden. Diese gilt es zu identifizieren, auf ihre Funktion hin zu befragen, zu dechiffrieren usw.

„Nur methodisch kontrolliertes Vorgehen kann den SchülerInnen verständlich machen, wie perspektivisch, funktional und parteilich die Darstellung politischer und historischer Probleme und wie folgenreich eine unreflektiert-affirmative Rezeption für das eigene Politikbewusstsein sein kann" (vgl. ebd.).

Verallgemeinert kann festgehalten werden: „Systematische Filmanalyse ist wesentlicher Teil politikbezogener Methodenkompetenz" (ebd.). Auch Peter

Massing spricht von einer „politikorientierten Medienkompetenz" (2001, 45f.). Vielfach wird bei Politikdidaktikern der „kritische Zeitungsleser" propagiert, er steht als „ein Kürzel für den kritischen Medienrezipienten" (ebd. 42), allerdings mit einer Schlagseite auf textbasierte Informationen über Politik. Fasst man den Begriff weiter, dann werden spezifischere Kompetenzdimensionen deutlich: Kognitive, analytische und evaluative Fähigkeiten fallen darunter, ebenso konstruktive Kompetenzen. „Eine politikorientierte Medienkompetenz ist eine auf das Relevanzsystem Politik bezogene allgemeine Medienkompetenz. (…) Sie ist eher mittelbares Ergebnis politischer Bildung, sofern es dieser gelingt, die zentralen politischen Relevanzsysteme zu vermitteln. Insofern erscheint politikorientierte Medienkompetenz eingebettet in ein dialektisches Spannungsverhältnis. Sie ist einerseits Ergebnis eines Mindestmaßes an politischem Wissen im Sinne von Politikbewusstsein, von politischer Urteilsfähigkeit und von politischer Handlungsfähigkeit, andererseits eine deren wichtigsten Voraussetzungen" (ebd., 49).

Image und PolitikAppeal

Der Filmtitel „Image der Politiker und der Politik" kann ebenso wie der Begriff „PolitikAppeal" thematisiert werden. PolitAppeal ist eher ungewöhnlich, bekannt ist dagegen die Wortkombination Sexappeal. PolitAppeal stellt dann eine Parallelkonstruktion dar, die die „Anziehung" (appeal = anziehen) zur Politik/ Anziehung von Politik meint.

In beiden Begriffen (Image / Appeal) werden Anglizismen verwendet, wohl auch, um eine gewisse Verfremdung zu erzeugen. Darin drückt sich aus, etwas in neue, andere Zusammenhänge zu stellen und somit einen anderen Blick auf den Gegenstand zu ermöglichen. Unmittelbar darauf folgt eine Aussage eines Schülers, der als Adressat des Projekts seine widersprüchliche Wahrnehmung schildert.

Schüler: „Das war ein Mercedes, ein Audi, ein VW war auch dabei, nicht gerade die ältesten Modelle. Na ja, und ich meine, beim Gespräch wo er [gemeint ist der Ministerpräsident von Brandenburg, Matthias Platzeck] auf der Coach gesessen hat, war er wirklich supersympathisch. Wenn du jetzt aber sagst das mit den Autos und ich darüber nachdenke, ja, da kommt halt doch ein bisschen der Politiker durch, würde ich sagen."

Dies, so die These, ist eine Schlüsselszene (DVD2, Zeit: 9:10) im Image-Projekt und dies gleich aus mehreren Gründen.

- Zum einen kann die Szene als Diagnose der Schüler-Kriterien verwendet werden. Dabei spielt auch der Zeitpunkt eine Rolle. Als erste Reaktion nach dem Film wird diese Kritik formuliert. Dies bedeutet, dass dieses Element im Film zumindest diesen Schüler so beeindruckt hat, dass er am Beginn der Diskussion massiv darauf hinweist. Dieses Beispiel belegt, dass Schülerinnen und Schüler ganz häufig an realen oder vermeintlichen Widersprüchen bei den Politikerinnen und Politikern ansetzen.
- Zum zweiten kann das Kriterium isoliert betrachtet werden. Steht es einem Ministerpräsidenten zu, mit einer solchen Wagenkolonne durch das Land zu fahren? Nimmt man dies als Kriterium, so sind zwei Lernwege möglich: der erste nimmt dieses Argument auf und konfrontiert es mit der Frage: kann dies das zentrale Kritikargument beim politischen Urteil sein? Schnell käme man zur „Kritik der Kritik": dieses Argument sei völlig unangemessen, um Politik zu bewerten. Es gehe ja weder um politische Entscheidungen oder Programme noch um die Lösung gesellschaftlicher Probleme.
- Zum dritten kann nach der symbolischen Bedeutung der „Wagenkolonne" gefragt werden. Hier lässt sich das Argument nicht mehr so leicht als „unangemessen" ablehnen. Wie in den Filmprotokollen deutlich wird geht es nicht um die „Wagenkolonne" an sich, sondern um den Kontext: um das relativ „arme" Bundesland Brandenburg, dessen Ministerpräsident sich eine feudale Wagenkolonne leiste. Diese Sichtweise ist zu einigen Passagen im Film anschlussfähig.
- Zum vierten zeigt sich am Statement der zweiten Schülerin, dass sie implizit eine Unterscheidung macht zwischen dem „Menschen Matthias Platzeck" und dem „Politiker Matthias Platzeck". Während der eine „supersympathisch" erscheint, ordnet sie das Image der Luxuskarossen dem Politiker zu. Auch hier kann man fragen, inwieweit diese oft gängige Unterscheidung weiterführend ist. Kann diese Trennung überhaupt aufrechterhalten werden oder ist sie nur eine Hilfskonstruktion?

Der Lernweg erfolgt gestuft vom eigenen Politikerbild, das an einzelnen realen Politikern konkretisiert wird, über die Konfrontation mit dem Filmporträts, an die sich offene Diskussionen anschließen, bis hin zu den realen Dialogen mit Politikern (hier klärt sich der Sachverhalt weitgehend auf, siehe unten), über die dann in Tageszeitungen ausführlich berichtet wird. Dieser extensive Lernweg kann im Projekt in den didaktischen Handreichungen nur in Teilen simuliert werden; andererseits bietet die neue Struktur aber auch Lernchancen in der Selbstreflexion.

Verallgemeinert zeigt dieser Baustein die Verknüpfung von politischer Sozialisation, Konfrontation mit Politik und der Verarbeitung in Medien. Alle drei Felder setzen Impulse für politisches Lernen.

Baustein: Geschichten erzählen

Eine durchgängige Figur in allen Porträts sind „Geschichten", die von den Politikerinnen und Politikern erzählt werden. Deutlich wird dies im Filmporträt von Matthias Platzeck, in dem Ton und Bild sich wechselseitig bestätigen. Im Filmporträt wird fast ausschließlich O-Ton (Original-Ton) verwendet, nur an wenigen Stellen ist ein Sprecher aus dem Off zu hören. Beim O-Ton könnte man vermuten, dass auf Fragen geantwortet wird, es sich also um eine Interview-Situation handelt. Allerdings fehlen dazu die Fragen im Film, so dass der Eindruck entsteht, verschiedene längere Statements des Hauptakteurs wurden zusammen geschnitten und mit den Bildern in eine sinnvolle Reihenfolge gebracht. Damit wiederholt sich auf der Darstellungsebene das, was im Selbstverständnis artikuliert wird: nicht formelle Reden, sondern ein (scheinbarer) Dialog mit dem Publikum. Diese narrative Struktur ergibt eine Reihe von thematischen Schwerpunkten, die nach und nach den Porträtierten von mehreren Seiten beleuchten: von seinen politischen Vorstellungen (Streiten als Lernmethode), von seiner (Ost-)Sozialisation und -Biographie, von seinem Amtsverständnis usw.

Insider-Geschichte beim Filmporträt mit Florian Toncar, FDP (DVD2)

> Florian Toncar: „In der Politik werden häufig taktische Aspekte vor inhaltliche gestellt. Es wird gefragt, wie komme ich mit meiner Position an? Es wird auch sehr oft gefragt, wie komme ich kurzfristig in die Medien. Boulevard-Zeitungen sehr kritisch lesen. Da steht die Überschrift fest, und dann ruft ein Reporter einen Politiker nach dem anderen an und fragt: wären Sie nicht bereit das zu sagen? Und wenn man sagt: nein, dann ist man draußen, und wenn man sagt: ja, dann kommt der Name in die Zeitung mit den großen Buchstaben und den vielen Lesern. Das heißt, dann ist man als Politiker nur noch derjenige, der entscheiden kann, soll mein Name da drinstehen oder der nächste. Ich habe das selbst schon erlebt und habe „nein" gesagt bei einer bestimmten Frage, die mir gestellt worden ist, und. Da ging es, glaube ich, darum, ob der iranische Präsident zur Fußball-Weltmeisterschaft einreisen soll. Da wollte die Bild-Zeitung, dass er nicht einreisen darf. Und wollte von mir diese Aussage. Nein, das sage ich jetzt nicht, tut mir Leid. Dann habe ich mir den ganzen Tag überlegt: wer ist eigentlich derjenige, der sich dafür hat hergeben lassen, diesen Unsinn da zu fordern. Am nächsten Tag, als ich die Zeitung aufgeschlagen habe, war es mir klar, es war Edmund Stoiber." (DVD2, Zeit: 28:41)

Diese Geschichte zu Medienrealität enthält nicht nur formal einige prägnante Elemente der Narration (wörtliche Rede, Auflösung am Ende, Dramaturgie), sie bewegt sich auch auf zwei Ebenen: der prinzipiellen zur Frage: wie kommen Meldungen zustande? Hier kann vermutet werden, dass dies auch für den Jungpolitiker „neu" und „merkwürdig" war und er auch deshalb diese „schöne" Geschichte erzählt. Dann wird er aber sehr konkret: nennt sein eigenes Beispiel, nennt „Ross und Reiter" (Zeitung und Politikerkollege) und kostet genüsslich aus, dass jemand von einer anderen Partei solchen „Unsinn" mitmacht, nur „um in die Medien zu kommen".

Es handelt sich gewissermaßen um Insiderwissen, das sonst nicht in dieser Form benannt wird. Damit outet er sich als Insider und bezieht sein jugendliches Publikum als „Vertraute" mit ein, auch dadurch, dass er die gewählte Erzählstrategie benutzt.

Die Analyse des Filmmaterials kommt zum Ergebnis, dass manche Politiker ausgezeichnete „Geschichtenerzähler" sind; dies trifft insbesondere auf Jean-Claude Juncker zu, der einen Einblick in sein Privatleben zulässt, ein „merkwürdiges" Hobby preisgibt („Ich habe in meinem Keller einen Flipper und flippere *(Lachen).* Der einzige, der dafür ein Mindestmaß an Interesse aufbringt, ist mein Hund. ..." (DVD2, Zeit: 55:44)) und so das Thema „Privatheit" selbstironisch und ernst zugleich darstellt. Die Jugendlichen können Lachen und Staunen, die Geschichte seiner Privatheit wirkt auf die Schülerinnen und Schüler, gerade weil Unerwartetes genannt wird.

Verallgemeinert weist dieser Baustein auf die Vernetzung von politikwissenschaftlichen und politikdidaktischen Lehrstücken hin. Die Konstruktion politischer „Realität" wird ebenso hinterfragt wie Mechanismen medialer Inszenierungen. Die Textsorte „Geschichten erzählen" kann im Filmmaterial identifiziert und in ihrer Wirkung analysiert werden. Nur durch die angedeuteten wechselseitigen Bezüge sind kritische Erkenntnisse möglich.

Baustein: Parallelmontage

Bestimmung des Fachbegriffs: Eine Parallelmontage (engl. cross-cutting) ist eine Technik der Filmmontage, bei der die aufeinanderfolgenden Einstellungen zwischen zwei oder mehr Handlungssträngen hin und her springen. Parallelmontagen stellen einen Zusammenhang zwischen zwei oder mehr Ereignissen her, die in der Regel, jedoch nicht zwangsläufig, gleichzeitig stattfinden. Parallelmontagen stellen eine emotionale Verbindung zwischen diesen unterschiedlichen Handlungssträngen her und sie dienen der Spannungssteigerung.

Diese Begriffsbestimmung zielt vorrangig auf Spielfilme. Bei Dokumentar-
filmen kann sie nur begrenzt eingesetzt werden. Dennoch kann gefragt werden,
ob und wie der Filmemacher zwei Sequenzen platziert und so in eine Beziehung
zueinander gesetzt hat. Dies zu rekonstruieren kann Teil der Filmanalyse sein.
Im vorliegenden Beispiel wird der Begriff „Parallelmontage" in einem einge-
grenzten Sinn verstanden. Dennoch erscheinen die identifizierten Sequenzen
deutlich in einem Spannungsverhältnis zu stehen. Es handelt sich um die An-
fangs- und um die Schlusssequenz der zweiten DVD.

Vergleich: DVD2 Anfangssequenz – Schlusssequenz

Einblendungen:
2005 / gingen 25 Prozent / der Deutschen / unter 25 Jahren / nicht zur Wahl / !
56 Prozent / stehen / Politikerinnen, Politikern & Parteien / desinteressiert / gegenüber / !
57 % / sind mit der deutschen / Demokratie / unzufrieden / !
(Beim Abspann wird die Quelle genannt: Shell Jugendstudie 2006)

Im Abspann (kleine Einblendungen):
Polit*Appeal*
Schülerin: Vorher habe ich mich, ehrlich gesagt, so gut wie gar nicht für Politik inte-
ressiert. Nach dem Projekt schon viel mehr.
Schüler: Ich habe mir halt vorher die Arbeit von Politikern relativ langweilig vorge-
stellt, auch immer irgendwie unseriös.
Schüler: Mir ist es vorher schwer gefallen, dass weiß ich jetzt im Nachhinein so
richtig, auch andere Meinungen zu respektieren oder zu akzeptieren.
Lehrerin: Eine Schülerin hat geschrieben, dass sie viel über sich selbst gelernt hätte
in dem Projekt.
Lehrer: Da haben mehrere Schüler geschrieben, dass sie durch dieses Projekt zu anderen Auffassungen gekommen sind als sie vorher hatten.
Lehrerin: Und zwei Schüler haben in ihrem Referat über Herrn Juncker geschrieben,
dass diese Person sie emotional berührt.
Lehrerin: Ich habe mich dadurch auch persönlich weiter entwickelt. Ich hätte mir
doch nie vorstellen können, ich begegne mal dem Juncker persönlich. Man wächst
da auch über sich selbst hinaus. Es ging mir eigentlich genauso wie den Schülern.
Schülerin: Bei mir hat sich die Motivation, selbst tätig zu werden in der Politik, verstärkt. Ich habe Ideen, ich weiß wie ich das umsetzen kann.
Lehrer: Also, das war eines der gelungensten Dinge, die ich als Lehrer machen durfte, denn den unmittelbaren Zugang zur Politik, den haben die Schüler über dieses
Projekt gewonnen.

Was auf den ersten Blick zufällig erscheint, lässt sich aus fachdidaktischer Perspektive als gemeinsamer Lernprozess im Projekt interpretieren. Damit kann die Montage im Film qualitativ als potenzieller Prozess der Aufklärung und Selbstaufklärung der Jugendlichen betrachtet werden. Zumindest wird eine Tendenz deutlich, die einen Einstellungswandel andeutet.

Baustein: Von der Gemeinde bis Europa. Institutionelle Ebenen

In welchem Zusammenhang stehen nun die 11 Filmporträts zu den institutionellen Ebenen? Auf diese Frage soll die folgende Darstellung eingegrenzt werden. Die 11 Filmporträts stehen in einem doppelten Verhältnis zu der genannten Frage:

- Zum einen arbeiten die 11 Politikerinnen und Politiker auf allen 4 institutionellen Ebenen;
- Zum zweiten, und dies dürfte nicht zufällig sein, sind 8 von 11 Akteure der „Regierungsseite" (zwei Ministerpräsidenten, zwei ehemalige Minister, ein Premierminister, 2 Bürgermeister, eine Bundestagsabgeordnete), lediglich 3 lassen sich der Opposition zuordnen (Luc Jochimsen, Florian Toncar, Silvana Koch-Mehrin).
- Weiter ausdifferenziert kann man festhalten, dass 7 Personen als Regierungsmitglieder fungier(t)en, die anderen 4 sind Abgeordnete in Parlamenten.

Die Zuordnung führt weiter zur These, dass politische Akteure in Regierungsfunktion für die Zielgruppe des Projekts als attraktiver eingeschätzt werden als Oppositionspolitiker.

Demokratieverständnis

Große Relevanz bildet auf dieser Ebene auch das Politikverständnis von Jean-Claude Juncker. Nicht der empirische Volkswille bildet für ihn den Maßstab, sondern seine Vision von Europa, sein vorausschauendes Denken, sein konsequentes „Europamachen". Als reflektierter Politiker bringt er grundsätzliche Fragen zum politischen Handeln ein, die über mediale Wirkungen weit hinausgehen. Diese Art, Politik zu verstehen und zu betreiben, bietet den Jugendlichen einen Widerstand, an dem sie sich „reiben" können. Erst dann kommen sie zu politischen Urteilen.

Schüler: Es ist ja eigentlich so, dass die Mehrheit es ablehnt und die Politiker halt, die im Interesse der Mehrheit oder der Gesellschaft handeln sollen, halt den Euro eingeführt haben?
Jean-Claude Juncker: „Ja, weil er im Interesse der Mehrheit war, ohne dass die Mehrheit das wusste. Das ist eine echte Frage, das ist etwas was mich umtreibt. Also, nicht jeden Tag, aber einmal pro Woche macht man etwas, von dem man sehr genau weiß, dass die Mehrheit eigentlich damit nicht einverstanden ist. Wer hört mir mal zwei Stunden zu, wenn ich erkläre wo man mit der Deutschen Mark hinkommt, wenn man den Euro nicht macht, und wieso der Euro besser ist. Ich kann ja nicht dauernd … (…). Was ich sagen wollte, wenn man weiß, dass die Leute nicht hören wollen, wenn man stundenlang über Währungsprobleme redet, muss man handeln. Wenn ich immer das täte, was die Mehrheit in diesem Moment gerne hätte, dann würde es schon längst keine Mehrheit mehr geben, weil ich würde dauernd etwas tun, was gegen die Mehrheit ist, weil sich das sehr schnell ändert, die Mehrheit ist für Todesstrafe, die Mehrheit ist für nationale Währungen, die Mehrheit ist gegen Ausländer, die Mehrheit ist nicht dafür, dass man Entwicklungshilfe leistet, die Mehrheit ist nicht dafür, dass die Autobahn dort vorbeiläuft oder dass sie hier vorbeiläuft (Körpersprache: was soll man da tun?). Mehrheit ist Mehrheit. Wahltag ist Zahltag." (DVD2, Zeit: 1:07:34)

Die Antwort auf die Schülerfrage trifft das Demokratieverständnis, den Kern der Legitimation von politischem Handeln: „Weil er (der Beschluss den Euro einzuführen) im Interesse der Mehrheit war, ohne dass die Mehrheit das wusste". – Diese These impliziert eine wichtige demokratietheoretische Unterscheidung: die zwischen empirischem und hypothetischem Volkswillen (Fraenkel).

Verallgemeinert bezieht sich dieser Baustein auf zwei zentrale Kompetenzen der politischen Bildung: die Demokratie-Kompetenz und die politische Urteilskompetenz. Beides wird dann deutlich, wenn es politikdidaktisch als Lernweg in eine Pro-Contra-Debatte eingebettet wird. Daher macht es Sinn, wenn die Fragestellung des Beitrags bis in die Arbeitsvorschläge klein gearbeitet wird.

Arbeitsvorschlag:
Klären Sie diese Unterscheidung in ihren Voraussetzungen und Folgen auf. Führen Sie eine Pro-Contra-Debatte durch unter der Frage: Was legitimiert politisches Handeln mehr: der empirische Volkswille oder der hypothetische Volkswille?

Hinter dieser Frage steht das Repräsentationsprinzip der Demokratie. Auf den ersten Blick erscheinen Junckers Äußerungen besonders für Schülerinnen und Schüler sehr undemokratisch (Seine Äußerungen vorher gehen in die gleiche Richtung: Euro und Erweiterung seien richtig). Es maßt sich eine Politikerkaste an, besser beurteilen zu können was für das Volk gut ist als das Volk selbst. Sind damit autoritären Herrschaftsmodellen Tür und Tor geöffnet? Welche Kontrollen gibt es? Welche Argumente sprechen gegen die „Mehrheit" nach Junckers Ansicht?

Die Frage kann auch auf die Legitimation der europäischen Institutionen ausgeweitet werden. Wie hoch ist die Wahlbeteiligung bei der Europawahl in den 27 Mitgliedsstaaten? Ermitteln Sie aus einer Zeitungsrecherche, worüber auf EU-Ebene politisch entschieden wird (Akteure, Konflikte, Macht, Interessen, Entscheidungen).

Baustein: Image – Selbstbild – Fremdbild – Ein Image-Test?!

Im Filmporträt von Sepp Daxenberger findet sich eine „Geschichte", die als „Image-Test" bezeichnet werden kann. Es geht um die grundlegende Frage, wie Reden und Handeln zusammen passen.

> Sepp Daxenberger: Hier ist es. Die Zeitschrift „Jetzt". Ich weiß nicht, ob du die noch kennst. Die Zeitschrift „Jetzt" hat mal im Jahr 1994 alle jugendpolitischen Sprecher der vier Parteien im Landtag damals eingeladen und hat mit denen sozusagen einen Test gemacht. Man hat geschaut: wie reagieren Politiker auf Rechtsradikale?
> Hartlein (Freund): Da hat die Redaktion eine Szene im Münchner Biergarten gestellt. Da wussten natürlich die Politiker, die dort hin gebeten wurden, nichts davon. Ein blonder Hüne beschimpft, verhöhnt, beleidigt im Biergarten ein dunkelhäutiges Mädchen.
> Sepp Daxenberger: Am Nebentisch sitzen nacheinander Politiker von CSU, SPD, FDP und den Grünen. Wie verhalten sich Politiker bei rassistischen Übergriffen im Alltag? Wie viel Zivilcourage zeigen sie? Ein kleiner Test. Das ist für mich hart an der Grenze. Dann haben sie davon berichtet.
> Hartlein: Von der SPD war auch einer dabei, der war 1 Meter neunzig groß, Juso-Vorsitzender, von dem hat man später nie mehr was gehört. Von der FDP war einer dabei. Von der CDU der Freller, der heutige Staatssekretär im Kulturministerium. Und da war dann schön zu lesen, zum Beispiel, wie der von den Jusos immer kleiner geworden ist auf seinem Stuhl, zwar irgendwas Theoretisches gefaselt hat, was man gegen Ausländerfeindlichkeit machen soll. Aber dass einer auf die Idee gekommen wäre, dass er was tut, außer dem Sepp, der ist nach paar Minuten da drüben gestanden, ist er schon hell wach geworden, ist dann zum Nachbartisch gegangen und hat ihn angesprochen, den Neonazi, er soll Ruhe geben und der Frau hat er gesagt, wenn sie sich fürchtet, dann soll sie zu seinem Tisch kommen.
> Sepp Daxenberger: Ich habe unglaublich viele positive Zuschriften gekriegt.
> Hartlein: Daran sieht man, dass der Sepp kein so geschleckter JU-Funktionär ist, sondern einer, der wirklich mit Leib und Seele Politik macht.
> Sepp Daxenberger: Handeln und Reden muss zusammen passen. Und das hat bei mir in den meisten Situationen auch gepasst.

Arbeitsvorschläge:
Sepp Daxenberger selbst bezeichnet den Test „als hart an der Grenze". Wie beurteilen Sie diesen „Test"?
Recherchieren Sie die aktuellen politischen Aktivitäten von Sepp Daxenberger (in google-Bilder finden Sie auch aktuelle Zeitungsartikel). Charakterisieren Sie die Eigenschaften, die den Grünen-Politiker nach dem Filmporträt (2006) und nach den Zeitungsartikeln (2010) auszeichnen.

Tabelle 1:   Politikdidaktisches Methodenraster

Dimensionen der Politik- didaktik Stufen der Herme- neutik	Fachwissenschaft(en)	Fachdidaktik (im engeren Sinn)	Fachmethodik
Verstehen	Vorurteile Jugendstudien Politisches Handeln Politische Probleme	Filmanalyse Filmsprache Vergleiche Kontexte Medienanalyse	Biographisches Lernen Decodieren von Bildern und Symbolen Textanalyse Interpretation von Karikaturen, Graphiken, Schaubildern usw.
Auslegen	Institutionen Politische Ebenen Politikfelder	Politikbilder Perspektiven- wechsel Medienformate	Methoden – Politik Lernwege
Anwenden	Image Politische Urteile	Medienkompetenz Urteilskompetenz	Methodenkompe- tenz Pro-Contra- Debatte Amerikanische Debatte

Der letzte Baustein fokussiert nicht nur das Thema des Projekts („Image"), sondern auch die Kernkompetenz der politischen Bildung: die Urteilsbildung. Damit wird die Auseinandersetzung mit einem Zeitungsartikel anschlussfähig an die Kompetenzdiskussion, aber auch an die Klärung relevanter Grundbegriffe, die nicht isoliert stehen, sondern in einem politisch-gesellschaftlichen Kontext.

Fazit

Die skizzierten Lehrstücke belegen nicht nur die intensive Vernetzung von politikwissenschaftlichen und politikdidaktischen Erkenntnissen in der schulischen Vermittlung, sondern zeigen ebenso, dass in der konkreten fachdidaktischen Arbeit sich die Frage der Bezugswissenschaften anders stellt als in mehr oder weniger abstrakten „Landgewinnungen" zwischen einzelnen Disziplinen (s. Wirtschaftlehre und Politikunterricht). Die Fallstudie klärt diese Frage am Gegenstand: in diesem Kontext kommt man ohne soziologische, sozialpsychologische, historische, sprachwissenschaftliche, psychologische Forschungsergebnisse und Begriffsbestimmungen nicht aus. Die Politikwissenschaft nimmt diese Bezüge als Integrationswissenschaft auf. In den fachdidaktischen Zusammenhängen wird dieses Netz noch enger geflochten: in der Aneignung der Schülerinnen und Schüler wird zumindest der Versuch gemacht, ihnen ein „realistisches" Politikverständnis zu vermitteln, das genau die genannten Momente herausarbeitet, kategorial erschließt und das politische Bewusstsein der Jugendlichen weiter „bildet".

Die Überlegungen lassen sich abschießend in folgenden Ergebnissen zusammenfassen:

- die kritische Arbeit mit Medien, die Aneignung filmsprachlicher Mittel und die aktive Recherche mit Hilfe der Neuen Medien (Internet, WebQuest) werden unterstützt;
- die Einsicht in das Lernpotential von Medien, deren Funktion in der Demokratie und die konstruktive Machart der Medien können entschlüsselt werden;
- die Funktion von Geschichten, politischer Sprache, Metaphern kann erkannt werden, um politische Positionen zu besetzen und Auseinandersetzungen zu gestalten;
- die Kompetenz, den eigenen Annäherungs- und Lernprozess zu reflektieren, kann erweitert werden, ebenso methodische Kompetenzen, politische Handlungs- und Urteilskompetenzen im Kontext von Bildung und Schule;

- die institutionellen Ebenen der Politik können erkannt werden, aber auch die jeweiligen Probleme, Handlungsfelder, Politikstile und Wirkungen auf den Bürger;
- die eigene Fragestellung kann fokussiert werden, d.h. die Konzentration auf die Image-Frage, die mit einem eigenständigen Urteil abgeschlossen werden kann.

Berücksichtigt man, dass in den Handreichungen weitere relevante Bausteine um die „Image-Frage" gruppiert werden (Was ist Politik?, Biographisches – Wege in die Politik, Sprache und Politik, Frauen – die besseren Politiker?, Politisches Handeln – Erfolg und Niederlage; Jugend und Politik), dann wird abschließend zweierlei deutlich: zum einen das Potential der Filmporträts für politisches Lernen, zum zweiten die Anschlussfähigkeit des politikwissenschaftlichen und politikdidaktischen, aber auch des fachmethodischen Diskurses an das filmische Material.

Literatur

Bergala, A.: Kino als Kunst. Filmvermittlung an der Schule und anderswo, Bundeszentrale für politische Bildung, Bonn 2006

Bohnsack, R.: Rekonstruktive Sozialforschung, Opladen und Farmington Hills 2007 (Qualitative Verfahren der Bildinterpretation und dokumentarische Methode, S. 155ff.)

Das Image der Politik und der Politiker. Schule begegnet Politik. Eine Produktion der carpe diem Film &TV Produktion GmbH in Kooperation mit der Filmakademie Baden-Württemberg 2008

Das Image der Politik und der Politiker. Wahrnehmung und Selbstwahrnehmung politischer Akteure. Elf Bausteine für die schulische und die außerschulische politische Bildung (Autoren: M. Gloe, H.-W. Kuhn, T. Oeftering, A. Linden). Hg.: Bundeszentrale für politische Bildung (erscheint in der Reihe: Themen und Materialien, Bonn 2010)

Feil, R./W. Hesse (Hg.): Miteinander leben. Unterrichtsmaterial für Orientierungs- und Sprachkurse, Landeszentrale für politische Bildung Baden-Württemberg, München 2006, Modul 10, Mitmachen in der Gemeinde, S. 187-210 (Verf.: H.-W. Kuhn)

Handro, S.: Alltagsgeschichte. Alltag, Arbeit, Politik und Kultur in SBZ und DDR, Schwalbach/Ts., 2. Aufl. 2006

Hartwich, H.-H.: Sozialwissenschaften und politische Bildung 1966 – 2006 im Spiegel der Zeitschrift Gegenwartskunde/Gesellschaft – Wirtschaft – Politik, GWP 1/2006, S. 113-134

Hilligen, W.: Zur Didaktik des politischen Unterrichts I. Wissenschaftliche Voraussetzungen – Didaktische Konzeptionen – Praxisbezug. Ein Studienbuch, 2. Aufl., Opladen 1976

Krammer, R.: Der politische Film im Unterricht: Analyse, Interpretation, Diskussion, in: Demokratiezentrum.org, Informationen zur politischen Bildung, Wien u.a. 2009, S. 51-57

Kropp, S.: Regieren als informaler Prozess. Das Koalitionsmanagement der rot-grünen Bundesregierung, in: APuZ, 20. Oktober 2003, B 43/2003, S. 23-31

Massing, P.: Politikdidaktik als Wissenschaft? In: GJPE (Hg.): Politische Bildung als Wissenschaft, Schwalbach/Ts., 2002 S. 32-44

Massing, P.: Bürgerleitbilder und Medienkompetenz, in: Bundeszentrale für politische Bildung (Hrsg.): Politikunterricht im Informationszeitalter. – Medien und neue Lernumgebungen, Bonn 2001, S. 39-50

Monaco, J.: Film verstehen. Kunst, Technik, Sprache, Geschichte und Theorie des Films und der Medien, Reinbek 1997 (Originaltitel: How to Read a Film)

Neubauer, M.: BZ-Thema: Das Vielvölkerparlament. Europa wählt sein Parlament – und die Abgeordneten entscheiden inzwischen mehr mit, als viele denken, 2.5.2009, S. 6

Rudzio, W.: Das politische System der Bundesrepublik Deutschland, 6. Aufl., Opladen 2003

Sander, W.: Politikdidaktik heute – wo steht die Wissenschaft vom politischen Lernen? In: GJPE (Hrsg.): Politische Bildung als Wissenschaft, Schwalbach/Ts., 2002, S. 9-19

Sarcinelli, U.: Demokratie unter Kommunikationsstress? Das Parlamentarische Regierungssystem in der Mediengesellschaft, APuZ, B 43/2003, S. 39-46

Staiger, M.: Sehen und Lesen – Filmkritiken, in: Th. Hauser, H.-W. Huneke, A. Lutz (Hg.): Zeitung machen – Zeitung lesen. Journalismus und Didaktik im Gespräch, Freiburg, 2008, S. 108-121

Sturm, R.: Politik ohne politische Bildung: „Die Dame ohne Unterleib", in: Gesellschaft – Wirtschaft – Politik (GWP), H. 2, 2005, S.133-136.

Ernst Fraenkel und die politische Bildung

Peter Massing

Vorbemerkung

„Demokratie ist nicht nur die komplizierteste, sie ist auch die gefährdeste aller Regierungsmethoden." Sie setzt „die Einsicht in das Funktionieren der Bewegungsgesetze des demokratischen Willensbildungsgesetzes (voraus), damit nicht die Demokratie an einer Todesursache zugrunde geht, die sie mehr als jede andere Regierungsmethode bedroht: dem Selbstmord" (Fraenkel 1973, 322).

Eine nachhaltigere Begründung für die Notwendigkeit politischer Bildung als dieser Satz Ernst Fraenkels aus dem Jahr 1955 lässt sich kaum finden. Ernst Fraenkel, der 1951 aus der amerikanischen Emigration zurückkehrte, gilt als einer der Gründungsväter der Politikwissenschaft bzw. der Wissenschaft von der Politik, wie sie damals hieß. Er repräsentiert eine Position, die die Politikwissenschaft als die „demokratische Wissenschaft par excellence" verstand und die sich vor allem einem politischen Bildungsauftrag verpflichtet fühlte. Dennoch wurde dieser Ansatz, wie die Politikwissenschaft insgesamt, von den Autoren, die sich in den 1950er Jahren um eine eigenständige Konzeption politischer Bildung bemühten, kaum zur Kenntnis genommen und Politikwissenschaft und politische Bildung erschienen bestenfalls nur lose verkoppelt. Erst in einer Phase als sich die Politikwissenschaft nur noch am Rande für die politische Bildung interessierte, wandte sich die politische Bildung als Politikdidaktik der Politikwissenschaft zu. Sie stieß dabei auf wenig Gegenliebe und kurze Zeit später hieß es von Seiten der Politikwissenschaft, die „natürliche Ehe" sei zerbrochen (Hartwich 1989). Unabhängig davon, ob es diese Ehe jemals gegeben hat, ist das Verhältnis von Politikwissenschaft und politischer Bildung heute entspannter, wenn auch innerhalb der Politikdidaktik nicht unproblematisch oder konfliktfrei.

Dass die Politikwissenschaft zu den Bezugswissenschaften der Politikdidaktik zählt, wird zwar niemand bestreiten, ob sie aber im Ensemble der Bezugswissenschaften eine hervorgehobene Stellung einnehmen soll, ist durchaus strittig. Tatsächlich nutzt die Politikdidaktik unterschiedliche Bezugswissenschaften wie z.B. die Soziologie, die Geschichte, die Ökonomik, die Rechtswissenschaft und hat sich in ihrer Entwicklung an unterschiedlichen sozialwissenschaftlichen Theorien orientiert. Dennoch beeinflusste die Politikwissenschaft, insbesondere die pluralistische Demokratietheorie die Politikdidaktik und die politische Bildung nachhaltiger, als sie es selbst gelegentlich wahrhaben will. Damit ist auch ein Bezug zu Ernst Fraenkel, dem Begründer der Pluralismustheorie, hergestellt.

Um diese „Einflussthese" näher auszuführen, werde ich im Folgenden: Erstens die wechselnden und schwierigen Beziehungen zwischen Politikwissenschaft und politischer Bildung skizzieren, zweitens die Vorstellungen Ernst Fraenkels zur politischen Bildung nachzeichnen und drittens versuchen, die Bedeutung der pluralistischen Demokratietheorie für Politikdidaktik und politische Bildung herauszuarbeiten.

Zum Verhältnis von Politikwissenschaft und politischer Bildung

Politische Bildung ist immer abhängig von den politischen und gesellschaftlichen Verhältnissen in deren Rahmen sie geschieht. Zu Beginn der Bundesrepublik Deutschland gab es zwei zentrale Motive, mit denen politische Bildung begründet wurde: Ein historisches und ein verfassungspolitisches Motiv. In beiden standen die Erhaltung und die Festigung des neuen demokratischen Systems im Vordergrund.

Das historische Motiv gründete in der Meinung, politische Bildung sei unerlässlich, weil nur dank ihr einigermaßen begründet Aussicht bestände, die freiheitlich demokratische Ordnung zu sichern und zu bewahren und der Gefahr zu entgehen, wieder in einen anderen Totalitarismus hineinzutaumeln (Sontheimer 1963, 167).

Das verfassungstheoretische Motiv sah in der Demokratie ein politisches System, das einen Bürger voraussetzt, der an der Gestaltung des politischen Lebens tätig Anteil nimmt.

Beide Motive vermischten sich zu einer Argumentation, die bis zum Ende der 1950er Jahre politische Bildung als besonders dringlich erscheinen ließ. Wenn es nicht gelinge, die Bürger der neuen demokratischen Republik zu verantwortungsbewussten, an den Geschicken der staatlichen Gemeinschaft aktiv teilnehmenden Menschen zu erziehen, dann sei die Gefahr groß, dass man die kostbare Freiheit aufs erneute verspiele und die Demokratie sich ein zweites Mal als nicht lebensfähig erweise.

Der zentrale normative Bezugspunkt der politischen Bildung der damaligen Zeit war die Demokratie, allerdings nicht in ihrer Verfassungswirklichkeit, sondern als Utopie. Demokratie bedeutete schlicht Volksherrschaft und alle Staatsbürger sollten in der Lage sein, die Probleme zu verstehen und mit zu entscheiden, denen sich der Staat gegenüber sehe. Das Missverhältnis, in das diese utopische Vorstellung zur politischen Wirklichkeit geriet, beförderte gerade bei Jugendlichen eher einen Rückzug aus der Politik als eine emotionale Akzeptanz der Demokratie. Dass das normativ überhöhte Ideal der Demokratie wenig mit der Realität der Demokratie übereinstimmte, hatte vor allem damit etwas zu tun, dass die wichtigen Beiträge zu einer Theorie politischer Bildung – von wenigen Ausnahmen abgesehen – aus der Feder von Pädagogen stammten, die kaum in einer Beziehung zur Politikwissenschaft standen (Sontheimer 1963, 169) und die eine solche Beziehung auch nicht suchten.

Dies erscheint im Nachhinein umso unverständlicher als die Neugründung der Politikwissenschaft als eigenständiges Lehr- und Forschungsgebiet und die Errichtung der ersten politikwissenschaftlichen Lehrstühle an den westdeutschen Universitäten nach der Neuordnung der Länder vor allem aus pädagogischen Impulsen heraus erfolgte. Die erste westdeutsche Gründungskonferenz der Politikwissenschaft fand im September 1949 im südhessischen Waldleiningen statt. Sie trug den Titel die „Einführung der politischen Wissenschaften an den deutschen Universitäten und Hochschulen". In seiner Eröffnungsrede hatte der hessische Kultusminister Stein die Erweiterung des Universitätsstudiums auf dem Gebiet der sozialen und politischen Wissenschaften unter den Primat der politischen Erziehung gestellt (Bleek 2001, 266ff.; Mohr 1988, 99). Am Ende standen Entschließungen, in denen die Länder aufgefordert wurden, Lehrstühle für „politische Wissenschaften" zu errichten.

Da die Universitätsrektoren jedoch noch starke Bedenken gegen das neue Fach und seinen amerikanischen Ursprung hatten, kamen die Anhänger der Politikwissenschaft wenig später, im März 1950 auf einer von der „Deutschen Hochschule für Politik" in Berlin organisierten Tagung erneut zusammen. (Mohr 1988, 110ff.). Unter allen Umständen sollte die Existenzberechtigung eines selbstständigen Faches „Politik" gegenüber vorhandenen gegenläufigen Tendenzen und Vorurteilen verteidigt werden. Am Ende der Konferenz wurde die Vordringlichkeit der „politischen Selbsterziehung des deutschen Volkes" betont, zu der die „Wissenschaft von der Politik" eine Voraussetzung sei. Wissenschaft habe hier eindeutig mit der Vermittlung von Wissen zu tun. (Mohr 1988, 113).

Einen ersten Durchbruch für die Etablierung der Politikwissenschaft als Universitätsdisziplin brachten aber erst die Empfehlungen der Kultusministerkonferenz vom 15. Juni 1950 und die Konferenz von Königstein im Juli des gleichen Jahres. Die Kultusminister empfahlen in ihren vorläufigen Grundsätzen zur politischen Bildung an Schulen und Hochschulen, politische Bildung als Unterrichtsprinzip aller Schulen und Fächer sowie als besonderes Unterrichtsfach vorzusehen. In diesem Zusammenhang wurde eine entsprechende Aus- und Fortbildung der Lehrer/innen gefordert. Die Errichtung planmäßiger Lehrstühle für Politik an den deutschen Hochschulen sei daher dringend erwünscht. In diesem Sinne plädierten auch die Teilnehmer der Konferenz in Königstein nachdrücklich für die Einrichtung von Lehrstühlen für die, wie es jetzt hieß „Wissenschaft von der Politik" an allen Universitäten. Auf dieser Konferenz hatte Theodor Eschenburg als einer der ersten gefordert, dass diese neue Disziplin die Lehrerbildung für den politischen Unterricht übernehmen sollte. Auch Arnold Bergstraesser setzte sich intensiv dafür ein, indem er immer wieder betonte, dass eine gründliche Ausbildung der Lehrer für den politischen Unterricht nur dann sinnvoll erfolgen könne, wenn das Fach an den Hochschulen ausreichend vertreten sei. Voraussetzungen dafür sei die Stärkung der Autonomie der Politikwissenschaften an den Universitäten (vgl. Mohr 1987, 81ff.).

Dennoch ging die Einführung des neuen Faches in die Universitäten nur schleppend voran. Es bedurfte eines weiteren Anstoßes von außen um die Etablierung der Politikwissenschaft zu beschleunigen. Auch dieser war wieder eher politisch-pädagogischer Natur. Als Konsequenz aus einer Reihe von antisemitischen Hakenkreuzschmierereien und Schändungen jüdischer Friedhöfe 1959/60, die zum Teil auf ein Versagen der politischen Bildung zurückgeführt wurden, beschloss die Kultusministerkonferenz am 12. Februar 1960: „Die Kultusminister werden dahin wirken, dass die Einrichtung weiterer Lehrstühle für politische Wissenschaften nachhaltig betrieben wird. An allen Hochschulen und Instituten, an denen Lehrer ausgebildet werden, sind auch für die Didaktik der politischen Wissenschaften und Geschichte Lehrstühle oder Lehraufträge vorzunehmen. In der Ausbildungszeit zwischen der 1. und 2. Prüfung muss jeder Lehrer in die Methodik der Gemeinschaftskunde (als Prinzip und als Fach) eingeführt werden. Jeder Lehrer muss in dieser Ausbildungszeit die Beziehungen seines besonderen Fachgebietes zur Zeitgeschichte und zur Gemeinschaftskunde erkennen und herstellen lernen. Alle Bemühungen der Lehrerfortbildung um die politische Bildung müssen gefördert werden." (Kuhn/Massing/Skuhr 231ff.).

Damit fühlte sich die Politikwissenschaft mit der Lehrerbildung in Sozialkunde bzw. Gemeinschaftskunde beauftragt. Dies half der Politikwissenschaft sich als Universitätsdisziplin durchzusetzen und veranlasste einige Politikwissenschaftler wie z.B. Kurt Sontheimer, ein Monopol für die Politikwissenschaft zu beanspruchen, wenn er feststellte: „Die neue Idee der Gemeinschaftskunde als eines fächerübergreifenden Faches ist im Prinzip identisch mit der Idee der Politischen Wissenschaft" (Sontheimer 1963, 171). Tatsächlich hatten die Gründungsväter der Politikwissenschaft wie Ernst Fraenkel und Arnold Bergstraesser den zentralen Ansatz der Politikwissenschaft und das für sie typische Analyseverfahren als „Zusammenschau" formuliert. Für Ernst Fraenkel war die Politikwissenschaft eine „Integrationswissenschaft", für Bergstraesser eine „synoptische Disziplin". Ein solches Verständnis von Politikwissenschaft schien für die Aufgabe der Lehrerbildung und der politischen Bildung besonders geeignet. „Staatsbürgerliche Mündigkeit und Urteilsfähigkeit setzte – zunächst beim Lehrer und dem ‚Mittler' politischer Bildung im außerschulischen Bereich – ein

‚Netz politischer Vorstellungen und Zuordnungsmöglichkeiten' voraus. Genau dieses hatte die Politikwissenschaft jener Tage zu bieten. Darum bemühte sie sich. Dies verdeutlichten diese Lehrstuhlinhaber auch selbst im Rahmen der Lehrerweiterbildung" (Hartwich, 1989, 10).

Auch inhaltlich wies die Politikwissenschaft der damaligen Zeit von ihrem Selbstverständnis als Demokratiewissenschaft her eine große Nähe zur Sozialkundelehrerausbildung und zur politischen Bildung auf. Ihr Leitmotiv sah die Politikwissenschaft in der Vermittlung demokratischen Grundwissens, in der Werbung für die liberale, repräsentative Demokratie und in der Auseinandersetzung mit noch vorhandenem faschistischem Bewusstsein sowie in der Abwehr des Totalitarismus kommunistischer Prägung. Zusammenfassend ergaben sich die Problemstellungen der westdeutschen Politikwissenschaft nach dem Kriege zum einen aus der kritischen Auseinandersetzung mit dem Totalitarismus in seinen verschiedensten Ausprägungen, zum anderen aus dem Versuch, über die Formulierung von Grundprinzipien einer liberal pluralistischen und repräsentativen Demokratie ein positives Gegenmodell zu entwickeln, mit dem Ziel, über die Vermittlung demokratischen Wissens einen Beitrag zur Erziehung zur Demokratie zu leisten (Mohr 1988).

Die Politikwissenschaft interessierte sich zwar überwiegend für normative Fragen, ihr Demokratiemodell und ihre Anforderungen an die Bürgerinnen und Bürger waren jedoch weit realistischer als das, was von den Pädagogen der politischen Bildung vertreten wurde. Die Voraussetzungen und die Funktionsbedingungen der Demokratie waren differenziert ausgearbeitet. Auch führte die normative Orientierung der Politikwissenschaft keineswegs dazu, dass die soziale und politische Realität mit dem Verfassungsideal ineinsgesetzt wurde und die Disziplin überwiegend affirmative oder bloß legitimatorische Funktion wahrnahm. Im Gegenteil, das Modell der pluralistischen Demokratie, das in der Politikwissenschaft vorherrschte, wurde von seinen Vertretern wie Ernst Fraenkel vor allem kritisch verstanden. Es sollte sowohl der herausfordernden Interpretation der bundesrepublikanischen Ordnung als auch der Formulierung von Fragestellungen zur Analyse der Verfassungswirklichkeit dienen. So wies Ernst Fraenkel immer wieder kritisch auf die Diskrepanz zwischen Norm und gesellschaftlicher Realität hin. Vor allem die im Pluralismus positive Bewertung von Interessen und Konflikten, von Interessenorganisationen und Interessenwahrnehmung richtete sich theoretisch gegen den Einfluss der „traditionellen deutschen Staatstheorie" und praktisch gegen die vorherrschende politische Kultur in Westdeutschland mit ihren umfassenden Konsens-, Harmonisierungs- und Homogenitätsvorstellungen. Insgesamt verstand sich die Politikwissenschaft als eine Herausforderung an den Status quo der deutschen Nachkriegsgesellschaft und als ihr kritisches Korrelat.

Doch weder das empirisch-normative Modell der pluralistischen Demokratie noch der damit verbundene kritische Impetus wurden von der politischen Bildung aufgegriffen. Erst in der Phase, in der die Politikwissenschaft sich nur noch am Rande für die politische Bildung interessiert, wandte sich die politische Bildung als Politikdidaktik der Politikwissenschaft zu und wurde zugleich in die Krise der Politikwissenschaft zu Beginn der 1970er Jahren hineingezogen. Diese äußerte sich u.a. in der Rigidität, mit dem im Fach drei Theorietypen einander gegenüber gestellt wurden, die sich zu „feindlichen" Lagern verfestigten (vgl. Bleek, 360ff.). So wurde der „normativ-ontologische Ansatz" als konservativ bzw. reaktionär gekennzeichnet, der „empirisch-analytische Ansatz" galt als bürgerlich und systemaffirmativ und nur der „dialektisch-kritische Ansatz" als fortschrittlich bzw. revolutionär. Dieser Streit der Politikwissenschaftler um Theorieansätze einschließlich der damit verbundenen politischen Geographie erfasste auch die Politikdidaktik und führte in beiden Disziplinen fast zur Zerreißprobe. Erst Mitte der 1970er Jahre geriet die Politikwissenschaft und mit dem Beutelsbacher Konsens auch die Politikdidaktik in ruhigere Fahrwasser und gelangte zu einem geregelten Pluralismus unterschiedlicher Theorie- und Forschungsansätze. Dennoch kam es nicht mehr zu einer engeren Verknüpfung von Politikwissenschaft und Politikdidaktik.

Die Gründe dafür sind vielfältig. Auf Seiten der Politikwissenschaft führten vor allem die Expansion und die Binnendifferenzierung, die Professionalisierungs- und Spezialisierungstendenzen des Faches und seine Etablierung als eigenständige Forschungsdisziplin dazu, dass die Lehramtsausbildung eher an den Rand der Ausbildungsleistung gedrängt wurde. Verstärkt wurde dieser Prozess auch dadurch, dass die schulischen Richtlinien für den Politikunterricht und die Ausbildungsanforderungen für die entsprechenden Lehramtskandidaten von den Kultusverwaltungen bestimmt, permanenten Veränderungen und Konjunkturen unterlagen was häufig auf Kosten der Politikwissenschaft ging. Dies hat das Engagement dieser Disziplin für die Lehrerausbildung nicht gerade gefördert und so kann es nicht verwundern, dass die Disziplin Mitte der 1980er Jahre kurzerhand „die Scheidung" einreichte (Hartwich, 1989).

Auf Seiten der Politikdidaktik wurde diese etwas rüde Abkoppelung teilweise mit Erstaunen, teilweise beleidigt zur Kenntnis genommen. Allerdings gab es von der Politikdidaktik auch kein eindeutiges Bekenntnis zur Politikwissenschaft als hervorgehobener Bezugswissenschaft. Die Disziplin, die sich jetzt als eine eigenständige Wissenschaft vom politischen Lernen verstand, zog sie sich auf die Position zurück, dass sie darauf angewiesen sei, Bezüge zu einer Reihe von Wissenschaften herzustellen und je nach politikdidaktisch theoretischer Position spielte einmal die eine und einmal die andere Wissenschaft die dominierende Rolle oder man beanspruchte gleich die Sozialwissenschaft als Ganzes als

Bezugsdisziplin (Hedtke 2002). Erst in jüngster Zeit brachten Versuche, Politik-didaktik und Demokratietheorie stärker zusammenzubringen (Massing, 2002) und die Kontroverse zwischen „Demokratielernen" oder „Politiklernen", Poli-tikwissenschaft und Politikdidaktik einander näher. Dies fiel umso leichter als es im Zuge der Transformationsforschung und beim Aufbau der Politikwissenschaft in den ostdeutschen Bundesländern zu einer Renaissance der Politikwissenschaft als „Demokratiewissenschaft" kam und in dieser Situation sich das Fach seiner Anfänge wieder mit Reverenz und Wehmut (Bleek 2001, 306) erinnerte und seine Gründungsväter, insbesondere Ernst Fraenkel, wiederentdeckte.

Politische Bildung bei Ernst Fraenkel

Schon in der Weimarer Republik war Ernst Fraenkel der politischen Bildungsar-beit durch seine Tätigkeit in der Arbeiterbildung eng verbunden. In vielen – verständlich geschriebenen – Schriften trug er zur Information und Unterwei-sung der Arbeiterfunktionäre bei (vgl. Fraenkel 1973, 51ff.). Darüber hinaus beteiligte er sich schon früh an der Frankfurter Akademie der Arbeit, eine 1921 gegründete Einrichtung der Arbeiterbildung, an deren Konzeption Hugo Sinz-heimer maßgeblichen Anteil hatte, der Fraenkel auch anrege Volkshochschul-und Gewerkschaftskurse in Gewerkschaftsrecht und Verfassungsfragen zu halten und der ihm die Stelle eines hauptamtlichen Lehrers an der Schule des Deut-schen Metallarbeiterverbandes in Bad Dürrenberg vermittelte (Fraenkel 1999, 31f.). Für Fraenkel hatte die Arbeiterbildung in der damaligen Zeit zwei Ziele: zum einen die Vermittlung von Kenntnissen, damit die Arbeiter die Rechte, die ihnen zustehen, auch voll ausnutzen können, und zum anderen, das vorhandene „verschwommene Klassengefühl" zu einem „klaren Klassenbewusstsein" weiter zu entwickeln. In einem Beitrag über die Wirtschaftsschule des Deutschen Me-tallarbeiterverbandes in Bad Dürrenberg schreibt Fraenkel 1928, dass es Ziel der Schule sei, ihre Schüler zur Entfaltung der Persönlichkeit zu führen und dass es um die „Heranbildung eines Stammes von Menschen (geht), die imstande sind, den geistigen und gesellschaftlichen Emanzipationskampf des Proletariats durch tätige Mitarbeit zu beschleunigen" (Fraenkel 1999, 163).

Fraenkel kehrte erst 1951 aus der amerikanischen Emigration nach Deutsch-land zurück. Im gleichen Jahr wird er von Otto Suhr, dem er sich seit der ge-meinsamen Tätigkeit in der Arbeiterbildung in der Weimarer Republik verbun-den weiß, als Dozent an die wiederbegründete „Deutsche Hochschule für Poli-tik" in Berlin berufen. „Hier wie später am Otto-Suhr-Institut der Freien Univer-sität Berlin findet Ernst Fraenkel jenes Betätigungsfeld, das seinem Verständnis von Politikwissenschaft entspricht: die Verbindung von theoretischer Analyse

und praktischer Bildungsarbeit" (Fraenkel 1973, 41). Fraenkel hat kein eigenständiges Konzept politischer Bildung vorgelegt. Das konnte er auch nicht. Sein
Begriff von Politikwissenschaft war mit dem politischer Bildung weitgehend
identisch. Sucht man jedoch eine programmatischen Beitrag in dem das Verständnis Ernst Fraenkels von den Aufgaben politischer Bildung besonders deutlich wird, dann findet man ihn in dem Aufsatz „Möglichkeiten und Grenzen
politischer Mitarbeit der Bürger in einer modernen parlamentarischen Demokratie" von 1966 (Fraenkel 1973, 389ff.). Aber auch in vielen anderen seiner Beiträge äußert er sich zur politischen Bildung (vgl. vor allem die Aufsätze im Ab-
schnitt: „Politologie und pluralistische Demokratie", in: Freaenkel 1973, 315ff;
auch Fraenkel 2007).

Seine Vorstellung von politischer Bildung ist zum einen geprägt von einem
bestimmten Menschenbild, zum anderen von einem bestimmten Bürgerbild.
Danach ist politische Bildung unvollkommen, wenn sie sich nicht darüber Re-
chenschaft ablegt, von welchem Bild des Menschen unser politisches Denken
geprägt ist. Die westlichen Demokratien legen ihrem Demokratiebegriff, die auf
der jüdisch-christlichen Tradition beruhende Anthropologie zugrunde, dass der
Mensch zwar in der Lage ist, das Gute zu erkennen, dass es ihm aber verwehrt
ist, es jemals voll zu verwirklichen. „Politische Bildung muss gleicherweise in
Rechnung stellen, dass der Mensch in seinem politischen Denken zwar für die
Vorstellung einer gerechten Gesellschaftsordnung empfänglich, in seinem politischen Handeln jedoch weitgehend von dem Bestreben motiviert ist, seinen Interessen bestmöglich zu dienen und seine Bedürfnisse bestmöglich zu befriedigen"
(Fraenkel 1973, 398). Das heißt die pluralistische Demokratie erhebt als empirische Theorie den Anspruch vom Menschen auszugehen wie er ist. Als normative
Theorie formuliert sie dagegen ein durchaus anspruchsvolles Bürgerbild. „Die
autonom-pluralistisch-sozialrechts-staatliche Demokratie ist die Staatsform für
reife Menschen. Sie steht und fällt damit, dass ihre Bürger sich nicht scheuen,
die Eigenverantwortung für die Ausgestaltung ihres politischen Gemeinwesens
zu tragen. Sie setzt voraus, dass ihre Bürger es ablehnen sich in einen Zustand
der Hörigkeit zu begeben, in dem sie keiner Selbstdisziplin bedürfen, weil sie
einer strikten Fremddisziplin unterworfen sind, in dem sie sich um die innere
Ausgestaltung ihres Gemeinwesens keine Sorgen zu machen brauchen, weil von
außen her alles vorbestimmt ist, in dem sie sich um die Pflege einer inneren
Homogenität nicht zu kümmern brauchen, weil die Homogenität äußerlich er-
zwungen wird" (Fraenkel 1973, 352). Damit ist ein Bürger beschrieben, der
politisch mündig ist und politische Mündigkeit ist auch heute noch das alles
umfassende Ziel politischer Bildung.

Inhaltlich ist es Aufgabe der Politikwissenschaft als politische Bildung vor
allem die Funktionsvoraussetzungen und Funktionsbedingungen der Demokratie

zu klären und zu erklären. „Nur wenn Klarheit darüber besteht, was wir unter ‚demokratisch' verstehen, ist es möglich sich auf das Wesen demokratischer politischer Bildung und Erziehung zu besinnen" (Fraenkel 1973, 389) nämlich die Realität der differenzierten und heterogenen Gesellschaft bewusst zu machen. Dazu gehört auch nachhaltig zu verdeutlichen, dass in der pluralistischen Demokratie Bürger/innen das Recht haben, ihre Interessen frei und ungehindert vertreten zu können und dass die daraus resultierenden Konflikte Kennzeichen einer freiheitlichen Gesellschaft sind. Diese führen allerdings nur dann nicht zu einer Destabilisierung der demokratischen politischen Ordnung, wenn es neben dem „kontroversen Sektor" auch einen „nichtkontroversen Sektor" gibt, der die Stabilität der pluralistischen Ordnung garantiert. Er beinhaltet neben zentralen demokratischen Werten und Prinzipien auch die Regeln des gesellschaftlichen Konfliktaustrages. Daraus ergibt sich auch, dass die pluralistische Demokratie das Gemeinwohl zwar als regulative Idee versteht, aber ein inhaltlich vorgegebenes, objektiv erkennbares Gemeinwohl (Gemeinwohl a priori) nicht kennt. Das Gemeinwohl in der pluralistischen Demokratie ist das Ergebnis eines politischen Willensbildungs- und Entscheidungsprozesses, der durch konkurrierende gesellschaftliche Gruppen geprägt wird und daher ein Gemeinwohl a posteriori. Auch deshalb benötigt die pluralistische Demokratie neben starken Parteiorganisationen auch starke Interessengruppen. Autonome Gruppen geben dem Einzelnen die Möglichkeit, sich am politischen Prozess zu beteiligen und die Chance zusammen mit anderen, die gleiche oder ähnliche Interessen haben, diese zu artikulieren und sich für ihre Realisierung einzusetzen. Im Gegensatz zu demokratischen Elitetheorien setzt die Pluralismustheorie einen Bürger voraus, der sich aktiv im politischen Willensbildungs- und Entscheidungsprozess engagiert und seine Rolle nicht darauf reduziert, alle vier Jahre zur Wahl zu gehen.

Damit hat Ernst Fraenkel das politische Grundwissen in seinem empirischen Kern und in seinen normativen Anforderungen formuliert, auf das sich politische Bildung bezieht. Dazu gehört auch, dass politische Bildung politische Miss- und Fehlverständnisse ausräumen muss, gerade dann, wenn sie zum eisernen Bestandteil dessen gehören, was sich seit dem Kaiserreich als politische Kultur in Deutschland herausgebildet hat. Darüber hinaus hat politische Bildung die Aufgabe, das Spannungsverhältnis zwischen der empirischen Realität der pluralistischen Demokratie und dem normativen Modell aufzuzeigen, um so Kritik- und Kontrollfähigkeit der Bürger/innen zu fördern. Denn: „Erziehung zur Politik heißt die Erlangung einer vertieften Einsicht in die Möglichkeiten und Grenzen politischen Handelns. Es heißt Absage an die unkritische Haltung zur Politik, die durch ein ständiges Schwanken zwischen einer maßlosen Überschätzung und einer skeptischen Unterschätzung der Aufgaben gekennzeichnet ist, die der Politik im sozialen, wirtschaftlichen und geistigen Leben einer Epoche gesetzt sind"

(Fraenkel 1973, 331). Voraussetzung dafür ist die Fähigkeit zu einer systematischen Analyse der einzelnen Phasen des Prozesses der politischen Entscheidungsbildung. „Die methodisch und wissenschaftlich betriebene Erforschung dieses Prozesses, die Schulung zum Verständnis der Bestimmungsgründe und Auswirkungen politischer Entscheidungen d.h. aber die Wissenschaft von der Politik ist in einer funktionierenden Demokratie (..) unentbehrlich" (Fraenkel, 1973, 322).

Zusammenfassend lässt sich formulieren: Politische Bildung hat in der Vorstellung Ernst Fraenkels den politisch mündigen Bürger zum Ziel. Dieser verfügt über das notwendige Wissen und die gesicherten inhaltlichen Basisbestände zur pluralistischen Demokratie, die die Politikwissenschaft bereitstellt. Er besitzt auch die politikwissenschaftlich analytische Kompetenz, sich selbst das Spannungsverhältnis zwischen empirischer Realität und normativem Model erschließen zu können und kritisch zu beurteilen. Das Kernstück der politischen Bildung ist die politische Anthropologie und das Kernstück der politischen Erziehung ist Charaktererziehung (Fraenkel, 1999, 417). In der pluralistischen Demokratie heißt das: Einsicht in den Wert einer staatlichen Ordnung, „die die Würde des Menschen respektiert, die unverbrüchliche Herrschaft des Rechts garantiert und die Gleichheit vor dem Gesetz proklamiert" (Fraenkel, 1965, 376) sowie die handlungswirksame Aufnahme der grundlegenden Werte, die den nichtkontroversen Sektor bilden (Massing 1979, 127).

Der Einfluss der pluralistischen Demokratietheorie auf Politikdidaktik und politische Bildung

Die Bedeutung der pluralistischen Demokratietheorie auf die politische Bildung lässt sich nur schwer erkennen, hat es die Politikdidaktik doch bisher versäumt, sich intensiv und systematisch mit ihr und ihrem Begründer Ernst Fraenkel auseinanderzusetzen. Dabei enthält schon die erste, im eigentlichen Sinne politikdidaktischen Konzeption, die „Einsichtendidaktik" von Kurt Gerhard Fischer zentrale Elemente dieser Theorie. Fischer beschreibt in seinem „Einsichtenkatalog" Politik empirisch als Willensbildungs- und Entscheidungsprozess mit dem Ziel der Durchsetzung individueller, Gruppen- und Institutioneninteressen. Fischer hat ein pluralistisches Demokratieverständnis, denn für ihn ist Demokratie diejenige Herrschaftsform, welche individuelle und Gruppeninteressen am wenigsten einschränkt und damit am wirksamsten den Missbrauch staatlicher Macht verhindert. Er plädiert für den mündigen und beteiligungsbereiten Bürger, der über die Einsicht verfügt, dass Politik immer auch das Ringen um den Besitz von Macht ist (Fischer/Hermann/Mahrenholz 1965), ganz im Sinne Fraenkels, der schon 1955 geschrieben hatte: „Wer sich über Politik als Kampf um die Macht erhaben fühlt, beweist lediglich, dass er für die Demokratie nicht reif ist" (Fraenkel 1973, 320). Hermann Giesecke ist der erste Didaktiker, der eindeutig fordert, dass der Gegenstand der politischen Bildung die Politik sein muss, entsprechend der Aussage Fraenkels, dass der vielzitierte Satz, dass Politik den Charakter verderbe, das Credo des bürokratiegläubigen Untertanengeistes sei (Fraenkel 1973, 320). Auch in der politikdidaktischen Konzeption Gieseckes wird deutlich, dass die Kontroverse und der Konflikt nicht destruktiv sind, sondern dass sie eine freiheitliche und pluralistische Demokratie prägen (Giesecke 1965). Jedoch sind sein Politikbegriff und sein Demokratiemodell weniger komplex als die des Pluralismus, so dass Ordnung, Integration, Konsens, Kompromiss, Toleranz und Gemeinwohl nur im Hintergrund erscheinen und nicht systematisch miteinander verknüpft werden. In der Konzeption von Wolfgang Hilligen ist der konflikthafte Prozess politischer Willensbildung und Entscheidung zwar etwas in den Hintergrund getreten, in seinem normativen Modell der „drei Optionen" (Hilligen 1975) lassen sich jedoch Elemente der pluralistischen Demokratie erkennen. Das gleiche gilt für Ernst August Roloff (Roloff 1974), der als Ziel der Politik die strikte Orientierung an Werten und eine ebenso strikte Orientierung an der Verfassung fordert. Bernhard Sutor ist allerdings der Politikdidaktiker, der sich am intensivsten an Ansätzen und Ergebnissen der Politikwissenschaft und der politischen Philosophie orientiert und dabei auch die normativ-empirische Pluralismustheorie von Ernst Fraenkel rezipiert hat (Sutor 1971). Er tat dies jedoch in einer historischen Phase, in der die Pluralismustheorie in der Politikwissenschaft scharfer Kritik ausgesetzt war und in der eine neue politikwissenschaftliche Literaturgattung, die der „Pluralismuskritik", entstand. Sie sah im Pluralismus generell ein Anpassungskonzept, das als bloße Ideologie, vor allem als Rechtfertigungskonzept dominanter Herrschaftsinteressen diente (Massing 1979, 13ff.). In diesem Kontext geriet auch die didaktische Konzeption von Bernhard Sutor in die Kritik, die sie als konservativ und affirmativ diskreditierte. „Linke" kritische Politikdidaktiker wie Rolf Schmiederer (Schmiederer 1971) oder Bernhard Claußen (Claußen 1981) bezogen sich dann nur noch negativ auf die pluralistische Demokratie, als Merkmal des politischen Systems, das es zu überwinden galt. Aus dieser Phase der Grundsatzkontroversen und der Fundamentalkonflikte, in die die Politikwissenschaft und die Politikdidaktik geraten waren, führte die Politikdidaktik erst der Beutelsbacher Konsens heraus. Dieser Konsens, der auch heute noch als die zentrale Orientierung für die schulische politischen Bildung gilt, enthält, auch wenn dies kaum diskutiert wird, wesentliche Elemente der pluralistischen Demokratietheorie. Indoktrinations- und Überwältigungsverbot, Kontroversitätsgebot und die Befähigung der Schüler/innen ihre eigene Interessenlage zu analysieren und die vorgegebene politische Lage im Sinne ihrer Interessen zu beeinflussen (Kuhn/Massing/Skuhr 1993, 300), bilden nicht nur einen formalen Konsens, sie verweisen inhaltlich auch auf prägende Elemente des Pluralismusmodells. Die Ansätze der pragmatischen Wende und die der nachkonzeptionellen Phase, die sich anschlossen, aber auch neuere politikdidaktische Konzeptionen wie z.b. die von Tilman Grammes (Grammes 1998) und Wolfgang Sander (Sander 2007) sind in ihrer Beziehung zur Politikwissenschaft und zur Pluralismustheorie zögerlicher. Dennoch scheint auch für sie die pluralistische Demokratie, ihre Funktionsvoraussetzungen und Funktionsbedingungen als inhaltliche Grundlage der Politikdidaktik so selbstverständlich zu sein, dass eine systematische Auseinandersetzung damit nicht für notwendig gehalten wird. Die Politikdidaktiker, die „Politik als Kern der politischen Bildung" begreifen (Massing/Weißeno 1995) und die in Anlehnung an die aktuelle politikwissenschaftlich demokratietheoretische Diskussion, Bürgerleitbilder entwickelt haben (u.a. Massing 2002) orientieren sich dagegen offensiver an der Politikwissenschaft und an einem pluralistischen Demokratieverständnis in der Tradition Ernst Fraenkels. Dies wird in der Verwendung des Politikzyklus ebenso deutlich wie in dem normativen Bezug der politisch mündigen Bürgerinnen und Bürger, aber auch darin, dass sie Politikwissenschaft nach wie vor als Integrationswissenschaft verstehen. Dennoch ist die Verbindung von Politikdidaktik und pluralistischer Demokratietheorie auch bei ihnen nur in Ansätzen gegeben.

Ernst Fraenkel war immer der Meinung, dass die pluralistische Demokratie in Theorie und Praxis Arbeitsprogramm sei. Vor diesem Hintergrund haben in den letzten Jahren in der Politikwissenschaft die Pluralismustheorie und auch Ernst Fraenkel eine Renaissance erlebt, eine Renaissance, die in der Politikdidaktik noch nicht angekommen ist. Sollte in Zukunft die Politikdidaktik allerdings zu der Einsicht gelangen, dass es zunehmend dringlicher werde, konkrete Inhalte im Sinne von Fachwissen über Basiskonzepte und Fachkonzepte abzubilden und festzulegen, dann wird ein vertiefter und systematischer Blick auf die pluralistische Demokratietheorie Ernst Fraenkels nicht nur hilfreich, sondern auch notwendig sein.

Literatur

Bleek, W.: Geschichte der Politikwissenschaft in Deutschland, München 2001
Claußen, B.: Kritische Politikdidaktik. Zu einer pädagogischen Theorie der Politik für die schulische und die außerschulische politische Bildung, Opladen 1981
Fischer, K. G./Hermann, K./Mahrenholz, H.: Der politische Unterricht, Bad Homburg 1960
Fraenkel E.: Grundsätzliches zur Sozialkunde, in: Gesellschaft – Staat – Erziehung, 10. Jg. 1965, H. 5., 375-376

Fraenkel, E. : Gesammelte Schriften, 6. Bde., hg. von A. v. Brünneck/H. Buchstein/G. Göhler, Baden-Baden. Bd. 1.: Recht und Politik in der Weimarer Republik, hg. von H. Buchstein unter Mitarbeit von R. Kühne, Baden-Baden 1999; Bd. 5: Demokratie und Pluralismus, hg. von A. v. Brünneck, Baden-Baden 2007

Fraenkel, E.: Reformismus und Pluralismus. Materialien zu einer ungeschriebenen politischen Autobiographie. Zusammengestellt und herausgegeben von F. Esche und F. Grube, Hamburg 1973

Giesecke, H.: Didaktik der politischen Bildung, München 1965

Grammes, T.: Kommunikative Fachdidaktik, Opladen.: Leske + Budrich, 1988

Hartwich, H. H.: Stand und Perspektiven Politischer Bildung – und ihr Verhältnis zur Politikwissenschaft im Jahre 1987, in: Claußen, B. /Noll, A. (Hg.): Politische Wissenschaft und Politische Bildung, Hamburg 1989

Hedtke, R,: Wirtschaft und Politik. Über die fragwürdige Trennung von ökonomischer und politischer Bildung, Schwalbach/Ts 2002

Hilligen, W.: Zur Didaktik des politischen Unterrichts I, Wissenschaftliche Voraussetzungen – didaktische Konzeptionen – Praxisbezug, Opladen 1975

Kuhn, H. W./Massing, P./ Skuhr, W. (Hg.): Politische Bildung in Deutschland. Entwicklung – Stand – Perspektiven, 2. Auflg., Opladen 1993

Massing, P./ Weißeno G. (Hg.): Politik als Kern der politischen Bildung, Opladen 1995

Massing, P.: Interesse und Konsensus. Zur Rekonstruktion und Begründung normativ-kritischer Elemente neopluralistischer Demokratietheorie, Opladen 1979

Massing, P.: Theoretische und normative Grundlagen der politischen Bildung, in: G. Breit/Massing, P. (Hrsg.) Die Rückkehr des Bürgers in die politische Bildung (S-79-133), Schwalbach/Ts, 2002

Mohr, A.: Politikwissenschaft als Alternative, Bochum 1988

Roloff, E-A.: Erziehung zur Politik. Eine Einführung in die politische Didaktik, Bd. 2, Didaktische Beispielanalysen für die Sekundarstufe 1, Göttingen, 1974

Sander, W.: Politik entdecken – Freiheit leben. Neue Lernkulturen in der politischen Bildung, Schwalbach/Ts.: 2. üb. u. erg. Auflg. Schwalbach/Ts. 2007

Schmiederer, R.: Zur Kritik der politischen Bildung. Ein Beitrag zur Soziologie und Didaktik des politischen Unterrichts, Frankfurt/M.,1971

Schörken, R.: Die öffentliche Auseinandersetzung um neue Lehrpläne

Sontheimer, K.: Politische Bildung zwischen Utopie und Verfassungswirklichkeit, in: Zeitschrift für Pädagogik, 9. Jg. H. 2, 1963, S. 168-179

Sutor, B. :Didaktik des politischen Unterrichts. Eine Theorie der politischen Bildung, Paderborn 1971

Autorenverzeichnis

Ann, Christoph, Prof. Dr. iur., LL.M. (Duke Univ.), Ordinarius, Technische Universität München, Lehrstuhl für Wirtschaftsrecht und Geistiges Eigentum, Arcisstraße 21, 80333 München
Arbeitsschwerpunkte: Deutscher und internationaler Technologieschutz (Patent & Trade Secrets), Lizenzverträge samt zugehörigem Wettbewerbsrecht, Personengesellschaftsrecht, Erbrecht

von Beyme, Klaus, Prof. em., Dr. phil, Dr. h.c. Institut für Politikwissenschaft der Universität Heidelberg, Bergheimer Straße 58, 69120 Heidelberg.
Arbeitsschwerpunkte: Politischen Theorie, vergleichende Studien in West- und Osteuropa mit Schwerpunkten in den Parteien-, Interessengruppen und Elitenforschung. Kulturpolitik und Kunst & Politik.

Druwe, Ulrich, Dr. phil., Dr. phil. habil., Prof., Johannes Gutenberg-Universität Mainz, dort gegenwärtig beurlaubt, da z.Z. Rektor der PH Freiburg, Kunzenweg 21, 79117 Freiburg.
Arbeitsschwerpunkte: Politische Theorie, Politische Philosophie, Theorien der Internationalen Politik, Wissenschaftstheorie und Methodologie der Sozialwissenschaften.

Gloe, Markus, Dr. paed, Pädagogische Hochschule Freiburg, Kunzenweg 21, 79117 Freiburg
Arbeitsschwerpunkte: Politisches System der Bundesrepublik Deutschland, Politisches System der DDR, Regierungsstile, Politische Führung; Politische Urteilsbildung, Demokratie lernen, Methoden und Medien (vor allem digitale Medien)

Hartmann, Jürgen, Prof. Dr., Helmut-Schmidt-Universität/Universität der Bundeswehr Hamburg, Holstenhofweg 85, 22043 Hamburg.
Arbeitsschwerpunkt: Vergleichende Regierungslehre

Huber, Ludwig, Rektor a.D., Alte Ziegelei 45, 76534 Baden-Baden.
Arbeitsschwerpunkt: Die Erste Große Koalition 1969 – 1969

Ismayr, Wolfgang, Dr. phil., Dr. rer. pol. habil., Professor für Politikwissenschaft (em.), Institut für Politikwissenschaft, Philosophische Fakultät der Techni-

schen Universität Dresden, Tarvisstr. 4, 96049 Bamberg, wolf-gang.ismayr@online.de
Arbeitsschwerpunkte: Deutsches Regierungssystem, insbesondere Parlamenta-rismus; politische Systeme Europas im Vergleich.

Jäger, Wolfgang, Prof. Dr. Dr. h.c. mult, Lehrstuhlinhaber des Lehrstuhls für Vergleichende Regierungslehre und ehemaliger Rektor der Universität 1995-2008
Arbeitsschwerpunkte: Vergleichende Regierungslehre, Parteienforschung, Me-dien und Politik, Geschichte und politisches System der Bundesrepublik Deutschland, politisches System der USA

Kuhn, Hans-Werner, Dr. phil., Professor für Politikwissenschaft und Politische Bildung an der Pädagogischen Hochschule Freiburg, Kunzenweg 21, 79117 Freiburg.
Arbeitsschwerpunkte: Politische Bildung, Handlungsorientierte Methoden, Me-dien im Politikunterricht, Qualitativ-empirische Forschungsmethoden, Unter-richtsforschung zum Politik- und Sachunterricht.

Massing, Peter, Prof. Dr.; Otto-Suhr-Institut für Politikwissenschaft der Freien Universität Berlin, Ihnestraße 22, 14195 Berlin.
Arbeitsschwerpunkte: Demokratie- und Pluralismustheorien, Politikwissen-schaftliche Grundlagen der Politikdidaktik, Methoden des Politikunterrichts, Bildungsstandards und Basiskonzepte für die politische Bildung.

Mayer, Tilman, Prof. Dr., Geschäftsführender Direktor des Instituts für Politi-sche Wissenschaft der Universität Bonn, Lennéstraße 25, 53113 Bonn.
Arbeitsschwerpunkte: Politische Kulturforschung; Politische Theorie; Politische Demographie; Deutschland- und Zeitgeschichtsforschung u.a.m.

Merz, Hans-Gerorg, M.A. Dr. phil., Akademischer Oberrat an der Pädagogi-schen Hochschule Freiburg, Kunzenweg 21, 79117 Freiburg; im Ruhestand seit September 2008.

Metzler, Gabriele, Dr. phil., Akademische Oberrätin für Politikwissenschaft an der Pädagogischen Hochschule Freiburg, Kunzenweg 21, 79117 Freiburg
Arbeitsschwerpunkte: Internationale Beziehungen

Naßmacher, Hiltrud, Prof. Dr., Carl-von-Ossietzky Universität Oldenburg, Ammerländer Heerstraße 114-118, 26129 Oldenburg.

Arbeitsschwerpunkte: Vergleich westlicher Demokratien und deren Subsysteme, Politikfeldanalysen.

Naßmacher, Karl-Heinz, Prof. em. Dr., Carl-von-Ossietzky Universität Oldenburg, Mankhauser Str. 10, 42699 Solingen.
Arbeitsschwerpunkte: Vergleich westlicher Demokratien, Kommunalpolitik, Parteienfinanzierung.

Nischik, Reingard, Prof. Dr., Lehrstuhlinhaberin für Amerikanistik an der Universität Konstanz
Arbeitsschwerpunkte: Comparative North American Studies, Short Fiction, Margaret Atwood's Oeuvre, Literature and the Visual Media, Literature and Gender

Reinhardt, Volker, Dr., Professor für Bildungs- und Sozialwissenschaften am Institut für Pädagogische Professionalität und Schulkultur an der Pädagogischen Hochschule Zentralschweiz, Luzern sowie Gastprofessor an der Steinbeis-Hochschule Berlin.
Arbeitsschwerpunkte: Politische Bildung, Demokratiepädagogik, Partizipative Schulentwicklung.

Reuter, Wolfgang, Dr. med., M.A.; Leiter Medizinische Beratung, DKV Deutsche Krankenversicherung AG, Aachener Straße 300, 50933 Köln.
Arbeitsschwerpunkte: Gesundheitswesen, Gesundheitspolitik, medizinische Begutachtung, ärztliche Vergütung.

Uhl, Herbert, Dr. phil., Professor für Politikwissenschaft und Politische Bildung an der Pädagogischen Hochschule Freiburg, Kunzenweg 21, 79117 Freiburg; im Ruhestand seit Oktober 2005.
Arbeitsgebiete: politische Sozialisation, politische Kulturforschung, Internationale Beziehungen

Weinacht, Paul-Ludwig, Dr., Professor Emeritus für die Didaktik der Sozialkunde und für Politische Wissenschaft an der Universität Würzburg, Rossstraße 27, 97261 Güntersleben.

Neu im Programm
Politikwissenschaft

Uwe Andersen / Wichard Woyke (Hrsg.)

Handwörterbuch des politischen Systems der Bundesrepublik Deutschland

6. Aufl. 2009. XXIV, 873 S. Geb. EUR 49,90
ISBN 978-3-531-15727-6

Dieses Buch bietet die Grundlagen zu allen wichtigen Aspekten des politischen Systems der Bundesrepublik Deutschland und eignet sich sowohl für politikwissenschaftliche Einführungskurse als auch zum Nachschlagen. Das Standardwerk wurde für die 6. Auflage komplett überarbeitet und erweitert.

Viktoria Kaina / Andrea Römmele (Hrsg.)

Politische Soziologie

Ein Studienbuch
2009. 507 S. Br. EUR 29,90
ISBN 978-3-531-15049-9

Mehr als 25 Jahre nach Erscheinen des letzten Überblicksbandes zur Politischen Soziologie fasst das als Sammelband angelegte Studienbuch den aktuellen Forschungsstand der Politischen Soziologie im Schnittbereich von Politikwissenschaft und Soziologie zusammen. Ausgewiesene Forscherinnen und Forscher geben einen Einblick in die theoretisch-konzeptionellen Grundlagen und Fortentwicklungen der zentralen Subdisziplinen der Politischen Soziologie, zum Beispiel der Werte- und Einstellungsforschung, der Wahl- und Parteiensoziologie, der Parlamentaris-mus- sowie politischen Partizipations- und Kommunikationsforschung. Der profunde Überblick über grundlegende Begriffe, Konzepte und Analyseinstrumentarien wird nicht nur um empirische Befunde ergänzt. Der Band bietet zudem eine Übersicht über die Analyse- und Forschungsdesigns der Politischen Soziologie, ihre zentralen Forschungsmethoden und verwendbaren Datengrundlagen. Unter besonderer Berücksichtigung neu konzipierter und noch entstehender BA- und MA-Studiengänge ist der Band ein unverzichtbares Studienbuch in einem wichtigen Bereich der Politikwissenschaft.

Roland Sturm

Politik in Großbritannien

2009. 252 S. Mit 46 Tab. Br. EUR 19,90
ISBN 978-3-531-14016-2

Das britische Regierungssystem gehört zu den „Klassikern" der vergleichenden Regierungslehre. Das „Westminster Modell" des Regierens hat sich in den letzten Jahrzehnten jedoch weitgehend verändert. Wie und auf welchen Feldern, kann hier erstmals in einem Gesamtkontext der Reformen des politischen Systems nachgelesen werden. Stichworte: Devolution, Wahlsystemreformen, House of Lords-Reform, Civil Service-Reform, Freedom of Information Act und Human Rights Act. Diese Darstellung legt Grundlagen für das Verständnis des britischen Regierungssystems.

Erhältlich im Buchhandel oder beim Verlag.
Änderungen vorbehalten. Stand: Juli 2009.

www.vs-verlag.de

VS VERLAG FÜR SOZIALWISSENSCHAFTEN

Abraham-Lincoln-Straße 46
65189 Wiesbaden
Tel. 0611.7878-722
Fax 0611.7878-400

Neu im Programm
Politikwissenschaft

Uwe Andersen / Wichard Woyke (Hrsg.)

Handwörterbuch des politischen Systems der Bundesrepublik Deutschland

6. Aufl. 2009. XXIV, 873 S. Geb. EUR 49,90
ISBN 978-3-531-15727-6

Arthur Benz

Politik in Mehrebenensystemen

2009. 257 S. mit 19 Abb. (Governance Bd. 5) Br. EUR 24,90
ISBN 978-3-531-14530-3

Jörg Bogumil / Werner Jann

Verwaltung und Verwaltungs- wissenschaft in Deutschland

Einführung in die Verwaltungswissen- schaft
2., völlig überarb. Aufl. 2009. 358 S. (Grundwissen Politik 36) Br. EUR 26,90
ISBN 978-3-531-16172-3

Wilfried von Bredow

Die Außenpolitik der Bundesrepublik Deutschland

Eine Einführung
2., akt. Aufl. 2008. 306 S. (Studienbücher Außenpolitik und Internationale Bezie- hungen) Br. EUR 19,90
ISBN 978-3-531-16159-4

Erhältlich im Buchhandel oder beim Verlag.
Änderungen vorbehalten. Stand: Juli 2009.

Andrè Brodocz / Marcus Llanque / Gary S. Schaal (Hrsg.)

Bedrohungen der Demokratie

2009. 393 S. Br. EUR 39,90
ISBN 978-3-531-14409-2

Joachim Detjen

Die Werteordnung des Grundgesetzes

2009. 439 S. Geb. EUR 49,90
ISBN 978-3-531-16733-6

Susanne Pickel / Gert Pickel / Hans- Joachim Lauth / Detlef Jahn (Hrsg.)

Methoden der vergleichenden Politik- und Sozialwissenschaft

Neue Entwicklungen und Anwendungen
2009. 551 S. Br. EUR 39,90
ISBN 978-3-531-16194-5

Manfred G. Schmidt

Demokratietheorien

Eine Einführung
4., überarb. u. erw. Aufl. 2008. 571 S. Br. EUR 16,90
ISBN 978-3-531-16054-2

Thomas Widmer / Wolfgang Beywl / Carlo Fabian (Hrsg.)

Evaluation

Ein systematisches Handbuch
2009. 634 S. Br. EUR 69,90
ISBN 978-3-531-15741-2

www.vs-verlag.de

VS VERLAG FÜR SOZIALWISSENSCHAFTEN

Abraham-Lincoln-Straße 46
65189 Wiesbaden
Tel. 0611.7878-722
Fax 0611.7878-400

MIX
Papier aus verantwortungsvollen Quellen
Paper from responsible sources
FSC® C105338
FSC
www.fsc.org

If you have any concerns about our products,
you can contact us on
ProductSafety@springernature.com

In case Publisher is established outside the EU,
the EU authorized representative is:
Springer Nature Customer Service Center GmbH
Europaplatz 3, 69115 Heidelberg, Germany

Printed by Libri Plureos GmbH
in Hamburg, Germany